Die Rolle des äußeren Unrechtsgehaltes der Tat bei der Auslegung der „Schwere der Schuld" i.S.d. § 17 Abs. 2 Alt 2 JGG

AF752685

Europäische Hochschulschriften Recht

European University Studies in Law

Publications Universitaires Européennes de Droit

Band/Volume **6799**

Allegra Fischer

Die Rolle des äußeren Unrechtsgehaltes der Tat bei der Auslegung der „Schwere der Schuld" i.S.d. § 17 Abs. 2 Alt 2 JGG

Im Spannungsfeld von Täterorientierung und Tatstrafrecht

PETER LANG

Berlin - Bruxelles - Chennai - Lausanne - New York - Oxford

Bibliografische Information der Deutschen Nationalbibliothek
Die Deutsche Nationalbibliothek verzeichnet diese Publikation in der Deutschen Nationalbibliografie; detaillierte bibliografische Daten sind im Internet über http://dnb.d-nb.de abrufbar.

Zugl.: Berlin, Freie Univ., Diss., 2023

D 188
ISSN 0531-7312
ISBN 978-3-631-92028-2 (Print)
E-ISBN 978-3-631-92034-3 (E-PDF)
E-ISBN 978-3-631-92035-0 (E-PUB)
DOI 10.3726/b21915

© 2024 Peter Lang Group AG, Lausanne
Verlegt durch: Peter Lang GmbH, Berlin, Deutschland

info@peterlang.com http:www.peterlang.com

Alle Rechte vorbehalten.
Das Werk einschließlich aller seiner Teile ist urheberrechtlich geschützt.
Jede Verwertung außerhalb der engen Grenzen des Urheberrechtsgesetzes ist ohne Zustimmung des Verlages unzulässig und strafbar.
Das gilt insbesondere für Vervielfältigungen, Übersetzungen, Mikroverfilmungen und die Einspeicherung und Verarbeitung in elektronischen Systemen.

Diese Publikation wurde begutachtet.

Meinen Eltern
und
– in liebevoller Erinnerung –
meinem Großvater

Inhaltsverzeichnis

Literaturverzeichnis

64. Deutscher Juristentag Berlin 2002	Die Beschlüsse, NJW 2002, 3073–3083
Achenbach, Hans	Historische und dogmatische Grundlagen der strafrechtssystematischen Schuldlehre, Berlin, 1974
Albrecht, Hans-Jörg	Ist das deutsche Jugendstrafrecht noch zeitgemäß? Gutachten D zum 64. Deutschen Juristentag, Berlin 2002, München, 2002
Albrecht, Peter-Alexis	Spezialprävention angesichts neuer Tätergruppen, ZStW 97 (1985), 831–870
Albrecht, Peter-Alexis	Jugendstrafrecht, 3. Auflage, München, 2000
Albrecht, Peter-Alexis	Kriminologie Eine Grundlegung zum Strafrecht, 4. Auflage, München, 2010
Appelius, Hugo	Die Behandlung jugendlicher Verbrecher und verwahrloster Kinder. Bericht der von der Internationalen Criminalistischen Vereinigung (Gruppe Deutsches Reich) gewählten Commission, Berlin 1982
Arbeiterwohlfahrt Bundesverband e.V. (Hrsg.)	Vorschläge für ein erweitertes Jugendhilferecht, Denkschrift der Arbeiterwohlfahrt zur Reform und Vereinheitlichung von Jugendwohlfahrtsgesetz und Jugendgerichtsgesetz, 3. Ausgabe, Bonn, 1970
Asbrock, Bernd	Plädoyer für ein Jungtäterrecht. Zur kriminalrechtlichen Behandlung junger Volljähriger, ZRP 1077, 191–195
Aschrott, Paul Felix	Die Behandlung der verwahrlosten und verbrecherischen Jugend und Vorschläge zur Reform, Berlin, 1892
Bachmann, Mario	Der Erziehungsgedanke im Jugendstrafrecht: Wohin steuert der BGH?, JZ 2019, 759–765
Balbier, Ralf-Werner	Brauchen wir ein neues Jugendstrafrecht?, DRiZ 1989, 404–409

Baumann, Jürgen (Begr.); *Weber, Ulrich; Mitsch, Wolfgang; Eisele, Jörg* — Strafrecht Allgemeiner Teil. Lehrbuch, 13. Auflage, Bielefeld, 2021

Baurmann, Michael — Vorüberlegungen zu einer empirischen Theorie der positiven Generalprävention, GA 1994, 368–384

Beling, Ernst — Die Lehre vom Verbrechen, Tübingen, 1906

Bellmann, Elisabeth — Die Internationale Kriminalistische Vereinigung (1889–1933), Frankfurt am Main, Berlin u.a., 1994

Benske, Klaus — Die Bedeutung des Erziehungsgedankens für die Bemessung der Jugendstrafe, Kiel, 1966

Beulke, Werner — Brauchen wir eine Wende im Jugendstrafrecht?, in: Geppert, Klaus/Dehnicke, Diether (Hrsg.), Gedächtnisschrift für Karl-Heinz Meyer, Berlin/New York, 1990, S. 677–697

Beulke, Werner — Auswirkungen des Erziehungsgedankens auf die Rechtsprechung, in: BMJ (Hrsg.): Grundfragen des Jugendkriminalrechts und seiner Neuregelung, 2. Kölner Symposium, Bonn, 1992, S. 353–368.

Beulke, Werner — Jugendstrafe bei lange zurückliegenden Taten gegenüber inzwischen erwachsenen Straftätern, in: Safferling, Christoph/Kett-Straub, Gabriele et al. (Hrsg.), Festschrift für Franz Streng zum 70. Geburtstag, Heidelberg, 2017, S. 403–416

Beulke, Werner — Jugendstrafe wegen Schwere der Schuld – Notanker oder Achillesferse? Vortrag anlässlich des 80. Geburtstags von Prof. Dr. Ulrich Eisenberg, NK 3/2019, 269–281

Beulke, Werner — Verurteilte ohne Rechtsschutz? – Neue Ausjustierung des § 55 Abs. 2 S. 1 JGG, in: Goeckenjan, Inge/Puschke, Jens/ Singelnstein, Tobias (Hrsg.), Für die Sache – Kriminalwissenschaften aus unabhängiger Perspektive. Festschrift für Ulrich Eisenberg zum 80. Geburtstag, Berlin 2019, S. 187–200

Beulke, Werner; Swoboda, Sabine — Jugendstrafrecht Eine systematische Darstellung, 16. Auflage, Stuttgart, 2020

Bietz, Hermann Erziehung statt Strafe? Überlegungen zur Weiterentwicklung des Jugendkriminalrechts, ZRP 1981, 212–220

Blau, Günter Kriminalpolitische Auswirkungen des Erziehungsgedankens, in: BMJ (Hrsg.), Grundfragen des Jugendkriminalrechts und seiner Neuregelung, 2. Kölner Symposium, Bonn, 1992, S. 326–343

Bock, Michael Ideen und Schimären im Strafrecht. Rechtssoziologische Anmerkungen zur Dogmatik der positiven Generalprävention, ZStW 103 (1991), 636–656

Bock, Michael Prävention und Empirie – Über das Verhältnis von Strafzwecken und Erfahrungswissen, JuS 1994, 89–99

Bock, Michael Kriminologie, 5. Auflage, München, 2019

Bockelmann, Paul Studien zum Täterstrafrecht, 1. Teil, Berlin, 1939

Bockelmann, Paul Strafe und Erziehung, in: Rechts- und Staatswissenschaftliche Fakultät Göttingen (Hrsg.), Festschrift für Julius von Gierke zu seinem Goldenen Doktorjubiläum am 25. Oktober 1948, Berlin 1950, S. 27–38.

Boers, Klaus; Reinecke, Jost; Bentrup, Christina et al. Jugendkriminalität – Altersverlauf und Erklärungszusammenhänge. Ergebnisse der Duisburger Verlaufsstudie Kriminalität in der modernen Stadt, NK 2/2010, 58–66

Böhm, Alexander Aus der neueren Rechtsprechung zum Jugendstrafrecht, NStZ 1982, 413–416

Böhm, Alexander Aus der neueren Rechtsprechung zum Jugendstrafrecht, NStZ 1987, 442–444

Böhm, Alexander; Feuerhelm, Wolfgang Einführung in das Jugendstrafrecht, 4. Auflage, München, 2004

Bohnert, Joachim Strafe und Erziehung im Jugendstrafrecht, JZ, 1983, 517–523

Bottke, Wilfried Zur Ideologie und Teleologie des Jugendstrafverfahrens, ZStW 95 (1983), 69–103

Bottke, Wilfried Generalprävention und Jugendstrafrecht aus kriminologischer und dogmatischer Sicht, Berlin/New York, 1984

Bringewat, Peter Verurteilung zu Jugendstrafe – rückfallbegründende Verurteilung zu Strafe i.S.d. § 48 StGB?, JZ 1982, 11–15

Brunner, Rudolf	Anmerkungen zum Beschluß des BGH v. 1.12.1981 – 1 StR 634/81, JR 1982, 432–433
Brunner, Rudolf; Dölling, Dieter	Jugendgerichtsgesetz, 13. Auflage, Berlin/Boston, 2017
Bruns, Hans-Jürgen	„Stellenwerttheorie" oder „Doppelspurige Strafhöhenbemessung"?, in: Jescheck, Hans-Heinrich/Lüttger, Hans (Hrsg.), Festschrift für Eduard Dreher zum 70. Geburtstag am 29. April 1977, Berlin/New York, 1977, S. 251–264
Bruns, Hans-Jürgen	Zur Antinomie der Strafzwecke im Jugendstrafrecht. Neuorientierung der Rechtsprechung?, StV 1982, 592–595
Bruns, Hans-Jürgen	Das Recht der Strafzumessung. Eine systematische Darstellung für die Praxis, 2. Auflage, Köln, München u.a., 1985
Buckolt, Oliver	Die Zumessung der Jugendstrafe. Eine kriminologisch-empirische und rechtsdogmatische Untersuchung, Baden-Baden, 2009
Buckolt, Oliver	Der Hamburger G20-Gipfel und seine Aufarbeitung in der Strafjustiz: Eine Herausforderung für das Jugendstrafrecht?, in: Bartsch, Tillmann/Görgen, Thomas/Hoffmann-Holland, Klaus /Kemme, Stefanie/Stock, Jürgen (Hrsg.), Mittler zwischen Recht und Wirklichkeit. Festschrift für Arthur Kreuzer zum 80. Geburtstag, Frankfurt am Main, 2018, S. 135–147
Buckolt, Oliver; Hoffmann, Klaus	Der folgenschwere Verkehrsunfall, Jura 2004, 710–715
Budelmann, Hannes	Jugendstrafrecht für Erwachsene? Zur Anwendbarkeit von Jugendstrafrecht auf sich zum Verfahrenszeitpunkt im Erwachsenenalter befindliche Personen, Frankfurt am Main, 2005
Bundeskriminalamt (Hrsg.)	Polizeiliche Kriminalstatistik 2019. Bundesrepublik Deutschland, Jahrbuch 2019, Band 3 Tatverdächtige, Version 3.0, Wiesbaden, Juli 2020

Bundeskriminalamt (Hrsg.)	Polizeiliche Kriminalstatistik 2020, Tabelle 40_TVBZ, https://www.bka.de/DE/AktuelleInformationen/StatistikenLagebilder/PolizeilicheKriminalstatistik/PKS2020/PKSTabellen/BundBelastungszahlen/bundBelastungszahlen.html?nn=145488 (zuletzt aufgerufen am 11. März 2022)
Bundesministerium für Justiz und Verbraucherschutz (Hrsg.)	Legalbewährung nach strafrechtlichen Sanktionen. Eine bundesweite Rückfalluntersuchung. 2010 bis 2013 und 2004 bis 2013, Mönchengladbach, 2020
Cornel, Heinz	Thesen zur Entstehung und Abschaffung des Jugendstrafvollzugs, in: MSchrKrim 64 (1981), 373–382
Cornel, Heinz	Der Erziehungsgedanke im Jugendstrafrecht: Historische Entwicklungen, in: Dollinger, Bernd/ Schmidt-Semisch, Henning (Hrsg.), Handbuch Jugendkriminalität. Interdisziplinäre Perspektiven, Wiesbaden, 2018, S. 533–558
Cornils, Karin	Neuere Entwicklungen der Kriminalpolitik in den nordischen Ländern, ZStW 99 (1987), S. 873–887
Dahm, Georg; Schaffstein, Friedrich	Liberales oder autoritäres Strafrecht, Hamburg, 1933
Dallinger, Wilhelm; Lackner, Karl	Jugendgerichtsgesetz mit ergänzenden Vorschriften, 2. Auflage, München, 1965
Diemer, Herbert; Schatz, Holger; Sonnen, Bernd-Rüdiger (Hrsg.)	Jugendgerichtsgesetz mit Jugendstrafvollzugsgesetzen, 8. Auflage, 2020, Heidelberg
Dolch, Josef	Grundbegriffe der pädagogischen Fachsprache, 8. Auflage, München, 1971
Dölling, Dieter	Generalprävention durch Strafrecht: Realität oder Illusion, ZStW 102 (1990), 1–20
Dölling, Dieter	Die Rechtsfolgen des Jugendgerichtsgesetzes, in: Dölling, Dieter (Hrsg.): Das Jugendstrafrecht an der Wende des 21. Jahrhundert. Symposium zum 80. Geburtstag von Dr. Rudolf Brunner am 17. Juni 2000 in Heidelberg, Berlin/New York, 2001, S. 181–196

Dölling, Dieter Über die Höhenbemessung bei der Freiheits- und der Jugendstrafe, in: Amelung, Knut/ Beulke, Werner/ Lilie, Hans et al. (Hrsg.): Strafrecht Biorecht Rechtsphilosophie. Festschrift für Hans-Ludwig Schreiber zum 70. Geburtstag am 10. Mai 2003, Heidelberg, 2003, S. 55–62

Dölling, Dieter Generalprävention durch Jugendstrafrecht, ZJJ 2012, 124–128

Dollinger, Bernd „Konrad, sprach die Frau Mama…". Keine Chance für die Pädagogik im Jugendstrafrecht?, ZJJ 2010, 409–416

Dollinger, Bernd; Schadbach, Michael Jugendkriminalität, Wiesbaden, 2013

Dünkel, Frieder Heranwachsende im (Jugend-)Kriminalrecht. Regelungen und Reformtendenzen in den Staaten Westeuropas, ZStW 105 (1993), 137–165

Dünkel, Frieder Jugendhilfe und/oder Jugendstrafrecht? Anmerkungen zu den Vorschlägen der Arbeiterwohlfahrt für ein neues Jugendstrafrecht, NK 3/1995, 22–27

Dünkel, Frieder Jugendstrafrecht – Streit um die Reform. Anmerkungen zum Gutachten von H.-J. Albrecht zum 64. Deutschen Juristentag 2002, NK 3/2002, 90–93

Dünkel, Frieder; Geng, Bernd; Passow, Daniel Erkenntnisse der Neurowissenschaften zu Gehirnreifung („brain maturation") – Argumente für ein Jungtäterrecht, ZJJ 2017, 123–129

Dürig, Günter (Begr.); *Herzog, Roman; Scholz, Rupert;* (Hrsg.) Grundgesetz Kommentar, Band I. Art. 1–5, 95. Ergänzungslieferung, 2021

Dürig, Günter (Begr.); *Herzog, Roman; Scholz, Rupert* (Hrsg.) Grundgesetz Kommentar, Band II. Art. 6–16a, 95. Ergänzungslieferung, 2021

Dürig, Günter (Begr.); *Herzog, Roman; Scholz, Rupert* (Hrsg.) Grundgesetz Kommentar, Band VI. Art. 87a–106b, 95. Ergänzungslieferung, 2021

Eisenberg, Ulrich Auslegungsprobleme des § 57 II Nr. 1 StGB n.F., NStZ 1987, 167–170

Eisenberg, Ulrich	Erziehungsbedürftigkeit und -fähigkeit als Voraussetzung der Verhängung von Jugendstrafe wegen Schwere der Schuld (§ 17 II Alt. 2 i.V.m. § 2 I 2 JGG), NStZ 2013, 636–639
Eisenberg, Ulrich	Verurteilung eines 29-Jährigen nach Jugendstrafrecht, JA 2016, 623–627
Eisenberg, Ulrich	„Positive Generalprävention" als zulässiges Begründungselement für die Rechtsfolgenentscheidung im Jugendstrafrecht?, ZJJ 2018, 144–146
Eisenberg, Ulrich	Schwere der Schuld, NStZ 2018, 729–730
Eisenberg, Ulrich; Kölbel, Ralf	Kriminologie, 7. Auflage, Tübingen, 2017
Eisenberg, Ulrich; Kölbel, Ralf	Jugendgerichtsgesetz, 23. Auflage, München, 2022
Eisenberg, Ulrich; Schlüchter, Susanne	Extensive Gesetzesauslegung bei Anordnung von Sicherheitsverwahrung, NJW 2001, 188–190
Engisch, Karl	Zur Idee der Täterschuld, ZStW 61 (1942), 166–177
Engisch, Karl	Bietet die Entwicklung der dogmatischen Strafrechtswissenschaft seit 1930 Veranlassung, in der Reform des Allgemeinen Teils des Strafrechts neue Wege zu gehen?, ZStW 66 (1954), 339–389
Erb, Volker; Schäfer, Jürgen (Hrsg.)	Münchener Kommentar zum Strafgesetzbuch: StGB, Band 1: §§ 1–37, 4. Auflage, München, 2020
Erb, Volker; Schäfer, Jürgen (Hrsg.)	Münchener Kommentar zum Strafgesetzbuch: StGB, Band 2: §§ 38–79b, 4. Auflage, München, 2020
Erb, Volker; Schäfer, Jürgen (Hrsg.)	Münchener Kommentar zum Strafgesetzbuch: StGB, Band 7: Nebenstrafrecht I, JGG, 4. Auflage, München, 2022
Feltes, Thomas	Das Jugendstrafverfahren – Konfliktbewältigung durch Bestrafung? Warum das Strafverfahren gegen Jugendliche seinem erzieherischen Anspruch nicht gerecht werden kann, RdJB 1981, 123–136
Feltes, Thomas	Jugendarrest – Renaissance oder Abschied von einer umstrittenen jugendstrafrechtlichen Sanktion?, ZStW 100 (1988), 158–183
Feuerbach, Paul Johann Anselm von	Lehrbuch des gemeinen in Deutschland gültigen Peinlichen Rechts, Gießen, 1801

Fischer, Thomas Strafgesetzbuch mit Nebengesetzen, 69. Auflage, München, 2022

Foerster, Friedrich Wilhelm Strafe und Erziehung – Sühne und Besserung, in: Schaffstein, Friedrich/Miehe, Olaf (Hrsg.), Weg und Aufgabe des Jugendstrafrechts, Darmstadt, 1968, S. 31–52

Frank, Reinhard Über den Aufbau des Schulbegriffs, Giessen (sic!), 1907

Gallas, Wilhelm Die Krise des Strafrechts und ihre Überwindung im Staatsgedanken, ZStW 53 (1934) 11–28

Gertler, Nils Fabian; Kunkel, Volker; Putzke, Holm (Hrsg.) Beck'scher Online Kommentar JGG, 24. Edition, München, Stand: 1.2.2022

Goerdeler, Jochen Das „Ziel der Anwendung des Jugendstrafrechts" und andere Änderungen des JGG, ZJJ 2008, 137–147

Göppinger, Hans (Begr.) Kriminologie, 6. Auflage, 2008, München

Grethlein, Gerhard Persönlichkeitsbild des jugendlichen Täters, NJW 1961, 687–688

Gropp, Walter; Sinn, Arndt Strafrecht Allgemeiner Teil, 5. Auflage, Berlin/Heidelberg, 2020

Grunewald, Ralph Der Individualisierungsauftrag des Jugendstrafrechts – Über die Reformbedürftigkeit des JGG –, NStZ 2002, 452–458

Grunewald, Ralph Die De-Individualisierung des Erziehungsgedankens im Jugendstrafrecht, Berlin, 2003

Grunewald, Ralph Die besondere Bedeutung des Erziehungsgedankens im Jugendstrafverfahren, NJW 2003, 1995–1997

Hackstock, Thomas Generalpräventive Aspekte im österreichischen und deutschen Jugendstrafrecht: eine strafzweckorientierte Analyse jugendstrafrechtlicher Sanktionen unter besonderer Berücksichtigung der (positiven) Generalprävention, Tübingen, 2002

Haffke, Bernhard Tiefenpsychologie und Generalprävention. Eine strafrechtstheoretische Untersuchung, Aarau und Frankfurt am Main, 1976

Haffke, Bernhard Strafrechtsdogmatik und Tiefenpsychologie, GA 1978, 33–57

Haffke, Bernhard Die straftheoretische Bedeutung der Pforte des § 3 JGG, in: Böse, Martin/Sternberg-Lieben, Detlev (Hrsg.), Grundlagen des Straf- und Strafverfahrensrechts. Festschrift für Knut Amelung zum 70. Geburtstag, Berlin, 2009, S. 17–36

Hannich, Rolf (Hrsg.) Karlsruher Kommentar zur Strafprozessordnung mit GVG, EGGVG und EMRK, 8. Auflage, München, 2019

Hartmann, Christoph Jugendstrafe wegen Schwere der Schuld nach § 17 Abs. 2 (2. Alt.) JGG. Eine systematische Untersuchung de lege lata et ferenda, Fulda, 1991

Hassemer, Winfried Generalprävention und Strafzumessung, in: Hassemer, Winfried/Lüderssen, Klaus/ Naucke, Wolfgang (Hrsg.), Hauptprobleme der Generalprävention, Frankfurt am Main, 1979, S. 29–53

Hassemer, Winfried Warum Strafe sein muss. Ein Plädoyer, Berlin, 2009

Hegel, Georg Wilhelm Friedrich Grundlinien der Philosophie des Rechts, Berlin, 1821

Heinitz, Ernst Strafzumessung und Persönlichkeit, ZStW 63 (1951), 57–82

Heinz, Wolfgang Die Bedeutung des Erziehungsgedankens für Normsetzung und Normanwendung im Jugendstrafrecht der Bundesrepublik Deutschland, in: Wolff, Jörg/ Marek, Andrezej (Hrsg.), Erziehung und Strafe. Jugendstrafrecht in der Bundesrepublik Deutschland und Polen. Grundfragen und Zustandsbeschreibung, Bonn, 1990, S. 28–50

Heinz, Wolfgang Regierungsentwurf zur Änderung des Jugendgerichtsgesetzes, RdJB 1990, 133–149

Heinz, Wolfgang Das Erste Gesetz zur Änderung des Jugendgerichtsgesetzes (1. JGGÄndG 1990). Rückblick, Zwischenbilanz und Ausblick auf ein 2. JGGÄndG, ZRP 1991, 183–189

Heinz, Wolfgang Das Jugendstrafrecht auf dem Weg in das 21. Jahrhundert, JuS 1991, 896–900

Heinz, Wolfgang Abschaffung oder Reformulierung des Erziehungsgedankens im Jugendstrafrecht?, in: BMJ (Hrsg.), Grundfragen des Jugendkriminalrechts und seiner Neuregelung. 2. Kölner Symposium, 2. Auflage, Bonn, 1992, S. 369–414

Heinz, Wolfgang Diversion im Jugendstrafverfahren. Praxis, Chancen, Risiken und rechtsstaatliche Grenzen, ZStW 104 (1992), 591–638

Heinz, Wolfgang Die neue Rückfallstatistik – Bewährung junger Straftäter, ZJJ 2004, 35–48

Heinz, Wolfgang Junge Volljährige im Prozess strafrechtlicher Sozialkontrolle – Ein Überblick anhand amtlicher Statistiken, ZJJ 2017, 115–123

Hellmer, Joachim Erziehung und Strafe: zugleich ein Beitrag zur jugendstrafrechtlichen Zumessungslehre, Berlin, 1957

Hellmer, Joachim Schuld und Gefährlichkeit im Jugendstrafrecht, Tübingen 1962

Hellmer, Joachim Auswahl und Bemessung der Sanktionen im Jugendstrafrecht, RdJ 1967, 225–230

Herz, Ruth Jugendstrafrecht, 2. Auflage, Köln, München u.a., 1987

Hinz, Werner Die fahrlässig provozierte Notwehrlage unter besonderer Berücksichtigung der Rechtsprechung des Bundesgerichtshofes, JR 1993, 353–358

Hinz, Werner Erziehung, Generalprävention und Opferschutz. Plädoyer für eine Neuorientierung im Jugendstrafrecht, JR 2001, 50–58

Hinz, Werner Jugendstrafrecht auf dem Prüfstand, ZRP 2001, 106–112

Hinz, Werner Soziales Gebot oder „Lebenslüge"? – Der Erziehungsgedanke bei der Jugendstrafe, ZRP 2005, 192–195

Hirsch, Hans Joachim Das Schuldprinzip und seine Funktion im Strafrecht, ZStW 106 (1994), 746–765

Hoffmann, Klaus Restaussetzung der Jugendstrafe und Schwere der Schuld – zugleich eine Besprechung von OLG Düsseldorf, StV 2001, 183 –, StV 2002, 449–452

Hoffmann-Holland, Klaus Strafrecht Allgemeiner Teil, 3. Auflage, Tübingen, 2015

Hoffmann-Holland, Klaus; Simonis, Matthias	Paul Johann Anselm Feuerbach als Begründer des modernen Strafrechts strafrechtliche Prinzipien gestern und heute, Comparative Law, Vol. 27, Nihon University 2010, S. 17–43
Holzschuh, Karl	Die Geschichte des Jugendstrafrechts bis zum Ende des neunzehnten Jahrhunderts (unter besonderer Entwicklung der deutschen Entwicklung), Mainz, 1957
Hörnle, Tatjana	Straftheorien, 2. Auflage, Tübingen, 2017
Höynck, Theresia	Anmerkung zu LG Ravensburg – 2 Ns 41 Js 10390/14 jug. – Urteil vom 25.1.2016, ZJJ 2016, 305–307
Höynck, Theresia	Jugendstrafrecht – Bestandsaufnahme und Perspektiven, StraFo 2017, 267–276
Jäger, Christian	Jugend zwischen Schuld und Verantwortung. Was kann eine strafzweckorientierte Schuld und Verantwortungslehre zum Verständnis des Jugendstrafrechts beitragen?, GA 2003, 469–481
Jakobs, Günther	Schuld und Prävention, Tübingen, 1976
Jakobs, Günther	Strafrecht Allgemeiner Teil. Die Grundlagen und die Zurechnungslehre. Lehrbuch, 2. Auflage, Berlin, New York, 1991
Jellinek, Georg	Die sozialethische Bedeutung von Recht, Unrecht und Strafe, Nachdruck der Ausgabe Wien 1878, Hildesheim, 1967
Jescheck, Hans-Heinrich	Das Menschenbild unserer Zeit und die Strafrechtsreform, Tübingen, 1957
Jescheck, Hans-Heinrich; Weigend, Thomas	Lehrbuch des Strafrechts Allgemeiner Teil, 5. Auflage, Berlin, 2013
Kaiser, Günther	Jugendrecht und Jugendkriminalität. Jugendkriminologische Untersuchungen über die Beziehungen zwischen Gesellschaft, Jugendrecht und Jugendkriminalität, Weinheim/Basel, 1973
Kaiser, Günther	Kriminologie. Ein Lehrbuch, 3. Auflage, Heidelberg, 1997
Kaiser, Günther	Strafen statt Erziehen?, ZRP 1997, 451–458

Kaiser, Günther	Erziehung und Strafe in der Postmoderne, in: Schöch, Heinz/ Dölling, Dieter/ König, Peter/ Helgerth, Roland (Hrsg.), Recht gestalten – dem Recht dienen. Festschrift für Reinhard Böttcher zum 70. Geburtstag am 29. Juli 2007, Berlin, 2007, S. 283–301
Kaiser, Günther; Kerner, Hans-Jürgen; Sack, Fritz; Schellhoss, Hartmut (Hrsg.)	Kleines Kriminologisches Wörterbuch, 3. Auflage, 1993, Heidelberg
Kaiserliches Statistisches Amt (Hrsg.)	Statistisches Jahrbuch für das Deutsche Reich 1884, https://www.digizeitschriften.de/dms/toc/?PID=PPN514401303_1883 (zuletzt aufgerufen am 11. März 2022)
Kant, Immanuel	Grundlegung zur Metaphysik der Sitten, Riga (Hartknoch), 1785
Kaspar, Johannes	Jenseits von Erziehung: Generalprävention als komplementärer Strafzweck des Jugendstrafrechts, in: Dölling, Dieter, Götting, Bernd, Meier, Bernd-Dieter, Verrel, Thorsten (Hrsg.): Verbrechen – Strafe – Resozialisierung, Festschrift für Heinz Schöch zum 70. Geburtstag am 20. August 2010, Berlin/New York, 2010, S. 209–226
Kaspar, Johannes	Verhältnismäßigkeit und Grundrechtsschutz im Präventionsstrafrecht, Baden-Baden, 2014
Kaspar, Johannes; Walter, Tonio (Hrsg.)	Vorwort, in: Kaspar, Johannes/ Walter, Tonio (Hrsg.), Strafe „im Namen des Volkes"?. Zur rechtlichen und kriminalpolitischen Relevanz empirisch feststellbarer Strafbedürfnisse der Bevölkerung, Baden-Baden, 2019, S. 5–9
Kaufmann, Armin	Die Aufgabe des Strafrechts, Wiesbaden, 1983
Kaufmann, Arthur	Dogmatische und kriminalpolitische Aspekte des Schuldgedankens im Strafrecht. Ein Beitrag zur Strafrechtsreform, JZ 1967, 553–560
Kaufmann, Arthur	Das Schuldprinzip: Eine strafrechtlich-rechtsphilosophische Untersuchung, 2. Auflage, Heidelberg, 1976

Knauer, Christoph (Hrsg.)	Münchener Kommentar zur Strafprozessordnung: StPO, Band 3/2: GVG, EGGVG, EMRK, EGStPO, EGStGB, ZSHG, StrEG, JGG, G 10, AO, München, 2018
Knauer, Florian	Die Verwertung jugendstrafrechtlicher Vorverurteilungen bei Sanktionierungen nach Erwachsenenstrafrecht. Ein Rechtsvergleich zwischen den US-amerikanischen Three-Strikes-Gesetzen und der deutschen Sicherungsverwahrung, ZStW 124 (2012), 204–231
Kohlrausch, Eduard	Irrtum und Schuldbegriff im Strafrecht. I. Teil, Berlin, 1903
Kölbel, Ralf	Bedeutung des äußeren Unrechtsgehalts der Tat für die Prüfung der Schwere der Schuld im Sinne von § 17 Abs. 2 JGG: BGH, Urteil vom 18.7.2018 – 2 StR 150/18, JR 2019, 40–43
Kölbel, Ralf; Singelnstein, Tobias	Strafrechtliche Sanktionen und gesellschaftliche Erwartung – zu den Problemen und Gefahren eines publikumsorientierten Strafrechts, NStZ 2020, 333–339
Koriath, Heinz	Über Vereinigungstheorien als Rechtfertigung staatlicher Strafe, Jura 1995, 625–635
Kornprobst, Hans	Ist das deutsche Jugendstrafrecht noch zeitgemäß?, JR 2002, 309–314
Kreuzer, Arthur	Junge Volljährige im Kriminalrecht – aus juristisch-kriminologisch-kriminalpolitischer Sicht, MSchrKrim 61 (1978), 1–21
Kreuzer, Arthur	Kinderdelinquenz und Jugendkriminalität. Umfang, Struktur und Entwicklung, ZfPäd 1983, 49–70
Kreuzer, Arthur	Ist das deutsche Jugendstrafrecht noch zeitgemäß?, NJW 2002, 2345–2351
Kuhlen, Lothar	Zum Strafrecht der Risikogesellschaft, GA 1994, 347–367
Kulhanek, Tobias	Im Namen des Volkes – Leerformel, Fiktion oder Realität, ZRP 2015, 155–156
Kulhanek, Tobias	Befriedende Strafzumessung im Tatstrafrecht. Zur Einpassung des Strafzumessungsvorrangs in ein strafrechtliches Gesamtkonzept, NStZ 2020, 65–71

Kurzberg, Benjamin	Jugendstrafe aufgrund schwerer Kriminalität. Eine Untersuchung zur Strafzumessung bei Jugendlichen, Heranwachsenden und jungen Erwachsenen im Hinblick auf den Erziehungsgedanken im Jugendstrafrecht, Berlin, 2009
Kürzinger, Josef	Kriminologie, 2. Auflage, Stuttgart, München, u.a., 1996
Kusch, Roger	Plädoyer für die Abschaffung des Jugendstrafrechts, NStZ 2006, 65–69
Lackner, Karl	Das Jugendgerichtsgesetz, JZ 1953, 527–531
Lackner, Karl; Kühl, Kristian	Strafgesetzbuch Kommentar, 29. Auflage, München, 2018
Laubenthal, Klaus	Ist das deutsche Jugendstrafrecht noch zeitgemäß?, JZ 2002, 807–818
Laubenthal, Klaus	Die Renaissance der Sicherungsverwahrung, ZStW 116 (2004), 703–750
Laubenthal, Klaus	Geltungsbereich und Sanktionenkatalog des JGG, in: Dollinger, Bernd/ Schmidt-Semisch, Henning (Hrsg.), Handbuch Jugendkriminalität. Interdisziplinäre Perspektiven, 3. Auflage Wiesbaden, 2018, S. 517–532
Laubenthal, Klaus; Baier, Helmut; Nestler, Nina	Jugendstrafrecht, 3. Auflage, Berlin/Heidelberg, 2015
Laue, Christian	Jugendstrafe wegen besonderer Schuldschwere, NStZ 2016, 103–104
Lenz, Torsten	Die Rechtsfolgensystematik im Jugendgerichtsgesetz (JGG). Eine dogmatische Strukturierung der jugendstrafrechtlichen Reaktionsmöglichkeiten am Maßstab des Verhältnismäßigkeitsgrundsatzes, Berlin, 2007
Liszt, Franz von	Der Zweckgedanke im Strafrecht, ZStW 3 (1883), 1–47
Liszt, Franz von	Kriminalpolitische Aufgaben, ZStW 12 (1892), 161–199
Liszt, Franz von	Lehrbuch des Deutschen Strafrechts, 7. Auflage, Berlin, 1896, Nachdruck von 2018

Liszt, Franz von Der Zweckgedanke im Strafrecht, in: Liszt, Franz von (Hrsg.), Strafrechtliche Aufsätze und Vorträge. Band 1: 1875 bis 1891, Berlin, 1905, S. 126–179, Nachdruck von 2021

Liszt, Franz von Kriminalpolitische Aufgaben, in: Liszt, Franz von (Hrsg.), Strafrechtliche Aufsätze und Vorträge. Band 1: 1875 bis 1891, Berlin, 1905, S. 290–467, Nachdruck von 2021

Liszt, Franz von Die Kriminalität der Jugendlichen, in: Liszt, Franz von (Hrsg.), Strafrechtliche Aufsätze und Vorträge. Band 2: 1892 bis 1904, 1905, Berlin, S. 331–355, Nachdruck von 2021

Liszt, Franz von Nach welchen Grundsätzen ist die Revision des Strafgesetzbuchs in Aussicht zu nehmen?, in: Liszt, Franz von (Hrsg.), Strafrechtliche Aufsätze und Vorträge. Band 2: 1892 bis 1904, 1905, Berlin, S. 356–410, Nachdruck von 2021

Löffler, Alexander Die Schuldformen des Strafrechts in vergleichend-historischer und dogmatischer Darstellung. Band I. Die Entwicklung des geltenden Rechts. Abteilung I: Deutschland und Österreich, Leipzig, 1895

Matt, Eduard Straffälligkeit und Lebenslauf: Jugenddelinquenz zwischen Episode und Verfestigung, ZJJ 2005, 429–433

Maurach, Reinhart; Zipf, Heinz Strafrecht Allgemeiner Teil Teilband 1. Grundlehren des Strafrechts und Aufbau der Straftat, 8. Auflage, Heidelberg, 1992

Maurach, Reinhart; Gössel, Karl Heinz; Zipf, Heinz Strafrecht Allgemeiner Teil. Teilband 2. Erscheinungsformen des Verbrechens und Rechtsfolgen der Tat, 8. Auflage, Heidelberg, 2014

Meier, Bernd-Dieter Strafrechtliche Sanktionen, 5. Auflage, Wiesbaden, 2019

Meier, Bernd-Dieter; Bannenberg, Britta; Höffler, Katrin Jugendstrafrecht, 4. Auflage, München, 2019

Meier, Bernd-Dieter; Rössner, Dieter; Trüg, Gerson; Wulf, Rüdiger (Hrsg.) Jugendgerichtsgesetz, Handkommentar, 2. Auflage 2014, Baden-Baden

Merkel, Reinhard Willensfreiheit und rechtliche Schuld. Eine strafrechtsphilosophische Untersuchung, 2. Auflage, Baden-Baden, 2014

Meyer-Odewald, Uwe Die Verhängung und Zumessung der Jugendstrafe gemäß § 17 Abs. 2, 2. Alt. JGG im Hinblick auf das ihm zugrundeliegende Antinomieproblem, Frankfurt am Main, Berlin u.a., 1993

Meyer, Maria-Katharina Jugendstrafe wegen „Schwere der Schuld" Erziehungsstrafe und/oder „Schuldausgleich"?, ZfJ 71 (1984), 445–454

Meyer, Stefanie BGH: Die Ablehnung der Schwere der Schuld und damit einer Jugendstrafe verlangt bei schweren Gewaltverbrechen eine umfassende Abwägung, FD-StrafR 2018, 410768

Mezger, Edmund Die Straftat als Ganzes, ZStW 57 (1938), 675–701

Miehe, Olaf Die Bedeutung der Tat im Jugendstrafrecht. Zugleich ein Beitrag zur verfassungsrechtlichen Kritik der jugendrichterlichen Zumessung, Göttingen, 1964

Miehe, Olaf Die Anfänge der Diskussion über eine strafrechtliche Sonderbehandlung junger Täter, in: Schaffstein, Friedrich/Miehe, Olaf (Hrsg.), Weg und Aufgabe des Jugendstrafrechts, Darmstadt, 1986, S. 1–30

Mitsch, Wolfgang Probleme des § 105 Abs. 3 S. 2 JGG, in: Fahl, Christian/ Müller, Eckhart/ Satzger, Helmut/ Swoboda, Sabine (Hrsg.), Festschrift für Werner Beulke zum 70. Geburtstag, Heidelberg, 2015, S. 1181–1193

Mittermaier, Wolfgang Strafe und Erziehung, Sühne und Besserung, in: Simonsohn, Berthold (Hrsg.), Jugendkriminalität, Strafjustiz und Sozialpädagogik, 4. Auflage, Frankfurt am Main, 1972, S. 58–61

Momsen, Carsten Der rechtliche Rahmen für die Verschiebung der Altersgrenzen im Jugendstrafrecht, ZJJ 2005, 179–185

Mrozynski, Peter Krankheit – Hang – schädliche Neigungen, MSchrKrim 68 (1985), 1–18

Müller-Dietz, Heinz Grenzen des Schuldgedankens im Strafrecht, Karlsruhe, 1967

Müller-Dietz, Heinz Prävention durch Strafrecht: Generalpräventive Wirkungen, in: Jehle, Jörg-Martin (Hrsg.), Kriminalprävention und Strafjustiz, Wiesbaden, 1996, S. 227–262

Müller, Henning Ernst Besondere Schwere der Schuld bei einem Heranwachsenden, JR 2017, 118–122

Naucke, Wolfgang Die Kriminalpolitik des Marburger Programms 1882, ZStW 94 (1982), 525–564

Neubacher, Frank Kriminologie, 4. Auflage, Baden-Baden, 2020

Nothacker, Gerhard „Erziehungsvorrang" und Gesetzesauslegung im Jugendgerichtsgesetz. Eine systematisch-methodische Analyse jugendstrafrechtlicher Rechtsanwendungsprinzipien, Berlin, 1985

Oberwittler, Dietrich Von der Strafe zur Erziehung? Jugendkriminalpolitik in England und Deutschland (1850–1920), Frankfurt am Main, 2. Auflage, 2000

Ostendorf, Heribert Jugendstrafrecht am Scheideweg. Weiterführung der Reform des Jugendrechts vor dem Hintergrund der aktuellen Strafrechtsentwicklung, DVJJ-Journal 1994, 229–233

Ostendorf, Heribert Das deutsche Jugendstrafrecht – zwischen Erziehung und Repression, StV 1998, 297, 303

Ostendorf, Heribert Kommunikation und Interaktion im Strafrechtssystem, DRiZ 1999, 63–69

Ostendorf, Heribert Weiterführung der Reform des Jugendstrafrechts. Vorschläge der 2. Jugendstrafrechtsreformkommission der DVJJ, StV 2002, 436–445

Ostendorf, Heribert Zeitwende im Jugendkriminalrecht? Die Beschlüsse des 64. Deutschen Juristentages und die Vorschläge der DVJJ-Reformkommission, NK 1/2003, 16–19

Ostendorf, Heribert Der Erziehungsgedanke zwischen Rigidität und Diktat leerer Kassen, ZfJ 2005, 415–425

Ostendorf, Heribert Gegen die Abschaffung des Jugendstrafrechts oder seiner Essentialia, NStZ 2006, 320–326

Ostendorf, Heribert Flexibilität versus Rechtsstaatlichkeit im Jugendstrafrecht, GA 2006, 515–527

Ostendorf, Heribert Jugendstrafrecht – Reform statt Abkehr, StV 2008, 148–153

Ostendorf, Heribert (Hrsg.) Jugendgerichtsgesetz, 11. Auflage, Baden-Baden, 2021

Ostendorf, Heribert et al. Gegenreform im Jugendstrafrecht? Wider die repressive Hilflosigkeit!, ZRP 1998, 446–448

Ostendorf, Heribert; Drenkhahn, Kirstin Jugendstrafrecht, 10. Auflage, Baden-Baden, 2020

Peters, Karl Die Grundlagen der Behandlung junger Rechtsbrecher, MSchrKrim 49 (1966), 49–62

Peters, Karl Die Grundlagen der Behandlung junger Rechtsbrecher, in: DVJJ (Hrsg.), Erstkriminalität und Frühkriminalität. Bericht über die Verhandlungen des 13. Deutschen Jugendgerichtstages in Münster i.W. vom 14.–16. Oktober 1965, Hamburg 1966, S. 13–29

Petersen, Aiko Sanktionsmaßstäbe im Jugendstrafrecht, Baden-Baden, 2008

Pfeiffer, Christian Kriminalprävention im Jugendstrafverfahren. Jugendrichterliches Handeln vor dem Hintergrund des Brücke-Projekts, Köln, München u.a., 1983

Pieplow, Lukas Erziehung als Chiffre, in: Walter, Michael (Hrsg.): Beiträge zur Erziehung im Jugendkriminalrecht, Köln, Berlin u.a., 1989, S. 5–57

Pieplow, Lukas Der Erziehungsgedanke im Jugendgerichtsgesetz – Einführung, ZJJ 2018, 48–50

Pruin, Ineke Regina Gereift in 53 Jahren? Die Reformdebatte über die deutsche Heranwachsendenregelung, ZJJ 2006, 377–384

Radbruch, Gustav Über den Schuldbegriff, ZStW 24 (1905), 333–348

Radbruch, Gustav Der Mensch im Recht. Ausgewählte Vorträge und Aufsätze über Grundfragen des Rechts, 3. Auflage, Tübingen, 1957

Radtke, Henning Der sogenannte Warnschussarrest im Jugendstrafrecht – Verfassungsrechtliche Vorgaben und dogmatisch-systematische Einordnung, ZStW 121 (2009), 416–449

Radtke, Henning Schuldgrundsatz und Sicherungsverwahrung. Freiheitsgarantien im zweispurigen Sanktionensystem, GA 2011, 636–652

Reuband, Karl-Heinz Einstellungen der Bevölkerung gegenüber jugendlichen Straftätern. Eine empirische Analyse der Erscheinungsformen und Determinanten, in: Dollinger, Bernd/Schmidt-Semisch, Henning (Hrsg.), Handbuch Jugendkriminalität. Interdisziplinäre Perspektiven, 3. Auflage, Wiesbaden, 2018, S. 35–66

Roque, Michael; Posick, Chad; White, Helene Growing Up Is Hard to Do: An Empirical Evaluation of Maturation and Desistance, J Dev Life Course Criminology, 2015, 350–384

Rose, Frank Die Bedeutung des Erziehungsgedankens bei der Jugendstrafe wegen Schwere der Schuld, NStZ 2019, 57–59

Rose, Frank Die Voraussetzungen der Jugendstrafe. Neue Aktualität durch notwendige Verteidigung nach europäischem Recht, ZJJ 2020, 43–49

Rössner, Dieter Erziehungsgedanke und Systematik des Jugendgerichtsgesetzes, in: BMJ (Hrsg.), Grundfragen des Jugendkriminalrechts und seiner Neuregelung, 2. Kölner Symposium, 2. Auflage, Bonn, 1992, S. 344–352

Rössner, Dieter Empirische Perspektiven zur Legitimation von Kriminalstrafe, in: Dölling, Dieter/Götting, Bernd/Meier, Bernd-Dieter, Verrel, Torsten (Hrsg.), Verbrechen – Strafe – Resozialisierung, Festschrift für Heinz Schöch zum 70. Geburtstag am 20. August 2010, Berlin/New York, 2010, S. 637–646

Roth, Andreas Die Entstehung eines Jugendstrafrechts. Das Problem der strafrechtlichen Behandlung von Jugendlichen in der Zeit vor dem Ersten Weltkrieg, ZNR 1991, 17–40

Roxin, Claus Sinn und Grenzen staatlicher Strafe, JuS 1966, 377–387

Roxin, Claus „Schuld" und „Verantwortlichkeit" als strafrechtliche Systemkategorien, in: Roxin, Claus/ Bruns, Hans-Jürgen/ Jäger, Herbert (Hrsg.), Grundfragen der gesamten Strafrechtswissenschaft. Festschrift für Heinrich Henkel zum 70. Geburtstag am 12. September 1973, Berlin/New York, 1974, S. 171–197

Roxin, Claus Zur jüngsten Diskussion über Schuld, Prävention und Verantwortlichkeit, in: Kaufmann, Arthur (Hrsg.), Festschrift für Paul Bockelmann zum 70. Geburtstag am 7. Dezember 1978, München, 1979, S. 279–309

Roxin, Claus Zur Problematik des Schuldstrafrechts, ZStW 96 (1984), 641–660

Roxin, Claus Wandlungen der Strafzwecklehre, in: Britz, Guido/ Jung, Heike/ Koriath, Heinz/ Müller, Egon (Hrsg.), Grundfragen staatlichen Strafens. Festschrift für Heinz Müller-Dietz zum 70. Geburtstag, München 2001, S. 701–715

Roxin, Claus; Greco, Luis Strafrecht Allgemeiner Teil Band I: Grundlagen. Der Aufbau der Verbrechenslehre, 5. Auflage, 2020, München

Rudolphi, Joachim Der Zweck des staatlichen Strafens und die strafrechtlichen Zurechnungsformen, in: Schünemann, Bernd (Hrsg.), Grundfragen des modernen Strafrechtssystems, Berlin/New York, 1984, S. 69–84

Ruscheweyh, Herbert Die Entwicklung des deutschen Jugendgerichts, Weimar 1918

Schady, Jan Praxis des Jugendstrafrechts in der Weimarer Republik: Die Umsetzung des Jugendgerichtsgesetzes von 1923 im Spiegel der Statistiken und Akten, Baden-Baden, 2003

Schaffstein, Friedrich Einführung, in: Schaffstein, Friedrich/Miehe, Olaf (Hrsg.), Weg und Aufgabe des Jugendstrafrechts, Darmstadt, 1968, S. IX–XIX

Schaffstein, Friedrich Schädliche Neigungen und Schwere der Schuld als Voraussetzungen der Jugendstrafe, in: Lüttger, Hans/ Blei, Hermann/ Hanau, Peter (Hrsg.): Festschrift für Ernst Heinitz zum 70. Geburtstag am 1. Januar 1972, Berlin 1972, S. 461–476

Schlüchter, Ellen Rückbesinnung auf den Gesetzeszweck im Jugendstrafrecht, in: Hirsch, Hans J./Kaiser, Günther/ Marquardt, Helmut (Hrsg.), Gedächtnisschrift für Hilde Kaufmann, Berlin/New York, 1986, S. 409–422

Schlüchter, Ellen Plädoyer für den Erziehungsgedanken, Berlin/New York, 1994

Schneider, Hans-Joachim Einführung in die Kriminologie, Berlin/Boston, 2012, ursprünglich 3. Auflage, Berlin/New York, 1993

Schöch, Heinz Empirische Grundlagen der Generalprävention, in: Herrmann, Joachim/Vogeler, Theo et al. (Hrsg.), Festschrift für Hans-Heinrich Jescheck zum 70. Geburtstag, Berlin, 1985, S. 1081–1105

Scholz, Christian Das Urteil des BVerfGs zum Jugendstrafvollzug. Ein Hoffnungsschimmer für die Gesetzgebungskultur in Deutschland, ZJJ 2006, 424–425

Schönke, Adolf; Schröder, Horst Strafgesetzbuch Kommentar, 30. Auflage, München, 2019

Schüler-Springorum, Horst Zur aktuellen Diskussion über Strafe und Erziehung in der deutschen Jugendgerichtsbarkeit, in: Hanack, Ernst-Walter/Rieß, Peter/Wendisch, Günter (Hrsg.), Festschrift für Hanns Dünnebier zum 75. Geburtstag am 12. Juni 1982, Berlin/New York, 1982, S. 649–659

Schüler-Springorum, Horst Anmerkungen zu OLG Schleswig, NStZ 1985, 475, NStZ 1985, 476–478

Schüler-Springorum, Horst Die Mindestgrundsätze der Vereinten Nationen für die Jugendgerichtsbarkeit, ZStW 99 (1987), 809–844

Schüler-Springorum, Horst Hundert Jahre Jugendgerichtsbarkeit, in: Britz, Guido/ Jung, Heike/ Koriath, Heinz/ Müller, Egon (Hrsg.), Grundfragen staatlichen Strafens, Festschrift für Heinz Müller-Dietz zum 70. Geburtstag, München, 2001, S. 821–840

Schumann, Karl F. Positive Generalprävention: Ergebnisse und Chancen der Forschung, Heidelberg, 1989

Schumann, Karl F. Positiv Denken – das neue Verständnis von Generalprävention, NK 1/1990, 35–36

Schünemann, Bernd Die Funktion des Schuldprinzips im Präventionsstrafrecht, in: Schünemann, Bernd (Hrsg.): Grundfragen des modernen Strafrechts, Berlin/New York, 1984, S. 153–196

Schwind, Hans-Dieter Kriminologie und Kriminalpolitik. Eine praxisorientierte Einführung mit Beispielen, 24. Auflage, München, 2021

Sieverts, Rudolf Das Jugendgerichtsgesetz von 1953 und die deutsche Jugendgerichtsbewegung, in: Simonsohn, Bertholt (Hrsg.), Jugendkriminalität, Strafjustiz und Sozialpädagogik, 4. Auflage, Frankfurt am Main, 1972, S. 122–138

Sonnen, Bernd-Rüdiger Stand und Entwicklung des Jugendkriminalrechts, RdJB 2007, 128–140

Sonnen, Bernd-Rüdiger Anmerkungen zu BGH – 3 StR 214/15 – Beschluss vom 20.8.2015, ZJJ 2016, 76–77

SPD Thesen der SPD zur Reform des Jugendkriminalrechts, ZfJ 1982, 60–68

Stolp, Inga Die geschichtliche Entwicklung des Jugendstrafrechts von 1923 bis heute. Eine systematische Analyse der Geschichte des Jugendstrafrechts unter besonderer Berücksichtigung des Erziehungsgedankens, Baden-Baden, 2015

Stratenwerth, Günther; Kuhlen, Lothar Strafrecht Allgemeiner Teil. Die Straftat, 6. Auflage, Köln, München u.a., 2011

Streng, Franz Schuld, Vergeltung, Prävention. Eine tiefenpsychologische Rekonstruktion strafrechtlicher Zentralbegriffe, ZStW 92 (1980), 637–681

Streng, Franz Die Jugendstrafe wegen „schädlicher Neigungen" (§ 17 II 1. Alt. JGG) – Ein Beitrag zu den Grundlagen und zum System der Jugendstrafe, GA 1984, 149–166

Streng, Franz Anmerkung zu SchlHOLG, StV 1985, 420, StV 1985, 421–424

Streng, Franz Schuld ohne Freiheit? Der funktionale Schuldbegriff auf dem Prüfstand, ZStW 101 (1989), 273–334

Streng, Franz Der Erziehungsgedanke im Jugendstrafrecht. Überlegungen zum Ideologiecharakter und zu den Perspektiven eines multifunktionalen Systembegriffs, ZStW 106 (1994) 60–92

Streng, Franz Die Öffnung der Grenzen – Die Grenzen des Jugendstrafrechts. – Perspektiven einer problemangemessenen Anwendung des Erziehungsgedankens –, DVJJ-Journal 1995, 163–171

Streng, Franz Anmerkung zu BGH, StV 1998, 336, StV 1998, 336–340

Streng, Franz Strafrechtliche Sanktionen. Die Strafzumessung und ihre Grundlagen, 3. Auflage, Stuttgart, 2012

Streng, Franz Jugendstrafrechtliche Strafzumessung zwischen Tat- und Täterprinzip, GA 2017, 80–91

Streng, Franz Jugendstrafrecht, 5. Auflage, Heidelberg, 2020

Strobel, Sonja Verhängung und Bemessung der Jugendstrafe – eine Analyse unter besonderer Berücksichtigung der Strafzwecke, Aachen, 2006

Swoboda, Sabine Die Bemessung der Jugendstrafe bei Mordtaten von Heranwachsenden – Die Reform des § 105 Abs. 3 JGG und ihre Bedeutung für den jugendstrafrechtlichen Konflikt zwischen Erziehungsgedanke und positiver Generalprävention, ZStW 125 (2013), 86–111

Swoboda, Sabine Der Erziehungsgedanke unter Druck. Diskussionen über den Erziehungsgedanken und seine Anwendung auf Erwachsene, über die Jugendstrafe wegen Schwere der Schuld, den Mechanismus des § 105 Abs. 1 JGG und die über zehnjährige Jugendstrafe in § 105 Abs. 3 S. 2 JGG, in: Strafverteidigervereinigungen Organisationsbüro (Hrsg.), Räume der Unfreiheit, Texte und Ergebnisse des 42. Strafverteidigertages Münster, 2.–4.3.2018, Berlin, 2018, S. 345–387

Swoboda, Sabine Kritische Entwicklungen im Jugendstrafrecht seit 2013, ZStW 132 (2020), 826–890

Tenckhoff, Jörg Jugendstrafe wegen Schwere der Schuld?, JR 1977, 485–492

Tesar, Ottokar Die symptomatische Bedeutung des verbrecherischen Verhaltens, Berlin, 1907

Vereinigung für Jugendgerichte und Jugendgerichtshilfen (Hrsg.) Verhandlungen des 6. Deutschen Jugendgerichtstages. Heidelberg, 17.–19. September 1924, Berlin, 1925, S. 56–57

Vereinte Nationen Mindestgrundsätze der Vereinten Nationen für die Jugendgerichtsbarkeit, ZStW 99 (1987), 253–287

Viehmann, Horst Anmerkungen zum Erziehungsgedanken im Jugendstrafrecht aus rechtschaffender Sicht, in: Walter, Michael (Hrsg.), Beiträge zur Erziehung im Jugendkriminalrecht, Köln, Berlin u.a., 1989, S. 111–133

Walkenhorst, Philipp	Überlegungen zur Bestimmung von Erziehung und Förderung im Jugendvollzug, RdJB 2016, 469–485
Walter, Michael	Über die Bedeutung des Erziehungsgedankens für das Jugendkriminalrecht, in: Walter, Michael (Hrsg.), Beiträge zur Erziehung im Kriminalrecht, Köln, Berlin u.a., 1989, S. 59–89
Walter, Michael	Über die Fortentwicklung des Jugendstrafrechts, NStZ 1992, 470–477
Walter, Michael	Die Krise der Jugend und die Antwort des Strafrechts, ZStW 113 (2001), 743–773
Walter, Michael	Das Jugendkriminalrecht in der öffentlichen Diskussion: Fortentwicklung oder Kursänderung zum Erwachsenenstrafrecht?, GA 2002, 431–454
Walter, Michael; Neubacher, Frank	Jugendkriminalität, 4. Auflage, Stuttgart, 2011
Walter, Michael; Wilms, Yvonne	Kriminalrechtlicher Erziehungsgedanke und elterliches Erziehungsrecht – Zur Zulässigkeit und den Voraussetzungen jugendrechtlicher Weisungen gemäß § 10 I JGG, NStZ 2004, 600–607
Walter, Michael; Wilms, Yvonne	Künftige Voraussetzungen für die Verhängung der Jugendstrafe: Was kommt nach einem Wegfall der „schädlichen Neigungen"?, NStZ 2007, 1–8
Walter, Tonio	Vergeltung als Strafzweck. Prävention und Resozialisierung als Pflichten der Kriminalpolitik, ZIS 2011, 636–647
Weber, Martin	Die Anwendung der Jugendstrafe. Rechtliche Grundlagen und gerichtliche Praxis, Frankfurt am Main, 1990
Weber, Simone	Die Bedeutung des Schuldprinzips im Jugendstrafrecht. Unter besonderer Berücksichtigung des Zielkonflikts mit dem Erziehungsgrundsatz, Frankfurt am Main, 2011
Weigend, Thomas	„Neoklassizismus" – ein transatlantisches Mißverständnis. Gedanken anläßlich eines Internationalen Kolloquiums über „Neue Tendenzen der Kriminalpolitik", ZStW 94 (1982), 801–814

Weigend, Thomas „Neo-klassische“ Bestrafungskonzepte: Rück- oder Fortschritt, in: BMJ (Hrsg.), Grundfragen des Jugendkriminalrechts und seiner Neuregelung 2. Kölner Symposium, Bonn, 1992, S. 152–168

Weiss, Erik Die Anwendbarkeit von Jugendstrafrecht auf Heranwachsende. Eine rechtsdogmatische Untersuchung der Voraussetzungen des § 105 Abs. 1 JGG und zugleich ein Beitrag zur rechtspolitischen Diskussion um die strafrechtliche Behandlung Heranwachsende *de lege ferenda*, Berlin, 2021

Weitl, Albert Die dogmatischen Grundlagen des geltenden Jugendstrafrechts (JGG). Eine kritische Würdigung de lege lata et ferenda vor dem Hintergrund des Entwurfs eines neuen Strafgesetzbuches, München, 1965

Wessels, Johannes; Beulke, Werner; Satzger, Helmut Strafrecht Allgemeiner Teil. Die Straftat und ihr Aufbau, 51. Auflage, Heidelberg 2021

Westphal, Karsten Die Aussetzung der Jugendstrafe zur Bewährung gem. § 21 JGG, Frankfurt a.M. u.a., 1995

Weyel, Frank Heiner Im Jugendstrafrecht brauchen wir weder Erziehung noch Verschärfung. Das JGG, die DVJJ und der Erziehungsgedanke, ZJJ 2003, 406–409

Weyel, Frank Heiner Erziehung und Wandel des Erziehungsgedankens, ZJJ 2008, 132–136

Wolf, Gerhard Strafe und Erziehung nach dem Jugendgerichtsgesetz, 1984, Marburg

Wolff, Jörg Jugendliche vor Gericht im Dritten Reich. Nationalsozialistische Jugendstrafrechtspolitik und Justizalltag, München, 1992

Wolffersdorff, Christian von Wir werden euch helfen! Die vielen Gesichter des Erziehungsgedankens in Jugendfürsorge und Justiz, ZJJ 2009, 96–105

Zapf, Jana Christina Opferschutz und Erziehungsgedanke im Jugendstrafverfahren, Göttingen, 2012

Zieger, Matthias Zum Referentenentwurf eines Ersten Gesetzes zur Änderung des Jugendgerichtsgesetzes (JGGE), Juli 1987, StV 1988, 308–312

Zieger, Matthias Reformbedarf beim JGG?, Freispruch 2014, Heft 5, S. 8–9

Zieger, Matthias; Nöding, Toralf Verteidigung in Jugendstrafsachen, 7. Auflage, Heidelberg, 2018

Zweite Jugendstrafrechts-Kommission der DVJJ Vorschläge für eine Reform des Jugendstrafrechts (Zwischenergebnisse), DVJJ-Journal 2001, 345–358

A. Einleitung

I. Problemdarstellung und Anlass der Arbeit

Seit Jahrzehnten zählen die Voraussetzungen der Jugendstrafe wegen *Schwere der Schuld* nach § 17 Abs. 2 Alt. 2 JGG zu den umstrittensten Fragen des Jugendstrafrechts.[1] Gegenstand der Diskussion sind einerseits die Bedeutung und die Reichweite des Erziehungsgedankens bei ihrer Anordnung[2] sowie andererseits die konkrete Bestimmung des Schuldvorwurfs.[3]

Die Konflikte wurzeln in der konzeptionellen Gestaltung des täterorientierten und erzieherisch geprägten Jugendstrafrechts,[4] das sich aus den Spannungsfeldern *Erziehung* und *Strafe* sowie *Tat*- und *Täter*orientierung konstituiert.[5] Aus der gesetzlichen Ausrichtung folgt das grundsätzliche Gebot, insbesondere die jugendstrafrechtlichen Rechtsfolgen stets persönlich und bedürfnisorientiert primär an der Person des Täters auszurichten, um möglichst individuell auf Jugendkriminalität zu reagieren.[6] Spiegelbildlich nehmen objektive Maßstäbe, wie das äußere Unrecht einer Tat bzw. ihre objektive Schwere, prinzipiell keine eigenständige Rolle ein.[7]

Obwohl das Jugendstrafrecht aus dieser Struktur seinen Reiz und seine große Flexibilität schöpft, birgt sie in Bezug auf die zweite Alternative der Jugendstrafe erhebliches Konfliktpotential, da die jeweils unbestimmten Reichweiten der entgegenstehenden Pole ebenjener Spannungsfelder mitunter zu Antinomien führen[8].[9]

---

1 *Beulke*, NK 3/2019, 269, 270 ff.

2 *Beulke*, NK 3/2019, 269, 270 ff.; *Lenz*, Rechtsfolgensystematik, S. 115 f.; *Meyer-Odewald*, Jugendstrafe, S. 3 f.

3 *Ostendorf*, in: Ostendorf, JGG, § 17 Rn. 5.

4 *Hellmer*, Erziehung und Strafe, S. 15.

5 *Beulke/Swoboda*, Jugendstrafrecht Rn. 134 ff.; *Hartmann*, Jugendstrafe, S. 53 f., 60 ff.; *Petersen*, Sanktionsmaßstäbe, S. 181; *Swoboda*, ZStW 125 (2013), 86, 92 ff.

6 *Hellmer*, Erziehung und Strafe, S. 15; *Swoboda*, ZStW 132 (2020), 826, 829 ff. m.w.N.

7 *Swoboda*, ZStW 132 (2020), 826, 829.

8 *Strobel*, Jugendstrafe, S. 2; *Swoboda*, ZStW 125 (2013), 86, 92 f.

9 Vgl. etwa die Abweichungen der Strafsenate BGH, NStZ 2018, 659; BGH, NStZ 2018, 728 = BGH, JR 2019, 38; BGH, NStZ-RR 2018, 358.

Der *zweite Strafsenat* des *BGH*[10] bemühte sich in einer Entscheidung aus dem Jahr 2018[11] „um einen Konsens […] hinsichtlich des Stellenwerts des äußeren Unrechtsgehalts für die Auslegung von ‚*Schwere der Schuld*' [i.S.d.] § 17 Abs. 2 JGG".[12] Dabei hinterfragte der *Senat* die Rolle des Erziehungsgedankens in Bezug auf Heranwachsende und bereits erwachsene Täter für die Anwendung der zweiten Alternative der Jugendstrafe neu und wies dabei auf eine substanzielle Veränderung des Verhältnisses spezial- und generalpräventiver Gesichtspunkte hin.[13]

Während die ständige höchstrichterliche Rechtsprechung, dem täter- und erziehungsorientierten Auslegungstopos entsprechend, eine Jugendstrafe wegen *Schwere der Schuld* grundsätzlich[14] nur zulässt, wenn sie auch erzieherisch indiziert ist,[15] konstatierte der *zweite Strafsenat*, die Voraussetzungen einer Jugendstrafe wegen *Schwere der Schuld* gem. § 17 Abs. 2 Alt. 2 JGG seien mit zunehmendem Alter eines Heranwachsenden, zumal wenn er im Verurteilungszeitpunkt bereits Erwachsener ist, „modifiziert zu beurteilen".[16] „In solchen Fällen [sei] die Zielsetzung der Jugendstrafe anders zu bewerten, als etwa bei einem Jugendlichen, der das die Strafmündigkeit begründende Alter gerade erreicht hat".[17] Der Verweis des *Senats*[18] auf *Kaspar*[19] und *Ostendorf*[20] impliziert, dass,

---

10 BGH, NStZ 2018, 728.

11 Sehr kritisch dazu die Entscheidungsanmerkungen von *Eisenberg*, NStZ 2018, 729; *Kölbel*, JR 2019, 40, 43; vgl. auch *Meyer*, FD-StrafR 2018, 410768: Die Entscheidung kann die bestehenden Rechtsunsicherheit nicht beseitigen, da die vom Gericht benannten Voraussetzung eines *schweren* Gewaltdelikts und des *zunehmenden* Alters eines Angeklagten, die die Verhängung von Jugendstrafe losgelöst vom Erziehungszweck zulassen sollen, zu unbestimmt blieben.

12 *Eisenberg*, NStZ 2018, 729; *Streng*, Jugendstrafrecht, Rn. 438 spricht von einer „vermittelnde[n] Position".

13 *Kölbel*, JR 2019, 40, 43.

14 Einschränkungen lediglich im Bereich schwerster Kriminalität: etwa BGH, StV 1982, 332; BGH, StV 2005, 66.

15 Ständige höchstrichterliche Rechtsprechung seit BGHSt 15, 224, 226; BGHSt 16, 261, 263; so grundsätzlich auch BGH, NStZ 2018, 728; befürwortet von einem Teil der Literatur: etwa *Buckolt*, Jugendstrafe S. 47; *Kölbel*, JR 2019, 40, 43; *Meyer-Odewald*, Jugendstrafe, S. 139 ff., 177 ff.; *Sonnen*, ZJJ 2016, 76, 77; *Zieger/Nöding*, Verteidigung in Jugendstrafsachen, Rn. 68.

16 BGH, JR 2019, 38, 39.

17 Ebenda.

18 Ebenda.

19 *Kaspar*, in: FS Schöch, S. 209, 213 f.

20 *Ostendorf*, in: Ostendorf, JGG, § 17 Rn. 5.

entsprechend der Auffassung der herrschenden Literatur,[21] der Strafzweck der positiven Generalprävention gemeint ist.[22]

Die dogmatische Tragweite ist insofern signifikant, als die positive Generalprävention dann nicht nur als zwangsläufiger Folgeeffekt einer schuldausgleichenden Sanktion wirkt,[23] sondern die Entscheidung der Anordnung einer Strafe bestimmt, die aus dem gesellschaftlichen Reaktionsbedürfnis resultiert, das wiederum der deliktischen Erschütterung des Rechtsfriedens bzw. -vertrauens erwächst.[24] Damit signalisiert der *Senat*, dass sich die *Erforderlichkeit* der Jugendstrafe gem. § 17 Abs. 2 Alt. 2 JGG daran bemisst, ob die anderen Sanktionen des jugendstrafrechtlichen Rechtsfolgenkataloges nicht dazu ausreichen, um das durch die *Tat* hervorgerufene Strafbedürfnis der Allgemeinheit zu befriedigen.[25] Die Orientierung an der begangenen Straftat impliziert wiederum, dass ihr objektiver Unrechtsgehalt bei der Auslegung der *Schuld* – der *jugendspezifischen Bestimmung*,[26] die sich auf die subjektiven Beziehungen des Täters zu seiner Tat fokussiert und die Bedeutung des objektiven Tatunrechts auf die mittelbare Wirkung beschränkt,[27] diametral entgegenstehend – eine zentralere Rolle einnehmen muss,[28] als der bisherigen Praxis entsprechend.[29] Die vom *Senat* anvisierte Modifikation deutet daher darauf hin, die Wirkungen des Erziehungsgedanken zurückzudrängen und die Schuld stärker nach den Maßstäben

21 Vgl. statt aller *Beulke/Swoboda*, Jugendstrafrecht, Rn. 460; *Böhm/Feuerhelm*, Jugendstrafrecht, S. 225 f.; *Bohnert*, JZ 1983, 517, 522 f.; *Bottke*, Generalprävention, S. 40 f.; *Brunner/Dölling*, JGG, § 17 Rn. 25; *Hinz*, JR 2001, 51, 54; *Höffler/Kaspar*, in: MüKo StPO Bd. 3/2, JGG, Einl. Rn. 25 ff.; *Kaspar*, in: FS Schöch, S. 209, 213 f.; *Laubenthal/Baier/Nestler*, Jugendstrafrecht Rn. 710; *Ostendorf*, in: Ostendorf, JGG, § 17 Rn. 5; *Ostendorf/Drenkhahn*, Jugendstrafrecht, Rn. 230; *Radtke/Scholze*, in: MüKo StGB Bd. 7, JGG, § 17 Rn. 62; *Schaffstein*, in: FS Heinitz, S. 461, 464 f.; *Swoboda*, ZStW 125 (2013), 86, 98 f.; *Tenckhoff*, JR 1977, 485, 490 f.

22 So auch *Eisenberg*, NStZ 2018, 729 f.; *Kölbel*, JR 2019, 40, 42.

23 *Kölbel*, JR 2019, 40, 43.

24 *Eisenberg*, ZJJ 2018, 144; *Kaspar*, in: FS Schöch, S. 209, 222; *Kölbel*, JR 2019, 40, 43; *Ostendorf*, in: Ostendorf, JGG, § 17 Rn. 5.

25 *Kaspar*, in: FS Schöch, S. 209, 222 m.w.N.; *Kölbel*, JR 2019, 40, 43; *Ostendorf*, in: Ostendorf, JGG, § 17 Rn. 5.

26 BGHSt 61, 188, 191.

27 Vgl. exemplarisch BGHSt 15, 224, 226; BGHSt 16, 261, 263; sowie grundsätzlich auch BGH, JR 2019, 38, 39.

28 *Eisenberg*, ZJJ 2018, 144; *Kölbel*, JR 2019, 40, 43.

29 Vgl. etwa BGH, NStZ 2017, 648; BGH, NStZ 2018, 659; BGH, NStZ-RR 2018, 358.

des allgemeinen Strafrechts zu bestimmen, d.h. allein das Ausmaß der Einzeltatschuld als hinreichende Bedingung genügen zu lassen.[30]

Dieser Vorstoß korreliert mit einem aktuell in der Gesetzgebung und der Rechtsprechung einzelner Strafsenate des *BGH* bei der Auslegung einzelner Rechtsbegriffe zu beobachtenden Trend, nach dem Widersprüche, die sich nicht innerhalb der jugendstrafrechtlichen Systematik auflösen lassen, durch eine Annäherung an das allgemeine Strafrecht behoben werden.[31] Insbesondere zeichnet sich ab, dass in Bezug auf die Tätergruppe der Heranwachsenden in den Fällen mittlerer bis schwerer Kriminalität der sanktionierende und von Vergeltungs- und Schuldausgleichsgedanken geleitete Zugriff gestärkt wird.[32] Gleichzeitig sinkt die Schwelle zur Begründung einer Jugendstrafe wegen *Schwere der Schuld*.[33] Kriminalpolitisch entstammt diese Bewegung mutmaßlich dem Zweck, Diskrepanzen zwischen den Sanktionen des Jugendstrafrechts und des allgemeinen Strafrechts in diesen Anwendungsfällen zu überwinden, die die Rechtsgemeinschaft „für zu groß, für zu unerträglich oder […] nicht mehr begründbar" hält.[34] Ebenjene Abweichungen können dadurch entstehen, dass das äußere Tatunrecht nach jugendstrafrechtlichen Maßstäben nur eine mittelbare Funktion bei der Bestimmung des Schuldvorwurfs einnimmt, wodurch ihre Würdigung insbesondere im Bereich der mittelschweren Kriminalität sehr unterschiedlich ausfallen kann.[35]

II. Zentrale Fragestellungen und Gang der Untersuchung

Die mit der Anordnung einer Jugendstrafe gem. § 17 Abs. 2 Alt. 2 JGG verbundenen großen Rechtsunsicherheiten an diesem neuralgischen Punkt der Strafe sind im Gesetz angelegt.[36] Sie entfalten sowohl hohe prakti-

---

30 So darf der äußere Unrechtsgehalt der Tat, der auch in der gesetzlichen Strafandrohung zum Ausdruck kommt, bei der Prüfung, ob die Verhängung einer Jugendstrafe wegen *Schwere der Schuld* geboten ist, nicht unberücksichtigt bleiben, BGH, NStZ 2018, 728, 729; Praxishinweis, NJW-Spezial 2018, 665; befürwortend *Maier*, in: MüKo StGB Bd. 2, § 46 Rn. 43.

31 *Höynck*, ZJJ 2016, 305, 306; *Swoboda*, ZStW 132 (2020), 826, 827.

32 *Swoboda*, ZStW 132 (2020), 826, 827, 829; zu „Verflachungstendenzen" auch *Beulke*, NK 3/2019, 269, 277.

33 *Höynck*, ZJJ 2016, 305, 306.

34 *Swoboda*, ZStW 132 (2020), 826, 827.

35 Vgl. etwa die Unterschiede bei BGH, JR 2019, 38, 39 und BGH, NStZ 2018, 659.

36 *Hinz*, ZRP 2005, 192 f.; *Meyer*, ZfJ 71 (1984), 445, 452 ff.; *Radtke/Scholze*, in: MüKo StGB Bd. 7, JGG, § 17 Rn. 2.

sche[37] als auch verfassungsrechtliche[38] Relevanz. Die vorliegende Arbeit macht es sich zur Aufgabe, zu untersuchen, wie mit diesen Diskrepanzen umzugehen ist und wie sie – zu Gunsten größerer Rechtssicherheit – aufgelöst werden können.

Zur vollständigen Darstellung des Problems sind zunächst die Jugendstrafe wegen *Schwere der Schuld* gem. § 17 Abs. 2 Alt. 2 JGG im Kontext des Jugendstrafrechts und dessen kriminalpolitischen Ansätzen sowie die täterorientierte Konstitution des JGG zu skizzieren (Kapitel B).

Sodann ist die zentrale Frage nach der strafzwecktheoretischen Legitimation der zweiten Alternative der Jugendstrafe zu vertiefen. Zunächst ist unabhängig vom Alter der Täter zu untersuchen, ob der tat- und gesellschaftsorientierte Strafzweck der positiven Generalprävention die Jugendstrafe wegen *Schwere der Schuld*, von der grundsätzlich erziehungs- und täterorientierten Ausrichtung des Jugendstrafrechts losgelöst,[39] als reine Schuldstrafe legitimiert oder ob sich die Wirkung des Erziehungsgedankens auch auf die Anordnungsentscheidung der Jugendstrafe gem. § 17 Abs. 2 Alt. 2 JGG erstreckt. Dabei ist insbesondere zu klären, in welchem Verhältnis die allgemeinen Strafzwecke zu den jugendstrafrechtlichen Grundsätzen stehen. Vor allem erhebt sich die Frage, ob der sich aus den Interessen der Allgemeinheit begründende Strafzweck der positiven Generalprävention mit der erzieherischen Konstitution des Jugendstrafrechts und der in § 2 Abs. 1 JGG gesetzlich normierten Vorrangstellung des Erziehungsgedankens vereinbar und im jugendstrafrechtlichen Kontext anzuwenden ist (Kapitel C).

In diesem Zusammenhang ist ebenso in den Blick zu nehmen, ob der Erziehungsgedanke bei älteren Tätergruppen, d.h. Heranwachsenden bzw.

---

37 Vgl. etwa *Eisenberg*, ZJJ 2018, 144 in Bezug auf abweichende Anordnungsentscheidungen; *Hartmann*, Jugendstrafe, S. 11 hinsichtlich möglicher Herausforderungen für Tatrichter; *Rose*, ZJJ 2020, 43, der eine neue Dimension in der Umsetzung der Richtlinie (EU) 2016/800 des Europäischen Parlamentes und des Rates vom 11. Mai 2016 über Verfahrensgarantien in Strafverfahren für Kinder, die Verdächtige oder beschuldigte Personen im Strafverfahren sind, in nationales Recht sieht: Nach § 68 Nr. 5 JGG n.F. mit Wirkung vom 17.12.2019 hat die Beiordnung eines Pflichtverteidigers zu erfolgen, sobald für den Beschuldigten eine Jugendstrafe zu erwarten ist. Dementsprechend müssen insbesondere die Ermittlungsbehörden bereits in einem sehr frühen Verfahrensstadium eine rechtlich valide beurteilen können, ob die Voraussetzungen einer Jugendstrafe (wegen *Schwere der Schuld*) vorliegen.

38 *Kaspar*, in: FS Schöch, S. 209, 210 („ausreichen *wozu*?“) mit Verweis auf BVerfGE 19, 342, 347 ff.; *Kölbel*, in: Eisenberg/Kölbel, JGG, § 5 Rn. 21.

39 Dazu *Hinz*, ZRP 2005, 192, 193 ff.

mittlerweile Erwachsenen, überhaupt noch eine Rolle spielen kann bzw. darf und wenn ja, welche. Dabei gilt auch zu überlegen, welche Erziehungsaspekte für diese Tätergruppe generell nutzbar gemacht werden können.

Vor diesem Hintergrund ist weiter zu untersuchen, ob und inwiefern sich der zugrundeliegende Strafzweck auf die Bestimmung des Schuldvorwurfs auswirkt. Das besondere Augenmerk liegt dabei insbesondere darauf, inwiefern dies die Rolle des äußeren Tatunrechts innerhalb der *jugendspezifischen Schuldbestimmung* modifiziert (Kapitel D).

Weiterhin stellt sich die Frage, wie diese Differenzen zu beheben sind. Dabei ist zu überprüfen, ob dies durch die bewusste und offene rechtsdogmatische Integration tatstrafrechtlicher Erwägungen im Gesetzestext de lege ferenda gelingen kann. Aufgrund des bestehenden Handlungsbedarfs sind die diesbezüglichen bisherigen Vorschläge aus Wissenschaft und Politik zu analysieren (Kapitel E).

Abschließend sind eigene Gedanken de lege ferenda zu formulieren, um die de lege lata bestehenden Auslegungsschwierigkeiten und daraus resultierenden Unsicherheiten bei der Anwendung der Jugendstrafe zu beseitigen. Entwickelt wird eine konkrete Reformulierung des § 17 Abs. 2 JGG, mit der größere Rechtssicherheit erzielt werden soll (Kapitel F).

B. Die Jugendstrafe in der Systematik des JGG

I. Die Jugendstrafe im Überblick

1. Grundlagen

Eine Legaldefinition der Jugendstrafe enthält § 17 Abs. 1 JGG. Demgemäß ist sie Freiheitsentzug in einer für ihren Vollzug vorgesehenen Einrichtung – d.h. in einer Jugendstrafanstalt oder in einer eigens geschaffenen Institution freier Träger.[40] Sie ist auf diesen Fall begrenzt.[41]

Aus der Geltung des Erziehungsgedankens gem. § 2 Abs. 1 S. 1 JGG ergibt sich, dass die Jugendstrafe *ultima ratio* des jugendstrafrechtlichen Sanktionskataloges ist.[42] Als stationäre Sanktion ist sie innerhalb des eigenständigen Rechtsfolgensystems des JGG gegenüber den anderen Rechtsfolgen subsidiär.[43] Sie darf als Ausfluss des in §§ 5 Abs. 2, 13 Abs. 1, 17 Abs. 2 JGG einfachgesetzlich ausgestalteten Verhältnismäßigkeitsgrundsatzes[44] nur angeordnet werden, wenn Erziehungsmaßregeln (§§ 9 ff. JGG) oder Zuchtmittel (§§ 13 ff. JGG) nicht mehr „ausreichen".[45] Daraus ergibt sich ein verfassungsrechtlich verankertes,

---

40 Indem das geltende deutsche Jugendstrafrecht die Möglichkeit einer Jugendstrafe vorsieht, unterscheidet es sich von anderen Rechtsordnungen, die ausschließlich erzieherisch/fürsorgerisch auf Jugendkriminalität reagieren, *Beulke/Swoboda*, Jugendstrafrecht, Rn. 1.

41 *Ostendorf*, in: Ostendorf, JGG, § 17 Rn. 2.

42 *Putzke*, in: BeckOK JGG, § 2 Rn. 2; *Radtke/Scholze*, in: MüKo StGB Bd. 7, JGG, § 17 Rn. 8.

43 BT-Drs. 1/3264, S. 39; *Laubenthal/Baier/Nestler*, Jugendstrafrecht, Rn. 712; *Weber*, Jugendstrafe, S. 14 f.

44 Anders als der Wortlaut des § 5 Abs. 1, 2 JGG auf den ersten Blick vermuten lässt, ist die dort vermeintlich klare Rangfolge insofern systematisch und teleologisch zu korrigieren, als aus dem gesetzlichen Stufenverhältnis keine pauschal messbare Eingriffsintensität im Hinblick auf die Schwere des in der Sanktionierung zum Ausdruck kommenden Unwerturteils abgeleitet werden kann. Vgl. dazu *Laubenthal/Baier/Nestler*, Jugendstrafrecht, Rn. 422 ff.; *Laue*, in: MüKo StGB Bd. 7, JGG, § 5 JGG Rn. 21; umfassend *Lenz*, Rechtsfolgensystematik, S. 61 ff., 167 ff.; *Putzke*, in: BeckOK JGG, § 5 Rn. 7 ff.; *Rössner/Bannenberg*, in: Meier/Bannenberg/Höffler, Jugendstrafrecht, § 6 Rn. 5.

45 *Laubenthal/Baier/Nestler*, Jugendstrafrecht, Rn. 712.

„strukturiertes, dogmatisch widerspruchsfreies Rechtsfolgensystem“,[46] das den Rechtsanwender bei der Auswahl der konkreten Maßnahme ausreichend leitet und hinreichend transparent und berechenbar ist.[47] Dies gebietet insbesondere auch Kritikern Einhalt, die durch die fehlende Möglichkeit die drohenden Konsequenzen einer Straftat vorauszusehen,[48] eine erhebliche Rechtsunsicherheit befürchten,[49] da der umfassende Reaktionskatalog es Richtern erlaube, nahezu „beliebig“ auf jugendliche Delinquenz zu reagieren.[50]

Schon terminologisch zeigt sich,[51] dass die Jugend*strafe* eine Strafe[52] im Sinne eines „gewollte[n], dem Täter als Vergeltung schuldhaften Unrechts zugefügtes Übel“[53] ist. Sie ist der einzige Fall einer im Rechtssinne „echte[n] Kriminalstrafe“[54] im Jugendstrafrecht.[55] Deshalb ist sie dessen schärfste, härteste und „eingriffsintensivste“,[56] zumal freiheitsentziehende, Sanktion.[57] Obwohl sich die Jugendstrafe faktisch kaum von der Freiheitsstrafe im Sinne des § 38 StGB unterscheidet,[58] ist sie eine Strafe eigener Art.[59] Sie ist ein „aliud“[60] und entspricht weder „begrifflich“,[61] noch ihrem Wesen[62] oder ihrer Zielrichtung[63] nach

---

46 *Lenz*, Rechtsfolgensystematik, S. 227.

47 *Lenz*, Rechtsfolgensystematik, S. 227; vgl. auch *Rössner*, in: Meier/Rössner/Trüg/Wulf, JGG, § 5 Rn. 22.

48 *Walter*, ZStW 113 (2001), 743, 755 f.

49 *Bohnert*, JZ 1983, 517, 522 m.w.N.

50 *Walter*, ZStW 113 (2001), 743, 756; *Wolf*, Strafe und Erziehung, S. 85 f.

51 *Streng*, GA 2017, 80, 81.

52 Vgl. dazu BVerfGE 22, 125, 132; BVerfGE 27, 36, 42.

53 *Meyer*, ZfJ 71 (1984), 445, 446 m.w.N.

54 *Beulke/Swoboda*, Jugendstrafrecht, Rn. 440; *Streng*, GA 1984, 149 m.w.N.

55 BVerfG, NStZ 2005, 642; *Böhm/Feuerhelm*, Jugendstrafrecht, S. 217; *Hinz*, JR 2001, 50, 53; vgl. auch *Radtke*, ZStW 121 (2009), 416, 429 f. m.w.N.; *Schaffstein*, in: FS Heinitz, S. 461.

56 *Ostendorf*, in: Ostendorf, JGG, Grdl. z. §§ 17 und 18, Rn. 1.

57 *Sonnen*, in: Diemer/Schatz/Sonnen, JGG, § 17 Rn. 4.

58 *Weber*, Schuldprinzip, S. 16.

59 *Meyer*, ZfJ 71 (1984), 445, 446, der zugrundeliegende Strafbegriff deckt sich mit dem des allgemeinen Strafrechts.

60 *Laubenthal*, ZStW 116 (2004), 703, 722.

61 *Böhm/Feuerhelm*, Jugendstrafrecht, S. 217.

62 BGH, NJW 1954, 847, 848; BGH, NJW 1956, 680, 681; *Kölbel*, in: Eisenberg/Kölbel, JGG, § 17 Rn. 3 m.w.N.

63 *Sonnen*, in: Diemer/Schatz/Sonnen, JGG, § 17 Rn. 4; *Streng*, Jugendstrafrecht, Rn. 423.

der Freiheitsstrafe des allgemeinen Strafrechts.[64] Sie ist von dieser unabhängig.[65] Der Unterschied drückt sich nur in den Anwendungsvoraussetzungen und in den Vollzugsvorschriften, die jeweils auf die besondere Lage junger Menschen zugeschnitten sind,[66] aus.[67] Ihr eigenständiger Charakter ist selbst dann unbenommen, wenn sie gegen einen zwischenzeitlich Erwachsenen verhängt wurde und der Vollzug sich gem. § 89b Abs. 1 JGG an den Vorschriften des Erwachsenenvollzugs orientiert.[68] Ihr Strafcharakter manifestiert sich insbesondere darin, dass sie die registerrechtlichen Folgewirkungen einer Strafe hat:[69] Sie gilt als Vorstrafe, da sie gem. § 4 Nr. 1 BZRG entsprechend einer Freiheitsstrafe in das Bundeszentralregister eingetragen wird. Die anderen Sanktionen des Jugendstrafrechts werden lediglich in einem besonders geschützten Erziehungsregister erfasst, § 60 BZRG.

Die Jugendstrafe ist von hoher Ambivalenz gekennzeichnet: Obwohl sie Teil des täter- und zukunftsorientierten Jugendstrafrechts[70] ist, soll sie alle Elemente des allgemeinen Strafbegriffes, d.h. Schuldausgleich, Abschreckung, Besserung und Schutz der Allgemeinheit, enthalten.[71] Grundsätzlich sollen – evtl. modifiziert – auch die allgemeinen Strafzwecke gelten.[72] Damit hat die Strafe nicht nur die Aufgabe, den Täter in die Gesellschaft einzuordnen.[73] Vielmehr soll ihre repressive Zielsetzung dem Täter als Vergeltung für schuldhaft begangenes Unrecht ein Übel zufügen.[74] Dies sollen sowohl er selbst als auch die Allgemeinheit als

---

64 Vgl. etwa *Knauer*, ZStW 124 (2012), 204, 216 m.w.N.; *Sonnen*, in: Diemer/Schatz/Sonnen, JGG, § 17 Rn. 4.

65 RL Nr. 1 zu § 17 JGG; *Eisenberg/Schlüchter*, NJW 2001, 188, 190; *Meyer*, ZfJ 71 (1984), 445, 446; *Sonnen*, in: Diemer/Schatz/Sonnen, JGG, § 17 Rn. 4; *Zieger/Nöding*, Verteidigung in Jugendstrafsachen, Rn. 62.

66 Vgl. zur erzieherischen Ausgestaltung der Vollzugs die Jugendstrafvollzugsgesetze der Länder, z.B. § 3 Abs. 1 S. 1 JStVollzG Bln.

67 *Kölbel*, in: Eisenberg/Kölbel, JGG, § 17 Rn. 2 ff.; *Meyer-Odewald*, Jugendstrafe, S. 84.

68 *Appl*, in: KK-StPO, § 454b Rn. 3; *Eisenberg*, NStZ 1987, 167, 169.

69 *Schöch/Höffler*, in: Meier/Bannenberg/Höffler, Jugendstrafrecht, § 11 Rn. 2; *Streng*, Jugendstrafrecht, Rn. 423.

70 Vgl. zu Tat- und Täterstrafrecht S. 189 f., 192 f.

71 BGHSt 18, 209; OLG Frankfurt, NStZ 1984, 383; *Brunner/Dölling*, JGG, § 17 Rn. 1 m.w.N.; *Meyer*, ZfJ 71 (1984), 445, 446.

72 *Laubenthal/Baier/Nestler*, Jugendstrafrecht, Rn. 710; *Streng*, Jugendstrafrecht Rn. 423 m.w.N.

73 BGH, NJW 1963, 770, 771.

74 BT-Drs. 1/4437, S. 2.

solches empfinden.[75] Genau in dieser vergeltenden, strafenden Funktion der stationären Jugendstrafe liegt auch der grundlegende Unterschied zu den anderen Sanktionen im JGG:[76] Aspekte des Schuldausgleichs spielen bei der Jugendstrafe durchaus eine Rolle, während die täterstrafrechtliche Ausrichtung das Tatprinzip bei den anderen jugendstrafrechtlichen Sanktionen weitgehend (Zuchtmittel, §§ 13 ff. JGG) oder ganz (Erziehungsmaßregeln, §§ 9 ff. JGG) verdrängt.[77]

Daraus ist allerdings nicht zu schlussfolgern, dass der Erziehungsgedanke bei der Jugendstrafe gar keine Bedeutung entfaltet.[78] Es ist zu berücksichtigen, dass es sich bei der Klientel um „junge, in der Entwicklung befindliche, noch prägbare" und beeinflussbare Täter handelt.[79]

2. Formen der Jugendstrafe

Während der Besondere Teil des Strafgesetzbuches im allgemeinen Strafrecht an die zahlreichen Tatbestände jeweilige Rechtsfolgen (§§ 80 ff. StGB) anknüpft, koppelt das JGG die Grundsätze zur Auswahl und Bestimmung der Rechtsfolgen der Jugendstraftat nicht an die verschiedenen Taten, sondern hat für die einzelnen Maßnahmen und Strafen gesetzliche Regeln geschaffen.[80] Die Jugendstrafe ist daher keine deliktsspezifisch notwendige Rechtsfolge.[81]

Das JGG kennt nur zwei Fallkonstellationen, die die Anordnung einer Jugendstrafe erlauben: Während der Subsidiaritätsgrundsatz nur Angaben zu der Relation der einzelnen Maßnahmen des Jugendstrafrechts zueinander enthält, ohne deren Anwendungsbereich näher einzugrenzen,[82] normiert § 17 Abs. 2 JGG in systematischem Zusammenhang mit §§ 5 Abs. 2, 13 Abs. 2 JGG eine Sanktionsauswahlregelung und weist die höchst umstrittenen[83] – und durch den Erziehungsgedanken erschwerten –[84] gesetzlichen Voraussetzungen für die Verhängung von Jugendstrafe aus.[85] Demgemäß kann Jugendstrafe angeordnet

75 *Beulke/Swoboda*, Jugendstrafrecht, Rn. 441.
76 *Laubenthal/Baier/Nestler*, Jugendstrafrecht, Rn. 709.
77 *Streng*, Jugendstrafrecht, Rn. 423.
78 *Beulke/Swoboda*, Jugendstrafrecht, Rn. 441.
79 *Brunner/Dölling*, JGG, § 17 Rn. 1.
80 *Beulke/Swoboda*, Jugendstrafrecht, Rn. 262.
81 *Meyer*, ZfJ 71 (1984), 445.
82 *Meyer-Odewald*, Jugendstrafe, S. 43 f., 45; *Miehe*, Bedeutung der Tat, S. 61 ff.; *Weber*, Jugendstrafe, S. 16.
83 *Dölling*, in: FS Brunner, S. 181, 192.
84 *Hinz*, ZRP 2005, 192; *Meyer*, ZfJ 71 (1984), 445, 452 ff.
85 *Radtke/Scholze*, in: MüKo StGB Bd. 7, JGG, § 17 Rn. 1.

werden, wenn entweder *schädliche Neigungen* des Jugendlichen in der Tat hervorgetreten sind, die Erziehungsmaßregeln oder Zuchtmittel zur Erziehung nicht ausreichen lassen (Alt. 1) oder wegen der *Schwere der Schuld* Strafe *erforderlich* ist (Alt. 2). Die beiden Formen der Jugendstrafe stehen nicht in einem Exklusivitätsverhältnis zueinander, sondern können auch kumulativ angewendet werden.[86] Häufig ist schwere Tatschuld symptomatisch für schädliche Neigungen.[87] Die Strafzumessung ist für beide Alternativen gemeinsam in § 18 JGG geregelt.

Durch die Gegenüberstellung der beiden Anordnungsalternativen offenbart der Gesetzeswortlaut die das Jugendstrafrecht umspannende „Zweckdivergenz" aus *Erziehung* einerseits und *Schuldausgleich*, bzw. *Vergeltung*, *Strafe* andererseits.[88] Dieser „Januskopf des Jugendstrafrechts"[89] macht durch das alternative Nebeneinander der spezialpräventiven und vergeltenden Strafvoraussetzungen zwei rechtsdogmatisch innerlich widersprüchliche Gesichtspunkte zur Grundlage möglicher Bestrafung.[90] Beide Konstellationen der Jugendstrafe knüpfen sowohl an den Aspekt des Schuldausgleichs als auch an den der Erziehung an, dies aber in unterschiedlicher Weise.[91] Entscheidend ist, welcher Strafzweck jeweils dominiert.[92]

Bei den Voraussetzungen der Anordnung von Jugendstrafe zeigt sich auch das Spannungsverhältnis zwischen *Tat-* und *Täterorientierung*:[93] Die Jugendstrafe wegen *schädlicher Neigungen* ist aus „prospektiv-‚erzieherischen' Gründen" anzuordnen, die Alternative wegen *Schwere der Schuld* dagegen aus „retrospektiv-vergeltenden Gründen".[94]

---

86 *Kölbel*, in: Eisenberg/Kölbel, JGG, § 17 Rn. 11; *Streng*, Jugendstrafrecht, Rn. 424.

87 *Laubenthal/Baier/Nestler*, Jugendstrafrecht, Rn. 722 m.w.N.; *Schöch/Höffler*, in: Meier/Bannenberg/Höffler, Jugendstrafrecht, § 11 Rn. 7; so auch *Beulke/Swoboda*, Jugendstrafrecht, Rn. 447.

88 *Kölbel*, in: Eisenberg/Kölbel, JGG, § 17 Rn. 10; so auch *Beulke/Swoboda*, Jugendstrafrecht, Rn. 446.

89 *Jäger*, GA 2003, 469, 474.

90 *Beulke/Swoboda*, Jugendstrafrecht, Rn. 447; *Brögeler*, in: BeckOK JGG, § 17 Rn. 3; *Meyer-Odewald*, Jugendstrafe, S. 2.

91 *Kölbel*, JR 2019, 40.

92 Vgl. dazu S. 169 ff.

93 *Sonnen*, in: Diemer/Schatz/Sonnen, JGG, § 17 Rn. 10.

94 *Albrecht*, Jugendstrafrecht, S. 227.

a) Schädliche Neigungen, *§ 17 Abs. 2 Alt. 1 JGG*

Trotz ihres grundsätzlich strafenden Charakters knüpft die erste Alternative der Jugendstrafe primär „an erzieherische Defizite an", betrifft Fälle, in denen das Gericht eine gesteigerte Interventionsbedürftigkeit feststellt.[95]

Schädliche Neigungen[96] werden klassischerweise als „erhebliche Anlage- und Erziehungsmängel, die ohne längere Gesamterziehung des Täters die Gefahr weiterer Straftaten begründen"[97] definiert. Es muss eine Wahrscheinlichkeit dafür bestehen, dass die persönlichen Defizite sich in der Außenwelt durch weitere Delinquenz manifestieren.[98] Aufschluss darüber gibt eine Legalbewährungsprognose, die im ungünstigsten Fall offenbart, dass eine perpetuierte „Fehlhaltung" vorliegt, die stationär durch „nachdrückliche pädagogische Einwirkung" korrigiert werden muss.[99] „Konflikts-, Gelegenheits- oder Nottaten"[100] sowie „einmaliges, situationsbedingtes Versagen"[101] sollen dementsprechend ausscheiden.[102] Fehlverhalten, das Ausfluss normaler Entwicklungserscheinungen ist, sowie Bagatellkriminalität, die zwar als „gemeinlästig" empfunden wird,[103] aber nicht als „schädlich" gilt, bleiben ebenfalls unberücksichtigt.[104] Dennoch können sich *schädliche Neigungen* bereits in der ersten Straftat offenbaren.[105]

Einen Anknüpfungspunkt an den Aspekt des *Schuldausgleichs* findet die erste Alternative der Jugendstrafe darin, dass sie „nicht außer Verhältnis zur

---

95 *Beulke*, NK 3/2019, 269, 270.

96 Nicht nur ob des aus der Zeit des Nationalsozialismus stammenden Begriffs ist diese Alternative der Jugendstrafe erheblicher Kritik ausgesetzt, die aber nicht Gegenstand der hiesigen Untersuchung sein soll, vgl. dazu ausführlich etwa *Kölbel*, in: Eisenberg/Kölbel, JGG, § 17 Rn. 20 ff.; *Ostendorf*, in: Ostendorf, JGG, § 17 Rn. 3. Die geäußerten Bedenken, die sich vorwiegend auf den hohen Stigmatisierungseffekt, der mit der verkörperten Neigung zu Straftaten einhergeht, beziehen, berge die Gefahr einer sich selbst erfüllenden Prophezeiung, *Walter/Wilms*, NStZ 2007, 1.

97 BGHSt 11, 169, 170; BGHSt 16, 261; BGH, NStZ-RR 2002, 20; BGH, NStZ 2013, 287; BGH, ZJJ 2015, 204.

98 *Streng*, Jugendstrafrecht, Rn. 428.

99 Ebenda.

100 BGHSt 11, 169, 170.

101 BGH, StV 1993, 531.

102 *Streng*, Jugendstrafrecht, Rn. 428.

103 BGH, NStZ-RR 2002, 20.

104 *Brunner/Dölling*, JGG, § 17 Rn. 15; *Schöch/Höffler*, in: Meier/Bannenberg/Höffler, Jugendstrafrecht, § 11 Rn. 8; *Streng*, Jugendstrafrecht, Rn. 428.

105 BGHSt 16, 261, 262; BGH, NStZ-RR 1997, 21, 22; BGH, NStZ 2002, 89 f.

Vorwerfbarkeit stehen darf":[106] Es darf nur auf solche *schädlichen Neigungen* mit Jugendstrafe reagiert werden, die „in der Tat hervorgetreten" sind (§ 17 Abs. 2 Alt. 1 JGG), d.h. symptomatische Bedeutung für die tatsächlich vorhandenen schädlichen Neigungen haben.[107] Elementar ist, dass sie schon vor der Tat im Charakter des Täters angelegt waren[108] und noch zum Urteilszeitpunkt bestehen.[109] Zudem müssen sie derart beschaffen sein, dass es nicht ausreicht, Erziehungsmaßregeln oder Zuchtmittel anzuordnen, um sie erfolgreich zu entschärfen.[110] Zur Verhinderung weiterer Straftaten muss eine Jugendstrafe vor allem geeignet und erforderlich sein.[111] Dazu muss der Täter erziehungsbedürftig sein.[112] Es wird unterstellt, dass die Jugendstrafe zu seiner Erziehung taugt.[113]

Aufgrund der Ausrichtung am Täter und seiner Resozialisierung[114] sowie ihrer spezialpräventiven Natur[115] wird sie auch als „Erziehungsstrafe" bezeichnet.[116]

b) Schwere der Schuld, *§ 17 Abs. 2 Alt. 2 JGG*

Wie bereits einleitend festgestellt, sind die tatbestandlichen Anwendungsvoraussetzungen einer Jugendstrafe gem. § 17 Abs. 2 Alt. 2 JGG mit erheblichen Schwierigkeiten verbunden.[117]

aa) Definitionsansätze

Die im Jugendstrafrecht wie ein „Fremdkörper"[118] wirkende Anordnungsvoraussetzung *Schwere der Schuld* ist noch unbestimmter als die der *schädlichen Neigungen,*[119] gar „konturenlos".[120] Unklar ist dabei vor allem, ob es sich um

---

106 *Kölbel*, in: Eisenberg/Kölbel, JGG, § 17 Rn. 10; *ders.*, JR 2019, 40.

107 *Beulke/Swoboda*, Jugendstrafrecht, Rn. 450; *Brunner/Dölling*, JGG, § 17 Rn. 18 f.; *Kölbel*, in: Eisenberg/Kölbel, JGG, § 17 Rn. 33.

108 BGH, StV 1985, 419.

109 BGH, StV 1992, 431 f.; BGH, NStZ 2010, 281; KG, StV 2003, 456.

110 *Streng*, Jugendstrafrecht, Rn. 429 m.w.N.

111 *Laue*, in: Meier/Rössner/Trüg/Wulf, JGG, § 17 Rn. 20; *Ostendorf*, in: Ostendorf, JGG, § 17 Rn. 12.

112 *Hellmer*, Schuld und Gefährlichkeit im Jugendstrafrecht, S. 43.

113 *Streng*, Jugendstrafrecht, Rn. 429.

114 *Schöch/Höffler*, in: Meier/Bannenberg/Höffler, Jugendstrafrecht, § 11 Rn. 5.

115 *Beulke/Swoboda*, Jugendstrafrecht, Rn. 446.

116 *Streng*, Jugendstrafrecht, Rn. 424.

117 *Bruns*, StV 1982, 592; vgl. dazu auch *Jäger*, GA 2003, 469, 477; *Meyer-Odewald*, Jugendstrafe, S. 6.

118 *Tenckhoff*, JR 1977, 485, 488.

119 *Ostendorf*, in: Ostendorf, JGG, § 17 Rn. 4.

120 *Zieger*, StV 1988, 308, 309.

eine Tat- oder Täterschuld handelt, d.h. ob „schwere Folgen der Tat trotz einer geringeren Vorwerfbarkeit“ eine Jugendstrafe gem. § 17 Abs. 2 Alt. 2 JGG „erforderlich machen“.[121]

Den „Schwellenwert“, der dazu erreicht werden muss, kann man kaum abstrakt umschreiben.[122] Es existieren unterschiedliche Definitionsversuche, nach denen eine Jugendstrafe wegen *Schwere der Schuld* anzuordnen ist, etwa wenn ein Absehen der Strafe zugunsten von Erziehungsmaßregeln oder Zuchtmitteln „in unerträglichem Widerspruch zum allgemeinen Gerechtigkeitsgefühl“ stünde.[123] Oder im Einzelfall der Verzicht auf Jugendstrafe für das Rechtsempfinden „schlechthin unverständlich“ wäre.[124] Diese Bestimmungsversuche bleiben allerdings sehr vage:[125] Sie lassen offen, *wann* der jeweilige Schwellenwert erreicht ist.[126] Sie umschreiben lediglich das Erfordernis deutlich angehobener Schuld.[127]

Ausgangspunkt der Frage, ob eine Jugendstrafe wegen *Schwere der Schuld* „erforderlich“ ist, ist der sanktionseigene Zweck.[128] Das bedeutet, dass die tragende Zielsetzung der Strafe die zur Auslegung herangezogenen Strafzumessungstatsachen notwendigerweise beeinflusst.[129]

Sowohl als Ausdruck der Subsidiarität der Jugendstrafe als auch des Verhältnismäßigkeitsprinzips[130] kann eine Jugendstrafe nur erforderlich sein, wenn sie das mildeste Mittel zum Erreichen des angestrebten Zweckes ist.[131] Daraus kann eine Antinomie entstehen, da die Beurteilung des zu erreichenden Grenzwertes

121 *Buckolt*, Jugendstrafe, S. 44 f. m.w.N.

122 *Radtke/Scholze*, in: MüKo StGB Bd. 7, JGG, § 17 Rn. 62.

123 *Beulke/Swoboda*, Jugendstrafrecht, Rn. 457; vgl. auch *Laubenthal/Baier/Nestler*, Jugendstrafrecht, Rn. 742; *Laue*, NStZ 2016, 103.

124 *Brunner/Dölling*, JGG, § 17 Rn. 25; *Ostendorf*, in: Ostendorf, JGG, § 17 Rn. 7; *Ostendorf/Drenkhahn*, Jugendstrafrecht, Rn. 232; *Rose*, ZJJ 2020, 43, 48.

125 *Kölbel*, in: Eisenberg/Kölbel, JGG, § 17 Rn. 45; *Radtke/Scholze*, in: MüKo StGB Bd. 7, JGG, § 17 Rn. 62.

126 So auch etwa *Buckolt*, Jugendstrafe, S. 42.

127 *Beulke*, NK 3/2019, 269, 277: „schwerster“; *Kölbel*, in: Eisenberg/Kölbel, JGG, § 17 Rn. 45.

128 *Laubenthal/Baier/Nestler*, Jugendstrafrecht, Rn. 733; *Radtke/Scholze*, in: MüKo StGB Bd. 7, JGG, § 17 Rn. 62.

129 *Kaspar*, in: FS Schöch, S. 209, 223.

130 *Strobel*, Jugendstrafe, S. 118 f.

131 *Meyer-Odewald*, Jugendstrafe, S. 39 f.

in Abhängigkeit vom zugrundeliegenden Strafzweck zu abweichenden Ergebnissen führen kann.[132]

Nach einer täterorientierten, erzieherischen Sichtweise kann ein solcher „Widerspruch zum allgemeinen Gerechtigkeitsgefühl" vorliegen, wenn eine Jugendstrafe aus erzieherischen Erwägungen nicht erforderlich erscheint.[133] Daraus resultierte eine täterbezogene Auslegung der *Schwere der Schuld*.[134] So verfahren die höchstrichterliche Rechtsprechung und ein Teil der Literatur: Bei der Bestimmung der Schuld legen sie den Schwerpunkt auf die subjektiven und persönlichkeitsbegründeten Beziehungen des Täters zu seiner Tat und weniger auf deren äußere, rein objektive, Schwere.[135]

Demgegenüber kann eine tatorientierte Auslegung den zu erreichenden Schwellenwert dadurch begründen, dass ein Verzicht auf die Jugendstrafe zugunsten anderer Maßnahmen dem allgemeinen Gerechtigkeitsbedürfnis der Gesellschaft widerspräche, d.h. wenn der Täter „sich so stark ins Unrecht gesetzt" hat, „dass dessen Ausgleich nur durch die Anordnung einer echten Kriminalstrafe erfolgen kann."[136] Eine andere Sanktion ohne Strafcharakter reichte dann nicht zu Vergeltungszwecken[137] als gerechter Schuldausgleich aus, um das erschütterte Rechtsvertrauen der Allgemeinheit wiederherzustellen.[138] Das Strafbedürfnis der Gesellschaft erwächst maßgeblich der ihr bekannt gewordenen Tat, d.h. dem objektiven Unrechtsgehalt des Geschehens, das auch in der Strafandrohung zum Ausdruck kommt.[139] Denn die Tat, von der die Allgemeinheit erfährt, erschüttert den wiederherzustellenden Rechtsfrieden.[140]

bb) Rolle des Erziehungsgedankens bei der Anordnung der Jugendstrafe

Ungeklärt ist auch die zentrale Frage, ob der *Erziehungsgedanke* sich bei der Anordnung einer Jugendstrafe wegen *Schwere der Schuld* in der

132 *Meyer-Odewald*, Jugendstrafe, S. 1 f.

133 *Buckolt*, Jugendstrafe, S. 42; *Buckolt/Hoffmann*, Jura 2004, 710, 712.

134 *Buckolt/Hoffmann*, Jura 2004, 710, 712.

135 Vgl. etwa BGHSt 15, 224, 226; BGHSt 16, 261, 263; BGH, NStZ 2014, 407, 408; BGH, NStZ-RR 2015, 155, 156; BGH, NStZ 2017, 648, 649; BGH, NStZ 2018, 659; BGH, NStZ 2018, 728; BGH, StV 2020, 738, 739.

136 *Laubenthal/Baier/Nestler*, Jugendstrafrecht, Rn. 733.

137 *Schöch/Höffler*, in: Meier/Bannenberg/Höffler, Jugendstrafrecht, § 11 Rn. 5.

138 *Kaspar*, in: FS Schöch, S. 209, 220 ff.; *Ostendorf*, in: Ostendorf, JGG, § 17 Rn. 5.

139 *Kaspar*, in: FS Schöch, S. 209, 220 ff.; *Kölbel*, JR 2019, 40, 43; *Ostendorf*, in: Ostendorf, JGG, § 17 Rn. 5.

140 Ebenda.

Subsidiaritätsanforderung erschöpft oder ob er zum „Merkmal der Jugendstrafe“ avanciert ist.[141]

Von Letzterem gehen die höchstrichterliche Rechtsprechung und ein Teil der Literatur aus: Sie verlangen, dass auch die zweite Alternative der Jugendstrafe stets *erzieherisch indiziert* sein muss, da die Jugendstrafe als Teil des jugendstrafrechtlichen Rechtsfolgensystems ebenso dem Erziehungsgedanken als Leitprinzip unterstehe.[142] Eine Einschränkung dieses Grundsatzes gesteht diese Sichtweise lediglich bei Kapitaldelikten und sonstigen schwersten Straftaten zu.[143]

Demgegenüber begreift die herrschende Literatur die zweite Alternative der Jugendstrafe als reine *Schuldstrafe*, die in Fällen besonders schweren Verschuldens dem Schuldausgleich dienen und dem Sühnebedürfnis der Allgemeinheit Rechnung tragen soll.[144] Da die Jugendstrafe auch alle Elemente des anerkannten Strafbegriffs enthalten soll, müssten über die positive Spezialprävention hinausgehende Strafzwecke gelten.[145]

II. Konstitution des Jugendstrafrechts

Die streitigen Voraussetzungen der Jugendstrafe sind hauptsächlich ein Produkt der „konzeptionelle[n] Teilselbstständigkeit“ des JGG.[146] Dessen Beschaffenheit und Zielsetzung reflektieren die Erkenntnisse zu Erscheinungsweisen und Besonderheiten von Jugendkriminalität.

1. Grundlagen und Hintergründe der strafrechtlichen Sonderbehandlung

Das Phänomen *Jugendkriminalität* als separater Teil der Gesamtkriminalität[147] weist im Vergleich zur Kriminalität Erwachsener strukturelle Besonderheiten

---

141 *Meyer*, ZfJ 71 (1984), 445.

142 BGHSt 15, 224, 226; BGHSt 16, 261, 263; BGH, StV 1982, 335 f.; vgl. umfassend S. 138 ff.

143 Vgl. S. 141 ff.

144 *Beulke/Swoboda*, Jugendstrafrecht, Rn. 446; *Böhm/Feuerhelm*, Jugendstrafrecht, S. 225 f.; *Schöch*, in: Meier/Rössner/Schöch, Jugendstrafrecht, § 11 Rn. 1.

145 *Laubenthal/Baier/Nestler*, Jugendstrafrecht, Rn. 710; vgl. umfassend S. 139 ff.

146 *Strobel*, Jugendstrafe, S. 1.

147 *Walter/Neubacher*, Jugendkriminalität, Rn. 10.

und drastische Unterschiede auf.[148] Das Alter ist eine „zentrale kriminologische Variable[…]".[149]

Ausweislich der Ergebnisse der modernen Erfahrungswissenschaften und der jugendkriminologischen Forschung gilt es als gesicherter Befund, dass Jugendkriminalität im statistischen Sinne *normal*[150] und *ubiquitär*,[151] d.h. von der sozio-ökonomischen Herkunft unabhängig ist, ohne direkter Ausdruck etwaiger Fehlentwicklungen zu sein.[152] Sowohl die amtlichen Statistiken[153] als auch die Dunkelfeldforschung[154] belegen diese Erkenntnisse: So offenbart etwa die Polizeiliche Kriminalstatistik (PKS) stets eine hohe Prävalenz der Jugendkriminalität.[155] Jugendliche und Heranwachsende sind im Vergleich zu anderen Bevölkerungsgruppen in der statistischen Erfassung überrepräsentiert.[156] Das

---

148 *Bock*, Kriminologie, Rn. 936 ff.; *Eisenberg/Kölbel*, Kriminologie, § 48 Rn. 1 ff.; *Kaiser*, Kriminologie, § 51 Rn. 1 ff.; *Maschke*, in: Göppinger, Kriminologie, § 24 Rn. 36 ff.; *Schwind*, Kriminologie, § 3 Rn. 19 ff.

149 *Neubacher*, Kriminologie, Kap. 6 Rn. 1.

150 Vgl. etwa *Bock*, Kriminologie, Rn. 936; *Eisenberg/Kölbel*, Kriminologie, § 48 Rn. 15; *Kürzinger*, Kriminologie, Rn. 279; *Maschke*, in: Göppinger, Kriminologie, § 24 Rn. 48 jeweils m.w.N.

151 Vgl. etwa *Albrecht*, Kriminologie, S. 164 f.; *Eisenberg/Kölbel*, Kriminologie, § 48 Rn. 15; *Maschke*, in: Göppinger, Kriminologie, § 24 Rn. 48 jeweils m.w.N.

152 *Dollinger/Schadbach*, Jugendkriminalität, S. 115 f.

153 Vgl. überblicksweise Aufbereitung bei *Beulke/Swoboda*, Jugendstrafrecht, Rn. 38 ff. sowie bei *Ostendorf*, in: Ostendorf, JGG, Grdl. zu. §§ 1–2 Rn. 7 ff.

154 Vgl. *Brunner/Dölling*, JGG, Einf. Rn. 5 ff.; *Laubenthal/Baier/Nestler*, Jugendstrafrecht, Rn. 13 ff.; *Walter/Neubacher*, Jugendkriminalität, Rn. 377 ff.

155 Vgl. etwa die Tatverdächtigenbelastungszahlen (TVBZ) in *BKA*, PKS 2019 Bd. 3, S. 101. Dies bestätigen die Erkenntnisse aus dem Berichtsjahr 2020 – trotz Covid-19-Pandemie – erneut, vgl. *BKA*, PKS 2020, Tabelle 40_TVBZ.

156 *Eisenberg/Kölbel*, Kriminologie, § 48 Rn. 3, 11 ff.; vgl. zu Erklärungsansätzen für die tendenziell häufigere polizeiliche Registrierung Jugendlicher im Vergleich zu Erwachsenen schon *Albrecht*, Jugendstrafrecht, S. 12 ff.; *Schwind*, Kriminologie, § 3 Rn. 27. Als Begründung nennen *Eisenberg/Kölbel*, Kriminologie, § 48 Rn. 16 ff. die unterschiedlichen Tatmodalitäten. Die bestätigt *Maschke*, in: Göppinger, Kriminologie, § 24 Rn. 47, da Straftaten Jugendlicher „offener" seien, d.h. sie spielten sich häufiger im öffentlichen Raum ab, wodurch sie leichter wahrnehm- und aufklärbar seien und zeichneten sich durch einfache Tatausführungen, oftmals spontane, unüberlegte und emotionale Tatentschlüsse, Impulsivität und Planlosigkeit aus. So auch schon *Kaiser*, Kriminologie § 51 Rn. 11. Auch hinsichtlich der Motivation lassen sich andere Wesensmerkmale erkennen, vgl. dazu die Aufzählung bei *Kreuzer*, in: Kaiser/Kerner/Sack/Schellhoss, Kleines Kriminologisches Wörterbuch, S. 188.

Dunkelfeld gilt sogar als noch viel größer.[157] Die Dunkelfeldforschung bestätigt die sich im Hellfeld abzeichnende „Verteilungsstruktur".[158] Eine ihrer wichtigsten Erkenntnisse ist, dass etwa 90% der jungen Männer in ihrem Leben mindestens eine strafrechtlich relevante Handlung begangen haben.[159] Daraus folgt, dass letztlich nur ein marginaler Teil der jugendlichen Delinquenten den Strafverfolgungsorganen bekannt wird: So typisch entwicklungsbedingte Kriminalität ist, genauso atypisch sind deren Entdeckung und strafrechtliche Konsequenzen.[160] Die Entdeckungswahrscheinlichkeit nimmt allerdings mit wachsender Anzahl der Straftaten sowie der Deliktsschwere zu.[161]

Zudem ist Jugendkriminalität ein *episodenhaftes* bzw. *passageres* Phänomen,[162] da sich ebenfalls beobachten lässt, dass die individuelle Kriminalitätsbelastung in der Adoleszenz zwar steil ansteigt und zwischen dem 19. und dem 20. Lebensjahr ihren Höhepunkt erreicht, dann aber mit zunehmenden Alter und der damit einhergehenden Reife sowie der Einordnung in die Gesellschaft rapide abfällt (*age-crime-curve*).[163] Anders als oftmals befürchtet, setzt sich Jugendkriminalität in den meisten Fällen nicht im Erwachsenenalter fort und mündet nicht in eine „kriminelle Karriere".[164] In der Regel bedarf es zur sog. *Spontanremission* (*Spontanbewährung*) nicht einmal staatlicher Intervention.[165] Im Gegenteil: Um Verfestigungen des Fehlverhaltens und kriminelle Karrieren zu vermeiden, kann es sogar vorzugswürdiger sein, zumal im Bereich weniger schwerer Delikte, „möglichst nachsichtig, informell und nichtstigmatisierend vorzugehen".[166]

---

157 Dazu schon *Kürzinger*, Kriminologie, Rn. 279.

158 *Eisenberg/Kölbel*, Kriminologie, § 48 Rn. 13.

159 *Schwind*, Kriminologie, § 3 Rn. 27.

160 Vgl. etwa *Boers/Reinecke/Bentrup et al.*, NK 2/2010, 58; *Eisenberg/Kölbel*, Kriminologie, § 48 Rn. 16; *Laubenthal/Baier/Nestler*, Jugendstrafrecht Rn. 14; *Zieger/Nöding*, Verteidigung in Jugendstrafsachen, Rn. 2.

161 *Laubenthal/Baier/Nestler*, Jugendstrafrecht Rn. 15; *Walter/Neubacher*, Jugendkriminalität, Rn. 479.

162 *Kaiser*, Kriminologie, § 51 Rn. 12; *Maschke*, in: Göppinger, Kriminologie, § 24 Rn. 50.

163 *Eisenberg/Kölbel*, Kriminologie, § 48 Rn. 13; *Schwind*, Kriminologie, § 3 Rn. 2 jeweils m.w.N.

164 *Rocque/Posick/White*, J Dev Life Course Criminology 2015, 350 ff.

165 Vgl. etwa *Boers/Reinecke/Betrup et al.*, NK 2010, 58, 60; *Eisenberg/Kölbel*, Kriminologie, § 48 Rn. 27; *Maschke*, in: Göppinger, Kriminologie, § 24 Rn. 51; *Walter/Neubacher*, Jugendkriminalität, Rn. 385 m.w.N.

166 *Kaiser*, Kriminologie, § 51 Rn. 13.

Diese Befunde sind allerdings dahingehend einzuschränken, dass sie sich lediglich auf die Begehung einiger weniger, zumal *bagatellhafter,*[167] jugendtypischer Straftaten beziehen.[168] Von der normalen, entwicklungsbedingten Jugendkriminalität abzugrenzen sind Mehrfach- bzw. Intensivtäter,[169] die eine hohe Wahrscheinlichkeit für eine „kriminelle Karriere" haben.[170] Allerdings lassen sich auch bei dieser Gruppe *Spontanremissionen* beobachten.[171]

Es kann und soll kein umfassender Überblick über die kriminalätiologischen Ansätze gegeben werden. Einen gesicherten allgemeingültigen Erklärungsansatz für das Phänomen der entwicklungsbedingten Jugendkriminalität gibt es nicht.[172] Zahlreiche kriminalätiologische Ansätze[173] weisen sie größtenteils „als Ergebnis entwicklungstypischer Verhaltensweisen" sowie „als ein Begleitphänomen im Prozess der Entwicklung einer sozialen und individuellen Identität" aus.[174] Relevant sind körperliche, psychische und soziale Voraussetzungen.[175] Junge Menschen befinden sich in einer Übergangsphase von der Kindheit zum Erwachsensein, die sie mit vielfältigen Anforderungen und Erwartungen sowie Angeboten und Versuchungen erwartet.[176] Die biologischen, psychologischen und sozialen Reifungs- und Entwicklungsprozesse,[177] die ein Jugendlicher während der Bildung der eigenen Identität durchläuft, führen sowohl zu inneren als auch zu äußeren Spannungen und Konflikten, die wiederum zur Folge haben,

---

167 *Schneider*, Kriminologie, S. 227 f.

168 Vgl. zur jugendtypischen Phänomenologie *Bock*, Kriminologie, Rn. 938; *Eisenberg/Kölbel*, Kriminologie, § 48 Rn. 15 m.w.N.; auch *Heinz*, ZJJ 2017, 115, 116 f.; *Kaiser*, Kriminologie, § 51 Rn. 10 f.; vgl. auch die Überblicke bei *Meier*, in: Meier/Bannenberg/Höffler, Jugendstrafrecht, § 3 Rn. 32 ff. sowie *Zieger/Nöding*, Verteidigung in Jugendstrafsachen, Rn. 5.

169 Dazu *Beulke/Swoboda*, Jugendstrafrecht, Rn. 25; *Zieger/Nöding*, Verteidigung in Jugendstrafsachen Rn. 21 f.

170 *Schwind*, Kriminologie, § 3 Rn. 24 ff.

171 Vgl. *Eisenberg/Kölbel*, Kriminologie, § 55 Rn. 8; *Laubenthal/Baier/Nestler*, Jugendstrafrecht Rn. 18 m.w.N.

172 *Kürzinger*, Kriminologie, Rn. 291.

173 Vgl. hierzu im Einzelnen etwa *Bock*, Kriminologie, Rn. 258 ff.; *Dollinger/Schadbach*, Jugendkriminalität, S. 55 ff.; *Eisenberg/Kölbel*, Kriminologie, § 55 Rn. 9 ff.; *Kaiser*, Kriminologie, § 53 Rn. 1 ff.; *Münster*, in: Göppinger, Kriminologie, § 12 Rn. 13 ff.

174 *Maschke*, in: Göppinger, Kriminologie, § 24 Rn. 53.

175 *Bock*, Kriminologie, Rn. 939.

176 *Kaiser*, Kriminologie § 51 Rn. 2; dazu auch *Beulke/Swoboda*, Jugendstrafrecht, Rn. 17 ff.

177 *Kölbel*, in: Eisenberg/Kölbel, JGG, Einl. Rn. 39 m.w.N.

dass gesellschaftlich gezogene Grenzen missachtet werden.[178] Dies wird damit begründet, dass die der Entwicklung erwachsenden Unsicherheiten im Verhalten zu gesteigertem Abweichungspotential führen können.[179] Aktuelle Forschungsbefunde festigen sowohl die neurobiologische Erkenntnis, dass Gehirne „unreifer Personen" sich in ihren Funktionen von denen „gereifter" unterscheiden als auch den Umstand, dass der Prozess der Reifung bis in das dritte Lebensjahrzehnt hineinwirkt.[180]

Da der Fokus auf den jeweiligen „Wechselwirkungen" sowie „Verhinderungsbedingungen krimineller Entwicklungen" liegt, eignen sich die gängigen biologischen, biosozialen, psychoanalytischen, sozialstrukturellen sowie lern- und kontrolltheoretischen kriminalitätsätiologischen Ansätze[181] ob ihrer weitgehenden Monokausalität kaum zur Erklärung von Jugendkriminalität.[182] Es ist stattdessen von einem sog. *Mehrfaktorenansatz* auszugehen,[183] der auf entwicklungskriminologischen Theorien beruht.[184] Auch wenn die Zusammenhänge und die Zusammenwirkung einer Vielzahl von Faktoren zumindest eine starke Beziehung zur Jugendkriminalität aufzeigen, können auch sie keine gesicherte kausale Verbindung herstellen, sondern sind lediglich als kriminogene Einflüsse einzuordnen.[185]

Die vorstehend skizzierten Befunde zeigen, dass entwicklungsbedingte kriminelle Verhaltensweisen Jugendlicher weder „überbewertet" noch „dramatisiert" werden dürfen[186] und es insbesondere im Bereich der Bagatellkriminalität gilt, die Delinquenz nicht zu festigen, sondern durch tendenziell zurückhaltendes

---

178 *Meier*, in: Meier/Bannenberg/Höffler, Jugendstrafrecht, § 3 Rn. 4; so auch *Laubenthal/Baier/Nestler*, Jugendstrafrecht, Rn. 3 m.w.N.

179 Vgl. dazu näher *Kaiser*, Kriminologie, § 51 Rn. 2 m.w.N; *Schneider*, Kriminologie, S. 224 f.

180 Vgl. dazu umfassend *Dünkel/Geng/Passow*, ZJJ 2017, 123.

181 Vgl. zu den klassischen Kriminalitätstheorien etwa überblicksweise *Bock*, Kriminologie, Rn. 85–180.

182 *Rössner*, in: Meier/Rössner/Trüg/Wulf, JGG, Vor §§ 1 ff. Rn. 12.

183 *Ostendorf/Drenkhahn*, Jugendstrafrecht, Rn. 11; vgl. zu Belastungen, die nach Beobachtungen aus der Praxis kriminogen wirkten *Zieger/Nöding*, Verteidigung in Jugendstrafsachen, Rn. 7 f. m.w.N.

184 *Rössner*, in: Meier/Rössner/Trüg/Wulf, JGG, Vor §§ 1 ff. Rn. 12 f.

185 *Kürzinger*, Kriminologie, Rn. 291 ff.; vgl. auch *Beulke/Swoboda*, Jugendstrafrecht, Rn. 17 ff.

186 *Meier*, in: Rössner/Bannenberg/Höffler, Jugendstrafrecht, § 3 Rn. 39.

Verhalten kriminellen Karrieren vorzubeugen.[187] Das Ziel ist, die kriminogenen Ursachen zu beseitigen, um einen straffreien Lebensweg zu bahnen.[188]

Für die Jugendstrafrechtspflege stellt dies ein herausforderndes Aufgabenspektrum dar: Sie muss analysieren, welche Rolle die konkrete Tat in der individuellen Entwicklung des jungen Straftäters spielt und auf diesen Erkenntnissen basierend eine Reaktion ausgestalten, die seine gesellschaftliche Integration am besten fördert –[189] eine „alltäglich sensible Gratwanderung".[190]

2. Jugendstrafrecht als Sonderstrafrecht

Vor diesem Hintergrund erscheint ein vom allgemeinen Strafrecht abweichendes „Sonderstrafrecht für junge Täter",[191] das sich zur Ahndung entsprechender Verfehlungen an den typischen strukturellen Merkmalen der Jugendkriminalität orientiert,[192] als „normative Antwort"[193] mehr als konsequent. Für Jugendliche tritt es neben das Jugendhilferecht. Dabei legt § 2 Abs. 2 JGG dar, dass das Jugendstrafrecht keine abgeschwächte Version des allgemeinen Strafrechts, sondern als lex specialis eine eigene und von diesem losgelöste Rechtsmaterie ist.[194]

Ausweislich § 1 Abs. 2 JGG ist es auf Jugendliche, zur Tatzeit zwischen 14 und 18 Jahre alte Personen, und unter den zusätzlichen Voraussetzungen des § 105 Abs. 1 JGG auch auf Heranwachsende, zur Tatzeit zwischen 18 und 21 Jahre alt, anzuwenden.[195]

---

187 *Kaiser*, Kriminologie § 51 Rn. 13.
188 *Matt*, ZJJ 2005, 429, 432 f.
189 *Meier*, in: Meier/Bannenberg/Höffler, Jugendstrafrecht, § 3 Rn. 39.
190 *Strobel*, Jugendstrafe, S. 10.
191 *Beulke/Swoboda*, Jugendstrafrecht, Rn. 1.
192 *Schwind*, Kriminologie, § 3 Rn. 29.
193 *Rössner*, in: Meier/Rössner/Trüg/Wulf, JGG, Vor §§ 1 ff. Rn. 34.
194 *Rössner*, in: Meier/Rössner/Trüg/Wulf, JGG, § 2 Rn. 20 ff.
195 Obwohl starre juristischen Altersgrenzen nur bedingt entwicklungspsychologische oder soziologische Entsprechung finden, da die Grenzen der unterschiedlichen Entwicklungsstufen der Jugend als Zwischenglied zwischen Kindheit und Erwachsenensein, einem sozialen Konstrukt, das von kulturellen, gesellschaftlichen, wirtschaftlichen und politischen Einflüssen abhängig und in ihrer Dauer variabel ist, fließender und vor allem individuell sind, muss das Strafrecht aus Gründen der Rechtssicherheit, Kalkulierbarkeit und Praktikabilität generalisieren, egalisieren und formalisieren und kann nur sehr bedingt auf individuelle Entwicklungen eingehen, kann kein dynamisches Begriffsverständnis zugrunde legen; vgl. *Schwind*, Kriminologie, § 3 Rn. 3 verweisend auf *Kreuzer*, ZfPäd 1983, 49 ff.; *ders.*, in: Kaiser/Kerner/Sack/Schellhoss, Kleines Kriminologisches Wörterbuch, S. 182. Der Kriminologie

Indem sich der sachliche Anwendungsbereich des Jugend*straf*rechts mangels besonderer jugendstrafrechtlicher Straftatbestände gem. § 1 Abs. 1 JGG auf Verfehlungen beschränkt, die nach den allgemeinen Vorschriften mit Strafe bedroht sind, wird nochmals deutlich, dass das Jugend*straf*recht nicht mit einem Jugend*konflikt*recht im Sinne eines reinen Erziehungsrechts zu verwechseln ist.[196] Das Jugendstrafrecht ist Teil des *Straf*-[197] und nicht des *Sozial*rechtssystems.[198] Erforderlich ist der Nachweis einer Straftat und nicht bloß einer allgemeinen Gefährdung bzw. Verwahrlosung oder eines sonstigen devianten Verhaltens, das pädagogische Maßnahmen verlangen mag.[199]

Die Sonderstellung, die das Jugendstrafrecht jungen Straftätern einräumt, bezieht sich nicht auf die Verhaltensanforderungen, auch nicht etwa mittels restriktiver jugendspezifischer oder entkriminalisierender Auslegung,[200] sondern

---

liegt deshalb ein dynamischeres Begriffsverständnis zugrunde, das sich vor allem dadurch rechtfertigt, dass sich die Grenzen des Erwachsenseins historisch gesehen stark verändert haben: Einerseits ist heutzutage bei jungen Menschen im Vergleich zu ihrer Elterngeneration eine psychosoziale Akzeleration im Sinne eines schnelleren Reifens und damit früherer Kompetenz zu beobachten und dass die jungen Menschen mehr Eigenständigkeit und frühere Selbstständigkeit fordern, während die Schul- und Ausbildungszeiten andererseits immer länger geworden sind und immer häufiger in die dritte Lebensdekade hinein reichen, sodass die jungen Menschen immer später auf eigenen Beinen stehen können. Vgl. dazu *Maschke*, in: Göppinger, Kriminologie § 24 Rn. 36 ff.

196 *Laubenthal/Baier/Nestler*, Jugendstrafrecht, Rn. 4; *Sonnen*, StV 2005, 94; *ders.*, in: Diemer/Schatz/Sonnen, JGG, § 1 Rn. 1.

197 Das Strafrecht wird als diejenigen Vorschriften einer Rechtsordnung, die als Reaktion auf genau umschriebene Verhaltensweisen eine bestimmte Strafe oder Maßnahme anordnen, verstanden. Seine Aufgabe ist der (präventive) Schutz elementarer Rechtsgüter des Einzelnen und der Gemeinschaft, vgl. *Eisele*, in: Baumann/Weber/Mitsch/Eisele, Strafrecht AT, § 2 Rn. 4 ff. Es dient der freien Entfaltung des Individuums und der Aufrechterhaltung einer funktionierendes Sozialordnung durch Sicherung und Wiederherstellung des Rechtsfriedens, vgl. BVerfGE 45, 187, 253 f.; *Kinzig*, in: Schönke/Schröder, StGB, Vorb. §§ 38 ff. Rn. 1; *Maurach/Zipf*, Strafrecht AT Bd. 1, § 7 I Rn. 1 ff. m.w.N.

198 *Ostendorf/Drenkhahn*, Jugendstrafrecht, Rn. 22.

199 *Bohnert*, JZ 1983, 517, 519; *Diemer*, in: Diemer/Schatz/Sonnen, JGG, § 5 Rn. 4; *Ostendorf*, JGG, § 5 Rn. 2; *Weber*, Jugendstrafe, S. 1.

200 BGH, NStZ 2006, 574; *Brunner/Dölling*, § 2 Rn. 11; *Rössner*, in: Meier/Rössner/Trüg/Wulf, JGG, § 1 Rn. 4; *ders.* in: Meier/Rössner/Schöch, Jugendstrafrecht, § 6 Rn. 2; Bedenken bei *Kölbel*, in: Eisenberg/Kölbel, JGG, § 2 Rn. 26 f.; mit der Forderung einer jugendadäquaten Gesetzesauslegung einschränkend *Ostendorf*, in: Ostendorf, JGG, § 2 Rn. 12.

auf das Verfahren und die Reaktionen.[201] Abweichungen in der Gerichtsverfassung, dem Prozessrecht mit seinen Beteiligten und den Sanktionsformen sollen den Entstehungszusammenhängen von Jugendkriminalität insofern Rechnung tragen, als sie die biologische, psychologische und soziologische Übergangssituation junger Menschen berücksichtigen.[202] Darüber hinaus ist es Aufgabe des Jugendstrafrechts, durch „zahlreiche materiell- und verfahrensrechtliche Spezifika" zu vermeiden, dass die jungen Straftäter öffentlich stigmatisiert werden.[203]

Von zentraler Bedeutung ist, dass das Jugendstrafrecht gemäß § 18 Abs. 1 S. 3 JGG die Anwendung der jeweiligen Rechtsfolgenbestimmungen und die jeweils einzelnen nach der Schwere der Tat abgestuften Strafrahmen der Straftatbestände des Besonderen Teils des Strafgesetzbuches zugunsten eines eigenständigen Rechtsfolgensystems[204] verdrängt, um den Besonderheiten des Entwicklungsstadiums der jungen Straftäter mittels altersadäquater Reaktionen zu begegnen.[205] Im Gegensatz zu dem begrenzten Reaktionsspektrum des allgemeinen Strafrechts, das Freiheits- (§ 38 StGB) oder Geldstrafe (§ 40 StGB) als Hauptstrafen vorsieht, bietet das Jugendstrafrecht mit seinem differenzierten Sanktionskatalog großen „Spielraum für erziehungsorientierte Einzelfallbeurteilung", um „integrativ ausgerichtete sanktionierende Mittel in Abstimmung mit

201 *Rössner/Bannenberg*, in: Rössner/Bannenberg/Höffler, Jugendstrafrecht, § 1 Rn. 1.

202 *Meyer-Odewald*, Jugendstrafe, S. 80 f.; *Sonnen*, in: Diemer/Schatz/Sonnen, JGG, § 1 Rn. 1.

203 *Hinz*, JR 2001, 50, 51 f.

204 Das eigenständige, in sich geschlossene, jugendstrafrechtliche Rechtsfolgensystem als Kernstück des Jugendstrafrechts, das den jungen Täter und bestimmte Merkmale seiner Persönlichkeit in den Vordergrund stellt, soll den sich in jeglicher Hinsicht im Übergangsstadium befindenden Straftätern Rechnung tragen, indem es die starren und wenig sozialkonstruktiv ausgerichteten Hauptsanktionen des StGB durch ein breites Spektrum von Rechtsfolgen, die der besonderen Aufgabe des Jugendstrafrechts entsprechen und mit dem es sozialintegrativ wirksam werden kann. Die Sanktionsflexibilität birgt den immensen Vorteil, jugendgemäßer und individueller auf delinquentes Verhalten zu reagieren und dadurch den Verhältnissen, Bedürfnissen und Lagen des Betroffenen gerecht zu werden. Vgl. dazu umfassend *Beulke/Swoboda*, Jugendstrafrecht, Rn. 1, 239, 263 f.; *Diemer*, in: Diemer/Schatz/Sonnen, JGG, § 5 Rn. 3; *Kölbel*, in: Eisenberg/Kölbel, JGG, § 5 Rn. 10; *Lenz*, Rechtsfolgensystematik, S. 18; *Miehe*, Bedeutung der Tat, S. 24; *Ostendorf*, GA 2006, 515 ff.; *Rössner*, in: Meier/Rössner/Trüg/Wulf, JGG, § 5 Rn. 1 ff.; *Tenckhoff*, JR 1977, 485.

205 *Beulke/Swoboda*, Jugendstrafrecht, Rn. 1.

anderen Formen der sozialen Kontrolle zur Verinnerlichung von Strafrechtsnormen einzusetzen".[206]

Diese große Flexibilität soll einerseits sicherstellen, dass die gewählte Rechtsfolge sich ganz konkret an die besonderen Bedürfnisse des Einzelfalls anpassen kann und andererseits dem Jugendrichter die Möglichkeit einräumen, „mit nur gering eingreifenden Reaktionen auskommen zu dürfen".[207] Es wäre nicht nur ungerechtfertigt, die Sanktionen des allgemeinen Strafrechts auf junge Straftäter anzuwenden, sondern in vielen Fällen auch für ihre weitere Entwicklung gar gefährlich.[208] Erforderlich sind individualisierte und an die konkrete Entwicklung angepasste Maßnahmen, um die Betroffenen wieder in die Gemeinschaft zu integrieren.[209] Dazu nimmt das Jugendstrafrecht vorrangig die Person des Täters in den Blick.[210] Maßgeblich ist, seine Persönlichkeit zu erforschen und seine erzieherischen Defizite zu analysieren.[211]

Ursachen dieser Abweichungen sind der im JGG enthaltene Persönlichkeitsgrundsatz, das Erziehungsprinzip und die *täterorientierte* Ausgestaltung.[212] Dementsprechend sind auch die Rechtsfolgen nicht „günstiger" als im allgemeinen Strafrecht, sondern aufgrund des unterschiedlichen Schwerpunkts in der Zielsetzung anders – ein „aliud".[213]

So sind die in den Institutionen der formellen Sozialkontrolle auf die Jugendstraftat reagierenden Personen entsprechend der Forderung aus § 37 JGG, dass die Richter bei den Jugendgerichten sowie die Jugendstaatsanwälte „erzieherisch befähigt und in der Jugenderziehung erfahren" sein sollen, zwar keine Erzieher, haben jedoch ein Segmentwissen.[214] Hintergrund dieser besonderen Behandlung bleibt ein sich von den Anforderungen an erwachsene Straftäter unterscheidender Anspruch.[215]

---

206 *Rössner*, in: Meier/Rössner/Trüg/Wulf, JGG, Vor §§ 1 ff. Rn. 34; vgl. insofern auch *Beulke/Swoboda*, Jugendstrafrecht, Rn. 1.

207 *Bohnert*, JZ 1983, 517, 518.

208 Vgl. S. 63 ff.

209 *Brunner/Dölling*, JGG, Einf. Rn. 82.

210 *Ostendorf*, in: Ostendorf, JGG, Grdl. z. §§ 1 und 2 Rn. 4.

211 *Lenz*, Rechtsfolgensystematik, S. 66 ff.; *Streng*, Jugendstrafrecht, Rn. 10.

212 *Meyer-Odewald*, Jugendstrafe, S. 81.

213 *Diemer*, in: Diemer/Schatz/Sonnen, JGG, § 5 Rn. 3.

214 *Laubenthal/Baier/Nestler*, Jugendstrafrecht, Rn. 4 m.V.a. *Böhm/Feuerhelm*, Jugendstrafrecht, S. 11; so auch *Kusch*, NStZ 2006, 65, 66; vgl. auch *Weyel*, ZJJ 2003, 406 f.

215 *Strobel*, Jugendstrafe, S. 2.

3. Historische Entwicklung[216] der Täterorientierung

Obwohl es das Phänomen Jugendkriminalität schon immer gab,[217] hat sich der Umgang mit ihr stark verändert: Die Sonderbehandlung junger Straftäter, die nach heutigem Verständnis selbstverständlich erscheint,[218] ist das Ergebnis eines langen historischen Prozesses: Das Jugendstrafrecht in heutiger Gestalt ist ein Produkt des 20. Jahrhunderts, das seine Anfänge Ende des 19. Jahrhunderts fand.[219]

Da man ein eigenständiges Jugendstrafrecht zuvor nicht für notwendig hielt, waren jugendliche Straftäter bis dahin im Wesentlichen dem allgemeinen Strafrecht unterworfen.[220] Letztlich wurden sie wie Erwachsene behandelt.[221] Die strafrechtliche Behandlung setzte sich „weder sachlich noch persönlich" mit den Konflikten der Jugend auseinander.[222]

In den verschiedenen Rechtsepochen sahen die jeweils geltenden Gesetze allenfalls Strafmilderungen für ganz junge Straftäter vor.[223] Auch das noch im Geist der liberalen Staatsauffassung stehende[224] RStGB von 1871 enthielt mit dessen §§ 55–57[225] nur wenige Sonderbestimmungen für Jugendliche.[226]

Trotz der nach damaligem Verständnis für ausreichend befundenen Strafmilderungen wurden die jungen Straftäter dennoch weiterhin „mit einer

216 Vgl. umfassende Darstellungen bei *Holzschuh*, Die Geschichte des Jugendstrafrechts; *Stolp*, Die geschichtliche Entwicklung des Jugendstrafrechts.

217 *Herz*, Jugendstrafrecht, S. 4.

218 *Streng*, Jugendstrafrecht, Rn. 24.

219 *Beulke/Swoboda*, Jugendstrafrecht, Rn. 79 ff.; auch überblicksweise *Cornel*, MSchrKrim 64 (1981), 373 ff.

220 Vgl. überblicksweise *Rössner/Bannenberg*, in: Meier/Bannenberg/Höffler, Jugendstrafrecht, § 2 Rn. 4.

221 *Schady*, Praxis des Jugendstrafrechts, S. 19.

222 *Meyer-Odewald*, Jugendstrafe, S. 67.

223 So etwa schon die Constitutio Criminalis Carolina 1532; vgl. dazu den Überblick bei *Rössner/Bannenberg*, in: Meier/Bannenberg/Höffler, Jugendstrafrecht, § 2 Rn. 4.

224 Vgl. dazu ausführlich *Grunewald*, Erziehungsgedanke, S. 23 ff.

225 RGBl. I 1871, S. 137 f.

226 Diese setzten das Strafmündigkeitsalter auf 12 Jahre fest (§ 55 RStGB 1871) und sahen unter anderem vor, dass die 12 bis 18-Jährigen nur strafrechtlich voll verantwortlich sein sollten, wenn sie die erforderliche Einsichtsfähigkeit besaßen (§ 56 Abs. 1 RStGB 1871). Weiter wurden Strafmilderungen (§ 57 Abs. 1 RStGB 1871) und die Verbüßung von Strafen jugendlicher Personen in bestimmten Räumen oder Anstalten (§ 47 Abs. 2 RStGB 1871) normiert.

heute kaum mehr vorstellbaren Härte bestraft".[227] Nach heutigem Verständnis erscheint diese Vorgehensweise nicht nur unmenschlich, sondern im Hinblick auf den Erziehungsgedanken sogar kontraproduktiv.[228]

Eine altersbedingte Sonderbehandlung junger Straftäter setzt voraus, dass der Lebenslauf „phasiert" und die Jugend als eigenständige Lebensphase anerkannt wird.[229] Dieses aus heutiger Perspektive trivial anmutende Bewusstsein ist von gesellschaftlichen und kulturellen Strukturen abhängig, da es der Gesellschaft nicht nur ein Verständnis darüber abverlangt, dass Jugendliche sich von Erwachsenen unterscheiden, sondern aufgrund dessen auch besondere Bedürfnisse haben.[230] Erst das 19. Jahrhundert entdeckte und behauptete das zuvor nahezu unbekannte Phänomen *Jugend* im heutigen Sinne als einen in sich geschlossenen Lebensabschnitt.[231] Es entfaltete sich ein pädagogischer Diskurs, in dessen Rahmen junge Menschen als bildungs-, erziehungs- und schutzbedürftig angesehen wurden.[232] Sowohl neue geistige als auch soziale Strömungen weckten das Bewusstsein über die Unwirksamkeit der bisherigen strafrechtlichen Behandlung Jugendlicher:[233] Gegen Ende des 19. Jahrhunderts setzte sich die entscheidende Einsicht durch, dass Jugendliche keine „kleinen Erwachsenen" sind, sondern in einem komplexen Prozess in die soziale Welt hineinwachsen.[234] Forderungen nach einem alternativen, auf Erziehung und Resozialisierung abzielenden Umgang mit kindlicher und jugendlicher Devianz und Kriminalität mit entsprechenden Sanktionen erhielten öffentliche Anerkennung.[235]

Letztlich waren verschiedene Faktoren und Strömungen dafür verantwortlich, dass sich ein eigenständiges Jugendstrafrecht entwickelte:[236]

---

227 *Beulke*, in: GS Meyer, S. 677; *Weber*, Jugendstrafe, S. 4.

228 *Beulke*, in: GS Meyer, S. 677.

229 Siehe dazu eingehend *Grunewald*, Erziehungsgedanke, S. 28 ff.

230 *Dollinger/Schadbach*, Jugendkriminalität, S. 21 f.

231 *Kaiser*, Jugendrecht und Jugendkriminalität, S. 36 f.

232 *Dollinger/Schadbach*, Jugendkriminalität, S. 23.

233 *Meyer-Odewald*, Jugendstrafe, S. 67.

234 *Grunewald*, Erziehungsgedanke, S. 22 ff.; *Schaffstein*, in: Schaffstein/Miehe, Weg und Aufgabe des Jugendstrafrechts, X.

235 *Dollinger/Schadbach*, Jugendkriminalität, S. 23; vgl. auch *Bohnert*, JZ 1983, 517; *Grunewald*, Erziehungsgedanke, S. 28 ff.; ergänzend auch *Rössner*, in: BMJ, Grundfragen, S. 344 ff.

236 Vgl. dazu umfassend *Stolp*, Die geschichtliche Entwicklung des Jugendstrafrechts, S. 27 ff.

Die Reichskriminalstatistik aus dem Jahr 1882, die einen Anstieg der Jugendkriminalität und eine drastische Zunahme der Verurteilungen Jugendlicher verzeichnete,[237] gab einen Anstoß, sich verstärkt wissenschaftlich und kriminalpolitisch mit dem Phänomen zu befassen.[238]

Ebenso nährte *von Liszts* 1883 veröffentlichtes *Marburger Programm* die Reformbewegungen:[239] Mit der darin enthaltenen Schrift *Der Zweckgedanke im Strafrecht* entwickelte er eine moderne Straftheorie und setzte sich für ein individual- bzw. spezialpräventiv ausgerichtetes Strafrecht ein.[240] Er forderte, dass nicht mehr allein die Tat, sondern auch der Täter als Persönlichkeit von Interesse sein müsse.[241] Obwohl *von Liszt* sich noch nicht explizit mit jugendlichen Straftätern befasste, waren diese Entwicklungen von herausragender Bedeutung für das Jugendstrafrecht, da sie den Erziehungsgedanken weiter konkretisierten.[242]

Unter diesem Eindruck begann Ende des 19. Jahrhunderts die Diskussion um eine Abschaffung der §§ 55–57 RStGB.[243] Die 1888 gegründete Internationale Kriminalistische Vereinigung (IKV),[244] die sich zunehmend auch mit der Behandlung junger Straftäter beschäftigte, erkannte eine spezialpräventive Einwirkung vor allem für die jugendlichen Täter als geeignet an.[245] Ihre Mitglieder entstammten sämtlichen Berufsgruppen, waren jedoch allesamt Anhänger der soziologischen Strafrechtsschule und kritisierten die Regelungen des RStGB, was zur Gründung eines sich mit der Verbesserung der Behandlung junger Straftäter beschäftigenden Ausschusses führte.[246] Es wurden entsprechende Vorschläge

---

237 *Kaiserliches Statistisches Amt*, Statistisches Jahrbuch für das Deutsche Reich 1884, S. 145.

238 *Von Liszt*, in: von Liszt, Strafrechtliche Aufsätze und Vorträge, Bd. 2, S. 331, 333 ff.; *Miehe*, in: Schaffstein/Miehe, Weg und Aufgabe des Jugendstrafrechts, S. 1; *Roth*, ZNR 1991, 17, 27 f.

239 Dazu *Miehe*, in: Schaffstein/Miehe, Weg und Aufgabe des Jugendstrafrechts, S. 1; *Schady*, Praxis des Jugendstrafrechts in der Weimarer Republik, S. 19; *Stolp*, Die geschichtliche Entwicklung des Jugendstrafrechts, S. 27.

240 *Von Liszt*, ZStW 3 (1883), 1, 21, 34 ff.; vgl. auch *ders.*, in: von Liszt, Strafrechtliche Aufsätze und Vorträge Bd. 1, S. 126 ff. vgl. auch *Grunewald*, Erziehungsgedanke, S. 54 ff., S. 68 f.

241 *Von Liszt*, ZStW 3 (1883), 1 ff.

242 *Miehe*, in: Schaffstein/Miehe, Weg und Aufgabe des Jugendstrafrechts, 1, 3 f.

243 *Grunewald*, Erziehungsgedanke, S. 75 ff.

244 Vgl. dazu umfassend *Bellmann*, Die Internationale Kriminalistische Vereinigung.

245 *Schady*, Praxis des Jugendstrafrechts, S. 20.

246 *Von Liszt*, in: von Liszt, Strafrechtliche Aufsätze und Vorträge Bd. 1, S. 290, 428 f.

unterbreitetet.[247]

Aus einer daraus entstandenen jahrelang anhaltenden Diskussion über die Behandlung junger Straftäter entwickelte sich die *Jugendgerichtsbewegung*.[248] Es entsprach ihrer Überzeugung, dass es nicht zu den staatlichen Aufgaben gehöre, gegenüber Kindern Vergeltung zu üben.[249] Gefordert wurde eine Abkehr vom klassischen Strafrecht zu Gunsten eines jugendadäquaten, auf individuelle Prävention ausgerichteten Gesetzes, wobei der *Erziehungsgedanke* zentrale Bedeutung erlangte.[250]

Obwohl schon zu dieser Zeit Streit über das Verhältnis von *Erziehung* und *Strafe*[251] entbrannte, bestand grundlegend Einigkeit darüber, dass der junge Mensch zum verantwortungsbewussten Erwachsenen zu entwickeln sei, wobei zwar nicht die Voraussetzungen der Strafbarkeit, hingegen die Rechtsfolgen und das Verfahren erzieherisch auszugestalten seien.

Befeuernd war zugleich die um 1896 aus der Jugend selbst entstandene *Jugendbewegung*, die ein neues Selbstverständnis der Jugend, zumal die „Eigenständigkeit der Jugendwelt", proklamierte.[252] Sie beeinflusste die strafrechtlichen

---

247 Vgl. dazu im Einzelnen *Appelius*, Die Behandlung jugendlicher Verbrecher und verwahrloster Kinder, S. 226 ff., 233 ff.; vgl. auch *von Liszt*, in: von Liszt, Strafrechtliche Aufsätze und Vorträge Bd. 1, S. 290, 429 ff., zu weiteren entwickelten Entwürfen etwa *Aschrott*, Die Behandlung der verwahrlosten und verbrecherischen Jugend; vgl. auch zusammenfassend *Miehe*, in: Schaffstein/Miehe, Weg und Aufgabe des Jugendstrafrechts, S. 1, 5 ff.

248 Vgl. dazu umfassender *Pfeiffer*, Kriminalprävention, S. 39; *Schüler-Springorum*, in: FS Müller-Dietz, S. 821, 826; zusammenfassend auch *Schlüchter*, Erziehungsgedanke, S. 10 ff.

249 *Ruscheweyh*, Entwicklung des deutschen Jugendgerichts, S. 56.

250 Zusammenfassend *Beulke/Swoboda*, Jugendstrafrecht, Rn. 100; *Swoboda*, ZStW 125 (2013), 86, 95 mit Verweis auf *Pieplow*, in: Walter, Beiträge zur Erziehung im Jugendkriminalrecht, S. 5, 24.

251 Vgl. dazu etwa *Bietz*, ZRP 1981, 212, 213; *Foerster*, in: Schaffstein/Miehe, Weg und Aufgabe des Jugendstrafrechts, S. 31, 33 ff., der eine Kombination als unerlässlich sieht; *Mittermaier*, in: Simonsohn, Jugendkriminalität, Strafjustiz und Sozialpädagogik, S. 58 ff. der keine Strafe zulassen möchte, da dadurch Sühne proklamiert würde; *von Liszt*, Strafrechtliche Aufsätze und Vorträge, Bd. 1, 290, 440; *ders.*, in: von Liszt, Strafrechtliche Aufsätze und Vorträge, Bd. 2, S. 356, 397, der die Verbindung etwa im Gegensatz zu *Appellius* vehement ablehnte; vgl. auch zusammenfassend *Meyer-Odewald*, Jugendstrafe, S. 67.

252 *Beulke/Swoboda*, Jugendstrafrecht, Rn. 91; vgl. dazu auch *Grunewald*, Erziehungsgedanke, S. 32 f. m.w.N.

Entwicklungen zumindest mittelbar, da sie die zugrundeliegende Prämisse bekräftigte, dass Jugendliche grundsätzlich andere Bedürfnisse als Erwachsene haben.[253]

Nachdem bereits 1922 ein eigenständiges Gesetz für die Jugendwohlfahrt verabschiedet worden war,[254] begann 1923 mit Inkrafttreten des ersten deutschen JGG,[255] das nach damaligen Maßstäben nicht nur fortschrittlich, sondern gar revolutionär war,[256] eine neue Ära des Jugendstrafrechts.[257] Mit der Begründung dieses bis heute bestehenden dualistischen Systems[258] setzte sich die Auffassung durch, dass man sich nicht gänzlich von der Strafe als potentieller Sanktion loslösen wollte.[259] Forderungen nach einem einheitlichen Jugendrecht für soziale Auffälligkeiten wurde damit eine Absage erteilt.[260]

4. Spannungsfeld *Erziehung* und *Strafe*

Das aus dieser Entwicklung entstandene Jugendstrafrecht bewegt sich im Spannungsfeld zwischen *Erziehung* und *Strafe*.[261] Das Verhältnis dieser beiden Konzepte ist vieldiskutiert.[262]

Insofern ist der nicht unumstrittene Terminus des *Erziehungsstrafrechts*,[263] mit dem das Jugendstrafrecht oft apostrophiert wird, nicht unpassend.[264] Der Begriff steht kriminalpolitisch als „Chiffre" für ein im Sinne der Jugendangemessenheit „besseres" Strafrecht, das human und gleichzeitig effektiv ist, indem es die Entwicklungsphase und die besonderen Probleme ihrer Klientel berücksichtigt,

253 Ebenda.

254 RGBl. I 1922, S. 633 ff.

255 RGBl. I 1923, S. 135 ff.

256 *Ostendorf/Drenkhahn*, Jugendstrafrecht Rn. 16.

257 Vgl. im Einzelnen *Stolp*, Die geschichtliche Entwicklung des Jugendstrafrechts, S. 38 ff.

258 Das Jugendwohlfahrtsgesetz wurde 1990 aufgehoben und durch das Jugendhilfegesetz (SGB VIII) ersetzt, BGBl. I/1990, S. 1163.

259 *Meyer-Odewald*, Jugendstrafe, S. 68.

260 *Dollinger/Schadbach*, Jugendkriminalität, S. 27.

261 *Swoboda*, ZStW 125 (2013), 86; *dies.*, in: Räume der Unfreiheit, S. 345, 351.

262 Vgl. zusammenfassend *Kurzberg*, Jugendstrafe, S. 73 ff.; vgl. ergänzend auch *Bockelmann*, in: FS Gierke, S. 27 ff.; *Budelmann*, Jugendstrafrecht für Erwachsene?, S. 17 f.; *Grunewald*, NStZ 2002, 452 453; *Swoboda*, ZStW 125 (2013), 86, 96 ff. m.w.N.

263 Vgl. etwa *Zieger/Nöding*, Verteidigung in Jugendstrafsachen, Rn. 31.

264 *Ostendorf*, in: Ostendorf, JGG, Grdl. z. §§ 1 und 2 Rn. 4; *Ostendorf/Drenkhahn*, Jugendstrafrecht, Rn. 50 ff.

zugleich kriminologische Erkenntnisse ernst nimmt sowie versucht, Stigmatisierungsfolgen und einer sekundären Devianz entgegenzuwirken.[265]

Einerseits soll es bereits terminologisch zum Ausdruck bringen, dass selbst ahndende Sanktionen stets mit Blick auf die erzieherische Einwirkung verhängt werden und sie sich für eine wirksame Verhütung von kriminellen Rückfällen eignen.[266] Andererseits soll es suggerieren, dass es im Jugendstrafrecht nicht allein um Erziehung im jugendhilferechtlichen Sinne geht, sondern, dass dem Jugendstrafrecht trotz seines leitenden Erziehungsprinzips als „echtem Strafrecht" der sanktionierende Charakter und die Funktion der Bestätigung der gesellschaftlichen Werte und Normen sowie der Verteidigung des Rechtsfriedens zukommen.[267] Allerdings läuft der Begriff *Erziehungsstrafrecht* Gefahr zu verschleiern, dass ein Großteil jugendlicher Straftaten entwicklungsbedingt *normal*[268] ist, es damit keines strafrechtlichen Erziehungseinsatzes bedarf.[269] Ansonsten wären – den Ergebnissen der Dunkelfeldforschung nach – so gut wie alle Jugendlichen schlecht „erzogen".[270]

Der Gesetzgeber hat sich folglich bewusst weder für ein reines Erziehungsrecht noch für ein dem Strafgesetzbuch angeglichenes Jugendstrafrecht entschieden.[271] Es begründet vielmehr den Reiz und die Flexibilität des geltenden Jugendstrafrechts, dass es sowohl von strafenden Einflüssen als auch vom Erziehungsgrundsatz durchzogen ist.[272]

---

265 *Pieplow*, in: Walter, Beiträge zur Erziehung im Jugendkriminalrecht, S. 5 ff.; so auch *Streng*, ZStW 106 (1994), 60, 88; siehe auch *Ostendorf*, in: Ostendorf, JGG, Grdl. z. §§ 1 und 2 Rn. 6.

266 *Beulke/Swoboda*, Jugendstrafrecht, Rn. 3.

267 *Streng*, Jugendstrafrecht, Rn. 16 m.w.N.; auch BVerfGE 107, 104, 118 f.; vgl. dazu auch umfassend *Bottke*, ZStW 95 (1983), 69 ff.; *Kaspar*, in: FS Schöch, S. 209, 215 ff.; *Kornprobst*, JR 2002, 309, 310; *Meyer-Odewald*, Jugendstrafe, S. 176 ff.; *Streng*, ZStW 106 (1994), 60, 77 ff.; *Wolf*, Strafe und Erziehung, S. 4, 17 ff.

268 Vgl. S. 54 ff.

269 *Ostendorf*, in: Ostendorf, JGG, Grdl. z. §§ 1 und 2 Rn. 4.

270 Ebenda.

271 *Weber*, Schuldprinzip, S. 151.

272 *Wolf*, Strafe und Erziehung, S. 4, 17 ff.

C. Verhältnis von *Erziehungsgedanken* und *Schuldausgleich*

I. Strafzwecktheoretische Einordnung des Jugendstrafrechts

Die Frage nach dem Sinn und Zweck der Bestrafung ist alt, umstritten[273] und „stellt sich [dennoch] zu allen Zeiten neu".[274] Als Strafzwecke werden sämtliche Aspekte staatlichen Strafens[275] unter verschiedenen Gesichtspunkten bezeichnet.[276] Sie geben sowohl eine Begründung dafür, inwieweit eine Strafe „gesellschaftlich erforderlich" als auch gegenüber dem einzelnen Täter „sinnvoll ist".[277] Adressaten sind daher einerseits die Gesellschaft als Gesamtheit derjenigen, die mit den „Nachteilen und Gefahren [...] der Strafrechtspflege" umzugehen hat, und andererseits der zu Bestrafende, den die Strafe ganz konkret betrifft.[278] Davon abzugrenzen ist die Frage nach der Funktion des Strafrechts an sich, das als ultima ratio des Schutzes der Rechtsgüter gesehen wird, da eine funktionierende Rechtsordnung nur bestehen kann, solange das Strafrecht seine Ordnungsfunktion ausübt.[279]

1. Erziehungsprinzip als Leitgedanke des Jugendstrafrechts

Der *Erziehungsgedanke* ist das dominierende[280] Leitprinzip bzw. Gesetzesziel[281] des Jugendstrafrechts. Er ist von „zentrale[r] Bedeutung" für alle seine

---

273 *Eisele*, in: Baumann/Weber/Mitsch/Eisele, Strafrecht AT, § 2 Rn. 20.

274 *Roxin*, JuS 1966, 377; *Maurach/Zipf*, Strafrecht AT Bd. 1, § 6 Rn. 2.

275 Zum Begriff der *Strafe* als Reaktion auf Fehlverhalten, die den Menschen als solchen und nicht bloß als Träger einer zufälligen Position trifft und deshalb besondere Qualität hat, *Roxin/Greco*, Strafrecht AT Bd. 1, § 2 Rn. 1a ff.

276 *Bruns*, Strafzumessung, S. 90; *Kinzig*, in: Schönke/Schröder, StGB, Vor §§ 38 ff. Rn. 2; vgl. dazu umfassend *Roxin*, JuS 1966, 377 ff.; *Rudolphi*, in: Schünemann, Grundfragen des modernen Strafrechtssystems, S. 69, 70 ff.

277 *Gropp/Sinn*, Strafrecht AT, § 1 Rn. 168.

278 *Roxin/Greco*, Strafrecht AT Bd. 1, § 3 Rn. 1b m.w.N.

279 Vgl. BVerfGE 96, 245, 249; *Kinzig*, in: Schönke/Schröder, StGB, Vor §§ 38 ff. Rn. 1; *Roxin/Greco*, Strafrecht AT Bd. 1, § 3 Rn. 1; auch *Rudolphi*, in: Schünemann, Grundfragen des modernen Strafrechtssystems, S. 69, 70 f.

280 *Streng*, Jugendstrafrecht, Rn. 15; *Weyel*, ZJJ 2008, 132.

281 Grundlegend dazu den Überblick bei *Pieplow*, ZJJ 2018, 48 m.z.w.N.; auch *Weber*, Schuldprinzip, S. 61 ff.

Sanktionen.[282] Der Gesetzgeber manifestierte die erzieherische Ausrichtung des Gesetzes im Jahr 2007 mit dem 2. JGGÄndG[283] erstmals in dessen Geschichte in der programmatischen Vorschrift des § 2 Abs. 1 S. 1 JGG.[284]

a) Historische Entwicklung[285]

Dabei blickt der bereits Mitte des 19. Jahrhunderts entwickelte *Erziehungsgedanke* auf eine deutlich längere Tradition zurück:[286] Historisch fungierte er kriminalpolitisch als Motivation für ein eigenständiges Jugendstrafrecht.[287] Dieses sollte junge Straftäter gegenüber erwachsenen insofern privilegieren, indem es den tatvergeltenden Aspekt der Strafe zurückdrängte.[288] Der *Erziehungsgedanke* sollte der Strafe als limitierendes oder zumindest kritisches Gegengewicht gegenüberstehen, um diese subsidiär, bzw. wenigstens „erträglich“ werden zu lassen.[289]

Dieser konzeptionellen Ausrichtung am *Erziehungsgedanken*[290] lag bereits vor Inkrafttreten des JGG 1923[291] das allgemeine Verständnis zugrunde, dass jugendliche Straftäter anders als erwachsene zu behandeln sind.[292] Uneinigkeit

282 *Kaspar*, in: FS Schöch, S. 209, 210.

283 BGBl. I, 2007, S. 2894. Anlass war der Fortfall der Jugendvollzugsvorschriften aus dem JGG.

284 Dies entspricht auch der internationalen Forderung, den Umgang mit jungen Straftätern an dessen individuellen Besonderheiten zu orientieren und erzieherisch auf sie einzuwirken, vgl. dazu *Dollinger/Schadbach*, Jugendkriminalität, S. 35 f., m.w.N.

285 Vgl. dazu überblicksweise etwa *Cornel*, in: Dollinger/Schmidt-Semisch, Handbuch Jugendkriminalität, S. 533 ff.; *Grunewald*, Erziehungsgedanke, S. 20 ff.; *Pieplow*, in: Walter, Beiträge zur Erziehung im Jugendkriminalrecht, S. 8 ff.; *Schlüchter*, Erziehungsgedanke, S. 8 ff.; sowie insgesamt *Stolp*, Die geschichtliche Entwicklung des Jugendstrafrechts.

286 Vgl. schon *von Liszt*, in: von Liszt, Strafrechtliche Aufsätze und Vorträge Bd. 2, S. 331, 338 f., der grundsätzlich in der Bestrafung nicht die besten Voraussetzungen für eine erfolgreiche Legalbewährung sah.

287 BT-Drs. 16/6293, S. 10; vgl. zu den historischen und sozialpolitischen Entstehungsbedingungen umfassend *Grunewald*, Erziehungsgedanke, S. 28, 72 f.; *Hellmer*, Erziehung und Strafe, S. 15.

288 RT-Drs. 1/1920, Nr. 5171, S. 8 ff.; vgl. dort auch zu der neuen Sanktionskategorie der Erziehungsmaßregeln und der Systematik der §§ 5–6 JGG 1923; *Heinz*, JuS 1991, 896, 897; *Strobel*, Jugendstrafe, S. 14; *Walter*, NStZ 1992, 470, 471.

289 *Swoboda*, ZStW 125 (2013), 86, 95 mit Verweis auf *Albrecht*, Jugendstrafrecht, S. 71; *Pieplow*, in: Walter, Beiträge zur Erziehung im Jugendkriminalrecht, S. 5, 24.

290 *Ostendorf*, ZfJ 2005, 415.

291 Vgl. dazu ausführliche Darstellung bei *Kurzberg*, Jugendstrafe, S. 40 ff.

292 Vgl. S. 63 ff.

herrschte hinsichtlich der Umsetzung:[293] Für die noch maßgeblich von den absoluten Straftheorien geprägten Vertreter der *klassischen Schule*[294] war die Vergeltung das Mittel wirksamer Erziehung,[295] da die Strafe dem Täter die Missbilligung eines bestimmten Verhaltens durch die Gesellschaft zeige und deshalb selbst erzieherisch wirke.[296] „Sühne und Vergeltung" sollten „den Jugendlichen aus sich heraus bessern und lebensfähig machen"[297] – Erziehung *durch* Strafe.[298] Dem widersetzte sich die maßgeblich durch *von Liszt* geprägte *moderne Strafrechtsschule*,[299] die neue kriminalpolitische Ziele eröffnete:[300] Sie forderte, das Vergeltungsstrafrecht in ein spezialpräventives, auf den Täter ausgerichtetes Strafrecht umzuwandeln, bei dem nicht mehr allein die Tat, sondern auch der Täter als Persönlichkeit von Interesse sein müsse.[301] Dies war für das Jugendstrafrecht von erheblicher Bedeutung.[302]

Den Grundsatz Erziehung *statt* Strafe[303] darf man jedoch nicht dahingehend missverstehen, dass die jungen Straftäter vollkommen entkriminalisiert werden sollten.[304] Schließlich zeigen sowohl die praktische als auch die empirisch belegte

---

293 *Grunewald*, Erziehungsgedanke, S. 135 ff.

294 Vgl. zum Schulenstreit zusammenfassend *Grunewald*, NStZ 2002, 452, 453; *ders.*, Erziehungsgedanke, S. 38 ff., 40, 42 f.; *Kurzberg*, Jugendstrafe, S. 72 ff.; *Maurach/Zipf*, Strafrecht AT Bd. 1, § 6 Rn. 27 ff., 30 ff.; *Naucke*, ZStW 94 (1982), 525, 552.

295 *Radbruch*, in: Der Mensch im Recht, S. 50, 51.

296 Vgl. *Foerster*, in: Schaffstein/Miehe, Weg und Aufgabe des Jugendstrafrechts, S. 31, 33 ff.

297 *Grunewald*, NStZ 2002, 452, 453 m.w.N.

298 Vgl. dazu *Grunewald*, NStZ 2002, 452, 453; dazu eingehend *Hellmer*, Erziehung und Strafe, S. 128 ff. m.w.N.; *Walter*, NStZ 1992, 470, 471.

299 *Von Lizt*, ZStW 3 (1883), 1, 21 ff., 34 ff.; vgl. auch umfassend *Grunewald*, Erziehungsgedanke, S. 54 ff.

300 *Von Liszt*, ZStW 3 (1883), 1, 34 ff.; vgl. umfassend auch *Eisele*, in: Baumann/Weber/Mitsch/Eisele, Strafrecht AT, § 2 Rn. 32 ff.; *Grunewald*, Erziehungsgedanke, S. 40, 42 f.; historische Einordnung *Maurach/Zipf*, Strafrecht AT Bd. 1, § 6 Rn. 27 ff.; *Naucke*, ZStW 94 (1982), 525, 552; *Roxin/Greco*, Strafrecht AT Bd. 1, § 3 Rn. 11 f.

301 *Von Liszt*, ZStW 3 (1883), 1 ff.; vgl. dazu ergänzend *Beulke/Swoboda*, Jugendstrafrecht, Rn. 92; *Holzschuh*, Geschichte des Jugendstrafrechts, S. 164; *Naucke*, ZStW 94 (1982), 525, 533 ff.

302 *Miehe*, in: Schaffstein/Miehe, Weg und Aufgabe des Jugendstrafrechts, 1, 3 f.; *Weber*, Schuldprinzip, S. 57.

303 *Grunewald*, NStZ 2002, 452, 453 m.w.N.; *Mittermaier*, in: Simonsohn, S. 58, 59 f.; *Walter*, NStZ 1992, 470, 471.

304 *Grunewald*, NStZ 2002, 452, 453.

Erfahrung, dass alle erzieherischen Bemühungen in ihrer Effizienz begrenzt sind und nicht vollständig auf Strafe verzichtet werden kann.[305] Auch *von Liszt*, der um der bestmöglichen Wirksamkeit Willen im Zweifel sogar länger andauernde Strafen guthieß,[306] proklamierte keineswegs den totalen Strafverzicht als beste Reaktion.[307] Sein zentrales Anliegen beschränkte sich vielmehr darauf, die Vergeltungsstrafe in den Dienst individualspezifischer Intervention zu stellen, wozu es im jeweiligen Einzelfall herauszufinden galt, welche Maßnahme spezialpräventiv am wirkungsvollsten ist.[308] Der Schwerpunkt lag eindeutig auf dem „pädagogische[n] Impetus".[309]

Im JGG 1923 drückte sich dies erstmals gesetzlich aus: Der historische Gesetzgeber rückte die Erziehung in den Vordergrund und stellte ganz im Sinne der *modernen Schule* vorrangig auf den Täter ab.[310] Ratio legis war die zukünftige gesellschaftliche Wiedereingliederung der Betroffenen.[311] Das dazu konzipierte Rechtsfolgensystem setzte sich aus Elementen des traditionellen Strafrechts und neuen, erzieherischen Sanktionsformen sowie einer Wahlmöglichkeit zwischen diesen zusammen.[312] Dabei standen die gesetzlich verankerten Ideale *Erziehung* und *Strafe* in einer gestaffelten Folge zueinander.[313]

Auch in den folgenden Jahrzehnten hielt man stets am *Erziehungsgedanken* fest. Selbst in der Zeit des Nationalsozialismus[314] gab man ihn nicht

305 *Beulke/Swoboda*, Jugendstrafrecht, Rn. 133.

306 Mit dem heutigen rechtsstaatlichen Verständnis nicht vereinbar, *Schlüchter*, Erziehungsgedanke, S. 32 m.w.N.

307 *Von Liszt*, in: von Liszt, Strafrechtliche Aufsätze und Vorträge, Bd. 2, S. 331, 339.

308 *Von Liszt*, ZStW 3 (1883), 1, 35 f.; vgl. dazu auch *Grunewald*, NStZ 2002, 452, 453 f.; *ders.*, Erziehungsgedanke, S. 86 ff.; *Schlüchter*, Erziehungsgedanke, S. 32; *Sieverts*, in: Simonsohn, S. 122, 131.

309 *Schlüchter*, Erziehungsgedanke, S. 32.

310 Vgl. dazu *Stolp*, Die geschichtliche Entwicklung des Jugendstrafrechts, S. 20 f.

311 RT-Drs. 1/1920, Nr. 5171, S. 8.

312 Vgl. dazu *Oberwittler*, Von der Strafe zur Erziehung?, S. 74 ff.

313 *Grunewald*, Erziehungsgedanke, S. 125; *Schlüchter*, Erziehungsgedanke, S. 16 f.

314 Diese Zeit entwickelte das Jugendstrafrecht einerseits weiter: So gilt die Einführung des Jugendarrestes und die damit noch bis heute geltende Rechtsfolgentrichotomie aus Erziehungsmaßregeln, Zuchtmitteln und Jugendstrafe als Weiterentwicklung, da eine weitere repressive Maßnahme im Dienst der Erziehung geschaffen wurde, vgl. dazu umfassend *Stolp*, Die geschichtliche Entwicklung im Jugendstrafrecht, S. 78 ff.; vgl. auch *Schlüchter*, Erziehungsgedanke, S. 20 f.; *Wolff*, Jugendliche vor Gericht im Dritten Reich, S. 127 f. Andererseits demolierte sie das Gesetz auch durch die vielen nachteiligen Regelungen, *Streng*, Jugendstrafrecht, Rn. 38.

auf.[315] Allerdings pervertierte das RJGG 1943[316] ihn durch die Instrumentalisierung für ideologische Zwecke:[317] Er wurde als „Gesinnungswandel" ausgelegt, „der die Wiederaufnahme in die Volksgemeinschaft rechtfertigt".[318] Die offizielle Diktion, „die Gesellschaft faschistisch und rassisch-völkisch umzuorientieren", verdrängte das ursprüngliche Ziel der Förderung der Legalbewährung.[319] Kam es zuvor primär auf den einzelnen Jugendlichen als Individuum an, wurde nunmehr das Volk in den Vordergrund gerückt.[320] Die Flexibilität und Relativität des Erziehungsbegriffs erlauben es, ihn auf die – mitunter auch abstoßenden – jeweiligen gesellschaftlichen Ziele zu beziehen.[321]

Das JGG 1953[322] behielt den Erziehungsgedanken bei, was sich insbesondere darin äußerte, dass der historische Gesetzgeber die mit dem RJGG 1943 implementierte Rechtsfolgentrichotomie systematisch umgestaltete: Die Jugendstrafe trat als letzte und schwerste Maßnahme hinter den Erziehungsmaßregeln und Zuchtmitteln zurück, wodurch der Erziehungsgedanke wieder in seiner ursprünglichen Form große Bedeutung erlangte.[323]

In den 1960er und 70er Jahren prägten antiautoritäre Gedanken der

---

315 Dies ist insofern bemerkenswert, als *Dahm/Schaffstein* als führende Köpfe der *Kieler Schule* sich 1933 für den Vergeltungsgedanken aussprachen und dem Einfluss der modernen Schule *von Liszts* und dem Erziehungsgedanken im Ergebnis vorwarfen, dass er das Strafrecht sukzessive auflöse, vgl. *Dahm/Schaffstein*, Liberales oder autoritäres Strafrecht, S. 7 ff., 13, 11.

316 RGBl. I 1943, S. 635 ff. Das RJGG 1943 löste das JGG 1923 ab und gilt aufgrund der vielen nachteiligen Änderungen als Rückschritt zu seinem Vorläufer, da es wieder vom Individuum abrückte und die strafrechtliche Verantwortlichkeit durch den „Schutz des Volkes" begründete, womit es sich vom Täterstrafrecht entfernte, vgl. *Stolp*, Geschichtliche Entwicklung des Jugendstrafrechts, S. 89 ff., S. 67 f., 53 ff. zur Entwicklung zu drei vorigen Verordnungen RGBl. I 1939, S. 2000 ff.; RGBl. I 1940, S. 1336 ff.; RGBl. I 1941, S. 567 ff.

317 *Schlüchter*, Erziehungsgedanke, S. 19 ff.

318 *Gallas*, ZStW 53 (1934), 11, 27.

319 *Schlüchter*, Erziehungsgedanke, S. 19 verweisend auf *Wolff*, Jugendliche vor Gericht im Dritten Reich, S. 16 ff., 78 ff., 118 ff., 371 f.

320 *Gallas*, ZStW 53 (1934), 11, 27.

321 *Schlüchter*, Erziehungsgedanke, S. 19 f. m.w.N.

322 BGBl. 1953, S. 751 ff. Dessen Grundkonzeption liegt dem noch heute geltenden JGG zugrunde. Vgl. umfassend zur vorigen *Entnazifizierung* und zu den Reformarbeiten *Stolp*, Die geschichtliche Entwicklung des Jugendstrafrechts, S. 93 ff. mit zahlreichen weiteren Nachweisen.

323 BT-Drs. 1/3264, S. 39; vgl. dazu *Lackner*, JZ 1953, 527.

Non-Intervention und grundsätzliche Überlegungen zur Abschaffung des Jugendstrafrechts zu Gunsten eines reinen einheitlichen Jugendhilfe- bzw. Jugendkonfliktrecht[324] oder Jugenderziehungsrechts unter weitgehender Eliminierung des Strafgedankens die Reformdiskussionen der Fachwelt:[325] Der Erziehungsgedanke sollte zum ausschließlichen Instrumentarium im Umgang mit jungen Straftätern werden: *Erziehung statt Strafe.*[326] Dieser Vorstoß fand nicht nur Zuspruch: Es wurde zum einen befürchtet, dass die erforderliche Reaktion weniger am jeweiligen „Ausmaß der Schuld", sondern vorwiegend an der Erziehungsbedürftigkeit bemessen würde.[327] Außerdem könnten „auf Dissozialität ausgerichtete Erziehungsmaßnahmen" angesichts der erwiesenen *Normalität* und *Ubiquität* der *bagatellhaften* Jugendkriminalität[328] in vielen Fällen gar schädlich sein, da es besser sei, auf rein *episodenhafte* Kriminalitätserscheinungen gar nicht oder „allenfalls mit einem kurz wirkenden Tadel zu reagieren".[329] Zudem wären staatliche Maßnahmen nicht allein deshalb zu befürworten, weil sie unter dem Schlagwort *Erziehung* firmierten.[330] Jugendhilfe- und Jugendstrafrecht sind insoweit „zwei Seiten derselben Medaille".[331] Befürwortet wurde weiterhin ein Jugendstrafrecht, das insbesondere ob der strikten Beachtung des Verhältnismäßigkeitsgrundsatzes durch größere Rechtssicherheit bestticht.[332] Daher blieb es trotz mehrerer konkreter Reformentwürfe mit dem Ziel der Schaffung eines Jugendhilfegesetzes[333] konservativ bei dem 1922/1923 begründeten Dualismus des Jugendrechts.[334]

---

324 Dazu ausführlich *Peters*, MSchrKrim 49 (1966), 49 ff.; *ders.*, in: DVJJ, Verhandlungen des 13. JGT, 13 ff.

325 Vgl. überblicksweise *Beulke/Swoboda*, Jugendstrafrecht, Rn. 5; *Rössner/Bannenberg*, in: Meier/Bannenberg/Höffler, Jugendstrafrecht, § 2 Rn. 15; *Schlüchter*, Erziehungsgedanke, S. 22; *Streng*, Jugendstrafrecht, Rn. 18; sowie ausführlich dazu *Stolp*, Die geschichtliche Entwicklung des Jugendstrafrechts, S. 161 ff.

326 Vgl. umfassend *Pieplow*, in: Walter, Beiträge zur Erziehung im Jugendkriminalrecht, S. 5, 56 f.; *Schlüchter*, Erziehungsgedanke, S. 22.

327 *Schlüchter*, Erziehungsgedanke, S. 22.

328 Vgl. dazu S. 54 ff.

329 *Schlüchter*, Erziehungsgedanke, S. 23; vgl. auch *Beulke/Swoboda*, Jugendstrafrecht, Rn. 109.

330 *Beulke*, in: GS Meyer, S. 677, 685.

331 *Schüler-Springorum*, ZStW 99 (1987), 809, 823.

332 *Beulke*, in: GS Meyer, S. 677, 685.

333 Vgl. dazu *AWO*, Vorschläge für ein erweitertes Jugendhilferecht, S. 78 ff.

334 Eingehend dazu *Stolp*, Die geschichtliche Entwicklung des Jugendstrafrechts, S. 166 ff. m.w.N.

Diametral entgegen stand dem der *Neoklassizismus*, der in den 1980er Jahren die internationale Debatte der Kriminalpolitik dominierte.[335] Aus Zweifeln am Behandlungsgedanken im Strafrecht[336] lehnte diese Strömung die Vorstellung ab, dass der Zweck einer staatlichen Strafe die „Behandlung" des Täters mit dem Ziel seiner Resozialisierung ist.[337] Sie fordert stattdessen die „stärkere (Rück-)Anpassung an das (Erwachsenen-)Strafrecht".[338] Um „dem Anspruch auf Gerechtigkeit und Proportionalität" gerecht zu werden, sollte „die begangene Tat als Orientierungspunkt [wieder stärker] in den Vordergrund rücken".[339] Die Täterpersönlichkeit sollte dagegen an Bedeutung verlieren, da das Strafrecht kein „individuelle[s] Bedarfssystem" sei.[340] Die Renaissance dieser stark (tat-) strafrechtlich geprägten Konzepte[341] wurde weitestgehend einheitlich als rückschrittlich bewertet:[342] Eine Abkehr vom *Erziehungsgedanken*[343] gefährdete nicht nur alle seit *von Liszt* erreichten Fortschritte, die dem Jugendstrafrecht zu mehr Effizienz und vor allem auch Humanität verholfen haben,[344] sondern bedeutete gar einen Rückschritt in die Zeit des RStGB 1871, da junge Straftäter wieder als „kleine" Erwachsenen behandelt würden.[345]

---

335 Ein Sammelbegriff verschiedener strafrechtsdogmatischer, kriminalpolitischer und gesellschaftswissenschaftlicher Strömungen, die für gerechte Strafen und Tatproportionalität unter der Herrschaft des Vergeltungsgedankens (Schuldausgleich und Generalprävention) stehen, vgl. *Cornils*, ZStW 99 (1987), 873, 880; auch *Weigend*, ZStW 94 (1982), 801, 802 ff. zum Begriff, der darauf zurückzuführen ist, dass alle Richtungen sich auf „klassische" Vorbilder aus der Zeit vor dem Aufkommen des Behandlungsgedanken berufen; zum Spektrum des Begriffes m.w.N. in den Fn. 2–4.

336 Vgl. zu den Zweifeln *Cornils*, ZStW 99 (1987), 873, 877; ergänzend *Blau*, in: BMJ, Grundfragen, S. 326, 339.

337 *Weigend*, ZStW 94 (1982), 801 f.

338 *Beulke/Swoboda*, Jugendstrafrecht, Rn. 124.

339 *Cornils*, ZStW 99 (1987), 873, 879.

340 Ebenda.

341 Vgl. dazu umfassend *Balbier*, DRiZ 1989, 404 f.; auch *Feltes*, ZStW 100 (1988), 158, 173 ff.

342 Umfassend dazu *Weigend*, ZStW 94 (1982), 801 ff.

343 Eine Aufgabe des Erziehungsgedankens bzw. seine Uminterpretation in ein spezialpräventives Anliegen schlägt auch *Balbier*, DRiZ 1989, 404, 409 vor.

344 *Beulke/Swoboda*, Jugendstrafrecht, Rn. 133; *Weigend*, ZStW 94 (1982), 801, 814.

345 *Kreuzer*, NJW 2002, 2345, 2346.

Auch kurz nach dem 1. JGGÄndG,[346] das erneut auf den Erziehungsgedanken abstellte und diesen zu stärken versuchte,[347] überstand der Erziehungsgedanke ein in den 1990er Jahren erlittenes Tief.[348] Letzteres war den damaligen Entwicklungen geschuldet, die von einem extremen Umschwung der Ziele der Reformdebatten geprägt waren:[349] Während zunächst Forderungen der Liberalisierung in Gestalt der weiteren „Zurückdrängung von Strafen, Beseitigung von Bachteilen für Täter und Begrenzung der Eingriffsintensität" den Zeitgeist dominierten, setzte unter dem Eindruck spektakulärer Einzelereignisse und aufgrund medialer Berichterstattung eines so wahrgenommenen besorgniserregenden qualitativen und quantitativen Anstiegs der statistisch registrierten Jugendkriminalität, eine Trendwende bzw. „Gegenbewegung" ein.[350] Diese rückte die Funktion des Rechtsgüterschutzes des Jugendstrafrechts in den Vordergrund und forderte, das Jugendstrafrecht im Hinblick auf repressive und präventive Eigenschaften effektiver zu gestalten und den Opferschutz zu stärken.[351] Zahlreiche Gesetzesentwürfe beliefen sich darauf, den Erziehungsgedanken zu Gunsten von härteren und stärker vom Vergeltungsgedanken geprägten Strafen einzugrenzen sowie Heranwachsende aus dem jugendstrafrechtlichen Anwendungsbereich auszugliedern.[352]

Die Kritik kulminierte sogar in dem Vorschlag, den Erziehungsgedanken ganz aufzugeben,[353] um einer als solche beobachteten „Tendenz der Überpädagogisierung" entgegenzuwirken, „die sich darin äußert[e], dass das Erziehungsprinzip [faktisch] als einzige tragende Stütze des Jugendstrafrechts aufgefasst"

---

346 BGBl. I 1990, S. 1853 ff.; Zum Gesetzgebungsverfahren und vorausgegangenen Entwürfen vgl. umfassend *Heinz*, ZRP 1991, 183 ff.; eingehend auch *Stolp*, Geschichtliche Entwicklung des Jugendstrafrechts, S. 168 ff.

347 Das 1. JGGÄndG beschränkte sich auf „Änderungen und Ergänzungen, die das Rechtsfolgensystem des geltenden Rechts und den dort im Vordergrund stehenden Erziehungsgedanken besser zum Tragen bringen.", BT-Drs. 11/5829, S. 11; vgl. zu den Änderungen *Heinz*, ZRP 1991, 183 ff.; im Einzelnen *Stolp*, Die geschichtliche Entwicklung des JGG, S. 174 ff.

348 Vgl. dazu etwa *Streng*, ZStW 106 (1994), 60 ff.

349 *Kornprobst*, JR 2002, 309.

350 Ebenda m.w.N.

351 Vgl. etwa BT-Drs. 14/3189; BT-Drs. 14/8788.

352 Vgl. zusammenfassend *Kreuzer*, NJW 2002, 2345, 2346 ff.

353 *Albrecht*, Gutachten zum 64. DJT, S. 97 ff.; kritisch bzw. ablehnend etwa *Dünkel*, NK 3/2002, 90 ff.; *Kornprobst*, JR 2002, 309 f.; *Kreuzer*, NJW 2002, 2345, 2348; *Laubenthal*, JZ 2002, 807 ff.; *Ostendorf*, NK 1/2003, 16; *Walter*, GA 2002, 431, 450; vgl. dazu auch schon *Kaiser*, ZRP 1997, 451, 455 ff.

wurde.[354] Stattdessen sollte das Jugendstrafrecht ausschließlich an die Funktion des allgemeinen Strafrechts und damit an den *Rechtsgüterschutz*[355] anknüpfen (Tatschuld- und Proportionalitätsprinzip).[356] Davon versprach man sich mehr „Ehrlichkeit“, „größere[...] Transparenz und stärkere Vergleichbarkeit jugendstrafrechtlicher Rechtsfolgenbestimmungen“.[357] Letztlich wurde dem Vorstoß nicht gefolgt.[358] Stattdessen sollte auf Empfehlung der Reformkommission das Legalverhalten der Jugendlichen durch erzieherische Mittel als maßgebliches Ziel des Jugendstrafrechts festgelegt werden.[359]

Anfang der 2000er Jahre divergierten die Reformüberlegungen:[360] Während einerseits ein weiterer Abbau strafender Elemente des Jugendgerichtsgesetzes verlangt wurde,[361] forderten andere Gesetzesentwürfe gegenläufig eine Verschärfung des Strafens,[362] etwa die Anwendung des allgemeinen Strafrechts auf Heranwachsende.[363] Die darin zum Ausdruck kommende Rückkehr zu konservativer Strafmentalität resultierte erneut aus einem so wahrgenommenen „beängstigenden Kriminalitätsanstieg“.[364] Hinzu kam, dass Massenmedien spektakuläre

---

354 *Kornprobst*, JR 2002, 309, 310; mit Verweis auf BGHSt 16, 261.

355 Vgl. dazu umfassend *Joecks/Erb*, in: MüKo StGB Bd. 1, Einl. Rn. 32–37 m.z.w.N. auf die unterschiedlichen Ausprägungen im Einzelnen.

356 *Albrecht*, Gutachten zum 64. DJT, S. 114; vgl. auch *Kurzberg*, Jugendstrafe, S. 4; *Laubenthal*, JZ 2002, 807, 813.

357 *Kornprobst*, JR 2002, 309, 310.

358 64. Deutscher Juristentag Berlin 2002, NJW 2002, 3073, 3077 ff.; ambivalent *Kornprobst*, JR 2002, 309, 310.

359 64. Deutscher Juristentag Berlin 2002, NJW 2002, 3073, 3077 ff.

360 *Kreuzer*, NJW 2002, 2345.

361 *Ostendorf et al.*, ZRP 1998, 446 ff.; *Walter*, ZStW 113 (2001), 743.

362 Vgl. BT-Drs. 14/3189, BT-Drs. 14/6539.

363 BT-Drs. 14/3189; BT-Drs. 15/5909, S. 2; vgl. dazu *Albrecht*, Gutachten zum 64. DJT, S. 49, der es als systematisch schlicht inkonsequent erachtete, dass junge Volljährige einerseits sämtliche Rechte und Pflichten von Erwachsenen haben, im Strafrecht aber die Sonderbehandlung als Jugendlicher beanspruchen könnten, wofür die Grundlagenforschung keine simple Unterscheidung von Reifestufen zulasse, vielmehr sei der Übergang von der Jugend in das Erwachsenenalter mit Eintritt der Volljährigkeit abgeschlossen, wodurch es keiner dreijährigen Übergangsfrist im Heranwachsendenalter bedürfe; zustimmend etwa *Hinz*, ZRP 2001, 106, 112; *ders.*, JR 2001, 50, 57; kritisch unter Rückgriff auf entwicklungspsychologische Argumente BGHSt 36, 37, 40; *Kreuzer*, NJW 2002, 2345, 2349; *Ostendorf et al.*, ZRP 1998, 446, 447 f.; vgl. dazu auch eingehend *Budelmann*, Jugendstrafrecht für Erwachsene?, S. 70 ff.; *Hinz*, ZRP 2005, 192, 195; *Kurzberg*, Jugendstrafe, S. 1 m.w.N.; *Kusch*, NStZ 2006, 65, 67, 69.

364 So Einschätzung bei *Kreuzer*, NJW 2002, 2345.

Vorfälle vermehrt skandalisierten und „gesetzgeberisch-symbolisch-strafende Reaktionen" forderten.[365] Dies führte sogar zur kriminalpolitischen Forderung, das Jugendstrafrecht gänzlich abzuschaffen.[366]

In der folgenden Zeit gewann der *Erziehungsgedanke* langsam wieder an Popularität, indem seine Vorzüge als moderne Idee einer individualisierenden, jugendadäquaten – mitunter zurückhaltenden – strafrechtlichen Intervention, die durch andere, vorrangige Formen der Problembewältigung weitaus mehr bietet, als Jugendlichen lediglich mit Strafhärte zu begegnen.[367]

Mit dem sehr bedeutsamen Schritt der gesetzlichen Normierung der jugendstrafrechtlichen Zielbestimmung in § 2 Abs. 1 S. 1 JGG brachte der Gesetzgeber unmissverständlich zum Ausdruck, dass der *Erziehungsgedanke* trotz aller Kritikpunkte und Nebenwirkungen nach Abwägung aller Faktoren unabdingbar ist.[368] Die Norm sollte vor allem „eine Orientierungshilfe für die Auslegung unbestimmter Rechtsbegriffe im Jugendgerichtsgesetz" geben, um Unsicherheiten auszuräumen und die Klärung von Zweifelsfragen zu fördern.[369] Der Gesetzgeber präzisierte damit gleichzeitig gesetzlich das Fundament des JGG.[370] Er verlangte „die besondere Beachtung kriminologischer, pädagogischer, jugendpsychologischer und anderer fachlicher Erkenntnisse".[371] Vor allem ist der Vorrang erzieherischer Reaktionen nicht zugunsten förmlich-repressiver Sanktionen aufzugeben,[372] da das Jugendstrafrecht auf das erklärte Gesetzesziel der Rückfallvermeidung reduziert werden muss.[373] Indem der Gesetzgeber keine „martialische Sprache" – etwa unter Verwendung des Begriffs „Kriminalitätsbekämpfung" – gewählt hat, zeigt er, dass es um ein Entgegenwirken und nicht um eine „Ausmerzung" geht.[374]

---

365 *Kreuzer*, NJW 2002, 2345, 2346.

366 *Kusch*, NStZ 2006, 65; explizit dagegen *Ostendorf*, NStZ 2006, 320; vgl. dazu auch *Brunner/Dölling*, JGG, Einf. Rn. 82; *Ostendorf et al.*, ZRP 1998, 446; *Scholz*, ZJJ 2006, 424.

367 *Grunewald*, NStZ 2002, 452; *ders.*, Erziehungsgedanke, S. 270 ff.; *Streng*, Jugendstrafrecht, Rn. 22 f.

368 *Beulke/Swoboda*, Jugendstrafrecht, Rn. 8; so auch schon in Bezug auf neoklassische Konzepte *Weigend*, in: BMJ, Grundfragen, S. 152, 168.

369 BT-Drs. 16/6293, S. 9.

370 *Putzke*, in: BeckOK JGG, § 2 Rn. 1a.

371 BT-Drs. 16/6293, S. 10.

372 Vgl. dazu *Ostendorf/Drenkhahn*, Jugendstrafrecht, Rn. 19.

373 *Ostendorf*, in: Ostendorf, JGG, Grdl. z. §§ 1 und 2 Rn. 10.

374 *Ostendorf*, in: Ostendorf, JGG, Grdl. z. §§ 1 und 2 Rn. 5.

In den letzten Jahren zeichnete sich in Bezug auf die Jugendstrafe bei Heranwachsenden[375] ein Trend ab, nachdem der Gesetzgeber nicht mehr allein den Jugendlichen und „seine Resozialisierung durch erzieherische Mittel [in den] Vordergrund" stellt:[376] Indem der Gesetzgeber 2012[377] unter anderem die Höchststrafe bei Heranwachsenden in Fällen von Mord von zehn auf 15 Jahre angehoben hat,[378] signalisiert er durch die darin liegende ethische und gesellschaftliche Wertung, dass auch generalpräventiven Anliegen Bedeutung zukommen sollte.[379] Dies stieß auf vehemente Kritik.[380]

Die jüngsten großen Reformen des Jugendstrafrechts, die 2019 in Kraft traten,[381] zur Umsetzung der Richtlinie (EU) 2016/800[382] in nationales Recht, standen wieder stark im Sinne des Erziehungsgedankens; sie folgten der Devise, „dass im Jugendstrafrecht andere, besondere, täterbezogene Gesichtspunkte für die Bewertung der Tat und der Entscheidung über die Folgen relevant sind".[383]

Der historische Rückblickt zeigt, dass der Erziehungsgedanke als Konzept jegliche zeitgeistliche Entwicklungen überdauert hat und als jugendstrafrechtliches Leitprinzip unabdingbar ist.

375 Vgl. zur Entwicklung des Erziehungsgedankens bei Heranwachsenden und Erwachsenen S. 112 ff.

376 *Stolp*, Die geschichtliche Entwicklung des Jugendstrafrechts S. 210.

377 BGBl. I 2012, S. 1854 ff.

378 Dazu eingehend *Stolp*, Die geschichtliche Entwicklung des Jugendstrafrechts, S. 208 f.

379 *Ostendorf*, in: Ostendorf, JGG, § 105 Rn. 5; *Sonnen*, in: Diemer/Schatz/Sonnen, JGG, Einl. Rn. 6.

380 Vgl. dazu *Eisenberg*, ZJJ 2018, 144; *Höynck*, StraFo 2017, 267, 268; *Kölbel*, in: Eisenberg/Kölbel, JGG, § 105 Rn. 56 f.; *Mitsch*, in: FS Beulke, S. 1181 ff.; *Swoboda*, ZStW 125 (2013), 86, 110: „völlig unnötige Strafeskalation", mit der einer „diffusen Kriminalitätsfurcht" nachgegangen werden solle; *dies.*, in: Räume der Unfreiheit, S. 345, 366 ff.; *dies.*, ZStW 132 (2020), 826, 834 ff.; *Zieger/Nöding*, Verteidigung in Jugendstrafsachen, Rn. 107.

381 BGBl. I 2019, S. 2146 ff.

382 Richtlinie (EU) 2016/800 des Europäischen Parlamentes und des Rates vom 11. Mai 2016 über Verfahrensgarantien in Strafverfahren für Kinder, die Verdächtige oder beschuldigte Personen im Strafverfahren sind.

383 *Höynck*, StraFo 2017, 267, 271.

b) Erziehungsbegriff

Trotz der gesetzlichen Normierung wird die schon zuvor höchst umstrittene Frage, was *Erziehung* im jugendstrafrechtlichen Kontext genau bedeutet, weiter eingehend diskutiert.[384] Das JGG definiert den Begriff nicht.

Obgleich seiner Verwendung im Gesetzestext ist *Erziehung* kein klassischer (Straf-)Rechtsbegriff,[385] sondern „pädagogisch-psychologischen Ursprung[s]“[386].[387] Der unscharfe und interpretationsoffene Terminus wird dort als „Gesamtheit jener zwischenmenschlichen Einwirkungen, durch die eine mehr oder minder dauernde Verbesserung im Verhalten und Handeln eines Menschen beabsichtigt oder erreicht wird“, aufgefasst.[388] Im jugendstrafrechtlichen Kontext soll mit der Erziehung jedoch kein rein pädagogisches Ziel verfolgt werden.[389]

Die Gesetzesbegründung zu § 2 Abs. 1 S. 2 JGG beschränkt sich auf den Hinweis, *wie* das Erziehungsziel der künftigen Legalbewährung erreicht werden soll.[390] Indem der Gesetzgeber dazu auf eine „positive innere Beeinflussung – im Hinblick auf Unrechtseinsicht und Motivation zur Befolgung der Gesetze – und eine diesbezügliche Festigung der Jugendlichen“ abstellt,[391] zeichnet sich eine Tendenz zu einer „verhaltensverändernden Einwirkung“, d.h. eine gewisse Nähe zu pädagogisch geprägten Erziehungszielen, ab.[392]

Trotz der sich aus der stark subjektiven und individuellen Prägung des Begriffs ergebenden Auslegungsschwierigkeiten[393] hat die Strafrechtswissenschaft mittels

---

384 Vgl. dazu den ausführlichen Überblick bei *Brunner/Dölling*, JGG, Einf. Rn. 84 f.; *Kölbel*, in: Eisenberg/Kölbel, JGG, § 2 Rn. 8; *Laue*, in: MüKo StGB Bd. 7, JGG, § 2 Rn. 3; *Petersen*, Sanktionsmaßstäbe, S. 40 f. jeweils m.w.N.; *von Wolffersdorff*, ZJJ 2009, 96 ff.

385 *Hellmer*, Erziehung und Strafe, S. 17; vgl. auch *Hinz*, ZRP 2005, 192, 193.

386 *Strobel*, Jugendstrafe, S. 16.

387 *Weber*, Jugendstrafe, S. 44 ff.; *Weyel*, ZJJ 2008, 132 f.

388 *Dolch*, Grundbegriffe der pädagogischen Fachsprache, S. 54; vgl. auch *Hellmer*, Erziehung und Strafe, S. 42; vgl. zu den verschiedenen Ansätzen des pädagogisch-psychologischen Erziehungsbegriffs auch den Überblick bei *Strobel*, Jugendstrafe, S. 16 ff. m.z.w.N.

389 *Hellmer*, Erziehung und Strafe, S. 110; *Pfeiffer*, Kriminalprävention, S. 57; vgl. dazu auch S. 78 ff.

390 BT-Drs. 16/6293, S. 9.

391 BT-Drs. 16/6293, S. 9.

392 *Swoboda*, ZStW 132 (2020), 826, 863; mit Verweis auf *Putzke*, in: BeckOK JGG, § 2 Rn. 10; ähnlich *Kölbel*, in: Eisenberg/Kölbel, JGG, § 2 Rn. 8, 16.

393 *Hellmer*, Erziehung und Strafe, S. 16.

zahlreicher inhaltlicher Bestimmungsversuche ein breites Spektrum an Definitionsansätzen produziert: Einige übernehmen die sehr allgemein gehaltene Definition aus der Pädagogik, die die Persönlichkeitsbildung[394] und die Entfaltung der „individuelle[n], soziale[n] und kulturelle[n] Identität“[395] des Betroffenen bestrebt.[396] Die anvisierten Persönlichkeitsveränderungen sollen von den jeweiligen Erziehungszielen abhängen.[397] In der gegenwärtigen demokratischen und pluralistischen Gesellschaft lässt sich jedoch kein einheitliches, zeitüberdauerndes Erziehungskonzept im pädagogischen Sinne mehr entwickeln.[398] Die zahlreichen dazu vertretenen Ansichten divergieren zu stark: Sie „reichen […] von sozialisationstheoretischen Konkretisierungen bis hin zu erziehungswissenschaftlich geprägten Ausfüllungen“.[399]

Andere verstehen den Begriff rein funktional: Nach *Pieplow* sollte er nicht mit pädagogischen Erziehungskonzepten der Zeit aufgeladen werden.[400] Vielmehr spricht er dem Erziehungsbegriff jeden inhaltlichen Wert ab und begreift ihn in seiner historisch-kriminalpolitischen Bestimmung als „Chiffre“ im Sinne eines Absatzimpulses für die Strafe als Reaktion auf Jugendkriminalität.[401] Als „multifunktionaler Systembegriff“[402] diente er bei der Entwicklung eines eigenständigen Jugendstrafrechts[403] dazu, die Forderungen der modernen Strafrechtsschule durchsetzen zu können.[404] Die *Erziehung* sollte das Jugendstrafrecht in Teilbereichen vom klassischen Strafrechtsdenken wegführen:[405] Als Gegenkonzept

394 Vgl. dazu *Schlüchter*, Erziehungsgedanke, S. 38; *Wolf*, Strafe und Erziehung, S. 172 ff. m.w.N.

395 *Blau*, in: BMJ, Grundfragen, S. 326.

396 Vgl. *Bachmann*, JZ 2019, 759, 761; *Blau*, in: BMJ, Grundfragen, S. 326; *Hinz*, ZRP 2005, 192, 193; *Kölbel*, in: Eisenberg/Kölbel, JGG, § 2 Rn. 8; *Nothacker*, Erziehungsvorrang, S. 70 ff.; *Rössner*, in: Meier/Rössner/Trüg/Wulf, JGG, § 2 Rn. 5; *Schlüchter*, Erziehungsgedanke, S. 38; kritisch etwa *Walter*, in: Walter, Beiträge zur Erziehung im Jugendkriminalrecht, S. 59, 75.

397 *Zapf*, Opferschutz und Erziehungsgedanke im Jugendstrafverfahren, S. 14 f.

398 *Weber*, Schuldprinzip, S. 64 m.V.a. *Pfeiffer*, Kriminalprävention, S. 58; *Walter*, NStZ 1992, 470, 471.

399 *Laubenthal/Baier/Nestler*, Jugendstrafrecht, Rn. 4; vgl. entsprechend auch *Brunner/Dölling*, JGG, Einf. Rn. 84 f.; *Nothacker*, Erziehungsvorrang, S. 33 ff., 59 ff.

400 *Pieplow*, in: Walter, Beiträge zur Erziehung im Jugendkriminalrecht, S. 6, 15 ff.

401 Ebenda.

402 *Streng*, ZStW 106 (1994), 60, 89.

403 Vgl. S. 63 ff.

404 *Swoboda*, ZStW 125 (2013), 86, 92; *Pieplow*, in: Walter, Beiträge zur Erziehung im Jugendkriminalrecht, S. 6, 15 ff., 28 ff.

405 *Pieplow*, in: Walter, Beiträge zur Erziehung im Jugendkriminalrecht, S. 6, 15 ff.

oder auch Antagonistin zum Strafideal sollte sie teilweise „entkriminalisierend" wirken, bei geringfügiger, episodenhafter Jugendkriminalität Strafe „subsidiär" werden lassen und in Fällen, in denen sie nicht vermeidbar war, diese wenigstens „erträglich" machen.[406] Durch die Interpretationsoffenheit fungiert der Erziehungsbegriff als Zugang bzw. Eintrittstor für jugendangemessene Strategien im Strafrecht.[407] Zur Verwirklichung dessen bedürfte es eines „minimalistischen Erziehungsbegriff[s], der seine ganze Energie daraus zieht, sich von dem Ideal der *Strafe* abzulösen" und das Spannungsfeld zwischen *Erziehung* und *Strafe* entstehen lässt, in dem sich die Sanktionen nach dem JGG bewegen.[408] Auch *Grunewald*[409] begreift den Erziehungsgedanken primär als individualisierendes Interventionskriterium, der als Leitprinzip fungiert, um dem täterbezogenen Jugendstrafrecht individuell ausgerichtete Reaktionen zu ermöglichen, die an den Bedürfnissen und Defiziten des jugendlichen Straftäters orientiert sind.[410]

Daran angelehnt sehen andere in dem Erziehungsbegriff eine „Begrenzungsfunktion […] für Normsetzung und Normanwendung"[411] oder die Suche nach „kompensatorische[n] Formen der Tatbewältigung" unter „Minimierung staatlicher Eingriffe".[412] Zahlreiche Stimmen lesen aus der *Erziehung* allgemeine straf- bzw. verfahrensrechtlich geprägte Inhalte ab:[413] das Verbot der Schlechterstellung jugendlicher Straftäter gegenüber erwachsenen,[414] das Gebot schonender Maßnahmen bis hin zum „Ahndungsverzicht",[415] die Vermittlung von zur

---

406 *Pieplow*, in: Walter, Beiträge zur Erziehung im Jugendkriminalrecht, S. 6, 15 ff.; *Swoboda*, ZStW 125 (2013), 86, 92; *dies.* in: Räume der Unfreiheit, S. 345, 347 f., 348, 350.

407 *Heinz*, JuS 1991, 896, 897; *Pieplow*, in: Walter, Beiträge zur Erziehung im Jugendkriminalrecht, S. 5, 16; zustimmend *Schlüchter*, Erziehungsgedanke, S. 38; *Streng*, ZStW 106 (1994), 60, 85; *Walter*, NStZ 1992, 470, 471, 477; *ders.*, in: Walter, Beiträge zur Erziehung im Jugendkriminalrecht, S. 59, 71.

408 *Swoboda*, ZStW 125 (2013), 86, 92; umfassend *Petersen*, Sanktionsmaßstäbe, S. 42 ff.

409 *Grunewald* legte dabei ein duales Erziehungsverständnis zugrunde: ein „idealistisches", das Erziehung durch Sühne der Tat, Aufrüttelung des Gewissens, bewirken will und ein „positivistisches", das durch Förderung von Fähigkeiten und Problembewältigungsstrategien künftige Straffälligkeit verhindern will; vgl. *Grunewald*, NStZ 2002, 452 ff.; *ders.*, Erziehungsgedanke, S. 237 ff.

410 *Grunewald*, NStZ 2002, 452, 456 f.; *ders.*, Erziehungsgedanke, S. 155 ff.

411 *Heinz*, in: Wolff/Marek, Erziehung und Strafe, S. 41.

412 *Walter*, in: Walter, Beiträge zur Erziehung im Jugendkriminalrecht, S. 59, 89.

413 *Kölbel*, in: Eisenberg/Kölbel, JGG, § 2 Rn. 7.

414 *Kölbel*, in: Eisenberg/Kölbel, JGG, § 2 Rn. 23 ff.; kritisch *Beulke/Swoboda*, Jugendstrafrecht, Rn. 575.

415 *Böhm/Feuerhelm*, Jugendstrafrecht, S. 11; zudem BT-Drs. 16/6293, S. 10.

Legalbewährung zwingend erforderlichen Werten,[416] zudem Einsichten sowie Fähigkeiten, „die eine gelungene Sozialisation befördern", gekennzeichnet, d.h. „primär Besserung" und keine „bloße Sicherung"[417] oder einen bewussten Eingriff in die Entwicklung eines anderen, um bestimmte Ziele zu verwirklichen.[418] Viele setzen Erziehung mit jugendadäquater Spezialprävention gleich.[419]

Die Rechtsprechung hat bis heute nicht offenbart, wie sie *Erziehung* inhaltlich definiert oder welchen der vielen Begriffe sie vertritt.[420] Damit verbleibt auch unklar, in welches Verhältnis sie die *Erziehung* zur *Strafe* setzt.[421] Nach der Analyse und Einschätzung *Swobodas* scheint die Rechtsprechung nicht zwischen dem abstrakten Gedanken des *Erziehungsgedankens* und der konkreten erzieherisch begründeten Maßnahme zu differenzieren, was dazu führt, dass das abstrakte Verständnis des Erziehungsgedankens auf einen Kern von Eingriffsmaßnahmen reduziert wird, die auf den jeweils Betroffenen abgestimmt werden.[422] Es bleibt daher lediglich zu vermuten, dass die Rechtsprechung von einem sehr engen, ausschließlich als Eingriff konzipierten, Erziehungsverständnis ausgeht.[423] Die Unklarheit wurzelt laut *Swoboda* in der von der Rechtsprechung vertretenen *Kongruenzthese*,[424] nach der Schuldausgleich und Erziehung regelmäßig miteinander im Einklang stehen, *Erziehung* daher auch immer einen Strafaspekt beinhaltet.[425]

416 *Schlüchter*, Erziehungsgedanke, S. 52.

417 *Laue*, in: MüKo StGB Bd. 7, JGG, § 2 Rn. 3 m.V.a. *Brunner/Dölling*, JGG, § 2 Rn. 2.

418 *Putzke*, in: BeckOK JGG, § 2 Rn. 10.

419 *Brunner/Dölling*, JGG, Einl. Rn. 86, § 2 Rn. 2; *Ostendorf*, in: Ostendorf, JGG, Grdl. z. §§ 1 und 2 Rn. 4, § 2 Rn. 5; *Ostendorf/Drenkhahn*, Jugendstrafrecht, Rn. 53 sehen das Ziel der Spezialprävention und den Leitgedanken der Erziehung als zwei sich überlagernde jugendstrafrechtliche Grundprinzipien; vgl. zu diesem Zusammenhang ausführlich S. 87 f.

420 *Swoboda*, ZStW 132 (2020), 826, 828, 859; so auch schon *dies.*, in: Räume der Unfreiheit, S. 345, 351.

421 *Swoboda*, ZStW 132 (2020), 826, 828, 859.

422 *Swoboda*, in: Räume der Unfreiheit, S. 345, 351.

423 Ebenda.

424 Vgl. dazu umfassend S. 138 ff.

425 *Swoboda*, ZStW 132 (2020), 826, 860; so auch schon *dies.*, ZStW 125 (2013), 86, 106 ff.; *dies.*, in: Räume der Unfreiheit, S. 345, 352 m.w.N.

c) *Erziehungsziel*

Im Gegensatz zur Begriffsbestimmung lässt sich das angestrebte Erziehungsziel klar ermitteln:

In § 2 Abs. 1 S. 1 JGG heißt es, dass die Anwendung des Jugendstrafrechts „vor allem erneuten Straftaten eines Jugendlichen oder Heranwachsenden entgegenwirken“ soll. In § 2 Abs. 1 S. 2 JGG hält der Gesetzgeber fest, dass zur Erreichung dieses Ziels „die Rechtsfolgen und unter Beachtung des elterlichen Erziehungsrechts auch das Verfahren vorrangig am Erziehungsgedanken auszurichten“ sind. Die Verknüpfung der beiden Sätze verdeutlicht, dass nicht *Erziehung* selbst das Ziel des Jugendstrafrechts ist.[426] Es strebt weder pädagogische Anliegen noch die Persönlichkeitsförderung,[427] „die Reinheit der inneren Anschauung“,[428] die freie individuelle Entfaltung,[429] Moralbildung[430] oder die grundsätzliche „Förderung und Integration junger Menschen“[431] an.[432] Im strafrechtlichen Kontext ist der Staat nicht dazu befähigt, durch Erziehung die weitere Lebensführung zu regeln.[433] Erziehung „im Sinne einer umfassenden Einwirkung auf die Persönlichkeit, das Verhalten und die Entwicklung“ ist und bleibt „vorrangig Aufgabe der Eltern“ (Art. 6 Abs. 2 S. 1 GG).[434] Im allgemein-pädagogischen Sinne ließe sie sich durch das punktuell eingreifende Strafrecht auch kaum bewirken.[435] Für diese Form der *Erziehung* bleibt die Jugendhilfe zuständig.[436] *Erziehung* im Sinne des JGG ist dazu ein aliud.[437]

Das Jugendstrafrecht hat daher allein die Aufgabe, den Betroffenen zu einem „rechtschaffenen“ Lebenswandel (§ 21 Abs. 1 S. 1 JGG) hinzuführen,[438] um

---

426 BT-Drs. 16/6293, S. 9.

427 *Goerdeler*, ZJJ 2008, 137, 140; *Zieger/Nöding*, Verteidigung in Jugendstrafsachen, Rn. 32.

428 *Hellmer*, Erziehung und Strafe, S. 110.

429 *Pfeiffer*, Kriminalprävention, S. 57, 112 ff.

430 *Brunner/Dölling*, JGG, § 21 Rn. 10.

431 *Kölbel*, in: Eisenberg/Kölbel, JGG, § 2 Rn. 9.

432 Vgl. auch *Diemer*, in: Diemer/Schatz/Sonnen, JGG, § 5 Rn. 4.

433 *Tenckhoff*, JR 1977, 485, 487.

434 BT-Drs. 16/6293, S. 9.

435 Vgl. *Goedeler*, ZJJ 2008, 137, 140 f.; *Kölbel*, in: Eisenberg/Kölbel, JGG, § 2 Rn. 12; *Lenz*, Rechtsfolgensystematik, S. 53 ff., 57; *Rössner/Bannenberg*, in: Meier/Bannenberg/Höffler, Jugendstrafrecht, § 1 Rn. 15.

436 *Dollinger*, ZJJ 2010, 409, 415.

437 *Walter/Wilms*, NStZ 2004, 600, 602.

438 *Putzke*, in: BeckOK JGG, § 2 Rn. 8.

zukunftsorientiert Rückfallkriminalität zu verhindern.[439] Dies ergibt sich auch durch die gesetzliche Anknüpfung an Straftaten.[440] Lediglich als „Zwischenziel“[441] ist eine positive innere Beeinflussung hinsichtlich der „Unrechtseinsicht und Motivation zur Befolgung der Gesetze“, sowie „eine diesbezügliche Festigung der Jugendlichen“ zulässig, soweit es dessen zum Erreichen des Ziels der künftigen Legalbewährung bedarf.[442] Die Jugendlichen sollen dazu geführt werden, dass sie allgemein verbindliche Normen des Strafrechts eigenständig anerkennen und auch einhalten.[443] Dazu ist zunächst der Wille des Betroffenen zur Mitarbeit zu aktivieren und er muss sodann freiwillig an den Bemühungen teilnehmen.[444] Aus der Limitierung des Strafziels folgt, dass die erzieherische Einwirkung mit den Mitteln des Jugendstrafrechts auf den Angeklagten nur so weit erfolgen darf, wie dies unerlässlich ist, um ihn davon abzuhalten, künftig weitere Straftaten zu begehen.[445] Dementsprechend wäre es „unzulässig, wenn ein Richter allein deshalb, weil er die bisherige Erziehung für verfehlt hält und ihr eine neue Richtung und neue Inhalte geben will, bestimmte Erziehungsmaßregeln anordnet“.[446] Die Relevanz zu entwickelnder Fähigkeiten, wie Empathie,[447] Verantwortungsübernahme,[448] „Normenlernen“[449] und die „Anhäufung […] soziale[r] Ressourcen“[450] wird für diesen rein prophylaktischen Zweck bezweifelt.[451]

Der Gesetzgeber räumt der individuellen Verbrechensvorbeugung eine derart prominente Stellung ein, da bei jungen Straftätern – im Gegensatz zu Erwachsenen – noch von einer stärkeren Formbarkeit ausgegangen wird, sodass bei ihnen

---

439 Vgl. statt aller *Laue*, in: MüKo StGB Bd. 7, JGG, § 2 Rn. 2.

440 *Goedeler*, ZJJ 2008, 137, 140 f.; *Lenz*, Rechtsfolgensystematik, S. 53 ff., 57.

441 So *Streng*, ZStW 106 (1994), 60, 64.

442 BT-Drs. 16/6293, S. 9; so auch *Putzke*, in: BeckOK JGG, § 2 Rn. 11.

443 *Kölbel*, in: Eisenberg/Kölbel, JGG § 2 Rn. 9; *Momsen*, ZJJ 2005, 179, 182; *Weber*, Schuldprinzip, S. 152 f.

444 *Kaufmann*, JZ 1967, 553, 557.

445 *Zieger/Nöding*, Verteidigung in Jugendstrafsachen, Rn. 33.

446 Ebenda.

447 So aber *Putzke*, in BeckOK JGG, § 2 Rn. 12 m.w.N.

448 *Streng*, Jugendstrafrecht, Rn. 23.

449 So aber *Rössner*, in: Meier/Rössner/Trüg/Wulf, JGG, § 2 Rn. 3; *Rössner/Bannenberg*, in: Meier/Bannenberg/Höffler, § 1 Rn. 15 f.

450 *Rössner* in: Meier/Rössner/Trüg/Wulf, JGG, Vor §§ 1 ff., Rn. 34.

451 Vgl. dazu auch *Kölbel*, in: Eisenberg/Kölbel, JGG, § 2 Rn. 9.

eine günstige Veränderung der Umwelt und Erziehungsarbeit erfolgsversprechend sind.[452]

d) Erziehungsmittel

Weiterhin stellt sich die Frage, welche Mittel einzusetzen sind, um dieses Ziel zu erreichen. Aus der Gesetzesbegründung ergibt sich insofern nur, dass aufgrund der Erkenntnis der Besonderheiten der Entwicklungsphase primär erzieherische Mittel eingesetzt werden sollen und dass auch im Übrigen nach Möglichkeit erzieherische Gesichtspunkte berücksichtigt werden müssen.[453] Gemeint sind erzieherische Mittel zur Zielerreichung nicht nur als äußere Reaktion, sondern auch innerlich mit positiven Einstellungen wie Unrechtseinsicht und Normakzeptanz verbunden.[454] Um die maßgebliche Frage des Jugendstrafrechts zu beantworten, *was* dem Ziel eines zukünftig straffreien Lebens dient, sind fachliche Erkenntnisse, insbesondere aus der Kriminologie, der Pädagogik und Jugendpsychologie zu berücksichtigen.[455] Daher ist bei der Auswahl der jugendstrafrechtlichen Folgen vorwiegend auf die „Merkmale der Täterpersönlichkeit" abzustellen.[456]

Um das Erziehungsziel zu erreichen, sind die Entstehungsbedingungen der Jugendstraftat zu erfassen, da es ihnen entgegenzuwirken gilt.[457] Dazu ist die jeweilige Lebensentwicklung zu analysieren, wobei ein besonderer Fokus auf die Wechselwirkungen der kriminalitätsfördernden und -verhindernden Bedingungen zu setzen ist.[458] Dabei wird die Praxis vor die Herausforderung gestellt, den Täter in seinen sozialen Bezügen zu diagnostizieren und im Anschluss daran zu prognostizieren, wie er sich künftig in der Gesellschaft verhalten wird und welche konkrete Reaktion am sinnvollsten ist, um ihn von der Begehung weiterer Straftaten abzuhalten.[459]

---

452 *Streng*, GA 1984, 149, 162.
453 BT-Drs. 16/6293, S. 9.
454 Ebenda.
455 BT-Drs. 16/6293, S. 10.
456 *Beulke/Swoboda*, Jugendstrafrecht, Rn. 263.
457 *Rössner*, in: Meier/Rössner/Trüg/Wulf, JGG, Vor §§ 1 ff. Rn. 12.
458 Ebenda.
459 *Beulke/Swoboda*, Jugendstrafrecht, Rn. 270 ff. m.w.N.; *Laubenthal/Baier/Nestler*, Jugendstrafrecht, Rn. 534 f.; *Rössner* in: Meier/Rössner/Schöch, Jugendstrafrecht, § 6 Rn. 30 ff.

Gleichzeitig muss darauf geachtet werden, dass die gewählte Intervention auf der Eingriffsskala das mildeste Mittel darstellt.[460] Das dazu verlangte hohe Maß an Individualität geht auf Kosten der im allgemeinen Strafrecht geltenden objektiveren Maßstäbe und schränkt dadurch sowohl die Rechtssicherheit als auch die Gleichheit der Rechtsfolgen erheblich ein.[461] Dies kann den rechtsstaatlichen Anforderungen nur genügen, wenn den verurteilten Tätern dadurch in ihrem Interesse ein höheres Maß an Entwicklungsforderung zuteil wird.[462] Auch dies muss die kriminologisch fundierte Einzelfallanalyse umfassen.[463] Die Auswahl der konkreten Rechtsfolge erfordert sowohl „eine wertende Betrachtung der Straftat und der Täterpersönlichkeit" als auch „des Erfolges der nach § 5 JGG zu ergreifenden Maßnahmen".[464]

Die einzusetzenden Mittel können sich mitunter stark voneinander unterscheiden: Während Jugendliche, die in ihrer Sozialisation schwer gestört sind, Angebote zur Resozialisierung wahrnehmen müssen, beschränken sich die Mittel bei Jugendlichen, die weniger sozialisationsgestört sind, auch auf weniger tiefgreifende, zumal ambulante, Sozialisationsmaßnahmen.[465] Angesichts der im Jugendalter überwiegenden entwicklungstypischen Kleinkriminalität[466] wird für das Ziel der Legalbewährung häufig bereits allein die Verdeutlichung des Normbruchs durch eine Ermahnung oder ggf. einen „leichten Denkzettel" ausreichen.[467] Damit wird vielen Tätern hinreichend verdeutlicht, dass die das soziale Verhalten regelnden Normen auch für sie verbindlich gelten – und Normüberschreitungen Konsequenzen mit sich ziehen.[468] Noch häufiger ist es sogar geboten, gänzlich auf jugendstrafrechtliche Reaktionen zu verzichten, um nicht überzureagieren und schädliche Stigmatisierung zu verhindern.[469] Aufgrund

460 *Rössner* in: Meier/Rössner/Schöch, Jugendstrafrecht, § 6 Rn. 30 ff.

461 *Kölbel*, in: Eisenberg/Kölbel, JGG, § 5 Rn. 32.

462 Ebenda.

463 *Rössner* in: Meier/Rössner/Schöch, Jugendstrafrecht, § 6 Rn. 30 ff.; vgl. umfassend zur prognostischen Beurteilung auch *Beulke/Swoboda*, Jugendstrafrecht, Rn. 270 ff. m.z.w.N.; *Kölbel*, in: Eisenberg/Kölbel, JGG, § 5 Rn. 31 ff.; *Laubenthal/Baier/Nestler*, Jugendstrafrecht, Rn. 537 ff.; *Ostendorf*, JGG, § 5 Rn. 8 ff.

464 *Diemer*, in: Diemer/Schatz/Sonnen, JGG, § 5 Rn. 15; auch *Kölbel*, in: Eisenberg/Kölbel, JGG, § 5 Rn. 43 ff.

465 *Ostendorf*, in: Ostendorf, JGG, Grdl. z. §§ 1 und 2 Rn. 4.

466 Vgl. S. 57.

467 *Beulke/Swoboda*, Jugendstrafrecht, Rn. 10; *Ostendorf*, in: Ostendorf, JGG, Grdl. z. §§ 1 und 2 Rn. 4.

468 *Beulke/Swoboda*, Jugendstrafrecht, Rn. 10.

469 *Ostendorf*, in: Ostendorf, JGG, Grdl. z. §§ 1 und 2 Rn. 4.

der festgestellten *Ubiquität* sind Erziehungsmaßnahmen nicht zwangsläufig die notwendige Reaktion auf Jugendkriminalität, da andernfalls dem Gros junger Menschen Erziehungsprobleme unterstellt würden.[470] Das Jugendalter würde dadurch pathologisiert bzw. sehr defizitär betrachtet.[471]

Davon abweichend sind Fälle zu beurteilen, in denen ernsthaftere oder auch besonders viele Straftaten begangen werden: Da sich darin „schwere Persönlichkeitsdefizite" äußern können, muss die Erziehung aktiv, positiv beeinflussend bzw. festigend, in ambulanter oder sogar auch stationärer Form erfolgen.[472]

Auch die Sanktionspraxis orientiert sich an den typischen Strukturmerkmalen, aus denen sich ergibt, dass der Jugendrichter bei jugendtypischer Delinquenz stigmatisierende Sanktionen vermeiden sollte, um das Risiko der Fortsetzung der Straffälligkeit nicht zu erhöhen.[473]

Erzieherische Maßnahmen sind ferner nur dann legitimiert, wenn der Betroffene ganz konkret erziehungsbedürftig und -fähig ist und wenn pädagogische Maßnahmen Erfolg versprechen, auch wenn den Betroffenen selbst keine Schuld an der Situation an sich trifft.[474] Regelmäßig werden sich die einzusetzenden Mittel von denen des allgemeinen Strafrechts unterscheiden, da die Einwirkung oftmals einen sensibleren Maßstab verlangt.[475]

Der Gesetzestext benennt damit lediglich ein „Leitprinzip" und eine „Orientierungshilfe" für die Anwendung und Auslegung jugendstrafrechtlicher Vorschriften, was dazu führt, dass das Erziehungsziel aus dem JGG und dessen systematischer Auslegung zu ermitteln ist.[476] Dessen praktische Bedeutung ist deshalb immens und gleichzeitig essentiell, um kriminologisch basiert, eine „rationale Jugendkriminalpolitik" betreiben zu können.[477] Es geht um den Vorrang von erzieherisch begründeten Interventionen.[478]

---

470 *Dollinger/Schadbach*, Jugendkriminalität, S. 37 f.

471 Ebenda.

472 *Beulke/Swoboda*, Jugendstrafrecht, Rn. 10.

473 *Schwind*, Kriminologie, § 3 Rn. 30 m.w.N.

474 *Momsen*, ZJJ 2005, 179, 183; *Weber*, Schuldprinzip, S. 154.

475 *Kreuzer*, NJW 2002, 2345, 2346; *Strobel*, Jugendstrafe, S. 27; *Weber*, Schuldprinzip, S. 162 f.; *Zapf*, Opferschutz und Erziehungsgedanke, S. 23.

476 BT-Drs. 16/6293, S. 9 f.; *Putzke*, in: BeckOK JGG, § 2 Rn. 6; *Sonnen*, in: Diemer/Schatz/Sonnen, JGG, § 2 Rn. 1.

477 *Sonnen*, RdJB 2007, 128, 131 m.w.N.

478 *Ostendorf*, in: Ostendorf, JGG, § 2 Rn. 5.

e) *Kritik*

Der Erziehungsgedanke sieht sich seit jeher immer wieder unter historischen, kriminologischen und rechtsdogmatischen Gesichtspunkten massiver Kritik ausgesetzt.[479] Er wird als „doppelter Sündenbock" sowohl für einen zu laxen als auch für einen zu repressiven Umgang mit jugendlichen Straftätern verantwortlich gemacht.[480]

Kritiker beanstanden insbesondere die Offenheit bzw. Unbestimmtheit des Begriffes.[481] Die fehlende eigene Bedeutung ermögliche es, den Terminus beliebig zu instrumentalisieren.[482] Dies wird insbesondere aus rechtsstaatlicher Sicht beanstandet, da angezweifelt wird, ob der Erziehungsgedanke dem *Bestimmtheitsgrundsatz* nach Art. 103 Abs. 2 GG genügt.[483] Widersprüche werden auch darin gesehen, dass das Konzept einerseits „für Nachsicht, für Diversion und Milde" und andererseits „für Strenge, für Rigidität [und] für konsequente Strafverfolgung" bemüht werden soll.[484]

Ein weiterer Nachteil des Erziehungsprinzips bestehe zudem darin, dass es nicht nur eine einmalige Verfehlung, einen abstrakten Vorgang missbilligt, sondern gleich grundlegende korrekturbedürftige Persönlichkeitsmängel attestiert, was stigmatisierend wirke.[485] Durch die Erfassung des Täters in seiner ganzen Persönlichkeit, von der in „unerzogenem Zustand" von weiteren Straftaten auszugehen ist, greife der Vorwurf des Erziehungsmangels viel tiefer.[486]

Zudem stellen Kritiker vor dem Hintergrund der im Vergleich zum Erziehungsgedanken deutlich jüngeren kriminologischen Erkenntnisse zur Jugendkriminalität in Frage, ob Erziehung überhaupt erforderlich ist: Schließlich gilt als gesichert, dass entwicklungsbedingte Jugendkriminalität, zumal im *Bagatellbereich,*[487] normal ist und nicht auf Erziehungsdefizite, sondern auf die

479 *Grunewald*, Erziehungsgedanke, S. 15.

480 *Schlüchter*, Erziehungsgedanke, S. 6 f.

481 So etwa *Albrecht*, Gutachten zum 64. DJT, S. 103; *Schüler-Springorum*, in: FS Dünnebier, S. 649, 654 f.

482 *Pieplow*, in: Walter, Beiträge zur Erziehung im Jugendkriminalrecht, S. 5, 16, 56; die Nachteile der Flexibilität zeigte auch der Missbrauch des Erziehungsgedankens im Nationalsozialismus, vgl. S. 29.

483 Vgl. dazu *Schlüchter*, Erziehungsgedanke, S. 71 ff. m.w.N.; *Walter*, in: Walter, Beiträge zur Erziehung im Jugendkriminalrecht, S. 59, 66; a.A. *Grunewald*, Erziehungsgedanke, S. 201 f.

484 *Ostendorf*, ZfJ 2005, 415.

485 *Bohnert*, JZ 1983, 517, 520.

486 *Bohnert*, JZ 1983, 517, 519.

487 Vgl. S. 57.

Entwicklung und situative Anreize hinweist.[488] Vor dem Hintergrund der Spontanbewährung bedürfe es oftmals keiner Intervention, um weiteren Straftaten vorzubeugen.[489]

Die strafrechtlichen Instanzen und Sanktionen werden zudem als ungeeignet angesehen, Erziehungsdefizite zu beheben und Erziehung nachzuholen.[490] Das Jugend*straf*recht biete gerade kein geeignetes Umfeld für derartige Einwirkungen, da es in aller Regel nicht zu längerfristigen Beziehungen zwischen dem Betroffenen und Funktionsträgern führt und es durch diese rein punktuellen Kontakte in der Täterbiografie an einer für die Lernprozesse notwendigen emotionalen Verbindung mangelt.[491] Es entstehe vielmehr eine „hierarchische Beziehungsstruktur", innerhalb derer in einem autoritären Modus interveniert wird.[492] Die damit fast zwingend einhergehende Stigmatisierung wirke dabei eher entwicklungsgefährdend.[493] Das Anerkenntnis eines letzten Endes positiven erzieherischen Ertrags des jugendstrafrechtlichen Zugriffs fällt dabei umso ernüchternder aus, je repressiver der Sanktionscharakter ist.[494]

Außerdem sieht das Erziehungsprinzip sich – möglicherweise durch überhöhte Erwartungen an das Erziehungspotential jugendstrafrechtlicher Sanktionen bedingt – dem Vorwurf ausgesetzt, teilweise zu einer Schlechterstellung Jugendlicher bzw. Heranwachsender geführt zu haben.[495] Es soll dazu verleiten, unter dem „Deckmantel" einer Orientierung an erzieherischen Bedürfnissen eingriffsintensiver zu handeln, als in Bezug auf Erwachsene in vergleichbaren Situationen.[496] Dies könne zu sog. *Erziehungszuschlägen* führen:[497] Gerichte könnten das zur Ahndung der individuellen Schuld erforderliche Maß einer Sanktion übersteigen, da es sich durch eine intensivere Einflussnahme mehr positive erzieherische Effekte erhofft.[498] Die Gefahr der Ausuferung wird auch

488 *Ostendorf/Drenkhahn*, Jugendstrafrecht, Rn. 52; siehe dazu auch *Heinz*, RdJB 1990, 133 ff.; dagegen kritisch *Grunewald*, Erziehungsgedanke, S. 182.

489 Vgl. S. 56.

490 *Kölbel*, in: Eisenberg/Kölbel, JGG, § 2 Rn. 12 f.; *Schlüchter*, Erziehungsgedanke, S. 57 ff.

491 *Kölbel*, in: Eisenberg/Kölbel, JGG, § 2 Rn. 12; vgl. auch *Streng*, Jugendstrafrecht, Rn. 20.

492 *Kölbel*, in: Eisenberg/Kölbel, JGG, § 2 Rn. 12.

493 *Streng*, Jugendstrafrecht, Rn. 20.

494 *Streng*, Jugendstrafrecht, Rn. 20. Vgl. dazu etwa in Bezug auf Diversion *Heinz*, ZStW 104 (1992), 591, 610 ff.; vgl. zudem *Schüler-Springorum*, in: FS Dünnebier, S. 649, 651, 655 f.; *Streng*, ZStW 106 (1994), 60, 85 f.

495 *Pieplow*, in: Walter, Beiträge zur Erziehung im Jugendkriminalrecht, S. 5 ff.

496 *Heinz*, RdJB 1990, 133, 134; *Walter*, NStZ 1992, 470 f.

497 *Buckolt*, Jugendstrafe, S. 278 ff.

498 *Weber*, Jugendstrafe, S. 165 f., 182 f.

darin gesehen, dass sich tendenziell bei fast jedem Jugendlichen Bedürfnisse nach Erziehung feststellen ließen.[499] Gerade im Anwendungsbereich eingriffsintensiver, zumal freiheitsentziehender, Maßnahmen kann dies gravierend sein.

Weitere Diskussionspunkte liegen in potentiellen Konflikten mit ungerechtfertigten Eingriffen in das *Allgemeine Persönlichkeitsrecht* aus Art. 2 Abs. 1 i.V.m. Art. 1 Abs. 1 GG, da die mit der Erziehung verbundenen Eingriffe in die Entwicklung des Betroffenen unzulässig seien.[500]

f) Erziehungsgedanke als Strafzweck

Angesichts des Erziehungsziels drängt sich die Frage auf, in welchem Verhältnis der *Erziehungsgedanke* und der Strafzweck der *positiven Spezialprävention* stehen.

aa) Strafzweck der positiven Spezialprävention

Die positive Spezialprävention[501] ist ein relativer Strafzweck, der sich an bereits straffällig gewordene Personen richtet.[502] Er verfolgt das Ziel der Verbrechensprophylaxe durch unmittelbare Einwirkung auf den Täter als Beitrag zu seiner Besserung bzw. Resozialisierung.[503]

Diese Theorie geht auf *von Liszt* zurück, der die erhoffte Wirkungsweise in seinem *Marburger Programm* folgendermaßen zusammenfasste: „Die Strafe ist Zwang. Als solcher kann sie doppelter Natur sein. Sie kann indirekter, mittelbarer, psychologischer Zwang oder Motivation sein. Die Strafe gibt dem Verbrecher die ihm fehlenden Motive, welche der Begehung von Verbrechen entgegenzuwirken geeignet sind, und die vorhandenen Motive vermehrt und kräftigt sie."[504] Der Täter soll auf ein fortan gemeinschaftsfähiges Verhalten vorbereitet werden, wobei entsozialisierende Wirkungen bestmöglich vermieden werden sollen.[505] Eine maximal nachhaltig bemessene Strafe soll für eine künftige Legalbewährung

---

499 *Weber*, Schuldprinzip, S. 154.

500 Vgl. dazu *Ostendorf*, in: Ostendorf, JGG, Grdl. zu §§ 1, 2 Rn. 4; vgl. dazu auch S. 161 f.

501 Spezialprävention: auch *Individualprävention*, vgl. *Maurach/Zipf*, Strafrecht AT Bd. 1, § 7 Rn. 6, 9.

502 *Eisele*, in: Baumann/Weber/Mitsch/Eisele, Strafrecht AT, § 2 Rn. 32 ff.; *Radtke*, in: MüKo StGB Bd. 2, Vorb. § 38 Rn. 34; *Roxin/Greco*, Strafrecht AT Bd. 1, § 3 Rn. 11 f.

503 *Kinzig*, in: Schönke/Schröder, StGB, Vor §§ 38 ff. Rn. 7.

504 *Von Liszt*, in: von Liszt, Strafrechtliche Aufsätze und Vorträge Bd. 1, S. 126, 163 f.

505 *Maurach/Zipf*, Strafrecht AT Bd. 1, § 6 Rn. 7.

des Täters sorgen.[506] Der diesbezüglich bedürftige aber auch fähige Täter soll durch „Besserung" vor Rückfälligkeit bewahrt werden.[507]

bb) Zusammenhang zwischen Erziehungsgedanke und positiver Spezialprävention

Während im allgemeinen Strafrecht entsprechend § 46 Abs. 1 StGB spezialpräventive Gesichtspunkte lediglich innerhalb des vorrangig zu berücksichtigenden Schuldausgleichs relevant werden sollen,[508] gilt im Jugendstrafrecht gewissermaßen ein umgekehrtes Verständnis:[509] Wie aus dem retrospektiven Blick auf die Entstehung des Jugendstrafrechts[510] hervorgeht, sollte es gerade vom Vergeltungsstrafrecht abgegrenzt und der Fokus auf den straffällig gewordenen jungen Täter und die bessernde Einwirkung auf ihn gelegt werden, sog. *Erziehungs- oder Täter*strafrecht.[511] Der Konflikt ist „allein in der Person des Täters" zu lösen.[512] Primär kommt es auf die spezialpräventive „Einwirkungsbedürftigkeit" an,[513] wohingegen der Schuldausgleich lediglich als „Limitierung von oben" wirken soll.[514] Mit der Normierung des *Erziehungsgedankens* hat der Gesetzgeber diese Ausrichtung konkretisiert.[515] Damit ist das Jugendstrafrecht grundlegend zukunftsorientiert, somit im Rahmen der relativen Straftheorien und – aufgrund der Fixierung auf den Täter – der Spezialprävention zu verorten.[516]

Da das Erziehungsziel die künftige Legalbewährung ist, entspricht die Formulierung des Leitprinzips damit der positiven Spezialprävention.[517] Zahlreiche

---

506 *Kinzig*, in: Schönke/Schröder, StGB, Vor §§ 38 ff. Rn. 7.
507 *Von Liszt*, ZStW 3 (1883), 1, 34 ff.
508 Vgl. dazu *Fischer*, StGB, § 46 Rn. 2a ff.
509 *Kölbel*, in: Eisenberg/Kölbel, JGG, § 2 Rn. 4.
510 Vgl. S. 63 ff.
511 *Ostendorf/Drenkhahn*, Jugendstrafrecht, Rn. 48, 50; *Weber*, Schuldprinzip, S. 162.
512 *Ostendorf*, in: Ostendorf, JGG, Grdl. z. §§ 1 und 2 Rn. 4.
513 *Kölbel*, in: Eisenberg/Kölbel, JGG, § 2 Rn. 4.
514 BT-Drs. 16/6293, 10.
515 *Ostendorf/Drenkhahn*, Jugendstrafrecht, Rn. 54.
516 *Kölbel*, in: Eisenberg/Kölbel, JGG, § 2 Rn. 3; *Laue*, in: MüKo StGB Bd. 7, JGG, § 2 Rn. 2; *Ostendorf*, in: Ostendorf, JGG, § 5 Rn. 2 ff.; *Ostendorf/Drenkhahn*, Jugendstrafrecht, Rn. 48.
517 Vgl. etwa *Albrecht*, ZStW 97 (1985), 831, 841 ff; *Kinzig*, in: Schönke/Schröder, StGB, Vor. §§ 38 Rn. 10; *Kölbel*, in: Eisenberg/Kölbel, JGG, § 2 Rn. 3; *Laue*, in: MüKo StGB Bd. 7, JGG § 2 Rn. 2; *Ostendorf*, in: Ostendorf, JGG, § 2 Rn. 1, 5; *Pfeiffer*, Kriminalprävention, S. 82; *Rössner/Bannenberg*, in: Meier/Bannenberg/Höffler, Jugendstrafrecht, § 1 Rn. 14; *Sonnen*, in: Diemer/Schatz/Sonnen, JGG, § 2 Rn. 1; *Strobel*, Jugendstrafe, S. 27; vgl. dazu differenziert auch *Petersen*, Sanktionsmaßstäbe, S. 40 ff.

Autoren setzten Erziehung deshalb mit jugendadäquater (positiver) Spezialprävention gleich.[518] Da bei einem derartigen Verständnis eine unzulässige Vermischung der Aspekte von Ziel und Mittel droht,[519] wollen andere die Begriffe nicht synonym verwenden:[520] Während es bei der „herkömmlichen" positiven Spezialprävention auf die Legitimation der Sanktion ankommt, ohne die Person des Täters dabei in besonderer Weise zu berücksichtigen, legt die erzieherische Motivation ein besonderes Augenmerk auf den Täter als Person und auf seine Bedürfnisse; d.h. es soll nicht nur eine künftige Legalbewährung erreicht werden, sondern es ist auf dem Weg dorthin auch darauf zu achten, wie dies bestmöglich und schonend zu erreichen ist.[521] Obwohl § 2 Abs. 1 JGG zwischen dem Ziel (S. 1) und den Maßnahmen (S. 2) differenziert, sind die beiden Aspekte nur sehr schwer voneinander zu trennen, da die automatische Verbindung im Gesetz angelegt ist.[522]

Zumindest geht die Erziehung als ein Teil von ihr im weiten Verständnis der positiven Spezialprävention auf.[523] Die spezialpositive Ausrichtung gilt dabei ganz unabhängig von Sozialisationsdefiziten des Täters, da eine etwaige ausgebliebene Reaktion trotz Überführung des verantwortungsfähigen Täters ansonsten die übertretene Norm sowohl dem Täter selbst als auch gegenüber der Allgemeinheit desavouierte.[524]

2. Erforderlichkeit ergänzender Strafzwecke

Trotz der unbestrittenen Dominanz des Erziehungsgedankens eröffnet der Wortlaut des § 2 Abs. 1 JGG durch die das Sanktionsziel nicht abschließenden

518 *Brunner/Dölling*, JGG, Einf. Rn. 86; *Kaspar*, in: FS Schöch, S. 209, 210; *Laubenthal/Baier/Nestler*, Jugendstrafrecht, Rn. 5; *Ostendorf*, in: Ostendorf, JGG, Grdl. z. §§ 1 und 2 Rn. 4; *Ostendorf/Drenkhahn*, Jugendstrafrecht, Rn. 53; *Strobel*, Jugendstrafe, S. 26 f.

519 Vgl. *Swoboda*, in: Räume der Unfreiheit, S. 345, 349 m.w.N.

520 *Grunewald*, NJW 2003, 1995, 1996; *Heinz*, JuS 1991, 896, 900; *Laue*, in: MüKo StGB Bd. 7, JGG, § 2 Rn. 3; *Petersen*, Sanktionsmaßstäbe, S. 52 f.; *Rössner*, in: Meier/Rössner/Trüg/Wulf, JGG, § 2 Rn. 3, 5; *Streng*, GA 1984, 149, 152.

521 *Höffler/Kaspar*, MüKo StGB StPO Bd. 2/3, JGG, Einl. Rn. 23; *Laubenthal/Baier/Nestler*, Jugendstrafrecht, Rn. 5; *Petersen*, Sanktionsmaßstäbe, S. 52 f.

522 Vgl. dazu umfassend *Ostendorf*, in: Ostendorf, JGG, § 2 Rn. 5.

523 *Bruns*, StV 1982, 592; *Ostendorf*, in: Ostendorf, JGG, Grdl. z. §§ 1–2 Rn. 4, § 2 Rn. 11; *Streng*, Jugendstrafrecht, Rn. 22; *Weber*, Schuldprinzip, S. 162; modifizierend *Petersen*, Sanktionsmaßstäbe, S. 53 f.

524 *Streng*, ZStW 106 (1994), 60, 86 ff.

Formulierungen „*vor allem*" und „*vorrangig*" Raum für weitere Strafzwecke.[525] Dass der Gesetzgeber sich bewusst gegen den absoluten Vorrang des Erziehungsgedankens entschieden hat, offenbart er durch den Verzicht auf Ausdrücke wie *ausschließlich*.[526] Er weist mit der gewählten Fassung vielmehr darauf hin, dass er neben dem Erziehungszweck auch andere Strafzwecke zulässt.[527] Deren ergänzende Berücksichtigung ist vielmehr notwendig, da das Jugendstrafrecht nicht allein auf Grundlage des Erziehungsprinzips vollständig erklär- und legitimierbar ist, sondern auch auf weiteren Erwägungen beruht.[528]

Das Jugendstrafrecht dient ergänzend auch dem *Schuldausgleich*.[529] Dieser ist neben der *Vergeltung* auch im Jugendstrafrecht unverzichtbar.[530] Schon immer enthielt das System des JGG auch Elemente der „klassischen" Strafe.[531] Das gezielte Zufügen eines Übels ist aber nicht immer erzieherisch begründbar.[532] Genau darin kommt der das Jugendstrafrecht umspannende Kompromiss zwischen *Erziehung* und *Strafe* zum Ausdruck, nach dem das *Erziehungsprinzip* zwar der oberste Leitgedanke bleibt, im Interesse des Rechtsgüterschutzes aber ausnahmsweise zurückstehen muss.[533]

Dies impliziert bereits die Bezeichnung als Jugend*straf*recht, das als Teil des *Straf*rechtssystems von einem reinen Jugend*hilfe*recht zu unterscheiden ist.[534] Es

---

525 BT-Drs. 16/6293, S. 9; auch *Beulke*, NK 3/2019, 269, 277; *Brunner/Dölling*, JGG, § 2 Rn. 1; *Goerdeler*, ZJJ, 2008, 137; *Jäger*, GA 2003, 475; *Kaspar*, in: FS Schöch S. 209, 210 f.; *Laue*, in: MüKo StGB Bd. 7, JGG, § 2 Rn. 2; *Ostendorf*, in: Ostendorf, JGG, Grdl. z. §§ 1 und 2 Rn. 5; *Ostendorf/Drenkhahn*, Jugendstrafrecht, Rn. 54; *Rössner*, in: Meier/Rössner/Trüg/Wulf, JGG, § 2 Rn. 4; *Sonnen*, in: Diemer/Schatz/Sonnen, JGG, § 2 Rn. 1; a.A. *Eisenberg*, NStZ 2013, 636, 638, der in der Vorschrift eine Absage an andere Zwecke sieht.

526 *Weber*, Schuldprinzip, S. 177 m.w.N.

527 *Bachmann*, JZ 2019, 759, 760; *Laue*, in: Meier/Rössner/Trüg/Wulf, JGG, § 17 Rn. 28; a.A. *Eisenberg*, NStZ 2013, 636, 638.

528 *Kaspar*, in: FS Schöch, S. 209, 211 f.; *Kornprobst*, JR 2002, 309, 310; *Meyer-Odewald*, Jugendstrafe, S. 65 ff.; *Streng*, Jugendstrafrecht, Rn. 16.

529 BT-Drs. 16/6293, S. 9.

530 BT-Drs. 1/3264, S. 41; BGH, StV 1982, 335; BGH, StV 1994, 598; *Hinz*, JR 2001, 50, 52; so auch schon früh *Grethlein*, NJW 1961, 687 m.V.a. *Dallinger/Lackner*, JGG, § 17 Rn. 7.

531 *Kaspar*, in: FS Schöch, S. 209, 211 f.

532 *Weyel*, ZJJ 2008, 132, 136.

533 *Beulke*, NK 3/2019, 269, 276 f.

534 *Kaspar*, in: FS Schöch, S. 209, 211; *Ostendorf*, StV 1998, 297, 302 f.; so auch *Grethlein*, NJW 1961, 687, der dies am Wortlaut des Jugendrichters als „*Straf*richter" festmacht.

ist kein auf Hilfe ausgerichtetes Sozialrecht, sondern dient der sozialen Kontrolle.[535] Dass das Jugendstrafrecht nicht ausschließlich auf pädagogische Erziehung ausgerichtet war und ist, ergibt sich aus der bewussten Begründung und Aufrechterhaltung des dualistischen Systems.[536] Dieser strafrechtliche Bezug manifestiert sich auch in § 1 Abs. 2 JGG, der den sachlichen Anwendungsbereich des Jugendstrafrechts zunächst vollkommen unabhängig vom individuellen Erziehungsbedarf,[537] durch die Begehung einer Straftat eröffnet. Käme es allein auf *Erziehung* an, müsste konsequenterweise unabhängig von Art und Schwere der begangenen Tat ausschließlich auf die Erziehungsbedürftigkeit abgestellt werden, was oftmals dazu führte, dass Straftäter ohne feststellbare Erziehungsbedürfnisse nicht sanktioniert werden könnten.[538] Eine derart weichenstellende Funktion räumt das Gesetz dem *Erziehungsgedanken* nicht ein.[539] Besonders deutlich wird dies dadurch, dass das Jugendstrafrecht auch auf Personen angewendet werden kann, die weder erziehungs*bedürftig* noch erziehungs*fähig* sind, was bei alleiniger Begründung durch den Erziehungsgedanken nicht legitimierbar wäre.[540] Da die kriminologische Forschung auch offenbart, dass der Großteil der Bagatellkriminalität bei Jugendlichen als *normal* gilt,[541] lässt sich aus Jugendkriminalität nicht pauschal auf Erziehungsmängel im Sinne einer erzieherischen Intervention schließen.[542]

3. Vereinbarkeit komplementärer Strafzwecke mit dem Jugendstrafrecht

Da der Gesetzgeber offenlässt, *welche* Nebenziele dies genau umfasst, gilt es zu prüfen, inwieweit ergänzende Strafzwecke mit der jugendstrafrechtlichen Zielsetzung vereinbar sind.

---

535 *Albrecht*, Jugendstrafrecht, S. VII; *Ostendorf*, StV 1998, 297, 302 f.

536 Vgl. dazu S. 64, 70.

537 *Bottke*, Generalprävention, S. 7 f., 16 f.; *Höffler/Kaspar*, MüKo StPO Bd. 3/2, JGG, Einl. Rn. 22.

538 *Kaspar*, in: FS Schöch, S. 209, 213.

539 Ebenda.

540 *Höffler/Kaspar*, MüKo StPO Bd. 3/2, JGG, Einl. Rn. 22.

541 Vgl. S. 55 f.

542 *Albrecht*, Gutachten zum 64. DJT, S. 99; *Kaspar*, in: FS Schöch, S. 209, 212.

a) Absolute Straftheorien im Jugendstrafrecht

Die Begriffe *Schuldausgleich* und *Vergeltung* wecken ihrem Wortlaut nach sogleich Assoziationen zu den absoluten[543] Straftheorien.[544]

Danach meint *Vergeltung* das Zufügen eines Strafübels zwecks „Ausgleich von Verdienst und Schicksal".[545] Als älteste Straffunktion[546] beruht sie auf dem seit dem Altertum bekannten *Talionsprinzip* (*ius talionis*), das Gleiches mit Gleichem zu vergelten versucht, um einen gerechten Ausgleich zu schaffen: „Auge um Auge, Zahn um Zahn".[547] Die Strafe soll in „Dauer und Härte" der Tat entsprechen.[548] Der auf der Tat liegende Fokus verlangt sogar dann eine Strafe, wenn diese im Einzelfall zur Wahrung des sozialen Friedens überflüssig, gar schädlich wäre.[549]

Die Grundkonzeption der absoluten Straftheorien ist auf *Kant* und *Hegel* zurückzuführen:[550] Das Strafgesetz als kategorischen Imperativ begreifend, sollte Strafe nach *Kant* nur um des reinen Strafens Willen als Antwort auf die begangene Straftat verhängt werden, ohne damit einen staatlichen oder individuellen Nutzen zu verbinden.[551] Er begründete die Konzepte der Gerechtigkeit und der Vergeltung „als unverbrüchlich geltende Gesetze" und versuchte sie „gegen alle utilitaristischen Auffassungen mit schneidender Schärfe durchzusetzen".[552] *Kant* forderte artgleiche Vergeltung.[553] Damit übereinstimmend erkannte *Hegel* ebenfalls keine präventiven Ziele als Strafzwecke an.[554] Er unterscheidet sich aber dadurch von *Kant*, dass er das *Talionsprinzip*, das praktisch nicht umsetzbar ist, dadurch substituiert, dass er sowohl dem Verbrechen als auch der Strafe eine

543 Lat. absolutos = losgelöst.

544 Aufgrund der Leugnung verbrechensprophylaktischer Zwecke sind sie konsequenterweise auch nicht als Straf*zweck*- sondern als Straftheorien zu bezeichnen, vgl. *Maurach/Zipf*, Strafrecht AT Bd. 1, § 6 Rn. 3.

545 *Hackstock*, Generalpräventive Aspekte, S. 70.

546 *Eisele*, in: Baumann/Weber/Mitsch/Eisele, Strafrecht AT, § 2 Rn. 45.

547 Vgl. Bei *Roxin/Greco*, Strafrecht AT Bd. 1, § 3 Rn. 2 m.w.N.

548 *Roxin/Greco*, Strafrecht AT Bd. 1, § 3 Rn. 2.

549 *Kant*, Metaphysik der Sitten, S. 226 ff.; *Hegel*, Grundlinien der Philosophie des Rechts, S. 99 ff.

550 Vgl. auch Darstellung bei *Hörnle*, Straftheorien, S. 15 ff.

551 *Kant*, Metaphysik der Sitten, S. 226 ff.

552 *Roxin/Greco*, Strafrecht AT Bd. 1, § 3 Rn. 3.

553 *Kant*, Metaphysik der Sitten, S. 226 ff.

554 *Hegel*, Grundlinien der Philosophie des Rechts, S. 99 ff.

Wertgleichheit zuerkennt – „das Verbrechen als Negation des Rechts und die Strafe als Negation dieser Negation".[555]

Zu den absoluten Straftheorien zählt auch die von der *Vergeltungstheorie* zu unterscheidende *Sühnetheorie*, die auf dem Gedanken basiert, dass der Täter sich wegen der begangenen Tat mit der Rechtsordnung wieder versöhnt.[556] Unter *Sühne* ist „die (subjektive) Kehrseite der Vergeltung" zu verstehen.[557] Eine Sühneleistung erbringt, wer sich freiwillig dem gerechten Strafübel unterwirft und mittels eines „inneren Akte[s] der Einkehr und Selbstbestimmung die Notwendigkeit der Strafe bejah[t]" oder zumindest „zur Einsicht der Nützlichkeit anderen Verhaltens gelang[t]".[558] Der Schuld-Sühne-Theorie wohnt daher im Gegensatz zur Vergeltungstheorie der Schuldgrundsatz inne, der von einem „prinzipiell willensfreien und eigenverantwortlichen handelnden Menschen" und dessen grundsätzlicher Fähigkeit ausgeht, „sich frei für Recht oder Unrecht entscheiden zu können" und bei einer Entscheidung für Letzteres Schuld auf sich lädt.[559] Dies ermöglicht wiederum eine „Quantifizierung der Schuld".[560]

Obwohl die absoluten Straftheorien dadurch bestechen, dass sie eine klare Begrenzung des Strafmaßes vorsehen,[561] ist ihnen schon im allgemeinen Strafrecht nicht mehr in ihrer Reinform zu folgen.[562] Dies gilt im Anwendungsbereich des Jugendstrafrechts erst recht.

So ist insbesondere problematisch, dass die Vergeltungstheorie nicht begründen kann, weshalb eine Strafe notwendig ist, sondern dies bereits voraussetzt.[563] Weiterhin orientiert sie sich nicht an der persönlichen Verantwortung des Täters, da sie ihn nicht als vernunftmäßigen und verantwortlichen Menschen anerkennt, und stellt daher auch keine Proportionalität im Sinne eines gerechten Verhältnisses zwischen dem Täter, seiner Handlungskontrolle und der objektiven Schwere der Tat her.[564] Dadurch kann kein gerechtes Verhältnis zwischen

555 *Roxin/Greco*, Strafrecht AT Bd. 1, § 3 Rn. 4 m.w.N.; *Maurach/Zipf*, Strafrecht AT Bd. 1, § 6 Rn. 22 m.w.N.

556 *Eisele*, in: Baumann/Weber/Mitsch/Eisele, Strafrecht AT, § 2 Rn. 47.

557 *Hackstock*, Generalpräventive Aspekte, S. 70.

558 *Eisele*, in: Baumann/Weber/Mitsch/Eisele, Strafrecht AT, § 2 Rn. 48; vgl. auch *Hackstock*, Generalpräventive Aspekte, S. 70.

559 *Eisele*, in: Baumann/Weber/Mitsch/Eisele, Strafrecht AT, § 2 Rn. 49.

560 *Eisele*, in: Baumann/Weber/Mitsch/Eisele, Strafrecht AT, § 2 Rn. 51.

561 *Wessels/Beulke/Satzger*, Strafrecht AT, Rn. 24 f.

562 *Roxin/Greco*, Strafrecht AT Bd. 1, § 3 Rn. 10.

563 *Roxin*, JuS 1966, 377, 378.

564 *Eisele*, in: Baumann/Weber/Mitsch/Eisele, Strafrecht AT, § 2 Rn. 47 ff.; *Strobel*, Jugendstrafe, S. 11.

der individuellen Schuld und der verhängten Strafe vorliegen.[565] Unvereinbar scheint auch, dass Strafe ein aufgezwungenes Übel ist, die Sühneleistung hingegen freiwillig erbracht werden soll.[566]

Mit der zukunftsorientierten jugendstrafrechtlichen Zielsetzung ist vor allem disparat, dass die absoluten Straftheorien von gesellschaftlichen Wirkungen unabhängig und von jeglichen sozial nützlichen Zweckvorstellungen entbunden sind.[567] Entsprechend dem Grundsatz „*punitur quia peccatum est*“[568] erschöpft sich ihre Wirkung allein repressiv darin, dass sie dem Täter ein Übel auferlegt, dass die Tat in gerechter Weise vergilt bzw. ausgleicht, sühnt.[569] Die Strafe entspricht einem Gebot der Gerechtigkeit und soll diese wiederherstellen.[570] Eine darüber hinausgehende Zwecksetzung galt gar als „unzulässige Instrumentalisierung“.[571] Ein Ansatz, der die absolute Gerechtigkeitsidee verfolgt und damit metaphysische Ideale[572] zu verwirklichen versucht, ist mit dem heutigen parlamentarischen Demokratieverständnis[573] in einem säkularen Staat nicht vereinbar, da er rationalen Überlegungen in einem aufgeklärten Strafsystem unzugänglich ist.[574] Um dem Vergeltungsgedanken nicht „in archaischer Weise [...] absolute Geltung“ zu verschaffen,[575] ist eine weitergehende Funktion der

565 *Weber*, Schuldprinzip, S. 159; vgl. dazu auch *Kinzig*, in: Schönke/Schröder, StGB, Vor §§ 38 ff. Rn. 6.

566 *Maurach/Zipf*, Strafrecht AT Bd. 1, § 7 Rn. 19; vgl. zu schädlichen Stigmatisierungen auch *Hackstock*, Generalpräventive Aspekte, S. 71.

567 *Roxin/Greco*, Strafrecht AT Bd. 1, § 3 Rn. 2; *Wessels/Beulke/Satzger*, Strafrecht AT, Rn. 25.

568 Es wird bestraft, weil gesündigt worden ist.

569 *Maurach/Zipf*, Strafrecht AT Bd. 1, § 6 Rn. 3; *Roxin/Greco*, Strafrecht AT Bd. 1, § 3 Rn. 2.

570 *Wessels/Beulke/Satzger*, Strafrecht AT, Rn. 22.

571 *Hoffmann-Holland*, Strafrecht AT, Rn. 14.

572 *Höffler/Kaspar*, MüKo StPO Bd. 3/2, JGG, Einl. Rn. 24 zu den verfassungsrechtlichen Problemen mit umfassendem Verweis auf *Kaspar*, Präventionsstrafrecht; *Kinzig*, in: Schönke/Schröder, StGB, Vor §§ 38 ff. Rn. 2.

573 Vgl. *Roxin*, ZStW 96 (1984), 641, 644 f.; die Unzulässigkeit hat daher verfassungsrechtliche Relevanz, *Kaspar*, Präventionsstrafrecht, S. 673.

574 *Kaspar*, in: FS Schöch, S. 209, 211; *Maurach/Zipf*, Strafrecht AT Bd. 1, § 6 Rn. 5; *Ostendorf*, in: Ostendorf, JGG, § 17 Rn. 5; *Ostendorf/Drenkhahn*, Jugendstrafrecht, Rn. 230; *Roxin/Greco*, Strafrecht AT Bd. 1, § 3 Rn. 8 ff.; *Strobel*, Jugendstrafe, S. 53 f.

575 *Strobel*, Jugendstrafe, S. 119.

Strafe erforderlich.[576] Die staatliche Machtausübung beschränkt sich auf die Verfolgung gesellschaftlicher Zwecke.[577]

b) Relative Strafzwecktheorien

Im Gegensatz dazu beziehen sich die relativen[578] Straf*zweck*theorien auf konkrete Strafziele, um die Institution des Strafens zu rechtfertigen.[579] Es gilt der Grundsatz: „*non punitur qui peccatum est, sed ne peccetur*".[580] Basierend auf dem Gedanken, dass Rechtsgüterschutz „am besten erreicht" wird, wenn erst gar keine Straftaten begangen werden,[581] soll die Strafe rein präventiv wirken.[582] Ohne zu verkennen, dass eine Strafe selbstverständlich per se ein Übel ist, begnügen sich die Vertreter der relativen Strafzwecktheorien im Unterschied zu denen der absoluten Straftheorien nicht damit.[583] Sie orientieren sich an der sozialen Aufgabe des Staates und lehnen eine Bestrafung um ihrer selbst willen zugunsten weiterreichender Zwecke ab.[584] Vielmehr soll eine Strafe eine bessere Ordnung des gemeinschaftlichen Zusammenlebens bewirken.[585]

Innerhalb der relativen Straftheorien ist zwischen zwei verschiedenen Wirkungsebenen bzw. Adressatenkreisen zu differenzieren:[586] Auf der einen Seite stehen die gezielt auf den speziellen, individuellen bereits straffällig gewordenen Betroffenen gerichtete Spezialprävention[587] (positiv[588] oder negativ[589]). Auf der

---

576 *Strobel*, Jugendstrafe, S. 53 f.; so auch *Kaspar*, in: FS Schöch, S. 209, 211; *Maurach/Zipf*, Strafrecht AT Bd. 1, § 6 Rn. 5; *Roxin/Greco*, Strafrecht AT Bd. 1, § 3 Rn. 8 ff.

577 *Bottke*, Generalprävention, S. 40 f.

578 Lat. referre = beziehen auf.

579 *Maurach/Zipf*, Strafrecht AT Bd. 1, § 6 Rn. 5; *Wessels/Beulke/Satzger*, Strafrecht AT, Rn. 23.

580 Es wird nicht bestraft, weil gesündigt wurde, sondern damit nicht mehr gesündigt wird.

581 *Eisele*, in: Baumann/Weber/Mitsch/Eisele, Strafrecht AT, § 2 Rn. 21.

582 *Roxin/Greco*, Strafrecht AT Bd. 1, § 3 Rn. 11; *Wessels/Beulke/Satzger*, Strafrecht AT, Rn. 23.

583 *Maurach/Zipf*, Strafrecht AT Bd. 1, § 6 Rn. 5.

584 *Roxin*, JuS 1966, 377, 379; *Wessels/Beulke/Satzger*, Strafrecht AT, Rn. 23.

585 *Weber*, Schuldprinzip, S. 159.

586 *Maurach/Zipf*, Strafrecht AT Bd. 1, § 7 Rn. 6; *Radtke*, in: MüKo StGB Bd. 2, Vorb. § 38 Rn. 34.

587 *Eisele*, in: Baumann/Weber/Mitsch/Eisele, Strafrecht AT, § 2 Rn. 32; *Radtke*, in: MüKo StGB Bd. 2, Vorb. § 38 Rn. 34; *Roxin/Greco*, Strafrecht AT Bd. 1, § 3 Rn. 11.

588 Vgl. zur positiven Spezialprävention im Zusammenhang mit dem Erziehungsgedanken bereits S. 91 ff.

589 *Wessels/Beulke/Satzger*, Strafrecht AT, Rn. 23.

anderen Seite stehen die generell das Verhalten beeinflussenden Wirkungen des Strafrechts auf die Allgemeinheit als Gesamtheit der dem Recht unterworfenen Personen – die Generalprävention,[590] ebenfalls positiv oder negativ.[591]

aa) Negative Spezialprävention

Die Spezialprävention erfolgt in dreifacher Hinsicht: Die Allgemeinheit wird vor dem weder abzuschreckenden noch zu bessernden Gewohnheitsverbrecher durch Wegsperren *gesichert*, der bloße Gelegenheitsverbrecher wird durch Bestrafung von der Begehung weiterer Straftaten *abgeschreckt* oder der besserungsbedürftige und -fähige Täter wird durch *Besserung* vor Rückfälligkeit bewahrt.[592] Diese Formen der Individualprävention stehen in einem Subsidiaritätsverhältnis; die einzelnen Zielsetzungen sind in abgestufter Folge einzusetzen.[593]

Die negative Spezialprävention bezweckt einerseits die von einer Strafe und ihrem Vollzug erwartete individuelle Abschreckungswirkung – „Warnfunktion" – und andererseits die Sicherung der Gesellschaft vor dem Täter durch dessen Einschluss in Form von Freiheitsstrafe und/oder Sicherungsverwahrung – „Separationsfunktion".[594]

Da sie dem jugendstrafrechtlichen Leitgedanken widerspricht, ist die negative Spezialprävention als komplementärer Strafzweck ausdrücklich ausgeschlossen.[595] Das Leitziel des JGG verlangt, dass alle Sanktionen möglichst nach erzieherischen Gesichtspunkten ausgewählt werden, § 2 Abs. 1 S. 2 JGG. Die bloße Sicherung beschreibt jedoch genau das Gegenteil von Erziehung, da die Auseinandersetzung mit dem Täter zwecks künftiger Legalbewährung fehlt, was zur Erreichung dessen gerade kontraproduktiv ist.[596] Aspekte des Schutzes der Allgemeinheit haben hinter dem Erziehungsgedanken zurückzustehen.[597] Sie

---

590 *Radtke*, in: MüKo StGB Bd. 2, Vorb. § 38 Rn. 34; dazu auch *Roxin/Greco*, Strafrecht AT Bd. 1, § 3 Rn. 21.

591 *Wessels/Beulke/Satzger*, Strafrecht AT, Rn. 23.

592 *Von Liszt*, ZStW 3 (1883), 1, 34 ff.

593 Vgl. *Maurach/Zipf*, Strafrecht AT Bd. 1, § 7 Rn. 10 f. m.w.N.

594 *Maurach/Zipf*, Strafrecht AT Bd. 1, § 6 Rn. 7; auch *Radtke*, in: MüKo StGB Bd. 2, Vorb. § 38 Rn. 41; *Wessels/Beulke/Satzger*, Strafrecht AT, Rn. 23.

595 *Kölbel*, in: Eisenberg/Kölbel, JGG, § 2 Rn. 3.

596 *Weber*, Schuldprinzip, S. 163 f.

597 *Hinz*, JR 2001, 50, 52.

können allenfalls sekundär als Nebeneffekt berücksichtigt werden, da der Erziehungsvorrang insofern stark beschränkt.[598]

bb) Generalprävention

Wesentlich schwieriger ist zu beantworten, ob gesellschaftspolitische Zwecke in Gestalt der Generalprävention mit dem heutigen Verständnis des Jugendstrafrechts und dessen täterorientierter Ausrichtung[599] vereinbar sind.[600]

Die ebenfalls prophylaktisch ausgerichtete Generalprävention findet ihren Zweck in der befriedenden Einwirkung auf die Allgemeinheit bzw. das Gemeinschaftsleben,[601] denn das Strafrecht adressiert nicht nur diejenigen, die unmittelbar an einer Straftat beteiligt oder direkt von ihr betroffen sind, „sondern darüber hinaus sämtliche Mitglieder der Rechtsgemeinschaft".[602] Dem liegt der Gedanke zugrunde, dass das Strafrecht den Rechtsgüterschutz dadurch bewerkstelligen könne, dass seine Existenz auf die ganze Gesellschaft einwirke, und zwar entweder in abschreckender Weise (negative Generalprävention) oder durch Normbekräftigung und Stabilisierung der Wertevorstellungen einer Gesellschaft (positive Generalprävention).[603] Sie belehrt einerseits durch die Strafandrohungen und den Strafvollzug über die gesetzlichen Verbote und soll von ihrer künftigen Übertretung abhalten.[604] Der Ansatz versucht, der Begehung von Straftaten ganz allgemein vorzubeugen, sodass es gar nicht erst zur Einwirkung auf den bereits straffällig gewordenen Täter ankommt.[605]

Die höchstrichterliche Rechtsprechung,[606] sowie ein Teil der Literatur lehnen die *gezielte* Anwendung jeglicher generalpräventiver Zwecke im Jugendstrafrecht unter Bezugnahme auf § 2 Abs. 1 JGG, resp. die Gesetzesbegründung,[607] kategorisch

598 *Ostendorf*, in: Ostendorf, JGG, Grdl. z. §§ 1 und 2 Rn. 4; *Rössner*, in: Meier/Rössner/Trüg/Wulf, JGG, § 2 Rn. 4.

599 Vgl. S. 63 ff.

600 *Kaspar*, in: FS Schöch, S. 209, 215 ff.; *Swoboda*, ZStW 125 (2013), 86, 94; *Weber*, Schuldprinzip, S. 157 ff., 167.

601 Vgl. dazu umfassend *Dölling*, ZStW 102 (1990), 1, 2; *Joecks/Erb*, in: MüKo StGB Bd. 1, Einl. Rn. 67 ff.

602 *Hinz*, JR 2001, 50, 53.

603 *Joecks/Erb*, in: MüKo StGB Bd. 1, Einl. Rn. 67, 71.

604 *Hoffmann-Holland*, Strafrecht AT, Rn. 18; *Roxin/Greco*, Strafrecht AT Bd. 1, § 3 Rn. 21.

605 *Roxin/Greco*, Strafrecht AT Bd. 1, § 3 Rn. 28.

606 Vgl. etwa BGHSt 15, 224, 226; BGHSt 16, 261, 263.

607 BT-Drs. 16/6293, S. 10

ab.[608] Sie tabuisieren sie gar.[609]

(1) Negative Generalprävention

Konsensual ist die ablehnende Haltung allerdings nur in Bezug auf den Strafzweck der negativen Generalprävention:[610] Es entspricht der einhelligen Auffassung der ständigen Rechtsprechung[611] sowie der herrschenden Literatur,[612] dass dieser Strafzweck nicht mit dem Jugendstrafrecht vereinbar ist.

Gegenstand der negativen Generalprävention ist die Angst der Rechtsunterworfenen vor einer mit jedem Normbruch einhergehenden Bestrafung.[613] Die verbrechenshemmende Funktion liegt darin, Dritte – und zwar insbesondere entsprechend verbrechensgeneigte Personen – mittels Abschreckung von der Begehung der Straftat abzuhalten,[614] um eine Strafverfolgung und Sanktionierung zu vermeiden.[615] Zurückgeführt wird dies auf *von Feuerbach*[616],[617] der die generalpräventive Lehre aus der *Theorie vom psychologischen Zwang* herleitet:[618] Den Begehren des in Versuchung geratenen Bürgers als potentiellem Straftäter ist psychologisch durch gesetzgeberische Zwangsanordnungen entgegenzuwirken.[619] Bereits die Strafandrohung des Gesetzes sollte die Bürger abschrecken, Verbrechen zu begehen.[620] Das Strafrecht schöpfe seine Legitimation demnach

---

608 So etwa *Eisenberg*, ZJJ 2018, 144 f.; *Kölbel*, JR 2019, 40, 43; *ders.*, in: Eisenberg/Kölbel, JGG, § 2 Rn. 5; *Sonnen*, in: Diemer/Schatz/Sonnen, JGG, § 2 Rn. 1.

609 *Kaspar*, in: FS Schöch, S. 209, 215.

610 Vgl. BT-Drs. 16/6293, S. 10, *Hackstock*, Generalpräventive Aspekte, S. 74.

611 Vgl. statt aller BGHSt 15, 224, 226; BGH, JR 1954, 149; BGH, NStZ 1982, 163; BGH, NStZ 1982, 332.

612 Vgl. statt aller *Gordeler*, ZJJ 2008, 137, 139; *Hinz*, JR 2001, 50, 52; *ders.*, ZRP 2005, 192, 193; *Kölbel*, in: Eisenberg/Kölbel, JGG, § 2 Rn. 5; *Laue*, in: MüKo StGB Bd. 7, JGG, § 2 Rn. 2; *Ostendorf*, in: Ostendorf, JGG, § 2 Rn. 4; *Ostendorf/Drenkhahn*, Jugendstrafrecht, Rn. 54; *Putzke*, in: BeckOK JGG, § 2 Rn. 5 *Rössner*, in: Meier/Rössner/Trüg/Wulf, JGG, § 2 Rn. 4; *Schöch/Höffler*, in: Meier/Bannenberg/Höffler, § 11 Rn. 13; *Sonnen*, in: Diemer/Schatz/Sonnen, JGG, § 2 Rn. 1.

613 *Hackstock*, Generalpräventive Aspekte, S. 17.

614 *Roxin/Greco*, Strafrecht AT Bd. 1, § 3 Rn. 25; *Wessels/Beulke/Satzger*, Strafrecht AT, Rn. 23.

615 *Eisenberg/Kölbel*, Kriminologie, § 41 Rn. 1.

616 Vgl. umfassend *Hoffmann-Holland/Simonis*, NUCL Vol. 27 (2010), 17–43.

617 Vgl. Zur Entwicklung *Maurach/Zipf*, Strafrecht AT Bd. 1, § 7 Rn. 7 f.

618 Überblicksweise dazu auch *Roxin/Greco*, Strafrecht AT Bd. 1, § 3 Rn. 22 ff.

619 *von Feuerbach*, Lehrbuch, § 13.

620 Ebenda.

aus dem Hervorrufen einer psychologischen Zwangswirkung auf Unterlassung der Straftatbegehung.[621]

Allerdings ist der darin zum Ausdruck kommende „ausschließlich anonym-sozialausgrenzende Charakter" dem Jugendstrafrecht fremd.[622] Die Idee, einen jungen Straftäter zur Abschreckung anderer einzusetzen, widerspricht dem individuellen und zukunftsprägenden jugendstrafrechtlichen Ansatz.[623] Schließlich hat das JGG es sich gerade grundlegend zur Aufgabe gemacht, die Sozialisation des Täters zu fördern und sich seiner anzunehmen, um ihn in die Gesellschaft einzugliedern.[624] Der Gesetzeswortlaut des § 2 Abs. 1 JGG benennt eindeutig das Ziel, erneuten Straftaten *eines* Jugendlichen – und nicht allgemein *von* Jugendlichen – entgegenzuwirken.[625] Durch diese bewusste Formulierung drückt er aus, dass „allein der erzieherische Bedarf und gegebenenfalls die Schuld des konkret wegen einer Straftat vor Gericht stehenden jungen Menschen" entscheidend sind „und nicht etwa eine intendierte Auswirkung auf andere".[626]

Weiterhin wird jugendkriminologisch stark bezweifelt, ob das der negativen Generalprävention zugrundeliegende Menschenbild, das als Adressat die möglichen Folgen seines Handelns rational, nüchtern und kalkulierend abwägt, auf die Realität der Jugendkriminalität übertragbar ist, da Straftaten junger Menschen sich regelmäßig durch Spontanität und Impulsivität bis hin zur Unüberlegtheit auszeichnen.[627] Auf diejenigen, die überhaupt einer solchen Abschreckung zugänglich sind, wirkt allerdings häufig nicht in erster Linie die Existenz des Straftatbestandes, sondern dessen Vollzug, d.h. das Risiko der Entdeckung.[628] Wird das Rechtsvertrauen durch Straftaten junger Menschen enttäuscht, reicht

621 Ebenda.

622 *Strobel*, Jugendstrafe, S. 127.

623 Ebenda.

624 *Weber*, Jugendstrafe, S. 87.

625 *Goerdeler*, ZJJ 2008, 137, 139; *Laue*, in: MüKo StGB Bd. 7, JGG, § 2 Rn. 2; *Sonnen*, in: Diemer/Schatz/Sonnen, JGG, § 2 Rn. 1.

626 BT-Drs. 16/6293, S. 10; auch *Kaspar*, in: FS Schöch, S. 209, 219; *Laue*, in: MüKo StGB Bd. 7, JGG, § 2 Rn. 2.

627 *Dölling*, ZJJ 2012, 124, 126 f.; *Eisenberg/Kölbel*, Kriminologie, § 41 Rn. 1 f., § 42 Rn. 13 f., 22 f., § 54 Rn. 3; *Ostendorf*, in: Ostendorf, JGG, § 2 Rn. 4; *Ostendorf/Drenkhahn*, Jugendstrafrecht Rn. 54.

628 Vgl. dazu etwa *Eisele*, in: Baumann/Weber/Mitsch/Eisele, Strafrecht AT, § 2 Rn. 23; *Joecks/Erb*, in: MüKo StGB Bd. 1, Einl. Rn. 70; *Roxin/Greco*, Strafrecht AT Bd. 1, § 3 Rn. 25 f. m.w.N.

die Erfahrung der Strafverfolgung als Ausgleich regelmäßig aus, da die strafjustizielle Reaktion per se ausreichend generalpräventiv wirkt.[629]

Das Jugendstrafrecht duldet die negative Generalprävention daher allenfalls „auf der abstrakten Ebene der Gesetzgebung" als „willkommene[n] Nebeneffekt":[630] Allein von der Existenz des jugendstrafrechtlichen Sanktionskatalogs darf eine abschreckende Wirkung ausgehen.[631] Entsprechende Motive können sich durchaus hinter dem Schuldausgleich verbergen.[632] Für diejenigen Vertreter, die die Generalprävention per se ausschließen, ist diese Differenzierung aus Sicht des Beschuldigten obsolet, da es lediglich eine Begrifflichkeit sei, die unerheblich ist, solange überhaupt gesellschaftliche Sanktionszwecke berücksichtigt werden.[633]

(2) Positive Generalprävention

Weniger einheitlich fällt die Einstellung gegenüber der positiven Generalprävention[634] aus:

Der Präventionsweg der positiven Generalprävention beruht auf dem Gedanken, dass mit der Strafe auf kollektive Bedürfnisse nach begangenen Taten reagiert wird.[635] Dem liegt ein Menschenbild zugrunde, bei dem nicht die Angst vor der erwarteten Strafe dominiert, sondern die Überzeugung, dass Normen berechtigterweise gelten und die darin ganz konkret zum Ausdruck kommenden Verhaltensgebote zu beachten sind.[636] Der Adressatenkreis umfasst alle Bürger – als potenzielle Straftäter.[637]

---

629 *Ostendorf/Drenkhahn*, Jugendstrafrecht, Rn. 49.

630 *Swoboda*, ZStW 125 (2013), 86, 94; mit Blick auf die erzieherischen Bedürfnisse zweifelnd in Fällen, in denen der Täter sich der „ansteckenden" Wirkung seiner Tat bewusst war und die Vorwerfbarkeit so erhöht hat, *Kölbel*, in: Eisenberg/Kölbel, JGG, § 17 Rn. 6 f.

631 *Kaspar*, in: FS Schöch, 209, 219; *Swoboda*, ZStW 125 (2013), 86, 94.

632 *Höffler/Kaspar*, in: MüKo StPO Bd. 3/2, JGG, Einl. Rn. 26 f.

633 *Eisenberg*, ZJJ 2018, 144 m.w.N.; gar begrüßenswert findet dies aber *Schlüchter*, Erziehungsgedanke, S. 59 f.

634 Häufig auch als *Integrationsprävention* bezeichnet, vgl. dazu *Radtke*, in: MüKo StGB Bd. 2, Vor § 38 Rn. 35; *Roxin*, in: FS Müller-Dietz, S. 701, 708 f.; *Roxin/Greco*, Strafrecht AT Bd. 1, § 3 Rn. 27.

635 Vgl. *Kaspar*, Präventionsstrafrecht, S. 648 ff. m.w.N. Im Folgenden kann und soll dieser Präventionsweg nur überblicksweise skizziert werden, da es im hiesigen Kontext nicht auf inhaltliche Vertiefung dessen ankommt, sondern die Kongruenz mit den Leitprinzipien des Jugendstrafrechts untersucht werden soll.

636 *Radtke*, in: MüKo StGB Bd. 2, Vor § 38 Rn. 35.

637 *Kaspar*, Präventionsstrafrecht, S. 648.

Es gehört zu den Aufgaben einer Strafe, das „Vertrauen[...] in die Bestands- und Durchsetzungskraft der Rechtsordnung" zu erhalten und zu stärken.[638] Sie demonstriert ihre Unabänderlichkeit vor der Rechtsgemeinschaft und festigt somit deren Rechtstreue bzw. übt diese ein.[639] Indem der Bevölkerung „die Geltungskraft der vom Täter schuldhaft verletzten Norm" demonstriert wird,[640] soll diese kollektiv zu der Erkenntnis gelangen, bzw. sich darin bestätigt fühlen, dass es sich nicht lohnt, gegen die Rechtsordnung zu verstoßen.[641] Das Bewusstsein „auf der richtigen Seite" zu stehen, soll ihre „Stabilität" sowie ihren „Zusammenhalt" gewährleisten.[642]

Von der positiven Generalprävention gehen im Wesentlichen drei Effekte aus:[643] Die Strafjustiz löst bei der Bevölkerung einen „Lerneffekt" aus: Die Rechtstreue wird eingeübt.[644] Zentral ist dabei, dass ihre Mitglieder Grenzen erlernen, die sie zugunsten „der individuellen Freiheit [...] Dritte[r]" bzw. der Gemeinschaft zu beachten und zu berücksichtigen haben.[645] Das Strafrecht wirkt sittenbildend.[646] Werden diejenigen bestraft, bei denen die Strafandrohung versagt hat, erkennt der Bürger, dass sich das Recht durchsetzt, was wiederum einen „Vertrauenseffekt" auslöst.[647] Die Strafe zeigt, dass die Rechtsordnung gilt und sie „unverbrüchlich" ist.[648] Um diese Effekte auszulösen, ist die begangene Tat umfassend aufzuklären.[649] Von besonderem Interesse ist der „Befriedigungseffekt",[650] der dann entsteht, wenn die Sanktion es schafft, das allgemeine

638 *Roxin/Greco*, Strafrecht AT Bd. 1, § 3 Rn. 26.

639 *Roxin/Greco*, Strafrecht AT Bd. 1, § 3 Rn. 26 m.w.N. etwa BVerfGE 123, 267, 408; *Kinzig*, in: Schönke/Schröder, StGB, Vor §§ 38 ff. Rn. 3; vgl. auch BVerfG, NJW 1977, 1525, 1531.

640 *Hackstock*, Generalpräventive Aspekte, S. 12.

641 *Kühl*, in: Lackner/Kühl, StGB, § 46 Rn. 28.

642 *Kaspar*, Präventionsstrafrecht, S. 654.

643 *Roxin/Greco*, Strafrecht AT Bd. 1, § 3 Rn. 27.

644 *Kaspar*, Präventionsstrafrecht, S. 648 ff.; *Roxin/Greco*, Strafrecht AT Bd. 1, § 3 Rn. 27 m.w.N.

645 *Kaspar*, Präventionsstrafrecht, S. 649 m.w.N. zum fließenden Übergang zur negativen Generalprävention in Fn. 175.

646 Vgl. *Haffke*, Generalprävention und Tiefenpsychologie, S. 62 ff. m.w.N.

647 *Roxin/Greco*, Strafrecht AT Bd. 1, § 3 Rn. 27; auch *Jakobs*, Strafrecht AT 1, Abschn. 1 Rn. 16.

648 BVerfG, NJW 1984, 33.

649 *Hackstock*, Generalpräventive Aspekte, S. 14 m.w.N.

650 Vgl. dazu *Kaspar*, Präventionsstrafrecht, S. 653 verweisend auf erste Ansätze bei *Jellinek*, Sozialethische Bedeutung von Recht, Unrecht und Strafe, S. 106.

Rechtsbewusstsein zu beruhigen und der Konflikt mit dem Täter für erledigt erachtet wird.[651] Das Vertrauen in die Rechtsordnung und in den Rechtsfrieden, das der Täter durch seine Tat erschüttert hat, wird wiederhergestellt.[652] Dies erfordert eine gegenüber dem Täter und der Rechtsgemeinschaft „angemessene Reaktion" auf die Tat.[653]

So wie auch die ständige Rechtsprechung[654] lehnen einige Autoren[655] es vehement ab, Aspekte der positiven Generalprävention im Kontext des Jugendstrafrechts zu berücksichtigen. Die an den Strafzweck gestellten Anforderungen seien eine reine gesellschaftliche Reaktionserwartung.[656] Die angestrebten Zusammenhänge blieben weitgehend fiktional.[657] Bezweifelt wird, ob und inwieweit die zu erreichende Klientel überhaupt von der strafrechtlichen Reaktion Kenntnis erlangt.[658] Skepsis besteht auch dahingehend, ob die Adressaten die Strafen in intendierter Weise auffassen und die angestrebte Überzeugungskraft der verletzten Norm wirkt.[659] Die sich typischerweise an ihren Kontaktpersonen orientierenden Jugendlichen ließen sich eher durch individuelle Einwirkung beeinflussen.[660]

Zunehmend entwickelt sich in der Literatur die Auffassung, dass die positive Generalprävention im Jugendstrafrecht – zumindest punktuell als „Reflexwirkung" –[661] Berücksichtigung finden darf.[662] Die Klärung erstreckt sich auf

651 *Roxin/Greco*, Strafrecht AT Bd. 1, § 3 Rn. 27 m.w.N.
652 *Roxin*, ZStW 96 (1984), 641, 652.
653 *Hackstock*, Generalpräventive Aspekte, S. 14.
654 Seit BGHSt 15, 224, 226; BGHSt 16, 261, 263.
655 Etwa *Eisenberg*, ZJJ 2018, 144 f.; *Kölbel*, JR 2019, 40, 43; *ders.*, in: Eisenberg/Kölbel, JGG, § 17 Rn. 7.
656 *Kölbel*, JR 2019, 40, 43.
657 *Kölbel*, in: Eisenberg/Kölbel, JGG, § 17 Rn. 7.
658 Vgl. zu Inhalt und Wirkung *Kaspar*, Präventionsstrafrecht, S. 648 ff. Denn angesichts der Ergebnisse der Dunkelfeldforschung, vgl. dazu S. 54, ließe sich schon kein Adressatenkreis abgrenzen.
659 *Eisenberg*, ZJJ 2018, 144 f.
660 *Eisenberg*, ZJJ 2018, 144 f; *Pfeiffer*, Kriminalprävention, S. 82 ff.
661 *Laue*, in: MüKo StGB Bd. 7, JGG, § 2 Rn. 2; so auch *Ostendorf*, in: Ostendorf, JGG, § 2 Rn. 4; *Ostendorf/Drenkhahn*, Jugendstrafrecht, Rn. 54; *Putzke*, in: BeckOK JGG, § 2 Rn. 5; *Rössner*, in: Meier/Rössner/Trüg/Wulf, JGG, § 2 Rn. 4.
662 Vgl. etwa *Beulke/Swoboda*, Jugendstrafrecht, Rn. 133; *Bock*, JuS 1994, 89; *Bottke*, Generalprävention, S. 5.; *Brunner/Dölling* JGG, § 2 Rn. 1; *Dölling*, ZStW 102 (1990), 1; *Goerdeler*, ZJJ 2008, 137, 139; *Hackstock*, Generalpräventive Aspekte, S. 33, 74; *Hinz*, ZRP 2005, 192, 193; *Kaspar*, in: FS Schöch. S. 209, 222; *Kornprobst*, JR 2002, 309, 310; *Rössner/Bannenberg*, in: Meier/Bannenberg/Höffler, Jugendstrafrecht, § 1 Rn. 12;

zwei Ebenen, die abstrakte Ebene der Gesetzgebung, die *Makroebene*, und die der konkreten Gesetzesanwendung im Einzelfall, die *Mikroebene*.[663]

(a) Kompatibilität mit dem Leitprinzip der Erziehung

(aa) Keine Inkongruenz durch fehlende Indikation durch den Gesetzeswortlaut

Anders als das allgemeine Strafrecht, das den Strafzweck mit der dort verwendeten Bezeichnung „Verteidigung der Rechtsordnung" (§ 47 Abs. 1, 56 Abs. 3 StGB) ausdrücklich benennt,[664] enthält der Wortlaut des JGG keinen derart unmissverständlichen Hinweis auf die positive Generalprävention. Daraus ist allerdings nicht im Umkehrschluss zu folgern, dass dies der Anwendung entgegensteht.[665] Die Formulierung des StGB sichert eine Mindestgrenze, die nicht von einer durch die Allgemeinheit als zu mild empfundenen Strafe unterschritten werden soll, damit sich die positiv-generalpräventiven Wirkungen entfalten können.[666] Dass im JGG eine entsprechende Regelung fehlt, impliziert lediglich, dass bei den Sanktionsentscheidungen im jugendstrafrechtlichen Kontext keine Untergrenzen fixiert werden,[667] um mehr Spielräume für einen möglichst schonenden Umgang mit dem jugendlichen Delinquenten zu öffnen.[668]

(bb) Ausreichende Berücksichtigung jugendstrafrechtlicher Zielsetzung

Auf den ersten Blick erscheinen die jugendstrafrechtliche Zielsetzung und die positiven Generalprävention miteinander unvereinbar: Während letztere an die Wirkung in der Bevölkerung anknüpft, ist es dem Jugendstrafrecht gerade immanent, dass primär der Täter als Person im Zentrum steht.[669] Brisant ist insbesondere, dass die positive Generalprävention mit ihrem Anspruch auf gesellschaftspolitische Steuerung eine ausdrücklich tatstrafrechtliche Komponente enthält, während das Jugendstrafrecht sehr täterorientiert ist.[670]

Streng, Jugendstrafrecht, Rn. 16 f.; *Swoboda*, ZStW 125 (2013), 86, 94; vgl. aber auch *Weber*, Schuldprinzip, S. 169.

663 *Swoboda*, ZStW 125 (2013), 86, 94 mit Verweis auf *Streng*, Jugendstrafrecht, Rn. 17.

664 Vgl. etwa *Kinzig*, in: Schönke/Schröder, StGB, § 47 Rn. 14.

665 *Bruns*, StV 1982, 592; *Dölling*, ZJJ 2012, 124, 125; *Hinz*, JR 2001, 50, 54; *Kaspar*, in: FS Schöch, S. 209, 223; *Ostendorf*, in: Ostendorf, JGG Grdl. z. §§ 17–18 Rn. 3.

666 *Maier*, in: MüKo StGB Bd. 2, § 47 Rn. 39 f.

667 *Kaspar*, in: FS Schöch, S. 209, 215.

668 Vgl. *Bottke*, Generalprävention, S. 40 f.

669 *Ostendorf*, in: Ostendorf, JGG, Grdl. z. §§ 1 und 2 Rn. 4.

670 *Strobel*, Jugendstrafe, S. 129; vgl. dazu auch umfassend S. 172 ff.

Dennoch ist die positive Generalprävention mit der erzieherischen Aufgabe des Jugendstrafrechts kompatibel.[671] Entgegen vorgebrachter Befürchtungen, dass die durch die Zielbestimmung des Gesetzes und die dadurch an den Umgang mit jungen Straftätern gestellten Anforderungen nicht ausreichend berücksichtigt würden[672] und das Ziel künftiger Legalbewährung durch die unmittelbare Befriedigung momentaner und oft unreflektierter Vergeltungsbedürfnisse vereitelt würde,[673] vermag die punktuelle Berücksichtigung positiv-generalpräventiver Zwecke diese Ziele nicht zu konterkarieren: Bereits die Strafzumessung und auch die Ausgestaltung des Vollzuges priorisieren sogleich wieder erzieherische Einflüsse, um Rückfälle zu vermeiden, da selbst eine positiv-generalpräventiv motivierte Strafe nicht erzieherisch schädlich sein darf.[674]

Anders als etwa von *Höynck*[675] angezweifelt, gerät dieses Maß der Zulässigkeit der positiven Generalprävention auch nicht mit Art. 40 Abs. 3 UN KRK in Konflikt, nachdem eine Verpflichtung zum Erlass gesonderter Gesetze sowie einer Schaffung von gesonderten Verfahren und Behördeneinrichtungen besteht.[676] Die punktuelle Berücksichtigung positiv-generalpräventiver Belange diskreditiert das Jugendstrafrecht nicht; dieses besteht trotz dessen nicht nur pro forma, sondern auch faktisch und tatsächlich weiter.[677] Das Sonderstrafrecht bleibt als solches unberührt, da gerade nicht verlangt wird, dass das Jugendstrafrecht gänzlich nach neoklassizistischem Vorbild in den Vorschriften des allgemeinen Strafrechts aufgehen und die jungen Straftäter wieder wie „kleine Erwachsene" behandeln soll.[678]

Da das Jugendstrafrecht nichtsdestotrotz dem Strafrecht zugehörig bleibt,[679] steht es nicht entgegen, die dort verankerten Zwecke zumindest auch zu berücksichtigen[680].[681] Im Gegenteil: Durch den Verweis auf „die strafbewehrten

671 *Strobel*, Jugendstrafe, S. 129; a.A. *Dünkel*, NK 3/1995, 22; *Eisenberg*, ZJJ 2018, 144 f.; *Kölbel*, JR 2019, 40, 42 f.; *ders.*, in: Eisenberg/Kölbel, JGG, § 17 Rn. 7; *Weber*, Jugendstrafe, S. 87.

672 So *Eisenberg*, ZJJ 2018, 144.

673 So Befürchtung bei *Meyer-Odewald*, Jugendstrafe, S. 128 ff.

674 Vgl. S. 176 f.

675 *Höynck*, StraFo 2017, 267, 270.

676 Vgl. *Vereinte Nationen*, ZStW 99 (1987), 253, 273.

677 So aber *Höynck*, StraFo 2017, 267, 270.

678 Vgl. S. 69 ff.

679 *Bottke*, Generalprävention, S. 7.

680 *Weber*, Schuldprinzip, S. 167.

681 Aufgrund der individuellen Schwächen, die jeder einzelne straftheoretische Ansatz aufzeigt, gelingt es keinem Konzept allein, die „vielschichtigen rechtspolitischen

Verbotsnormen des allgemeinen Strafrechts" in § 2 Abs. 2 JGG, manifestiert sich, dass sich die darin liegende Androhung, bei Zuwiderhandlungen mit einer Sanktion zu reagieren, auch an Jugendliche und Heranwachsende richtet.[682] Dazu gehören auch der Rechtsgüterschutz[683] und die Aufgabe, die Werte und Normen der Gesellschaft zu bestätigen, die Verteidigung des Rechtsfriedens[684] und Demonstration der „Unverbrüchlichkeit des Rechts".[685] Ansonsten würde ein reines *Erziehungsstrafrecht* zu einer „wirklichkeitsfremden Erziehungseuphorie".[686]

(cc) Strafbedürfnis der Gesellschaft

Obwohl der Schuldvorwurf bei Jugendlichen und Heranwachsenden entwicklungsbedingt im Unterschied zu Erwachsenen abweichend ausfallen kann,[687] gefährdet insbesondere Jugendkriminalität die Normtreue und ruft Strafbedürfnisse der Allgemeinheit hervor.[688] Denn sie ist durchaus in der Lage, sowohl das „Rechtsbewußtsein (sic!) der Bevölkerung" als auch „ihren Glauben an die

---

Wertentscheidungen abzubilden, die erforderlich sind, um Gerechtigkeit im demokratischen Rechtsstaat zu verwirklichen", *Kulhanek*, NStZ 2020, 65, 66. Daher hat sich die Strafzwecklehre des allgemeinen Strafrechts nicht auf eine einzelne Straftheorie festgelegt; vielmehr haben sich aus den Schwächen einzelner Ansätze heraus, sog. *Vereinigungstheorien* gebildet, die verschiedene Aspekte der einzelnen Ansätze kombinieren und abhängig vom jeweiligen Kontext unterschiedlich akzentuiert zur Anwendung bringen, vgl. *Eisele*, in: Baumann/Weber/Mitsch/Eisele, Strafrecht AT, § 2 Rn. 53 ff.; *Wessels/Beulke/Satzger*, Strafrecht AT, Rn. 26, zu möglichen Strafzweckantinomien, *Kinzig*, in: Schönke/Schröder, StGB, Vor §§ 38 Rn. 11; vgl. auch den Überblick bei *Joecks/Erb*, in: MüKo StGB Bd. 1, Einl. Rn. 73 ff.; *Radtke*, in: MüKo StGB Bd. 2, Vor § 38 Rn. 51 f.; umfassend *Koriath*, Jura 1995, 625 ff. Da eine einfache parallele, additive oder synkretische Anwendung aller Strafzwecke die Mängel nicht beseitigen kann, sondern lediglich verlagert, dominieren bereichsspezifisch die einzelnen Ansätze, *Roxin/Greco*, Strafrecht AT Bd. 1, § 3 Rn. 34 f.; zu seiner dialektischen Vereinigungstheorie vgl. *Roxin*, JuS 1966, 377, 380 f.; vgl. ergänzend *Bruns*, in: FS Dreher, S. 251 ff.

682 *Bottke*, Generalprävention, S. 7 f.; *Kaspar*, in: FS Schöch, S. 209, 216.

683 BVerfG, NJW 1977, 1525, 1531; *Bottke*, Generalprävention, S. 7.

684 Vgl. *Hackstock*, Generalpräventive Aspekte, S. 186 ff., 313 ff.; *Kaspar*, in: FS Schöch, S. 209, 215 ff.; *Kornprost*, JR 2002, 309, 310; *Meyer-Odewald*, Jugendstrafe, S. 176 ff.; *Streng* ZStW 106 (1994), 60, 77 ff.; *ders.*, Jugendstrafrecht, Rn. 16 m.z.w.N. vgl. insbesondere BVerfGE 107, 104, 118 f.; *Weber*, Schuldprinzip, S. 167 ff.

685 *Swoboda*, ZStW 125 (2013), 86, 94.

686 *Beulke/Swoboda*, Jugendstrafrecht, Rn. 133.

687 Vgl. S. 208 f.

688 *Hinz*, JR 2001, 50, 55; *Reuband*, in: Dollinger/Schmidt-Semisch, Handbuch Jugendkriminalität, S. 35.

Rechtsordnung" in besonderem Maße zu strapazieren.[689] Die Intensität hängt, wie bereits der retrospektive Blick auf die Entwicklungen des Jugendstrafrechts und des Erziehungsgedankens gezeigt hat, konjunkturell vom kriminalpolitischen Zeitgeist ab.[690] Ob und inwieweit diese Bedürfnisse gerechtfertigt sind und inwiefern ihnen überhaupt durch die Strafzumessung begegnet werden darf bzw. sollte, bleibt grundsätzlich kritisch zu hinterfragen.[691] Nichtsdestotrotz nimmt aber auch das Jugendstrafrecht eine normstabilisierende Wirkung ein.[692] Bereits durch seine Existenz als abstraktes strafrechtliches Normgefüge mit angeschlossenem Sanktionsbefehl demonstriert es die „Unverbrüchlichkeit" des Rechts, sichert das Vertrauen in die Normgeltung und garantiert Verhaltenssicherheit.[693]

(dd) Keine Gefahr uferloser Bestrafung

Die befürchtete Gefahr, dass mit der Akzeptanz positiv-generalpräventiver Erwägungen, „automatisch" aus erzieherischer Sicht kontraproduktive Strafschärfungen[694] zwecks einer Exempelstatuierung steigen, ist unbegründet.[695] *Tatproportionalität* ist schon dadurch gesichert, dass sich eine Bestrafung an der vom Täter begangenen Straftat und des durch sie ausgelösten Strafbedürfnisses der Allgemeinheit orientiert, weshalb letztere sie prinzipiell als gerechte und angemessene Reaktion verstehen muss.[696]

Die Rolle der Generalprävention darf dabei auch nicht überbewertet werden; sie beschränkt sich auf die Aufgabe eines komplementären Zwecks, der unabhängig vom konkreten Erziehungsbedarf die Untergrenze eines Mindestmaßes der Sanktionierung begründet.[697] Selbst wenn positiv-generalpräventive Aspekte bei der Anordnung einer Strafe eine große Rolle spielen, ergibt sich ob

689 *Hinz*, JR 2001, 50, 55.

690 Vgl. dazu umfassend *Reuband*, in: Dollinger/Schmidt-Semisch, Handbuch Jugendkriminalität, S. 35.

691 Grundsätzlich kritisch dazu etwa *Kölbel/Singelnstein*, NStZ 2020, 333.

692 *Streng*, ZStW 92 (1980), 637, 654 ff.

693 *Laubenthal/Baier/Nestler*, Jugendstrafrecht Rn. 710; *Meyer-Odewald*, Jugendstrafe, S. 185 ff.; *Schaffstein*, in: FS Heinitz, S. 461, 464; *Swoboda*, ZStW 2013, 86, 94.

694 *Höffler/Kaspar*, MüKo StPO Bd. 2/3 JGG, Einl. Rn. 25; *Kaspar*, in: FS Schöch, S. 209, 215.

695 *Kaspar*, in: FS Schöch, S. 209, S. 217 f.; vgl. auch *Roxin/Greco*, Strafrecht AT Bd. 1, § 3 Rn. 37 ff.

696 *Kaspar*, in: FS Schöch, S. 209, 217 m.w.N.

697 *Kaspar*, in: FS Schöch, S. 209, S. 217 ff.; *Meyer-Odewald*, Jugendstrafe, S. 86 f., 180 ff.; *Roxin/Greco*, Strafrecht AT Bd. 1, § 3 Rn. 37 ff.

der täterorientierten Ausrichtung des Jugendstrafrechts stets ein Zusammenspiel mit erzieherischen Aspekten.[698]

(ee) Wirkung und empirische Überprüfung

Insbesondere *Eisenberg* und *Kölbel* bezweifeln die Wirkung positiv-generalpräventiver Strafzwecke im jugendstrafrechtlichen Kontext: Sie bleibe mangels entsprechend gesicherter Erkenntnisse rein spekulativ, was innerhalb des auf empirische Verlässlichkeit abstellenden materiellen Jugendstrafrechts unzulässig sei.[699]

Damit weisen sie auf ein ganz grundsätzliches, vom Jugendstrafrecht unabhängiges, Problem der positiven Generalprävention hin: Die Wirkung[700] der Strafe lässt sich empirisch nur sehr schwer überprüfen, wodurch die Strafzwecktheorie empirisch nicht gesichert – hingegen auch nicht widerlegt – ist.[701] Angesichts der Komplexität[702] der behaupteten Wirkungsweise beschränkten bisherige Untersuchungen sich immer auf einzelne generalpräventive Wirkungsweisen des Strafrechts bzw. der Strafe.[703] Der bisherige Forschungsstand

---

698 *Strobel*, Jugendstrafe, S. 89 ff.; *Weber*, Schuldprinzip, S. 169 f.; *Zipf/Dölling*, in: Maurach/Gössel/Zipf, Strafrecht AT Bd. 2, § 71 Rn. 3.

699 *Eisenberg*, NStZ 2018, 729 f.; *ders.*, ZJJ 2018, 144 f.; *Eisenberg/Kölbel*, Kriminologie, § 41 Rn. 32 ff.; *Kölbel*, JR 2019, 40, 43, vgl. dazu auch grundlegend *Kaspar*, Präventionsstrafrecht, S. 658 ff.

700 Eine Analyse hätte einerseits zu prüfen, ob eine Normverletzung im Umfeld eines Täters erkannt und als solche bewertet wird und bejahendenfalls, ob dies die Annahme auslöst, nicht (mehr) auf die Normtreue im Umfeld vertrauen zu können. Weiterhin wäre zu untersuchen, inwieweit die Allgemeinheit oder ein Segment dieser von der Reaktion Kenntnis erlangt und diese in der intendierten Weise verstehen und ob die bejahendenfalls einer Überzeugung von der Geltungskraft der verletzten Norm dienlich ist, *Eisenberg*, ZJJ 2018, 144, 145.

701 *Eisele*, in: Baumann/Weber/Mitsch/Eisele, Strafrecht AT, § 2 Rn. 22 m.w.N.; vgl. dazu insbesondere auch *Dölling*, ZStW 102 (1990), 1 ff.; *Radtke*, in: Müko StGB Bd. 2, Vorb. § 38 Rn. 37 m.w.N.; vgl. umfassend *Schöch*, in: FS Jescheck, S. 1081 ff.; vgl. auch Zusammenfassung bei *Kaspar*, Präventionsstrafrecht, S. 658 ff.; vgl. ergänzend auch *Hassemer*, in: Hassemer/Lüderssen/Naucke, Hauptprobleme der Generalprävention, S. 29, 36, 52.

702 Vgl. zu der sich daraus ergebenden „Immunität" gegenüber der empirischen Überprüfung *Meier*, Strafrechtliche Sanktionen, S. 30; m.w.N., vgl. etwa *Baurmann*, GA 1994, 368, 376 ff.

703 Vgl. dazu überblickshalber *Dölling*, ZStW 102 (1990), 1, 9 ff.; *Müller-Dietz*, in: Jehle, Kriminalprävention, S. 227, 247 ff.; *Schumann*, Positive Generalprävention, S. 26 ff.

kann keinen Aufschluss darüber geben, wie und in welchem Ausmaß das Strafrecht die komplexen Norminternalisierungsprozesse beeinflusst.[704] Die Ergebnisse fallen unterschiedlich aus: Einerseits wird die Wirkungsweise relativiert,[705] andererseits für ausreichend belegt erachtet.[706]

Nichtsdestotrotz widerlegen die bisherigen Erkenntnisse die These der positiven Generalprävention nicht.[707] Daher ist auch ohne eine gesicherte Überprüfung ihrer Wirkungsweise deren grundlegende Hypothese, dass das Ausbleiben einer als gerecht empfundenen Reaktion auf Straftaten auf lange Sicht geeignet ist, das Vertrauen in die Rechtsordnung und damit auch die eigene Rechtstreue zu untergraben, durchaus plausibel.[708] Es ist anzunehmen, dass die Anordnung einer Strafe[709] grundsätzlich diejenigen durch die Tat hervorgerufenen „Reaktionsbedürfnisse" befriedigt, die – sollten diese „bei der staatlichen Sanktion" unberücksichtigt bleiben – dazu geeignet wären, „den gesellschaftlichen Frieden", folglich „Rechtsgüter des Einzelnen", zu „bedrohen".[710] Erlebt ein Bürger, der sich selbst stets darum bemüht, sich rechtstreu zu verhalten, jedoch permanent, dass andere nicht nur ihren Trieben ungestört freien Lauf lassen und das Recht brechen, sondern auch noch Vorteile aus dem illegalen Verhalten ziehen, lässt dies sein Vertrauen in die Rechtsordnung sehr stark leiden.[711]

Ohne irgendeine Konsequenz für den Täter kann die Bedeutung einer durch die Tat verletzten Norm in der Gesellschaft nicht glaubhaft wiederhergestellt werden, da sonst ein „unerledigter Rest" bliebe.[712] Obwohl sich die konkrete Ausgestaltung landes- und kulturspezifisch mitunter unterscheiden kann, zieht

---

704 *Radtke*, in: Müko StGB Bd. 2, Vorb. § 38 Rn. 39; verweisend auf *Bock*, JuS 1994, 89, 96, 98; *Roxin/Greco*, Strafrecht AT Bd. 1, § 3 Rn. 30; *Streng*, Strafrechtliche Sanktionen, Rn. 56.

705 *Schumann*, Positive Generalprävention, S. 49 ff.; *Streng*, Strafrechtliche Sanktionen, Rn. 55 f.

706 Etwa *Kuhlen*, GA 1994, 347, 364.

707 *Radtke*, in: Müko StGB Bd. 2, Vorb. § 38 Rn. 39; verweisend auf *Bock*, JuS 1994, 89, 96, 98; *Roxin/Greco*, Strafrecht AT Bd. 1, § 3 Rn. 30; *Streng*, Strafrechtliche Sanktionen, Rn. 56.

708 *Kaspar*, in: FS Schöch, S. 209, 218 mit Verweis auf *Bottke*, Generalprävention, S. 7 m.w.N.

709 Hinsichtlich der grundlegenden Fragestellung geht es lediglich um die Anordnung einer Strafe, nicht um deren Bemessung. Diese Teilfrage ist gesondert zu beantworten.

710 *Kaspar*, Präventionsstrafrecht, S. 658 f. m.w.N.

711 *Hinz*, JR 2001, 50, 54 f.

712 *Kaspar*, Präventionsstrafrecht, S. 659; *Merkel*, Willensfreiheit, S. 129.

sich dieses Bedürfnis als „anthropologische Konstante[…]"[713] übergreifend durch alle „entwickelte[n] und komplexere[n] Gesellschaft[en]", die alle durch ein Strafsanktionssystem bestehen und zusammenhalten, hindurch.[714] Es gehört zum „Kernbestand unserer Alltagskultur", dass mittels einer gesetzlich normierten, verhältnismäßigen Sanktion auf eine Normverletzung reagiert wird.[715] Aus Experimenten konnten Erkenntnisse gewonnen werden, die diese These bestärken: Es war zu beobachten, dass Mitglieder einer Gemeinschaft ihre individuelle zukünftige Kooperationsbereitschaft davon abhängig machten, ob unkooperative, sich „regelwidrige Vorteile" verschaffende „Trittbrettfahrer" sanktioniert werden (können).[716]

Obwohl die Wirkung des Konzeptes der positiven Generalprävention nicht empirisch bewiesen ist, wird sie vor diesem Hintergrund dennoch angenommen:[717] Der nicht zu widerlegende Ansatz gleicht seine empirischen Defizite durch die grundsätzliche und grundlegende Plausibilität aus und schöpft daraus „Überzeugungskraft".[718]

Auch wenn Jugendkriminalität sich vielfach durch Spontanität und Unüberlegtheit auszeichnet, ist sich auch diese Tätergruppe generell dessen bewusst, „dass bestimmte Handlungsweisen bei Strafe verboten und daher zu unterlassen sind".[719] Es ist mithin davon auszugehen, dass die Bestrafung anderer Jugendlicher für bestimmte Taten, von denen sie aufgrund persönlicher Erfahrungen im Freundeskreis oder durch mediale Berichterstattung Kenntnis erlangen, das Denken und Handeln Jugendlicher mitbestimmen.[720] Insbesondere im Bereich der Jugendkriminalität ist anzunehmen, dass als geduldet empfundene Delinquenz ob „der jugendtypischen Risikobereitschaft und Leichtfertigkeit" Nachahmer finden könnte.[721] Da „allgemeine positive Verhaltensappelle" verdeutlichen, dass die Gesellschaft abweichendes Verhalten nicht toleriert, sondern – im Gegenteil – bestraft, sollten sie insbesondere Jugendliche erreichen, damit sie normgerechtes Verhalten erlernen und einüben.[722] Es bedarf daher gerade im

713 *Merkel*, Willensfreiheit, S. 131.
714 *Kaspar*, Präventionsstrafrecht, S. 659 m.w.N.
715 Ebenda.
716 Vgl. dazu umfassend *Rössner*, in: FS Schöch, S. 637, 644.
717 *Kaspar*, Präventionsstrafrecht, S. 659.
718 *Meier*, Strafrechtliche Sanktionen, S. 30.
719 *Kaspar*, in: FS Schöch, S. 209, 218.
720 Ebenda.
721 *Hinz*, JR 2001, 50, 55; vgl. auch *Bottke*, Generalprävention, S. 14 f.
722 *Hinz*, JR 2001, 50, 55; mit Verweis auf *Bottke*, Generalprävention, S. 8 ff., 14; *Haffke*, Tiefenpsychologie und Generalprävention, S. 157.

Jugendstrafrecht kollektiver Kontrollmechanismen.[723] Durch die Strafandrohung soll soziales Verhalten erlernt werden.[724] In aller Regel wachsen Jugendliche in das geltende Rechtssystem hinein und erlernen von Beginn an bestimmte Verhaltensweisen.[725] Sie lassen sich „dem anonymen Kontrollansatz der Strafrechtsnorm getreu" zumindest generell durch die „Inkriminierung gravierender Normbrüche" und „gegen andere wahrgemachte Strafandrohungen" zu rechtstreuem Verhalten motivieren.[726] Auch das Verfahren, insbesondere eine Hauptverhandlung, manifestiert die generalpräventive Aufgabe, indem dies den Ernst des jeweiligen Tatvorwurfs unterstreicht.[727] Da Jugendliche und Heranwachsende noch formbar sind und „eine positive Einstellung zur Rechtsordnung" entwickeln sollen, erscheinen sie für den Lernprozess prädestiniert.[728]

(ff) Verobjektivierung

Die Berücksichtigung positiv-generalpräventiver Zwecke degradiert junge Straftäter nicht zum „Objekt staatlicher Kriminalitätsbekämpfung" und instrumentalisiert sie auch nicht für die Strafbedürfnisse der Allgemeinheit und die künftige Rechtstreue anderer.[729] Davon abgesehen, dass die Einwände und Bedenken nicht jugendspezifisch sind, sondern sich per se gegen die Generalprävention richten, besteht aber auch in der Sache keine solche Befürchtung:[730] Im Rahmen einer schuldangemessenen Strafe dürfen generalpräventive Aspekte berücksichtigt werden.[731] Dagegen bestehen keine verfassungsrechtlichen Bedenken.[732] Dem steht die Schutzpflicht des Art. 6 Abs. 2 GG nicht entgegen.[733]

---

723 *Bottke*, Generalprävention, S. 13; *Haffke*, Tiefenpsychologie und Generalprävention, S. 63.

724 *Haffke*, Tiefenpsychologie und Generalprävention, S. 63.

725 *Bottke*, Generalprävention, S. 14.

726 *Bottke*, Generalprävention, S. 9; vgl. auch *Haffke*, Tiefenpsychologie und Generalprävention, S. 102.

727 *Bottke*, Generalprävention, S. 25.

728 *Hinz*, JR 2001, 50, 55 verweisend auf *Bottke*, Generalprävention, S. 14.

729 *Hinz*, JR 2001, 50, 54; davon aber ausgehend *Dünkel*, NK 3/1995, 22.

730 *Hinz*, JR 2001, 50, 54.

731 BGHSt 34, 150, 151, *Hinz*, JR 2001, 50, 54; *Kinzig*, in: Schönke/Schröder, StGB, Vor §§ 38 Rn. 13.

732 *Kaspar*, Präventionsstrafrecht, S. 656 ff.

733 *Hinz*, JR 2001, 50, 54 m.w.N.

(b) Zwischenergebnis

Bei genauer Betrachtung bestehen die vermeintlichen Inkongruenzen zwischen dem tatbezogenen Strafzweck der positiven Generalprävention und der täterorientierten und erzieherisch ausgestalteten Konzeption des Jugendstrafrechts nicht. Selbst der gewichtige, nicht jugendspezifische, Kritikpunkt, dass die empirische Forschung die Wirkungsthese bislang nicht belegen konnte, ist zu entschärfen, da der angestrebte Zusammenhang so natürlich erklärbar ist, dass dennoch von dem Effekt auszugehen ist.

Der Strafzweck der positiven Generalprävention ist mit dem Jugendstrafrecht kompatibel und darf folglich in diesem Kontext Berücksichtigung finden.

II. Die Rolle des Erziehungsgedankens bei älteren Tätergruppen

Das Verhältnis von *Erziehungsgedanke* und *Schuldausgleich* wird aktuell in Bezug auf ältere Tätergruppen sehr stark hinterfragt. In dem aktuellen Vorstoß des *zweiten Strafsenats* des *BGH*, den Erziehungsgedanken bei Heranwachsenden bzw. zum Verurteilungszeitpunkt bereits Erwachsenen bei der Anordnung der Jugendstrafe wegen *Schwere der Schuld* zu Gunsten des Strafzwecks der positiven Generalprävention in den Hintergrund treten lassen zu wollen,[734] drückt sich die Debatte um die Bedeutung und die Reichweite des *Erziehungsgedankens* für ebenjene Tätergruppe verdichtet aus. Die Tendenz des *Senates* korreliert mit einer grundsätzlich in der höchstrichterlichen Rechtsprechung und der Gesetzgebung zu beobachtenden Entwicklung, nach dem der Erziehungsgedanke als Leitprinzip der jugendstrafrechtlichen Sanktionsbestimmung zurückgedrängt, oder gar „entwertet“, wird.[735] Durch eine Angleichung des Jugendstrafrechts an das allgemeine Strafrecht sollen unlösbare, in der jugendstrafrechtlichen Grundkonzeption wurzelnde Widersprüche gelöst werden.[736]

Diese Beobachtung ist im Wesentlichen auf Vorstöße des *dritten* und des *ersten Strafsenates* des *BGH* zurückzuführen, nach denen dem Erziehungsgedanken bei Angeklagten, die zum Zeitpunkt ihrer Verurteilung bereits 21 Jahre oder älter sind, bei der Auswahl einer jugendstrafrechtlichen Sanktion keine Rolle mehr zukommen soll.[737] Damit implizieren die *Senate*, dass sie dem

---

734 BGH, JR 2019, 38, 39.

735 *Swoboda*, ZStW 132 (2020), 826, 850.

736 *Swoboda*, ZStW 132 (2020), 826, 827 bezeichnet dies als „‚Flucht‘ […] in das Erwachsenenstrafrecht“.

737 BGH, NStZ 2016, 101, 102 f.; bestätigend BGH, NStZ 2016, 680.

Erziehungsgedanken in diesem Aspekt seine Wertigkeit absprechen und stattdessen dazu neigen, von Vergeltungs- und Schuldausgleichsgedanken geleitet, nach der „Sanktionslogik“ des allgemeinen Strafrechts zu verfahren.[738]

Der *zweite Strafsenat*, der sich im Jahr 2017 ausdrücklich gegen den angedeuteten Kurswandel aussprach,[739] griff die Entwicklung in der dieser Arbeit zugrundeliegenden Entscheidung dennoch unterschwellig auf, da aus der Erwägung der Zielsetzung der positiven Generalprävention als Strafzweck der Jugendstrafe wegen *Schwere der Schuld* konsequenterweise eine restriktivere Handhabung des Erziehungsgedankens bei der einschlägigen Tätergruppe erwächst.[740]

1. Anwendbarkeit des Jugendstrafrechts auf ältere Tätergruppen

a) Vereinbarkeit des Alters mit dem Jugendstrafrecht bei Heranwachsenden

Seit 1953[741] können trotz Volljährigkeit auch Heranwachsende unter den zusätzlichen Voraussetzungen des § 105 Abs. 1 JGG fakultativ[742] dem persönlichen Anwendungsbereich des JGG unterfallen. Der historische Gesetzgeber reagierte mit der Lockerung der Altersgrenzen nach oben[743] auf die tiefgreifenden und traumatisierenden Folgen des Zweiten Weltkrieges für Kinder und Jugendliche, die oft eine normale Entwicklung verhinderten oder beeinträchtigten.[744] Viele Straftaten Heranwachsender waren auf „infolge der unmittelbaren Erlebnisse des Krieges und der verworrenen Verhältnisse der Nachkriegszeit entstanden[e]“ Erziehungsmängel zurückzuführen.[745]

Da der Übergang vom jugendlichen Alter über das Stadium des Heranwachsenden zu einem Erwachsenen fließend,[746] individuell und nicht zwingend durch die Markierung des 18. Geburtstages zementiert ist,[747] wird noch heute

738 *Swoboda*, ZStW 132 (2020), 826, 850; so auch *Höynck*, ZJJ 2016, 305, 306.

739 BGH, NStZ 2016, 662, 664 mit Verweis auf *Beulke*, in: FS Streng, S. 403, 411 ff.

740 BGH, JR 2019, 38, 39.

741 BGBl. I 1953, S. 751.

742 *Rössner*, in: Meier/Rössner/Trüg/Wulf, JGG, § 1 Rn. 1.

743 Der Gesetzgeber entsprach damit jahrzehntelangen Forderungen: Bereits kurze Zeit nach Inkrafttreten des JGG 1923 wurde auf dem 6. JGT 1924 gefordert, die Grundsätze des Jugendstrafrechts auf die 18–21jährigen zu erstrecken, vgl. VJJ, Verhandlungen des 6. JGT, S. 56.

744 BT-Drs. I/4437, S. 2.

745 BT-Drs. I/4437, S. 2.

746 BGHSt 36, 37, 39.

747 *Ostendorf*, in: Ostendorf, JGG, § 105 Rn. 7.

an der fakultativen Anwendung des JGG auf Heranwachsende festgehalten. Insbesondere in den letzten Jahrzehnten hat sich die Adoleszenzphase, durch diverse Faktoren bedingt, verlängert und reicht mitunter sogar weit bis in das dritte Lebensjahrzehnt hinein.[748] Da der Prozess der Persönlichkeitsentwicklung bei vielen Heranwachsenden noch nicht abgeschlossen ist, stehen sie eher einem Jugendlichen, als einem Erwachsenen gleich.[749] Dies belegen viele Gewalttaten Heranwachsender, in denen zum Ausdruck kommt, dass sie aufgrund von Orientierungs- und Bindungslosigkeit den Anforderungen der Gesellschaft an sie noch nicht gewachsen sind.[750] In dieser Übergangsphase sollen die Heranwachsenden deshalb noch nicht die vollständige Härte des allgemeinen Strafrechts erfahren, sondern von altersgerechten Sanktionen mit dem jugendstrafrechtlichen Instrumentarium profitieren.[751] Dem Täter wird gesellschaftliches Verständnis entgegengebracht.[752]

Noch heute[753] erfolgt die endgültige Weichenstellung unter den zusätzlichen Voraussetzungen des § 105 JGG: Im jeweiligen Einzelfall[754] ist zu prüfen, ob der Heranwachsende nach der „Gesamtwürdigung seiner Persönlichkeit einem Jugendlichen gleichsteht" (§ 105 Abs. 1 Nr. 1 JGG) oder ob es sich bei der Tat um eine „Jugendverfehlung" (§ 105 Abs. 1 Nr. 2 JGG) handelt.

Das Ende der geminderten Bestrafungsnotwendigkeit ab Vollendung des 21. Lebensjahres ist nicht einzeltäterbezogen, sondern beruht auf einem „gesellschaftlichen Generalkompromiss[...]".[755] Der Strafvollzug richtet sich regelmäßig bis zur Vollendung des 24. Lebensjahres nach den Vorschriften für den Jugendstrafvollzug, §§ 89 b Abs. 1 S. 2, JGG, 114 JGG.

Rechtspolitisch wird die strafrechtliche Behandlung Heranwachsender immer wieder neu diskutiert; das Meinungsspektrum reicht von ihrer vollständigen Einbeziehung in den Anwendungsbereich des allgemeinen Strafrechts[756]

---

748 Vgl. umfassendere Darstellungen bei *Pruin*, ZJJ 2006, 377, 380 ff.; *Ostendorf*, in: Ostendorf, JGG, § 105 Rn. 7; deshalb geht die kriminologische Forschung auch von einem weiteren Begriffsverständnis aus, vgl. S. 16.

749 *Beulke/Swoboda*, Jugendstrafrecht, Rn. 187.

750 *Ostendorf*, DVJJ-Journal 1994, 229, 231.

751 Vgl. dazu *Ostendorf/Drenkhahn*, Jugendstrafrecht, Rn. 302.

752 *Jäger*, GA 2003, 469, 474.

753 § 105 Abs. 1 JGG 1953 ließ die Zuständigkeit der Jugendgerichtsbarkeit ausnahmsweise bei Vorliegen einer Entwicklungsstörung oder wenn die Straftat als jugendtypische Verfehlung einzuordnen war, zu; BT-Drs. 1/4437, S. 2.

754 *Böhm/Feuerhelm*, Jugendstrafrecht, S. 36; *Putzke*, in: BeckOK JGG, § 1 Rn. 7.1.

755 *Jäger*, GA 2003, 469, 474.

756 Vgl. etwa *Albrecht*, Gutachten zum 64. DJT, D 49; *Kusch*, NStZ 2006, 65, 67.

über neue Regel-Ausnahme-Verhältnisse bis zur vollständigen Einbeziehung in das Jugendstrafrecht.[757]

b) Vereinbarkeit des Erwachsenenalters mit dem Jugendstrafrecht

Die Frage, welche Rolle der Erziehungsgedanke bei Erwachsenen überhaupt spielen kann, resultiert aus § 1 JGG. Dieser bestimmt in Abs. 1 den persönlichen Anwendungsbereich des Jugendstrafrechts. Ausweislich dessen Abs. 2 ist dabei der Zeitpunkt der Tat maßgeblich. Dies soll Rechtssicherheit generieren, sodass es bei der Frage, ob Jugendstrafrecht oder allgemeines Strafrecht auf den Betroffenen anzuwenden ist, nicht auf den zufälligen Verfahrenszeitpunkt ankommt.[758]

Grundsätzlich widerspricht es keinen verfassungsrechtlichen Grundsätzen, das erzieherische Jugendstrafrecht in seiner Gesamtheit auf Personen im Erwachsenenalter anzuwenden, da dies ihre Grundrechte nicht rechtswidrig beeinträchtigt.[759] Spezial- und Generalprävention begegnen sich in der eröffneten Chance zur Resozialisierung und dem gesellschaftlichen Integrationsinteresse.[760] Diskutiert wurde insbesondere in den 1970er Jahren, ob das Jugendstrafrecht als sog. *Jungtäterrecht*[761] ausdrücklich auch auf die 21 bis 24-jährigen angewendet werden sollte.[762]

2. Rolle des Erziehungsgedankens bei älteren Tätergruppen

Ungeachtet der Anwendbarkeit des JGG auf Heranwachsende und Erwachsene ist nicht unumstritten, welche Rolle der Erziehungsgedanke bei ihnen überhaupt spielen darf: Dem ersten Anschein nach scheint zwischen jugendstrafrechtlicher, erzieherischer, Behandlung und zivilrechtlicher Volljährigkeit ein „offenkundige[r] Systemwiderspruch" zu bestehen.[763]

757 Vgl. aktuellen Überblick über die rechtspolitische Diskussion bei *Weiss*, Die Anwendbarkeit von Jugendstrafrecht auf Heranwachsende, S. 77 ff.

758 *Kölbel*, in: Eisenberg/Kölbel, JGG, § 105 Rn. 17.

759 Vgl. dazu eingehend *Budelmann*, Jugendstrafrecht für Erwachsene?, S. 80 ff., S. 93.

760 *Jäger*, GA 2003, 469, 480.

761 Vgl. dazu etwa *Asbrock*, ZRP 1977, 191 ff.

762 *Schlüchter*, Erziehungsgedanke, S. 92 m.w.N.

763 Vgl. dazu *Kaiser*, in: FS Böttcher, S. 283, 291 m.w.N.

a) *Rolle des Erziehungsgedankens bei Heranwachsenden*

Da es sich bei Heranwachsenden um gem. § 2 BGB Volljährige mit allen zivilrechtlichen Rechten und Pflichten handelt, stellt sich die Frage, welche Rolle dem Erziehungsgedanken und dem erzieherisch ausgestalteten JGG[764] zukommen darf.[765]

Während dieser Widerspruch für einige Stimmen unüberwindbar ist,[766] entspricht es einem grundsätzlichen Konsens, dass auf Heranwachsende erzieherisch eingewirkt werden darf.[767]

Es ist gerade Ausdruck des § 105 Abs. 1 JGG, dass ein Heranwachsender einem Jugendlichen nicht pauschal gleichsteht, sondern diese Entsprechung vielmehr das Ergebnis einer Einzelfallprüfung ist.[768] Diese muss ergeben haben, dass es aufgrund der anhaltenden Nachwirkungen aus der Jugend erforderlich ist, erzieherisch motiviert auf den konkreten Heranwachsenden einzuwirken.[769] Dann besteht kein Widerspruch zwischen zivilrechtlicher Volljährigkeit und der jugendstrafrechtlichen Behandlung.[770]

Es entspricht dem bewusst erklärten kriminalpolitischen Ziel, die Heranwachsenden dann nicht mit der vollen Härte des Erwachsenenstrafrechts zu

---

764 Die bloße Anwendung des JGG auf die Tätergruppe der Heranwachsenden ist nicht verfassungswidrig, *Budelmann*, Jugendstrafrecht für Erwachsene?, S. 70 ff.

765 Anlässlich der Herabsenkung des Volljährigkeitsalter von 21 auf 18 Jahre ab dem 1. Januar 1975, BGBl. I, 1713, d.h. nach der Erweiterung des persönlichen Anwendungsbereichs des JGG auf Heranwachsende, entstand Streit, ob die Heranwachsenden überhaupt noch im JGG belassen werden dürfen. Nicht zuletzt auf Grund des Machtanspruchs des BVerfG ist jedoch inzwischen weitgehende Einigkeit dahingehend erreicht, dass das Erziehungskonzept des JGG auch auf die Tätergruppe Volljähriger zwischen 18 und 21 Jahren passt, *Beulke*, in: FS Streng, S. 403, 406; vgl. auch OLG Celle, StV 2013, 41; AG Lübeck, StV 2013, 759; *Brunner/Dölling*, JGG, § 105 Rn. 1 ff. Eine grundsätzliche Verfassungswidrigkeit des § 105 JGG, der erzieherische ausgerichtete Vorschriften des JGG auf Heranwachsende, sprich nach dem bürgerlichen Recht Erwachsene, zulässt, besteht daher nicht, ergänzend auch BVerfGE 74, 102, 125.

766 *Ostendorf*, in: Ostendorf, JGG, Grdl. z. §§ 1 und 2 Rn. 4 m.w.N.

767 BVerfG, NStZ 1987, 275; *Diemer*, in: Diemer/Schatz/Sonnen, JGG, § 5 Rn. 5; *Eisenberg*, JA 2016, 623, 627; aber auch kritisch *ders.*, NStZ 2013, 636.

768 Vgl. S. 117.

769 *Schlüchter*, Erziehungsgedanke, S. 88 f.

770 Vgl. statt aller *Budelmann*, Jugendstrafrecht für Erwachsene?, S. 57; *Putzke*, in: BeckOK JGG § 2 Rn. 15 m.w.N.; *Rössner*, in: Meier/Rössner/Trüg/Wulf, JGG § 2 Rn. 19; a.A. *Ostendorf*, in: Ostendorf, JGG § 2 Rn. 7.

konfrontieren, sondern altersgerecht und erzieherisch geprägt zu sanktionieren.[771] Diese klare Anweisung des Gesetzgebers impliziert, dass konsequenterweise auch das erzieherische Leitprinzip übernommen wird.[772] Ansonsten müsste eine anderweitige Zieldefinition für Heranwachsende bemüht werden.[773] Dementsprechend wird oftmals von „Nach-Sozialisation" gesprochen.[774] Letztlich entscheidend ist das Bewusstsein, dass jugendstrafrechtliche Mittel zur Verhinderung weiterer Straftaten erfolgsversprechender sind und dass umgekehrt mit einer – falschen – Bestrafung nach Erwachsenenstrafrecht negative Folgen für die Sozialisation verbunden sein können.[775]

Grundsätzliche verfassungsrechtliche Diskrepanzen sind darin angelegt, dass Heranwachsende nach dem geltenden Recht volljährig sind.[776] Widersprüche werden darin gesehen, dass der Staat nur deshalb wieder ein Recht hat, in die Persönlichkeitsentwicklung seiner für vollverantwortlich erklärten Bürger einzugreifen, weil dieser straffällig geworden ist,[777] obwohl sowohl das elterliche als auch das staatliche Erziehungsrecht prinzipiell erloschen sind.[778] Dieses Paradoxon löst das *BVerfG* mit einem historischen Argument:[779] Der historische Gesetzgeber setzte das Volljährigkeitsalter erst 1974 von 21 auf 18 Jahre herab.[780] Zuvor konnte er davon ausgehen, dass junge Menschen bis zu diesem Alter noch erziehungsfähig und -bedürftig sein können.[781] Obwohl der historische Gesetzgeber die Herabsenkung der Volljährigkeitsgrenze nicht auf das Strafrecht übertrug, entsprach dies der Rechtslage beim Inkrafttreten des Grundgesetzes.[782]

---

771 BVerfGE 74, 102, 123; *Kölbel*, in: Eisenberg/Kölbel, JGG, § 105 Rn. 49; *Ostendorf*, in: Ostendorf, JGG, § 105 Rn. 4.

772 *Ostendorf*, in: Ostendorf, JGG, § 105 Rn. 31; *Ostendorf/Drenkhahn*, Jugendstrafrecht, Rn. 302.

773 *Ostendorf*, in: Ostendorf, JGG, § 105 Rn. 5, Grdl. z. §§ 1–2 Rn. 4.

774 Vgl. *Kölbel*, in: Eisenberg/Kölbel, JGG, § 109 Rn. 24.

775 BGHSt 12, 119.

776 *Balbier*, DRiZ 1989, 404, 408; kritisch auch *Ostendorf*, in: Ostendorf, JGG, Grdl. z. §§ 1–2 Rn. 4, Grdl. z. §§ 105–106 Rn. 5.

777 *Balbier*, DRiZ 1989, 404, 408.

778 Vgl. dazu *Ostendorf*, in: Ostendorf, JGG, Grdl. z. §§ 1–2 Rn. 4, Grdl. z. §§ 105–106 Rn. 5; *Schlüchter*, Erziehungsgedanke, S. 86, 93 f.

779 Zustimmend *Bachmann*, JZ 2019, 759, 763; kritisch *Ostendorf*, in: Ostendorf, JGG, Grdl. z. §§ 1–2 Rn. 4; ablehnend *Balbier*, DRiZ 1989, 404, 408; so auch *Zapf*, Opferschutz und Erziehungsgedanke im Jugendstrafrecht, S. 19 mit dem Hinweis, dass dem Staat kein originäres Erziehungsrecht zustünde, *Walter/Wilms*, NStZ 2004, 600, 602.

780 BGBl. 1974 I, S. 1773.

781 BVerfGE 74, 102, 124; BVerfGE 107, 104, 117.

782 BVerfGE 74, 102, 124; vgl. dazu auch *Bachmann*, JZ 2019, 759, 763.

Damit ist es dem *BVerfG* nach verfassungsgemäß, das staatliche Wächteramt „in gegenständlich begrenztem[783] Umfang" bis zum Erreichen des 21. Lebensjahres fortwirken zu lassen.[784]

b) Entwicklung der Rolle des Erziehungsgedankens bei Erwachsenen

Das Meinungsspektrum hinsichtlich der Rolle und Reichweite des Erziehungsgedankens in Bezug auf im Verurteilungszeitpunkt Erwachsene, d.h. über 21-Jährige, ist breit gefächert:

aa) Ausnahmslose Relevanz des Erziehungsgedankens

Sowohl die bisherige ständige Rechtsprechung[785] als auch eine breite Strömung im Schrifttum[786] möchten den Erziehungsgedanken grundsätzlich auch bei zwischenzeitlich erwachsen gewordenen Tätern berücksichtigen. In einem dynamischen Prozess sollen die erzieherischen Aspekte mit fortschreitendem Alter desto weiter zurücktreten, je länger die Tat zurückliegt.[787] Es wurde allerdings nie eine feste Altersgrenze definiert, ab der die Rolle des Erziehungsgedankens gänzlich schwindet.[788] Der Erziehungsgedanke soll erst dann vollständig in den Hintergrund treten, wenn der Betroffene keinerlei Reiferückstände mehr hat und inzwischen sozial angepasst lebt.[789]

Begründet wird dies in erste Linie damit, dass eine Abkehr vom Erziehungsgedanken „ein fatales Signal in Richtung auf einen Ausbau generalpräventiven Denkens im Jugendstrafrecht" sei, das es gerade zurückzudrängen gelte.[790] Die erzieherische Notwendigkeit bleibe „Leitmotiv der Strafzumessung", wenngleich

783 Über die erzieherische Wirkung im jugendstrafrechtlichen Kontext hinaus verbieten sich dagegen sozialpädagogische Interventionen, § 30 ff. SGB VIII. Staatsseitige Bemühungen um eine „Besserung" sind nicht verfassungsrechtlich vereinbar; vgl. dazu BVerfG, NJW 1967, 1795, 1800; *Kölbel*, in: Eisenberg/Kölbel, JGG, § 105 Rn. 49; *Ostendorf*, in: Ostendorf, JGG, Grdl. z. §§ 1 und 2 Rn. 4.

784 BVerfGE 74, 102, 124; vgl. dazu auch *Schlüchter*, Erziehungsgedanke, S. 87.

785 Vgl. etwa BGH, NStZ 2006, 587, 588; OLG Hamm, NStZ-RR 2005, 58, 59; LG Arnsberg, ZJJ 2010, 424; BGH, NStZ 2018, 662.

786 *Beulke*, in: FS Streng, S. 403, 411 f.; *ders.*, NK 3/2019, 269, 278 f.; *Brunner/Dölling*, JGG, § 18 Rn. 31; *Diemer*, in: Diemer/Schatz/Sonnen, § 5 Rn. 10.

787 BGH, NStZ 2006, 587, 588; OLG Hamm, NStZ-RR 2005, 58, 59; *Diemer*, in: Diemer/Schatz/Sonnen, § 5 Rn. 10.

788 *Bachmann*, JZ 2019, 759, 760.

789 So auch *Diemer*, in: Diemer/Schatz/Sonnen, § 5 Rn. 10.

790 *Beulke*, NK 3/2019, 269, 278 m.V.a. *Eisenberg*, NStZ 2013, 636, 638; *ders.*, ZJJ 2018, 144.

es mit steigendem Alter an Bedeutung verliere.[791] Da Jungerwachsene sich noch im Reifungsprozess befänden und noch formbar seien, könnten die Errungenschaften des liberalen Jugendstrafrechts auch noch auf sie positiv wirken.[792]

bb) Erziehung für sog. Jung-Erwachsene

Andere wollen die Anwendung des Erziehungsgedankens mit Hinweis auf die gesetzgeberische Grenzziehung des § 89b Abs. 1 S. 2 JGG[793] bis zur Vollendung des 24. Lebensjahres zulassen.[794] Da ausweislich dessen der Strafvollzug ab diesem Alter nach den Vorschriften für Erwachsene erfolgt, schließen Stimmen daraus, dass sog. *Jung-Erwachsene* bis zu diesem Alter noch erzieherisch beeinflusst werden können. Dieser Tätergruppe, die typischerweise durch problematische Entwicklungsverläufe und Sozialisationsmängel auffällt, sollen durch das reaktionsbewegliche Jugendstrafrecht Hilfemöglichkeiten eingeräumt werden. Auch die *Zweite Jugendstrafrechts-Kommission der DVJJ* wollte durch die Einbeziehung in das JGG dieser Tätergruppe reaktionsbewegliche Hilfemöglichkeiten des Jugendstrafrechts eröffnen.[795] Ab diesem Alter solle sich die Erziehung dieser Altersgruppe schließlich von selbst verbieten.[796]

cc) Unbeachtlichkeit ab dem 21. Lebensjahr

Eine weitere breite Strömung der Literatur hält die Berücksichtigung des Erziehungsgedankens hingegen ab Vollendung des 21. Lebensjahres aus verfassungsrechtlichen Gründen für ein vollkommen unzulässiges Strafzumessungskriterium.[797]

Ihre Vertreter negieren ein Erziehungsrecht des Staates in Bezug auf Erwachsene.[798] Die Vollendung des 21. Lebensjahres bilde eine Markierungslinie, ab

791 *Beulke*, in: FS Eisenberg, S. 187, 191.

792 *Dünkel/Geng/Passow*, ZJJ 2017, 123.

793 Vgl. zu den Erwägungen *Kilian*, in: BeckOK JGG, § 89b Rn. 4.

794 LG Arnsberg, ZJJ 2010, 426 f.; LG Ansbach, Urteil v. 30.7.2015 – KLs 1023 Js 8836/14 jug., S. 21 f.; *Eisenberg*, NStZ 2013, 636, 637; *ders.*, JA 2016, 623, 627; a.A. *Budelmann*, Jugendstrafrecht für Erwachsene?, S. 87 ff.

795 *Zweite Jugendstrafrechts-Kommission der DVJJ*, DVJJ-Journal 2001, 345, 347.

796 *Laubenthal/Baier/Nestler*, Jugendstrafrecht, Rn. 743.

797 *Budelmann*, Jugendstrafrecht für Erwachsene?, S. 80 ff.; *Ostendorf*, in: JGG, Grdl. zu den §§ 1 und 2 Rn. 4; auch so wohl auch zumindest in Bezug auf die zweite Alternative der Jugendstrafe *Radtke/Scholze*, in: MüKo StGB Bd. 7, JGG, § 17 Rn. 51, 60, 61; *Rose*, NStZ 2019, 57, 59; vgl. *Schlüchter*, Erziehungsgedanke, S. 93 f.; entsprechend BVerfG, NJW 1967, 1795, 1800.

798 BVerfGE 74, 102, 125; einschränkend BGH, NStZ 2002, 204, 208.

welcher der junge Mensch die komplette Verantwortung übernimmt und grundsätzlich unabhängig von einer Einzelfallprüfung die volle Selbstverantwortung zugesprochen bekommt.[799] Obwohl es – eher philosophisch ausgedrückt – eine lebenslange Aufgabe des Menschen ist, sich weiterzuentwickeln, soll sich der Staat jenseits des Eintritts in das Erwachsenenalter allerdings darauf beschränken, allenfalls „Anstöße zur Selbsterziehung“ zu leisten.[800] Eine Fremderziehung, als ein von außen an einen Menschen zielgerichtet zu dessen Persönlichkeitsbildung herangetragener Einfluss, soll dagegen ausgeschlossen sein.[801]

Diese Ansicht griff der *dritte Strafsenat* des *BGH* in einem obiter dictum aus dem Jahr 2015 auf und tendierte dazu, den Erziehungsgedanken ab der Vollendung des 21. Lebensjahres gar nicht mehr als Strafzumessungskriterium berücksichtigen zu wollen.[802] Der *Senat* bezog sich dabei auf das bereits erwähnte obiter dictum des *ersten Strafsenates* aus dem Jahr 2013,[803] in dem letzterer dazu neigte, bei einer auf die *Schwere der Schuld* gestützten Jugendstrafe die Erziehungsfähigkeit und -bedürftigkeit des jugendlichen oder heranwachsenden Straftäters generell nicht zu berücksichtigen.[804] Der *dritte Strafsenat*, der seinen Vorstoß mit „verfassungsrechtlichen Vorgaben“ begründete, verwies dazu auf *Budelmann*,[805]

---

799 *Bohnert*, JZ 1983, 517, 520.

800 *Schlüchter*, Erziehungsgedanke, S. 37, 93 f.

801 *Schlüchter*, Erziehungsgedanke, S. 93 f.

802 BGH, NStZ 2016, 101, 102 f.; befürwortend *Bachmann*, JZ 2019, 759, 765; ablehnend *Beulke*, in: FS Streng, S 403, 416, der zwar „[d]ie damit erzielten Vorteile einer klaren, am Erwachsenenstrafrecht orientierten Lösung bei der Aburteilung bereits erheblich älterer Angeklagter“ erkennt, diese Vorteile aber als „zu teuer erkauft“ ansieht. Zu voreilig gäbe man „[d]ie Errungenschaften des Jugendstrafrechts mit seiner Ausrichtung am Erziehungsgedanken [...], die [...] weit in das Erwachsenenalter hineinwirken“, auf. Dies betreffe alle Erwachsenen, auch die über 24-Jährigen.

803 BGH, NStZ 2013, 636.

804 BGH, NStZ 2016, 101, 102 f.

805 *Budelmann*, Jugendstrafrecht für Erwachsene?, S. 80 ff.; zustimmend *Bachmann*, JZ 2019, 759, 762 f. In seiner Grundrechtsprüfung bejaht *Budelmann* sowohl den *Eingriff* als auch die *Geeignetheit* und die *Erforderlichkeit*, mit erzieherischen Maßnahmen das Ziel künftiger Legalbewährung auch bei Erwachsenen zu erreichen: Mit dem Hinweis auf die wissenschaftlichen Erkenntnisse, nach denen die Persönlichkeitsentwicklung eines Menschen durch verschiedene Faktoren und Entwicklungen der letzten Jahrzehnte häufig weit bis in das dritte Lebensjahrzehnt hineinreicht, die Grenzen des Lebensabschnittes „Jugend“ daher fließend und Menschen noch sehr lange formbar sind, sei die Anwendung des Erziehungsgedankens auf Erwachsene zumindest nicht evident ungeeignet, vgl. *Budelmann*, Jugendstrafrecht für Erwachsene?, S. 81 ff. m.w.N., etwa BGHSt 36, 37, 39. Indem er das Allgemeine Strafrecht nicht als gleich

der in seiner Untersuchung zu dem Ergebnis kommt, dass eine Anwendung des Erziehungsgedankens auf Personen, die älter als 21 Jahre sind, immer verfassungswidrig sei.[806]

Während der *dritte Strafsenat* seine Tendenz in einem Beschluss aus dem Jahr 2016 bestätigte,[807] und auch das *LG Ravensburg* diese mit großer Entschiedenheit aufgriff,[808] stellte der *zweite Strafsenat* des *BGH* in einem Beschluss aus dem Jahr 2017 dagegen klar, an der bisherigen Rechtsprechung festhalten zu wollen.[809] Etwas „diffus" gestaltete sich auch die Fortsetzung der diesbezüglichen

geeignetes, milderes Mittel zur Erreichung dieses Zwecks anerkennt, da sich das JGG in der Gesamtschau im Vergleich zum StGB durch zahlreiche mildere Aspekte auszeichne, bejaht *Budelmann* auch die Erforderlichkeit, vgl. *Budelmann*, Jugendstrafrecht für Erwachsene?, S. 83, bestätigend *Bachmann*, JZ 2019, 759, 762 m.w.N. Unüberwindbare verfassungsrechtliche Widersprüche erkennt *Budelmann* erst im Rahmen der Angemessenheitsprüfung: In erster Linie sieht er eine Diskrepanz zwischen der Erwachsenen grundsätzlich zuerkannten Selbstverantwortung und der mit einem gewissen Zwang einhergehenden jugendstrafrechtlichen Erziehung als Fremderziehung, da dem Erwachsenen grundsätzlich nur noch Angebote zur Selbsterziehung gemacht werden dürften, vgl. *Budelmann*, Jugendstrafrecht für Erwachsene?, S. 35, 84 f., bestätigend *Bachmann*, JZ 2019, 759, 761 f., a.A. *Beulke*, in: FS Streng, S. 403, 412 mit Hinweis auf die Rechtsprechung des BVerfG, NJW 2006, 2093, 2095 zum Vollzugsziel der Resozialisierung. Während Jugendlichen durch die strafrechtliche Intervention vergegenwärtigt werden solle, was die Gesellschaft von ihnen erwartet und welches Verhalten nicht hingenommen wird, werde dieses Wissen bei Erwachsenen als eigenverantwortlicher Teil der Gesellschaft vorausgesetzt und angenommen, dass er dies bei seinen Handlungen berücksichtigt hat, *Budelmann*, Jugendstrafrecht für Erwachsene?, S. 85. Im weiteren Verlauf habe ein Erwachsener dann selbst zu entscheiden, welche Werte er achten oder auch zu achten erlernen möchte und ob er sich letztlich für oder gegen ein straffreies Leben entscheidet; das dazu erforderliche Instrumentarium dürfte ihm aber nicht mehr zwangsweise vermittelt werden, wodurch sich auch die Vollzugsziele der Resozialisierung (BVerfGE 35, 202, 235, 236; BVerfGE 36, 174, 183) und der erzieherischen Ausrichtung unterschieden, *Budelmann*, Jugendstrafrecht für Erwachsene?, S. 85. Ebenso wie andere Autoren verneint *Budelmann* ein staatliches Erziehungsrecht, da sich dieses nach Erreichen der Volljährigkeit nicht mehr aus dem staatlichen Wächteramt aus Art. 6 Abs. S. 2 GG ableiten ließe, *Bachmann*, JZ 2019, 759, 762 m.w.N.; *Ostendorf*, in: Ostendorf, JGG, Grdl. zu den §§ 1 und 2 Rn. 4; *Budelmann*, Jugendstrafrecht für Erwachsene?, S. 28 m.V.a. BVerfGE 74, 102, 125; 85. Zu einem davon abweichenden Ergebnis für sog. Jung-Erwachsene gelangt *Budelmann*, Jugendstrafrecht für Erwachsene?, S. 87 f. m.w.N. nicht.

806 BGH, NStZ 2016, 101, 102.

807 BGH, NStZ 2016, 680 f.

808 LG Ravensburg, NStZ-RR 2016, 226, 227.

809 BGH, NStZ 2018, 662.

Rechtsprechung:[810] In einer späteren Entscheidung ließ der *dritte Strafsenat* seine Haltung mit Hinweis auf die Gesetzesbegründung des § 105 Abs. 3 S. 2 JGG wieder offen, da der Gesetzgeber demzufolge davon ausginge, dass der Erziehungsgedanke auch noch bei der einschlägigen Tätergruppe relevant werden könne.[811]

3. Verfassungsrechtliche und Theoretische Widersprüche

Das Konzept der *Erziehung* ist in sich selbst sehr widersprüchlich.[812] Das Problem wurzelt im theoretischen fehlenden Konsens über den *Erziehungsbegriff*.[813] Die Diskussion um den Terminus der *Erziehung* zeigt mitunter bereichsspezifisch sehr unterschiedliche Konnotationen.[814] Erschwerend hinzu kommt die mangelnde Transparenz hinsichtlich einer klaren Inhaltsdefinition des zugrunde gelegten Erziehungsverständnisses durch die Rechtsprechung.[815]

Der *Erziehungsgedanke*, auf dessen Basis der Staat regelmäßig in die Grundrechte Dritter eingreift, ist grundsätzlich verfassungsrechtlich gerechtfertigt: Der staatliche Eingriff in das elterliche Erziehungsrecht aus Art. 6 Abs. 2 S. 1 GG legitimiert sich aus dem staatlichen Wächteramt aus Art. 6 Abs. 2 S. 2 GG.[816] Eingriffe in das Allgemeine Persönlichkeitsrecht aus Art. 2 Abs. 1 i.V.m. Art. 1 Abs. 1 GG sind bei Jugendlichen auch generell legitimiert: Der Gesetzgeber geht bei dieser Tätergruppe davon aus, dass ihr Selbstbestimmungsrecht grundsätzlich noch nicht so stark ausgeprägt ist wie bei Erwachsenen, da Eltern – und notfalls der Staat – generell noch damit befasst sind, in die Entwicklung des jungen Menschen einzugreifen, um ihn zu einer bestimmten Person zu erziehen.[817]

---

810 *Swoboda*, ZStW 132 (2020), 826, 857.

811 BGH, StV 2019, 466, 467.

812 *Swoboda*, in: Räume der Unfreiheit, S. 345, 353.

813 Vgl. S. 80 ff.

814 *Swoboda*, in: Räume der Unfreiheit, S. 345, 385.

815 Vgl. S. 83.

816 BVerfGE 60, 79, 91; BVerfGE 74, 102, 124, 125; BVerfG, NJW 1986, 3129, 3131; *Badura*, in: Dürig/Herzog/Scholz, GG Bd. 2, Art. 6 Rn. 139; *Grunewald*, Erziehungsgedanke, S. 216 f.; *Laubenthal/Baier/Nestler*, Jugendstrafrecht, Rn. 1; vgl. dazu auch *Nothacker*, Erziehungsvorrang, S. 332 ff.; *Rössner* in: Meier/Rössner/Trüg/Wulf, JGG, § 2 Rn. 19; vgl. auch *Streng*, ZStW 106 (1994), 60, 84. Ob sich aus dem Rechtsgüterschutz und der strafrechtlichen Interventionskompetenz ein staatliches Erziehungsrecht ableiten lässt, ist umstritten; bejahend etwa *Walter/Wilms*, NStZ 2004, 600, 602; ablehnend *Bachmann*, JZ 2019, 759, 762.

817 *Zapf*, Opferschutz und Erziehungsgedanke im Jugendstrafverfahren, S. 18.

Diesem Entwicklungsprozess wird auch durch die strafrechtliche Sonderbehandlung Rechnung getragen.[818]

Problematisch ist diese Legitimation daher in Bezug auf zivilrechtlich Erwachsene, bei denen der Gesetzgeber davon ausgeht, dass sie sich zu selbstständigen und verantwortlichen Menschen hin entwickelt haben.[819]

a) Erziehung als Eingriff in das Allgemeine Persönlichkeitsrecht

aa) Pädagogisches Begriffsverständnis

Die Frage, ob *Erziehung* im jugendstrafrechtlichen Sinne immer[820] unangemessenen in das Allgemeine Persönlichkeitsrecht aus Art. 2 Abs. 1 i.V.m. Art. 1 Abs. 1 GG des Betroffenen eingreift,[821] hängt maßgeblich davon ab, welcher Erziehungsbegriff zugrunde gelegt wird.[822]

Während die Rechtsprechung ihr Begriffsverständnis von der Erziehung bislang nicht offenbart hat, tendiert insbesondere *Budelmann*[823] zu einer pädagogisch geprägten Definition.[824] Reduziert man den Erziehungsbegriff auf diese Wirkung, versteht man ihn bewusst persönlichkeitsverändernd und in die Entwicklung eines anderen Menschen eingreifend.[825] Er wird zur „Begriffshülle" für sämtliche repressiven bzw. zwangsweisen angeordneten und die Persönlichkeit beeinflussenden Maßnahmen.[826]

Durch diese eher negative Konnotation, die den Eingriffscharakter der *Erziehung* stark heraushebt, wird der Begriff zu einer die Abwehrmechanismen der Grundrechte aktivierenden Belastung.[827] Aus dieser Sichtweise wird *Erziehung*

---

818 Vgl. S. 59 ff.

819 Vgl. S. 119 ff.

820 Dies umfasst jegliche Maßnahmen, auch Diversion, *Budelmann*, Jugendstrafrecht für Erwachsene?, S. 80 ff.

821 Bejahend *Budelmann*, Jugendstrafrecht für Erwachsene?, S. 80 ff.; dem zustimmend *Bachmann*, JZ 2019, 759, 762 f.; im Wesentlichen so auch *Ostendorf*, in: JGG, Grdl. zu den §§ 1 und 2 Rn. 4; sehr kritisch *Swoboda*, ZStW 132 (2020), 826, 854 Fn. 92.

822 So auch *Bachmann*, JZ 2019, 759, 761.

823 *Budelmann*, Jugendstrafrecht für Erwachsene?, S. 6 f.; so auch *Bachmann*, JZ 2019, 759, 761 m.w.N.

824 Kritisch *Swoboda*, in: Räume der Unfreiheit, S. 345, 361; *dies.*, ZStW 132 (2020), 826, 888 f.; ablehnend auch *Zapf*, Opferschutz und Erziehungsgedanke im Jugendstrafverfahren, S. 25 f.

825 Vgl. etwa *Putzke*, in: BeckOK JGG, § 2 Rn. 10; *Walter/Wilms*, NStZ 2004, 600, 602 f.

826 *Swoboda*, in: Räume der Unfreiheit, S. 345, 385.

827 Ebenda.

der Inbegriff eines Eingriffs in den Schutzbereich des *Allgemeinen Persönlichkeitsrechtes*[828],[829] das eine herrschaftsfreie, autonome Entfaltung der Persönlichkeit gewährleistet, die es dem Einzelnen erlaubt, seine Identität selbstbestimmt zu entwickeln und zu wahren.[830] Denn wenn der Staat erzieherische Maßnahmen ergreift, mit denen er auf den Betroffenen Einfluss nimmt, um ihn in seiner Persönlichkeit zu verändern, überlässt er ihm seine Entwicklung gerade nicht.[831] Anders als im Anwendungsbereich des Allgemeinen Strafrechts generieren die erzieherischen Maßnahmen eine stärkere Verbindlichkeit, wodurch sich die Interventionen weniger als Angebot zur Selbsterziehung, sondern als eine mit Zwängen verbundene Fremderziehung darstellt.[832]

Daraus folgt konsequenterweise, dass man den Erziehungsgedanken nicht auf diejenigen Personen anwenden kann, auf deren Persönlichkeitsentwicklung man keinen Einfluss mehr nehmen kann oder darf.[833]

bb) Kritische Würdigung

Durch das zugrunde gelegte pädagogisch geprägte Begriffsverständnis bildet sich das breite Definitionsspektrum des vielschichtigen Konzepts der Erziehung, aus dem auch ein besonderes Verständnis gegenüber den Tätern, ein individueller Umgang mit deren Problemen und ein jugendadäquates, zumal nicht stigmatisierendes Verfahren abzuleiten sind,[834] nicht ab.

Auch die Legitimation der jugendstrafrechtlichen Erziehung wird dadurch eher pädagogisch als strafrechtlich. Dabei folgt aus dem jugendrechtlichen Dualismus, dass das Jugendstrafrecht kein reines straftatunabhängiges *Erziehungs*recht, sondern *Straf*recht ist.[835]

Gegenstand der jugendstrafrechtlichen Erziehung sind nicht die spezifischen Erziehungsbedürfnisse des Täters, die den Staat unaufgefordert dazu

---

828 Vgl. dazu *Di Fabio*, in: Dürig/Herzog/Scholz, GG Bd. 1, Art. 2 Rn. 147 ff.

829 So auch *Budelmann*, Jugendstrafrecht für Erwachsene?, S. 80 f.; vgl. auch *Ostendorf*, in: Ostendorf, JGG, Grdl. zu den §§ 1 und 2 Rn. 4; *Schlüchter*, Erziehungsgedanke, S. 78; *Swoboda*, in: Räume der Unfreiheit, S. 345, 385.

830 BVerfGE 54, 148, 153; BVerfGE 72, 155, 170.

831 So auch *Bachmann*, JZ 2019, 759, 761.

832 Vgl. *Bachmann*, JZ 2019, 759, 761; *Budelmann*, Jugendstrafrecht für Erwachsene?, S. 35, 86 je m.w.N.

833 *Swoboda*, in: Räume der Unfreiheit, S. 345, 351 f. m.w.N.

834 Vgl. zur Kritik *Swoboda*, ZStW 132 (2020), 826, 854 Fn. 92, 888 f. zur Grundrechtsprüfung bei *Bachmann*, JZ 2019, 759, 761.

835 So auch *Swoboda*, in: Räume der Unfreiheit, S. 345, 363.

veranlassen, ihn in seiner Persönlichkeit zu „bessern".[836] Der Ansatzpunkt der Intervention ist das vom Täter begangene Unrecht, auf das der Staat zur Befriedigung des staatlichen Strafanspruchs mit Sanktionen reagieren darf – und ggf. auch muss.[837] Der Täter hat ohnehin eine Sanktion durch den Staat als Reaktion auf sein Verhalten zu erwarten.[838] Es steht insofern im tatrichterlichen Ermessen, ob in Gestalt einer Strafe oder alternativ in Form einer erzieherischen Maßnahme.[839] Auch das *BVerfG* leitet die staatlichen Sanktionsbefugnisse auf der Basis des JGG immer aus dem staatlichen Strafanspruch und nicht aus Erziehungsrechten ab.[840] Selbst wenn auf zwischenzeitlich Erwachsene keine erzieherische Einwirkung mehr zulässig wäre, müsste der Betroffene aufgrund seiner Tat immer noch mit einer strafrechtlichen Reaktion zu vorbenannten Zwecken rechnen – die Alternative zu einer erzieherischen Maßnahme ist nicht zwangsläufig, dass eine Intervention vollkommen ausbleibt.[841]

Dementsprechend leitet sich auch das jugendstrafrechtliche Erziehungsrecht nicht ausschließlich aus dem staatlichen Wächteramt aus Art. 6 Abs. 2 S. 2 GG ab.[842] Letzteres erlaubt es dem Staat in das originär den Eltern zustehende Erziehungsrecht aus Art. 6 Abs. 2 S. 1 GG einzugreifen, wenn diese ihrem Recht bzw. ihrer Pflicht nicht nachkommen,[843] da er darüber wacht.[844] Unter anderem begründet der Nachweis einer konkreten Straftat[845] regelmäßig ein zum Eingreifen berechtigtes Erziehungsdefizit oder -versagen:[846] Wenn sich in der Tat ausdrückt, dass die Eltern ihrer Verantwortung nicht nachkommen, verdrängt das Wächteramt als Konsequenz einer rechtskräftigen, den Erziehungsbedarf

---

836 Vgl. Kritik bei *Swoboda*, ZStW 132 (2020), 826, 854 Fn. 92; so auch schon *dies.*, in: Räume der Unfreiheit, S. 345, 361 ff.

837 *Swoboda*, ZStW 132 (2020), 826, 866 f.

838 *Swoboda*, ZStW 132 (2020), 826, 888 ff.; so auch *dies.*, in: Räume der Unfreiheit, S. 345, 361 ff.

839 *Swoboda*, in: Räume der Unfreiheit, S. 345, 361 ff.

840 BVerfGE 74, 102, 124.

841 *Swoboda*, ZStW 132 (2020), 826, 888 ff.

842 Ebenda.

843 BVerfGE 74, 102, 124 f.; vgl. dazu auch *Beulke*, in: GS Meyer, S. 677, 679.

844 BVerfGE 4, 52, 57; BVerfGE 7, 320, 323; BVerfGE 24, 119, 138.

845 BVerfGE 74, 102, 124 f.; BVerfGE 107, 104, 117 f.; *Rössner* in: Meier/Rössner/Trüg/Wulf, JGG, § 2 Rn. 19.

846 BVerfGE 74, 102, 124 f.; BVerfGE 107, 104, 117 f.; Kritik angesichts der *Normalität*, *Ubiquität* und *Episodenhaftigkeit* der Jugendkriminalität sowie weiteren verfassungsrechtlichen Konsequenzen, *Bachmann*, JZ 2019, 759, 763 m.w.N.

feststellenden Verurteilung zu einer Rechtsfolge des JGG[847] das elterliche Erziehungsrecht zum Schutz des Jugendlichen,[848] um sein Wohl, die Entfaltung seiner Persönlichkeit, die Grundrechte Dritter oder entsprechende Rechtswerte oder den ansonsten erheblich beeinträchtigten Rechtsfrieden zu schützen[849].[850]

Als Teil des Strafrechts verfolgt das Jugendstrafrecht auch schuldausgleichende, vergeltende Ziele.[851] Als Legitimationsbasis für die staatliche Reaktion auf die Kriminalität junger Täter, dient es auch dem altersunabhängig durch eine schuldhaft begangene Straftat bei bejahter Schuldfähigkeit entstehenden *Rechtsgüterschutzprinzip*, als staatlicher Schutzauftrag für grundrechtlich geschützte Güter.[852]

Dabei können erzieherische Maßnahmen durchaus belastender und eingriffsintensiver sein, als rein strafende Sanktionen.[853] Schließlich soll Erziehung nach diesem pädagogischen Verständnis persönlichkeitsverändernd wirken, was dem Betroffenen mitunter mehr abverlangen kann, als bloß eine Strafe über sich ergehen zu lassen.[854] Daher gestaltet sich auch eine derart pauschale Einschätzung als schwierig. Es wäre vielmehr im konkreten Einzelfall zu prüfen, welche strafende Maßnahmen zu ergreifen wären – und nur wenn die erzieherische Alternative eindeutig dahingehend eingriffsintensiver ausfiele, als sie die Persönlichkeitsrecht massiver belastete als die Strafsanktion, ließe sich argumentieren, dass die erzieherische Maßnahme die Grundrechte des Betroffenen mutmaßlich verletzt.[855]

---

847 *Rössner* in: Meier/Rössner/Trüg/Wulf, JGG, § 2 Rn. 19; entsprechend auch BVerfGE 74, 102.

848 Vgl. BVerfGE 107, 104 ff.

849 BVerfGE 60, 79, 91; *Grunewald*, Erziehungsgedanke, S. 216 f.; *Laubenthal/Baier/Nestler*, Jugendstrafrecht, Rn. 1; *Nothacker*, Erziehungsvorrang, S. 332 ff.; *Rössner* in: Meier/Rössner/Trüg/Wulf, JGG, § 2 Rn. 19.

850 Nicht jedes Versagen und nicht jede Nachlässigkeit berechtigen den Staat dazu, die Erziehungsbefugnis der Eltern einzuschränken oder gar auszuschalten, BVerfGE 107, 104, 117 ff., da die Pflichten des Wächteramtes nicht umfassen, gegen den Willen der Eltern für eine bestmögliche Entwicklung des Kindes zu sorgen, BVerfGE 60, 79, 91; BVerfG, NJW 1986, 3129, 3131. Daher bedarf es auch bei der Durchsetzung des Strafanspruches einer Konkordanz zum elterlichen Erziehungsrecht, *Zieger/Nöding*, Verteidigung in Jugendstrafsachen, Rn. 33.

851 Vgl. S. 67 f.

852 Vgl. S. 235 f.

853 *Swoboda*, ZStW 132 (2020), 826, 890.

854 Ebenda.

855 *Swoboda*, in: Räume der Unfreiheit, S. 345, 362 f.

Auch aus historisch-kriminalpolitischer Sicht erscheint fragwürdig, weshalb *Erziehung* verfassungswidrig sein soll: Das originäre Ziel, die Motivation, des JGG war, alternative Möglichkeiten zu schaffen, um auf die Straftaten junger Menschen zu reagieren, ohne auf die für sie schädlichen Vergeltungsmaßnahmen zurückzugreifen.[856] In der Regel sind erzieherische Maßnahmen daher tendenziell restriktiver als strafende Sanktionen. Diesen Zweck verfolgt das geltende JGG noch immer: Es ermöglicht, den staatlichen Strafanspruch gegen junge Täter auch mit nichtstrafenden Mitteln zu befriedigen, wenn diese gleich oder gar besser als eine Strafe dazu geeignet sind, das Ziel der Legalbewährung zu erreichen. Ungeklärt bleibt, weshalb dies nicht legitim sein soll, nur weil der Betroffene zwischenzeitlich erwachsen geworden ist.[857]

Grundsätzlich verfassungsrechtlich unzulässig sind allein sog. „*Erziehungszuschläge*“:[858] Eine erzieherische Sanktion darf nicht darüber hinausgehen, was zum Ausgleich des Unrechts erforderlich ist, nur um erzieherisch auf den Betroffenen einzuwirken.[859] Da allein die Straftat der Anknüpfungspunkt für die staatliche Reaktion ist, muss auch eine erzieherische Intervention stets einer auf Schuldgesichtspunkten beruhenden Reaktion entsprechen.[860] Erzieherische Maßnahmen dürfen daher nicht über das Maß hinausgehen, das erforderlich ist, um den staatlichen Strafanspruch in Bezug auf das verschuldete Unrecht zu befriedigen.[861]

cc) Zwischenergebnis

Begreift man den Erziehungsgedanken als reinen pädagogischen, persönlichkeitsverändernden Eingriff, lassen sich durchaus verfassungsrechtliche Widersprüche aus der Anwendung gegenüber Personen ab 21 Jahren erkennen. Allerdings verbietet sich eine pauschale Bewertung dessen, da sich eine solche Aussage nur im konkreten Einzelfall treffen lässt.

Nur in Belastungsfällen, etwa bei Erziehungszuschlägen, wird die Abwehrdimension der Grundrechte aktiviert.[862]

---

856 Vgl. S. 63 ff.

857 *Swoboda*, in: Räume der Unfreiheit, S. 345, 362 f.; dahingehend auch *Zapf*, Opferschutz und Erziehungsgedanke im Jugendstrafverfahren, S. 26.

858 *Swoboda*, ZStW 132 (2020), 826, 856.

859 BGH, NStZ 2016, 101; BGH, NStZ 2016, 680. 681.

860 *Swoboda*, ZStW 132 (2020), 826, 856.

861 *Kölbel*, in: Eisenberg/Kölbel, JGG, § 2 Rn. 14; *Laubenthal/Baier/Nestler*, Jugendstrafrecht, Rn. 756; *Streng*, Jugendstrafrecht, Rn. 447 m.w.N.; *Swoboda*, in: Räume der Unfreiheit, S. 345, 364 ff.

862 *Swoboda*, in: Räume der Unfreiheit, S. 345, 366.

b) Nicht eingriffsbezogenes Erziehungsverständnis

Begreift man Erziehung dagegen nicht pädagogisch und persönlichkeitsverändernd – und damit nicht an Vorbedingungen wie Erziehungsbedürftigkeit und -fähigkeit geknüpft –, lässt sich Erziehung im juristischen Sinne statt eines als zwanghaft empfundenen Eingriffs gar als erstrebenswerter Vorteil, staatliche Leistung oder auch als Chance begreifen, der auch nicht mehr pädagogisch zu erziehende Täter erreicht.[863]

Der Erziehungsgedanke eröffnet nach einem funktionaleren Verständnis gar eine Vielzahl an Möglichkeiten, von denen Betroffene profitieren können.[864] Denn wie sich aus dem breiten Spektrum möglicher Definitionsansätze ergibt,[865] derivieren aus dem Erziehungsgedanken sowohl eine straflimitierende, ggf. gar zu milderen Strafen führende, Wirkung als auch ein grundsätzliches Angebot, gesellschaftliche Werte zu erlernen und im Rahmen des gesteckten Regelwerkes am die gesellschaftlichen Leben teilzunehmen.[866] Erziehungsversäumnisse können nachgeholt und Sozialisationsmängel behoben werden.[867]

Diese Vielschichtigkeit ist schon in der Gesetzesbegründung, aus der sich ableiten lässt, dass der Gesetzgeber den *Erziehungsbegriff* als jugendstrafrechtlichen Leitgedanken sehr viel weiter verstanden und gefächert hat, als ihn auf die pädagogische Eingriffsfunktion zu beschränken, angelegt.[868] Denn schon der Gesetzgeber war sich dessen bewusst, dass ein Jugendstrafverfahren als rein pädagogische Einflussnahme denkbar ungeeignet ist, da eine in diesem Sinne erfolgreiche erzieherische Einwirkung eine bestehende Nähe und einen auf längere Zeit angelegten Interaktionsprozess, der auch positive Sanktionierungen ermöglicht oder vom Erziehenden mitunter auch verlangt, dass Unsicherheiten ausgehalten werden.[869] Dies kann eine einzelne jugendgerichtliche Verhandlung unter keinen Umständen erbringen.[870]

---

863 *Swoboda*, ZStW 132, (2020), 826, 857, 867; *dies.*, in: Räume der Unfreiheit, S. 345, 353.

864 *Swoboda*, ZStW 132, (2020), 826, 866; *dies.*, in: Räume der Unfreiheit, S. 345, 353.

865 Vgl. S. 34 ff.

866 *Swoboda*, ZStW 132, (2020), 826, 866; so auch schon *dies.*, in: Räume der Unfreiheit, S. 345, 353.

867 *Schlüchter*, Erziehungsgedanke, S. 91 f.: Deshalb liegt es auch nahe, unter Wahrung des Verhältnismäßigkeitsgrundsatzes, auf Straftaten noch nicht voll entwickelter Heranwachsender mit den Rechtsfolgen des Jugendstrafrechts zu reagieren, um ihnen die Gelegenheit zu bieten, die Fähigkeiten zu erlernen, derer es in der Gemeinschaft zur Legalbewährung bedarf.

868 BT-Drs. 16/6293, S. 9; *Swoboda*, ZStW 132 (2020), 826, 865.

869 Vgl. dazu *Dollinger*, ZJJ 2010, 409, 415 f.

870 *Swoboda*, ZStW 132 (2020), 826, 865.

Aus der Gesetzesbegründung wird vielmehr deutlich, dass der jugendstrafrechtliche Erziehungsgedanke gerade ein weiteres, über pädagogische Maßnahmen hinausgehendes Verständnis von der Erziehung beinhalten soll, da die Erziehung i.S.d. Art. 6 Abs. 2 S. 1 GG Aufgabe der Eltern bleibe.[871] Daraus resultiert auch eine gewisse Ambivalenz: Vor der Feststellung eines Erziehungsbedarfs im Urteil sollen erzieherisch begründete Maßnahmen zurückhaltend angewandt werden. Zulässig sind aber Maßnahmen, die keinen Zwangscharakter haben, also lediglich auf das Wohl des Jugendlichen ausgerichtet sind, Vorteile gewähren oder „die erzieherische Wirkung etwaiger im Urteil zu treffender Anordnungen […] zu sichern".[872] Außerdem scheint der Gesetzgeber zwischen rein helfenden und fördernden Maßnahmen und eher sanktionierenden und normverdeutlichenden Maßnahmen zu unterscheiden.[873] Außerdem soll der Erziehungsgedanke als Quelle besonderer jugendstrafrechtlicher Erkenntnisse fungieren und es sollen zahlreiche Besonderheiten aus ihm abgeleitet werden.[874]

Dieses weite Verständnis vom Erziehungsbegriff spiegelt auch das breite Spektrum möglicher Definitionsansätze des Erziehungsbegriffs in der Literatur wieder.[875] Die unterschiedlichen Anstöße zeigen, dass der Terminus einen Strauß an Ideen bündelt, der auch viele für den jeweiligen Betroffenen generell günstige Aspekte enthält.[876] Dies wurzelt bereits im funktional-historischen Verständnis, nach dem der Erziehungsgedanke gerade als Alternative resp. Absatzbewegung von der vergeltenden Strafe eingesetzt wurde, um individuelle, fördernde – und ggf. sogar mildere – Sanktionen zu ermöglichen.[877] Viele weitere Derivate des Erziehungsgedankens stehen in dieser Tradition und fördern im Jugendstrafrecht den persönlichen Kontakt zum Täter, die besondere Individualität der zu treffenden Maßnahmen und eine zurückzudrängende Stigmatisierung in der Öffentlichkeit.[878]

Von diesem Begriffsverständnis ausgehend, ist Erziehung laut *Swoboda* kein abzuwehrender Eingriff in das Allgemeine Persönlichkeitsrecht, sondern gar unerlässliche Basis für die freie Persönlichkeitsentfaltung nach Art. 2 Abs. 1

871 BT-Drs. 16/6293, S. 9.
872 Ebenda.
873 Ebenda.
874 BT-Drs. 16/6293, S. 10.
875 Vgl. S. 80 ff.
876 *Swoboda*, ZStW 132 (2020), 826, 888.
877 Vgl. S. 63 ff.
878 *Swoboda*, ZStW 132 (2020), 826, 888; vgl. auch *Brunner/Dölling*, JGG, Einf. Rn. 86; *Grunewald*, Erziehungsgedanke, S. 22.

i.V.m. Art. 1 Abs. 1 GG und dadurch auch in Bezug auf staatlich nicht mehr zu erziehende Personen, d.h. Erwachsene, verfassungsrechtlich zulässig.[879] Gesichtspunkte wie das Verständnis „der Beweggründe und Umstände" der Tat, „die Suche nach dem persönlichem Kontakt" zum Täter, die Schaffung von Möglichkeiten und Angeboten zur Selbsterziehung oder im Rahmen der eigenen Selbstverantwortung eine Neuorientierung mithilfe der jugendstrafrechtlichen Maßnahmenangebote, um auch volljährigen Personen die Möglichkeit zu eröffnen, „Nachreife- und Entwicklungschancen" zu nutzen.[880] *Swoboda* geht sogar so weit, dass sie Erziehung als „in die Leistungs- und Schutzdimension der Grundrechte" fallend einordnet,[881] da der Staat unbestritten die Aufgabe überantwortet bekommen hat, die Mindeststandards zu garantieren, damit der junge Mensch überhaupt eine Chance zur Persönlichkeitsentfaltung innerhalb der Gesellschaft erhält.[882] Im Einverständnis mit dem Betroffenen könnten gar eingriffsintensivere Maßnahmen zulässig sein.[883]

c) Zwischenergebnis

Das in sich widersprüchliche Konzept jugendstrafrechtlicher Erziehung offenbart, dass dem Erziehungsgedanken sowohl der Anspruch erwächst, vom Staat „in Ruhe gelassen" zu werden und andererseits auch den Anspruch beinhaltet, erzogen zu werden. Dieser Antagonismus kommt verdichtet bei älteren Tätergruppen zum Ausdruck, da Erziehung in Abhängigkeit davon, welches Verständnis zugrunde gelegt wird, sowohl ein an die verfassungsrechtlichen Grenzen stoßender Eingriff als auch ein erstrebenswerter Vorteil sein kann.

4. Entwicklung eines modifizierten Erziehungsbegriffs

Es zeigt sich also, dass jugendstrafrechtliche Erziehung nicht immer mit einem verfassungswidrigen Grundrechtseingriff verbunden sein muss, sondern auch diverse Vorteile für die Betroffenen bereithalten kann. Der Erziehungsgedanke kann daher noch eine Rolle spielen.

Es besteht kein Aufforderungscharakter, in Bezug auf die älteren Tätergruppen pauschal mit diesem Prinzip zu brechen – im Gegenteil:[884] Das Leitprinzip

879 *Swoboda*, in: Räume der Unfreiheit, S. 345, 354.
880 *Swoboda*, ZStW 132 (2020), 826, 855.
881 *Swoboda*, in: Räume der Unfreiheit, S. 345, 353.
882 Vgl. dazu auch *Budelmann*, Jugendstrafrecht für Erwachsene?, S. 35.
883 *Swoboda*, in: Räume der Unfreiheit, S. 345, 354.
884 *Swoboda*, in: Räume der Unfreiheit, S. 345, 386.

der Erziehung ist ein wertvolles Kernstück des Jugendstrafrechts, dessen wesentliches Standbein,[885] das nicht nur zur Begründung desselben geführt hat, sondern auch darüber hinaus häufig Motor für diverse Reformen[886] war, die es vom allgemeinen (vergeltenden) Strafrecht wegführten.[887] Noch heute legitimiert der Erziehungsgedanke das Jugendstrafrecht, unterscheidet es von der Logik und den Kriterien des allgemeinen Strafrechts.[888] Er manifestiert die gesellschaftliche Entscheidung, jungen Straftätern eine altersgemäße Behandlung zuteil werden zu lassen.[889] Zahlreiche Aspekte, wie etwa das flexible Rechtsfolgensystem entspringen diesem gesetzlichen Leitprinzip.[890]

Die Differenzen, die aus der Widersprüchlichkeit der Erziehung an sich resultieren, gilt es begrifflich jugendstrafrechtsintern aufzulösen, ohne als einzigen „Ausweg" auf die Regelungen des StGB auszuweichen.[891]

Die Begriffsoffenheit des jugendstrafrechtlichen Erziehungsgedankens bedingt, dass er je nach Diskussionsbereich sehr unterschiedlich konnotiert wird, gar zu einer beliebig einsetzbaren Begriffshülle mutiert ist: Er steht sowohl für repressive, zwangsweise angeordnete persönlichkeitsverändernde Maßnahmen, als auch für eine Alternative zu Strafen, die die Persönlichkeitsentwicklung des Betroffenen fördert.[892] Je nach Begriffsverständnis kann Erziehung daher als abzuwehrender verfassungswidriger Eingriff oder als anzustrebender Vorteil, als Anspruch auf eine staatliche Leistung, verstanden werden.[893]

Eine Reduktion der Erziehungsidee auf ein einseitiges Verständnis und damit der Zu- bzw. Unzulässigkeit der Anwendung auf die Klientel älterer Täter, wird dem im Begriff angelegten Facettenreichtum nicht gerecht, denn trotz seiner pädagogischen Provenienz ist der jugendstrafrechtliche Erziehungsgedanke nicht nach diesen Maßstäben zu begreifen.[894] Die begriffliche Nähe und der allgemeine Sprachgebrauch legen dies jedoch nah.

---

885 BT-Drs. 16/6293, S. 10; *Hellmer*, Erziehung und Strafe, S. 15.

886 *Beulke*, in: GS Meyer, S. 677, 695.

887 So auch *Swoboda*, ZStW 125 (2013), 86, 110.

888 *Beulke*, in: GS Meyer, S. 677, 695 f.; *Kölbel*, in: Eisenberg/Kölbel, JGG, § 2 Rn. 4; *Swoboda*, ZStW 125 (2013), 86, 110; *Weyel*, ZJJ 2008, 132.

889 *Grunewald*, Erziehungsgedanke, S. 13.

890 BGHSt 36, 37, 42; BGH, NJW 2002, 73, 76; *Goerdeler*, ZJJ 2008 137, 142; *Putzke*, in: BeckOK JGG § 2 Rn. 2; *Swoboda*, ZStW 125 (2013), 86, 110.

891 *Swoboda*, in: Räume der Unfreiheit, S. 345, 386.

892 *Swoboda*, in: Räume der Unfreiheit, S. 345, 385.

893 Vgl. S. 131 ff.

894 Vgl. S. 133.

Die theoretischen Widersprüche sind daher durch ein reichhaltigeres Verständnis des Erziehungsgedankens aufzulösen, der der Diversität dieses Begriffs und seinen unterschiedlichen Funktionen gerecht wird.[895] Es muss sich abbilden, dass Erziehung im jugendstrafrechtlichen Sinne nicht pädagogisch und persönlichkeitsverändernd verstanden werden darf, sondern aus diesem Leitprinzip auch zahlreiche Aspekten derivieren, die für den Betroffenen günstig und vorteilhaft sind, als sie den tatsächlich repressiven, schuldausgleichenden und vergeltenden Kräften entgegenwirken, um aufgrund größerer Individualisierungsmöglichkeiten individualfördernd tätig werden zu können.[896]

Daher ist die eigentliche Stoßrichtung des Erziehungsgedankens neu zu formulieren: Er dient in erster Linie dazu, Eingriffe gegenüber jungen Tätern zu minimieren und die Sanktionen sowie das Verfahren für sie förderlich zu gestalten.[897] Den Betroffenen ist fördernd und chanceneröffnend zu begegnen.[898] Sie sollen vor schädlichen Wirkungen des Strafrechts geschützt werden und Interventionen positiv als entwicklungs- und zukunftsbezogen begreifen.[899] Dabei nimmt das Jugendstrafrecht eine individualisierende Ausrichtung an.[900] Stets ist auf die erforderliche Proportionalität zu achten.[901]

Um den *Erziehungsgedanken* zu Gunsten dieser Funktionen von der edukativen, pädagogischen und persönlichkeitsverändernden Assoziation wegzulenken, ist ein modifizierter Begriff des *Erziehungsgedankens* erforderlich. Es scheint utopisch, einen Terminus zu finden, der die Vielschichtigkeit der darunter zu subsumierenden Aufgaben und Funktionen bedienen kann, zumal keine brauchbaren Alternativen ersichtlich sind.[902] Zudem birgt ein zu weit gefasster Begriff das (erneute) Risiko potentieller Unklarheiten oder Inkongruenzen. So erscheint auch der Vorschlag, das „Wohl des Jugendlichen“[903] als jugendstrafrechtliches Leitprinzip zu verankern, angesichts des strafrechtlichen Kontextes ungeeignet.[904] Dies verschleierte, dass dem Jugend*straf*recht ein gewisser

---

895 *Swoboda*, in: Räume der Unfreiheit, S. 345.

896 Ebenda.

897 Vgl. auch zusammenfassend *Grunewald*, Erziehungsgedanke, S. 262 f.; *Walter*, NStZ 1992, 470, 477.

898 Vgl. zum Jugendvollzug ausführlich *Walkenhorst*, RdJB 2016, 469, 473 ff.

899 *Kölbel*, in: Eisenberg/Kölbel, JGG, § 2 Rn. 14.

900 *Grunewald*, NStZ 2002, 452, 456 f.

901 *Brunner/Dölling*, JGG, § 2 Rn. 3.

902 So auch bei *Weber*, Schuldprinzip, S. 257 m.V.a. *Schüler-Springorum*, in: FS Dünnebier, S. 649, 658.

903 *Streng*, ZStW 106 (1994), 60, 90.

904 *Weber*, Schuldprinzip, S. 257 m.w.N.

Zwangscharakter immanent ist und erweckte eine missverständliche Tendenz in Richtung eines sozialrechtlich geprägten Jugend(hilfe)rechtes.[905]

Um Rechtssicherheit zu erzielen, die sich am verfassungsrechtlichen Bestimmtheitsgrundsatz messen lassen kann und einen juristischen Inhalt zu generieren, erscheint es daher diffizil, ein einziges Schlagwort zu bemühen, aus dem alle Funktionen derivieren sollen. Vielmehr sollten die Aufgaben, auf die das Erziehungsprinzip sich reduzieren lassen kann, namentlich *Individualität* und *Vergeltungshemmung*, direkt in den Gesetzestext aufgenommen werden.

Der Begriff des Erziehungsgedankens aus § 2 Abs. 1 S. 2 JGG ist folgendermaßen zu ersetzen: *Um dieses Ziel zu erreichen, sind die Rechtsfolgen und unter Beachtung des elterlichen Erziehungsrechts auch das Verfahren vorrangig individuell und vergeltungshemmend auszurichten.*

III. Bedeutung und Reichweite des Erziehungsgedankens bei der Anordnung der Jugendstrafe gem. § 17 Abs. 2 Alt. 2 JGG

Es ist jeweils gesondert festzustellen, welche Strafzwecke eine Sanktion des JGG legitimieren.[906] Recht unmissverständlich erfolgt dies bei den Erziehungsmaßregeln nach §§ 9 ff. JGG und den Zuchtmitteln im Sinne des § 13 Abs. 1 JGG: Wie schon der Wortlaut impliziert, sind Erziehungsmaßregeln aus erzieherischen Gründen anzuordnen,[907] d.h. zur „Anleitung, Förderung und Unterstützung".[908] Die Zuchtmittel nach § 13 Abs. 1 JGG sollen sowohl ahnden als auch erziehen.[909] Als Ausprägung des Prinzips „Erziehung durch Strafe"[910] verfolgen sie eine „pädagogische und sühnend-schuldausgleichende Zielsetzung".[911]

Da das Gesetz keine eigene Zweckbestimmung für die Jugendstrafe benennt,[912] ist deren Gesetzesziel innerhalb der allgemeinen jugendstrafrechtlichen Zielsetzung zu bestimmen.[913] Häufig wird diese schlagwortartig mit *Vergeltung*

---

905 Ebenda.

906 *Strobel*, Jugendstrafe, S. 57.

907 *Schöch/Höffler*, in: Meier/Bannenberg/Höffler, Jugendstrafrecht, § 8 Rn. 1.

908 *Streng*, Jugendstrafrecht, Rn. 341.

909 *Schöch/Höffler*, in: Meier/Bannenberg/Höffler, Jugendstrafrecht, § 10 Rn. 1.

910 Vgl. dazu *Grunewald*, Erziehungsgedanke, S. 150.

911 *Streng*, Jugendstrafrecht, Rn. 396; vgl. dazu auch *Grunewald*, Erziehungsgedanke, S. 150; vgl. dazu auch *Lenz*, Rechtsfolgensystematik, S. 86 ff.; *Kölbel*, in: Eisenberg/Kölbel, JGG, § 13 Rn. 7 f.

912 *Radtke/Scholze*, in: MüKo StGB Bd. 7, JGG, § 17 Rn. 12.

913 *Ostendorf/Drenkhahn*, Jugendstrafrecht, Rn. 227, 53.

resp. dem *Schuldausgleich* beantwortet.[914] Obwohl der Wortlaut des § 17 Abs. 2 Alt. 2 JGG dies zu implizieren scheint, kann dies nicht im Sinne der absoluten Straftheorien verstanden werden.[915] Wie bereits dargestellt, widerspricht ein die absolute Gerechtigkeitsidee verfolgender Ansatz, der metaphysische Ideale zu verwirklichen sucht, dem heutigen parlamentarischen Demokratieverständnis.[916] Dies ist „rationalen Überlegungen in einem aufgeklärten Strafsystem" unzugänglich.[917] Die staatliche Machtausübung beschränkt sich auf die Verfolgung gesellschaftlicher Zwecke.[918] Es stellt sich daher die Frage, wie die auch im Jugendstrafrecht unverzichtbaren Ziele *Schuldausgleich* und *Vergeltung*[919] in diesem Zusammenhang zu verstehen sind.

Die Kontroverse um die Legitimation der Jugendstrafe wegen *Schwere der Schuld* wurzelt in unterschiedlichen Vorstellungen über die Grenze und die Reichweite des *Erziehungsgedankens* und darüber, ob er durch die Vorgaben des §§ 2 Abs. 1 S. 2, 18 Abs. 2 JGG bei der Frage der Anordnung der Jugendstrafe wegen *Schwere der Schuld* als Strafzweck eine Rolle spielen darf.[920] Als Verlängerung dieses vielschichtigen Konflikts erhebt sich die Anschlussfrage, welcher komplementäre Strafzweck anzuwenden ist, wenn der *Erziehungsgedanke* sich am äußeren Ende des jugendstrafrechtlichen Sanktionskataloges nicht durchsetzen kann.[921]

An diesem Punkt kann nur einer der Pole des Spannungsfeldes aus *Erziehung* und *Strafe*,[922] zwischen dem sich alle Reaktionen einordnen, dominierende

---

914 *Weber*, Schuldprinzip, S. 166.

915 *Kaspar*, in: FS Schöch, S. 209, 211; *Strobel*, Jugendstrafe, S. 119, 12 m.w.N.; *Weber*, Jugendstrafe, S. 82.

916 *Roxin*, ZStW 96 (1984), 641, 644 f.; vgl. zur verfassungsrechtlichen Relevanz ergänzend *Kaspar*, Präventionsstrafrecht, S. 673 ff.

917 *Ostendorf*, in: Ostendorf, JGG, § 17 Rn. 5.

918 *Bottke*, Generalprävention, S. 40 f.

919 BT-Drs. 1/3264, S. 41; BGH, StV 1982, 335; BGH, StV 1994, 598; so auch schon früh *Grethlein*, NJW 1961, 687 m.V.a. *Dallinger/Lackner*, JGG, § 17 Rn. 7; vgl. auch *Hinz*, JR 2001, 50, 52 f.

920 *Beulke*, in: GS Meyer, S. 677, 683 f.; *Lenz*, Rechtsfolgensystematik, S. 115 f.; *Meyer*, ZfJ 71 (1984), 445; *Radtke/Scholze*, in: MüKo StGB Bd. 7, JGG, § 17 Rn. 51; *Strobel*, Jugendstrafe, S. 119; vgl. auch *Budelmann*, Jugendstrafrecht für Erwachsene?, S. 26, 116.

921 *Kaspar*, in: FS Schöch, S. 209.

922 *Beulke/Swoboda*, Jugendstrafrecht Rn. 5, 134 f.; vgl. dazu auch *Hartmann*, Jugendstrafe, S. 60 ff.; *Petersen*, Sanktionsmaßstäbe, S. 181; *Swoboda*, ZStW 125 (2013), 86, 92 ff.: *Strafe* als Gegenpol zum Konzept der Erziehung begründet über Vergeltungs- und Schuldausgleichsgedanken und die Ideen der positiven Generalprävention.

Orientierungswirkung entfalten, während der jeweils andere nur schwach wirkt.[923] Rechtsdogmatisch ist dies brisant, da es sich bei der Jugendstrafe gem. § 17 Abs. 2 Alt. 2 JGG um eine kriminalrechtliche Rechtsfolge handelt.[924]

1. Kongruenzthese der Rechtsprechung

Die ständige höchstrichterliche Rechtsprechung,[925] sowie ein Teil der Strafrechtsliteratur,[926] begreifen die zweite Alternative der Jugendstrafe wegen *Schwere der Schuld* ganz im täterorientierten, erzieherischen Sinne und weisen der *Erziehung* die Funktion des zentralen Strafzwecks zu, indem sie die Anordnung einer Jugendstrafe wegen *Schwere der Schuld* unabhängig vom Schuldgehalt nur zulassen, wenn die Strafe auch *erzieherisch indiziert* ist. Die Jugendstrafe nach § 17 Abs. 2 Alt. 2 JGG ist nach diesem Verständnis ein äußerstes und letztes Erziehungsmittel.[927]

Da der Erziehungszweck stets vorrangig zu berücksichtigen sei,[928] versagt diese Auffassung die Anordnung einer Jugendstrafe gem. § 17 Abs. 2 Alt. 2 JGG, wenn diese allein dazu dienen soll, einem Täter unter Vergeltungsgesichtspunkten ein Übel zuzufügen.[929] Ohne die vorrangige Berücksichtigung des Erziehungszwecks „als differentia specifica" entfiele der Unterschied zwischen der Jugendstrafe und der Freiheitsstrafe nach dem StGB.[930] Der Erziehungszweck

---

923 *Beulke*, in: GS Meyer, S. 677, 684; *Bohnert*, JZ 1983, 517, 519; *Swoboda*, ZStW 125 (2013), 86, 98; so auch *Walter/Wilms*, NStZ 2007, 1, 4; *Weber*, Jugendstrafe, S. 1; *Weber*, Schuldprinzip, S. 185.

924 BT-Drs. 1/4437, S. 2; so in Bezug auf die Bemessung der Jugendstrafe auch *Buckolt*, Jugendstrafe, S. 32 f.; vgl. auch *Weber*, Jugendstrafe, S. 105 ff.

925 Seit BGHSt 15, 224, 225 f.; BGHSt 16, 261, 263.

926 *Bohnert*, JZ 1983, 517, 519 ff.; *Buckolt*, Jugendstrafe S. 47; *Eisenberg*, NStZ 2013, 636 ff.; *ders.*, JA 2016, 623, 627; *ders.*, NStZ 2018, 729, 730; *ders.*, ZJJ 2018, 144, 145; *Kölbel*, in: Eisenberg/Kölbel, JGG, § 17 Rn. 55 f., 59; *Kornprobst*, JR 2002, 310; *Meyer-Odewald*, Jugendstrafe, S. 7, 48 ff., 139 ff., 177 ff.; *Schüler-Springorum*, NStZ 1985, 476, 477 f.; *Sonnen*, ZJJ 2016, 76, 77; *ders.*, in: Diemer/Schatz/Sonnen, JGG, § 17 Rn. 24; *Zieger/Nöding*, Verteidigung in Jugendstrafsachen, Rn. 68; differenzierend *Böhm/Feuerhelm*, Jugendstrafrecht, S. 224 ff; jedenfalls sympathisierend *Schöch/Höffler*, in: Meier/Bannenberg/Höffler, Jugendstrafrecht, § 11 Rn. 16.

927 *Meyer-Odewald*, Jugendstrafe, S. 3 f.

928 *Kölbel*, in: Eisenberg/Kölbel, JGG, § 17 Rn. 4.

929 *Kölbel*, in: Eisenberg/Kölbel, JGG, § 17 Rn. 10; vgl. auch BGH, JR 1982, 432.

930 *Meyer*, ZfJ 71 (1984), 445, 447.

bliebe dann „zwar Typus- bzw. Wesensmerkmal, wäre aber [faktisch] kein kategoriales Begriffsmerkmal".[931]

a) *Entwicklung der Kongruenzthese*

aa) *Grundsatzentscheidungen*[932] *BGHSt 15, 224 und BGHSt 16, 261*

Diese Ansicht wurzelt in zwei grundlegenden Entscheidungen aus den 1960er Jahren, in denen sich der *vierte Strafsenat* des *BGH* zu dieser restriktiven Gesetzesauslegung veranlasst sah.[933] Obwohl der Gesetzeswortlaut einen „moralischen Schuldvorwurf"[934] mit dem Strafziel des *Schuldausgleichs* nahe legt,[935] forderte der *Senat* stets die *erzieherische Erforderlichkeit* als kumulatives Entscheidungskriterium.[936]

Er versuchte dadurch das in § 17 Abs. 2 JGG angelegte Spannungsverhältnis zwischen der erzieherisch orientieren Jugendstrafe wegen *schädlicher Neigungen* und der eher systemfremden Alternative wegen *Schwere der Schuld* zu lösen: Trotz der Erkenntnis, dass die Jugendstrafe des § 17 Abs. 2 Alt. 2 JGG den *Erziehungsgedanken* punktuell durchbricht,[937] erkannte der *Senat* dies nicht an und versuchte durch die „Harmonisierung"[938] der beiden Alternativen die Schuldstrafe mit dem gesamten JGG in „Einklang" zu bringen.[939] Dem jugendstrafrechtlichen Leitgedanken der Erziehung entsprechend, sollte daher auch die zweite Alternative der Jugendstrafe in erster Linie dem „Wohl des Jugendlichen" dienen.[940] Eine „reine", ggf. gar erziehungswidrige, Schuldstrafe erachtete der Senat dagegen als unzulässig.[941] Die Strafe sollte dem Jugendlichen sein Unrecht vor Augen führen, „um seine eigene Sühnebereitschaft zu wecken".[942]

---

931 Ebenda.

932 „Kernstück der BGH-Rechtsprechung zum Jugendstrafrecht", *Meyer-Odewald*, Jugendstrafe, S. 6.

933 *Meyer-Odewald*, Jugendstrafe, S. 6; vgl. dazu auch *Beulke*, in: BMJ, Grundfragen, S. 353, 357 ff.

934 *Ostendorf/Drenkhahn*, Jugendstrafrecht, Rn. 230.

935 BayObLG StV 1985, 156; *Meyer-Odewald*, Jugendstrafe, S. 2.

936 BGHSt 15, 224, 225 f.; BGHSt 16, 261, 263.

937 BGHSt 15, 224, 225.

938 *Streng*, Jugendstrafrecht, Rn. 435 f.; *Tenckhoff*, JR 1977, 485, 487.

939 *Hartmann*, Jugendstrafe, S. 1 m.w.N.

940 BGHSt 15, 224, 225 f.; BGHSt 16, 261 ff.

941 Ebenda.

942 BGHSt 15, 224, 225 f.

Die stark erzieherisch und täterbezogene Auslegung stützt der *Senat* auf einem Vergleich des § 17 Abs. 2 JGG mit seiner Vorgängerregelung, § 4 Abs. 2 JGG 1943, der die Bestrafung mit Jugendgefängnis nur zuließ, „wenn das Bedürfnis der Volksgemeinschaft nach Schutz und Sühne wegen der Größe der Schuld oder wegen der schädlichen Neigungen des Jugendlichen, die in der Tat hervorgetreten sind, eine Strafe fordert".[943] Daher stand nicht mehr die Entwicklung des Jugendlichen selbst, sondern die Allgemeinheit[944] mit ihren Interessen im Vordergrund.[945] Aus der systematischen Änderung der Rangumkehr,[946] die ebenjener Überbetonung des Schutz- und Sühnebedürfnisses der Allgemeinheit entgegenwirken sollte,[947] schlussfolgerte der *BGH*, dass nun das „Wohl des Jugendlichen" im Vordergrund stünde.[948]

Der zumindest „in zweiter Linie" nicht gänzlich ausgeschlossene[949] gerechte *Schuldausgleich*, sollte nur innerhalb der Erziehungsgrenzen möglich sein.[950] Da generalpräventive Aspekte „nicht das Interesse des Jugendlichen" berücksichtigten, welches das Jugendgerichtsgesetz grundsätzlich beherrscht, schloss der Senat sie aus.[951] Dem lag die Befürchtung zugrunde, dass ansonsten die Stellung als Sonderstrafe gegenüber der Freiheitsstrafe aus § 38 StGB entfiele.[952]

---

943 BGHSt 15, 224, 225.

944 Vgl. auch Vollzugsziel des § 64 RJGG 1943, nach dem der Jugendliche im Rahmen des Vollzugs der Jugendgefängnisstrafe zu einem verantwortungsbewussten Mitglied der Volksgemeinschaft zu erziehen war.

945 Nach *Ostendorf* wurde mit § 4 Abs. 2 RJGG 1943 lediglich ehrlich gesagt, was bis heute gemeint ist: Hinter der Voraussetzung der *Schwere der Schuld* verberge sich als wahrer Strafgrund die positive Generalprävention, die dem „Ausgleich der Erschütterung des Rechtsvertrauens" dienen soll, vgl. *Ostendorf*, in: Ostendorf, JGG, Grdl. z. §§ 17 und 18 Rn. 2, § 17 Rn. 5.

946 RGBl. 1953, Teil I, S. 753.

947 BT-Drs. 1/3264, S. 40.

948 BGHSt 15, 224, 225 f.; a.A. *Schaffstein*, in: FS Heinitz, S. 461, 465.

949 *Böhm*, NStZ 1982, 413, 414.

950 *Dölling*, ZJJ 2012, 124 f.; *Kölbel*, in: Eisenberg/Kölbel, JGG, § 2 Rn. 4; *Ostendorf*, in: Ostendorf, JGG § 2 Rn. 2 ff.; *Streng*, ZStW 106 (1994), 60, 74; *ders*., Jugendstrafrecht, Rn. 244.

951 BGHSt 15, 224, 226 m.w.N.

952 Vgl. *Meyer*, ZfJ 71 (1984), 445, 447.

Der *BGH* entwickelte mithin einen Idealtypus, nach dem auch bei schwerer Schuld ein Erziehungseffekt erreichbar sei,[953] wobei auf das Erziehungsverständnis der klassischen Strafrechtsschule[954] zurückzugreifen ist.[955] Dies basiert auf der Vorstellung, dass gerade bei Jugendlichen, gegen die eine Jugendstrafe wegen *Schwere der Schuld* verhängt wird, vielfach „ein besonders ausgeprägter pädagogischer Handlungsbedarf" besteht.[956]

bb) Weiterentwicklung der Rechtsprechung seit BGH, StV 1982, 173

Diesen streng erzieherisch orientierten Ansatz aus den Grundsatzentscheidungen hat die höchstrichterliche Rechtsprechung seit Anfang der 1980er Jahre zu einer eingeschränkt erziehungsorientierten Auslegung weiterentwickelt und dergestalt modifiziert, dass der *Schwere der Schuld* eine partielle Selbstständigkeit zukommt.[957]

Grundsätzlich sind die Erziehung und das Wohl des Jugendlichen noch immer vorrangig zu berücksichtigen,[958] eine reine Schuldstrafe gilt weiterhin als unzulässig.[959] Dennoch misst die Rechtsprechung nunmehr *auch* Schuldgesichtspunkten eine eigenständige Bedeutung bei, indem diese *neben* dem Erziehungszweck berücksichtigt werden.[960] Dies äußert sich vor allem darin, dass die Rechtsprechung dem Tatunrecht im Einzelfall eigenständige Bedeutung

---

953 *Meyer*, ZfJ 71 (1984), 445, 452.

954 Vgl. hierzu überblicksweise *Kurzberg*, Jugendstrafe, S. 72 f. m.w.N.

955 *Kurzberg*, Jugendstrafe, S. 107.

956 *Meyer-Odewald*, Jugendstrafe, S. 78.

957 BGH, StV 1982, 173; BGH, StV 1982, 335; BGH, StV 1994, 598, 599; BGH, NStZ-RR 1996, 120; OLG Köln, StV 2001, 178; OLG Hamm, NStZ-RR 2005, 245 f.; etwas unklar bei NStZ-RR 2001, 215 f.; BGH, NStZ 2007, 522 f.; BGH, NStZ-RR 2014, 119; BGH, NStZ-RR 2016, 325; BGH, StV 2017, 710, 711; BGH, NStZ-RR 2018, 358; BGH, OLG Hamm, StV 2005, 67; OLG Hamm, NStZ-RR 2005, 58, 59; OLG Düsseldorf, StraFo 2007, 475; KG, StV 2013, 35, 36; OLG Hamm, ZJJ 2017, 282; nach *Strobel*, Jugendstrafe, S. 119 eine Aufgabe des bisherigen Ansatzes.

958 BGH, StV 1982, 473, 474; OLG Köln, StV 1991, 426; BGH, NStZ-RR 1996, 120; OLG Hamm, NStZ-RR 2005, 245 f.; vgl. dazu *Lenz*, Rechtsfolgensystematik, S. 117; *Meyer-Odewald*, Jugendstrafe, S. 6 f., 91.

959 BGH, StV 1982, 173.

960 Vgl. BGH, StV 1981, 26 f.; BGH, StV 1982, 121 f.; BGH, StV 1994, 599; BGH, NStZ-RR 1996, 120; BGH, NStZ-RR 1998, 285; BGH, StV 1999, 667, BGH, JR 2019, 38 ff.; OLG Köln, StV 2001, 178; bestätigend etwa *Eisenberg*, NStZ 2013, 636, 637; *ders.*, NStZ 2018, 729, 730, allerdings in engeren Grenzen als im allgemeinen Strafrecht, was sich aus § 21 JGG im Unterschied zu § 56 Abs. 3 StGB ergäbe.

beimisst:[961] In diesen Ausnahmekonstellationen,[962] die auf Kapitaldelikte oder andere Straftaten vergleichbaren Gewichts als Anlasstaten beschränkt sind, entfällt die Prüfung der erzieherischen Erforderlichkeit.[963] Die Rechtsprechung fingiert dann die erzieherische Indikation,[964] da die Begehung schwerster Straftaten regelmäßig auf ein erzieherisches Defizit hinweise.[965]

Dadurch presst sie den Erziehungsgedanken und den Schuldausgleich nicht mehr stets in Einklang, sondern erkennt sie offen nebeneinander an.[966] Allerdings geht die Rechtsprechung davon aus, dass Erziehungsgedanke und Schuldausgleich im Regelfall spannungsfrei miteinander in Einklang stünden,[967] da die Kriterien zur Bestimmung der Schuld, d.h. das charakterliche und persönliche Wesen des jugendlichen bzw. heranwachsenden Täters,[968] auch für die Erziehungsbedürftigkeit von zentraler Bedeutung seien.[969] Die Bestimmung des Schuldausgleichs könne deshalb auch ohne selbstständige Berücksichtigung des äußeren Tatunrechts erfolgen, da sich die Bestimmung der Schuldschwere nur an der Persönlichkeit des Täters orientieren solle.[970] Die Harmonisierung der Schuld- und Erziehungsaspekte verlange daher keine großen Anstrengungen.[971] In der Regel werde eine Strafe, deren Schuldangemessenheit unter Berücksichtigung des Entwicklungsstandes und des Persönlichkeitsbildes des Jugendlichen bestimmt ist, auch dem Erziehungsgedanken nicht widersprechen.[972] Der entscheidende Unterschied zur ursprünglichen Position besteht daher darin, dass den Aspekten *Sühne* und *Vergeltung* eine eigenständige Bedeutung zugestanden

---

961 BGH, StV 1981, 26; BGH, BGH, StV 1982, 121; StV 1982, 335, 336; BGH, StV 2005, 66; BGH, StV 2017, 710, 711; OLG Hamm, NStZ-RR 2005, 58, 59; OLG Düsseldorf, StraFo 2007, 475; KG, StV 2009, 91.

962 BGH, NStZ 2018, 728, 730 m.V.a. BGH, NStZ 2017, 648 ff.; BGH, NStZ-RR 2018, 358.

963 BGH, StV 1994, 598; BGH, StV 1998, 332, 333.

964 *Brögeler*, in: BeckOK JGG, § 17 Rn. 20.1.

965 BGH, NStZ-RR 1996, 120.

966 Vgl. etwa BGH-NStZ-RR 2018, 358; BGH, ZJJ 2018, 155, 158; vgl. dazu auch *Beulke*, NK 3/2019, 269, 273.

967 Vgl. dazu *Meyer*, ZfJ 71 (1984), 445, 452.

968 Vgl. dazu umfassend S. 192 ff.

969 BGH, StV 1982, 335 f.; BGH, StV 1994, 599; BGH, NStZ-RR 1996, 120; BGH, NStZ-RR 1998, 285; BGH, StV 1999, 667; OLG Köln, StV 2001, 178.

970 *Kurzberg*, Jugendstrafe, S. 107.

971 BGHSt 15, 224, 225; BGH, StV 1982, 335, 336; BGH, StV 1994, 598, 599; BGH, NStZ 1996, 232, 233; BGH, NStZ-RR 1998, 285; OLG Köln, StV 1999, 667.

972 BGH, StV 1982, 335 f.; BGH, NStZ-RR 2010, 290.

wird, deren Ausmaß in jedem Einzelfall anhand der Umstände der Tat sowie der Persönlichkeit des Täters zu bestimmen ist.[973]

Als leichte Annäherung an die Literatur,[974] zwar nicht in der Begründung, aber zumindest teilweise im Ergebnis,[975] bewirkt diese modifizierte Rechtsprechung[976] eine Veränderung der Akzente:[977] Während zuvor ausschließlich das „Wohl des Jugendlichen" ausschlaggebend war, soll jetzt Jugendstrafe anwendbar sein, wenn zwar aus erzieherischen Gründen allein keine Strafe notwendig wäre, die Schuldschwere hingegen eine „*Strafe* geboten sein lässt".[978] Damit kann gerechter Schuldausgleich allein für die Anordnungsentscheidung der Jugendstrafe gem. § 17 Abs. 2 Alt. 2 JGG entscheidend sein.[979] Hohe Strafen fänden ihre Berechtigung im Sühnegedanken und dem Erfordernis gerechten Schuldausgleichs.[980] In diesem Kompromiss hat sich die Rechtsprechung eingependelt.[981]

cc) Andeutung einer Rechtsprechungsänderung durch BGH, NStZ 2013, 658

Lediglich in einer Entscheidung, einem obiter dictum, distanzierte der *erste Strafsenat* des *BGH* sich im Jahr 2013 ausdrücklich von dem bisher verlangten erzieherischen Indikationserfordernis.[982] Schon das Vorliegen eines „gewissen Schuldausmaßes", das nicht erst die Schwelle der Kapitaldelikte erreichen müsse, solle für sich alleine genügen, um eine Jugendstrafe wegen *Schwere der Schuld* anzuordnen.[983] Eine fehlende Erziehungsfähigkeit oder -bedürftigkeit sei allenfalls bei der Strafzumessung zu berücksichtigen.[984] Den weitgehend der herrschenden Meinung aus dem Schrifttum entsprechenden Vorstoß begründete der *Senat* durch Rückgriff auf deren einschlägige Argumente: Weder der Wortlaut

---

973 BGH, JR 1982, 432; BGH, NStZ 1996, 232, 233; BGH, StV 1998, 332, 333.

974 So auch *Meyer-Odewald*, Jugendstrafe, S. 8 m.w.N.

975 *Streng*, GA 2017, 80, 85 ordnet dies als ergebnisoriertierte Argumentation ein.

976 Vgl. zu dieser „Neuorientierung" *Bruns*, StV 1982, 592 mit Hinweis auf StV 1982, 121 f., 173 f.; BGH, NStZ 1982, 332. Vgl. dazu auch *Beulke*, NK 3/2019, 269, 273 m.w.N.

977 Vgl. auch *Meyer-Odewald*, Jugendstrafe, S. 9.

978 So auch schon *Weber*, Jugendstrafe, S. 108.

979 *Brögeler*, in: BeckOK JGG, § 17 Rn. 20.1.

980 BGH, NStZ 1996, 232, 233.

981 So auch *Beulke*, NK 3/2019, 269, 273 f.; *Streng*, ZStW 106 (1994), 60, 73 f.; *Weber*, Jugendstrafe, S. 129 ff.

982 BGH, NStZ 2013, 658, 659.

983 Ebenda.

984 Ebenda.

des § 17 Abs. 2 Alt. 2 JGG noch dessen Entstehungsgeschichte deuteten auf ein kumulatives Erziehungsbedürfnis als Anordnungsvoraussetzung der Jugendstrafe hin.[985]

Dass der Vorstoß ein geteiltes Echo auslöste, überrascht nicht. Während Vertreter der herrschenden Lehre ihn begrüßten,[986] kritisierten Befürworter der höchstrichterlichen Rechtsprechung ihn scharf.[987] Allerdings beanstandeten selbst Vertreter der herrschenden Literatur, dass der *BGH* mit viel zu unbestimmten Kriterien („gewisse Schwere", „gewisses Schuldmaß") der ultima ratio Funktion der Jugendstrafe nicht gerecht würde.[988]

Die Entscheidung löste keine Rechtsprechungsänderung aus.[989] Mittlerweile folgt selbst der *erste Strafsenat* wieder dem bisherigen, erzieherisch geprägten, Ansatz.[990]

b) Kritik an der erziehungsorientierten Auslegung

Der überwiegende Teil der Strafrechtsliteratur lehnt die Auslegung des *BGH*[991] seit jeher ab,[992] da sie der wörtlichen, systematischen, historischen und auch teleologischen Auslegung der zweiten Alternative der Jugendstrafe widerspreche.

---

985 Ebenda.

986 *Bachmann*, JZ 2019, 759.

987 Vgl. im Einzelnen *Eisenberg*, NStZ 2013, 636, 637 f. m.V.a. BGHSt 10, 100; *ders.* in, NStZ 2018, 729, 730; *Höynck*, ZJJ 2016, 305 f.

988 *Beulke*, NK 3/2019, 269, 278.

989 BGH, NStZ 2016, 101 f. sympathisierte; LG Ravensburg, NStZ-RR 2016, 227 stimmte ausdrücklich zu und ging sogar so weit, nicht nur bei Kapitalverbrechen, sondern ggf. schon bei sonstigen Verbrechen die *Schwere der Schuld* anzunehmen; dem ausdrücklich widersprechend *Kölbel*, in: Eisenberg/Kölbel, JGG § 17 Rn. 56; auch *Höynck*; ZJJ 2016, 305, 306.

990 BGH, NStZ 2018, 659, 660.

991 „[E]ine Gesetzesinterpretation, die sich in diametralen Gegensatz zu einem grammatischen Normverständnis setzte,", vgl. *Hartmann*, Jugendstrafe, S. 3.

992 *Bachmann*, JZ 2019, 759 f., *Beulke*, NK 3/2019, 269, 274 ff.; *Beulke/Swoboda*, Jugendstrafrecht, Rn. 458; *Bringewat*, JZ 1982, 11, 14; *Brögeler*, in: BeckOK JGG, § 17 Rn. 4.1; *Brunner/Dölling*, JGG, § 17 Rn. 27; *Dölling*, in: FS Brunner, S. 181, 192; *Grethlein*, NJW 1961, 687, 688; *Hartmann*, Jugendstrafe, S. 57; *Kaspar*, in: FS Schöch, S. 209, 220; *Laubenthal/Baier/Nestler*, Jugendstrafrecht, Rn. 743; *Laue*, in: Meier/Rössner/Trüg/Wulf, JGG, § 17 Rn. 28; *Lenz*, Rechtsfolgensystematik, S. 118 ff., 122; *Meyer*, ZfJ 71 (1984), 445, 452 f.; *Miehe*, Bedeutung der Tat, S. 85 ff.; *Ostendorf*, in: Ostendorf, JGG, § 17 Rn. 4 f.; *Petersen*, Sanktionsmaßstäbe, S. 108; *Radtke/Scholze*, in MüKo StGB Bd. 7, JGG, § 17 Rn. 60 f.; *Rose*, NStZ 2019, 57, 59; *Schaffstein*, in: FS Heinitz, S. 461 ff.; *Streng*, GA 1984, 149, 150; *ders.*, StV 1985, 421, 422; *ders.*, GA 2017, 80, 82 ff.; *ders.*,

Der Gesetzeswortlaut des § 17 Abs. 2 Alt. 2 JGG verlangt danach keine erzieherische Erforderlichkeit,[993] sondern impliziert im Gegensatz zur ersten Alternative der Jugendstrafe vielmehr, dass sie nicht aus individualpräventiven Gründen anzuordnen ist.[994]

Das in § 17 Abs. 2 JGG begründete Spannungsverhältnis zwischen einer täter- und einer tatorientieren Jugendstrafe ist vom Gesetzgeber gewollt und nicht durch vereinheitlichende Auslegung zu eliminieren.[995] Die Harmonisierung widerspricht der inneren Systematik des § 17 Abs. 2 JGG: Die Strafe wegen *Schwere der Schuld* steht ausdrücklich „kontrastierend",[996] als selbstständige Alternative,[997] *neben* der wegen *schädlicher Neigung*, wie sich aus der Konjunktion *oder* ergibt.[998] Damit bringt der Gesetzgeber zum Ausdruck, dass er bei der zweiten Alternative der Jugendstrafe keine *erzieherische Erforderlichkeit* verlangt.[999] Dies muss auch offen dargelegt werden.[1000] *Erziehung* und *Vergeltung* sind alternative Legitimationsgrundlagen, weshalb die Einbeziehung beider in die Anordnungsentscheidung widersprüchlich scheint.[1001] Dies ergibt sich auch daraus, dass die Schuld in erster Linie retrospektiv ausrichtet ist, während sich das Erziehungsbedürfnis vorrangig prospektiv bestimmt.[1002] Die Harmonisierung nimmt

---

Jugendstrafrecht, Rn. 11, 14 ff. 436; *Strobel*, Jugendstrafe, S. 124; *Swoboda*, ZStW 125 (2013), 86, 107; *dies.*, in: Räume der Unfreiheit, S. 345, 350; *dies.*, ZStW 132 (2020), 826, 861; *Tenckhoff*, JR 1977, 485 ff.; *Walter/Wilms*, NStZ 2007, 1, 7; *Weber*, Jugendstrafe, S. 108 ff.; *Wolf*, Strafe und Erziehung, S. 244 ff.; differenzierend *Schöch/Höffler*, in: Meier/Bannenberg/Höffler, Jugendstrafrecht, § 11 Rn. 16; a.A. etwa *Buckolt*, Jugendstrafe, S. 47; *Meyer-Odewald*, Jugendstrafe, S. 7, 127 ff., 196, 139 ff., 177 ff.

993 *Hartmann*, Jugendstrafe, S. 223; *Meyer*, ZfJ 71 (1984), 445, 453; *Radtke/Scholze*, in: MüKo StGB Bd. 7, JGG, § 17 Rn. 61.

994 *Petersen*, Sanktionsmaßstäbe, S. 181; vgl. auch *Beulke*, NK 3/2019, 269, 274.

995 BT-Drs. 1/3264, S. 40 f.; *Schöch/Höffler*, in: Meier/Bannenberg/Höffler, Jugendstrafrecht, § 11 Rn. 5.

996 *Streng*, Jugendstrafrecht, Rn. 436.

997 *Bachmann*, JZ 2019, 759; *Brögeler*, in: BeckOK JGG, § 17 Rn. 4.1; *Brunner*, JR 1982, 432, 433; *Brunner/Dölling*, JGG, § 17 Rn. 27; *Hackstock*, Generalpräventive Aspekte, S. 235; *Hartmann*, Jugendstrafe, S. 226 f.; *Weber*, Schuldprinzip, S. 261.

998 *Strobel*, Jugendstrafe, S. 120.

999 BT-Drs. 1/3264, S. 40 f.; *Grethlein*, NJW 1961, 687, 688; dahingehend auch *Streng*, StV 1998, 336, 337.

1000 Vgl. *Streng*, ZStW 106 (1994), 60, 75.

1001 Vgl. dazu *Albrecht*, Jugendstrafrecht, S. 243; *Hinz*, ZRP 2005, 192; *Jäger*, GA 2003, 469, 477; *Schaffstein*, in: FS Heinitz, S. 461, 462 f.; *Weber*, Jugendstrafe, S. 109; *Weber*, Schuldprinzip, S. 185 f.

1002 *Radtke/Scholze*, in: MüKo StGB Bd. 7, JGG, § 17 Rn. 2.

der Alternative der *Schwere der Schuld* gegenüber den *schädlichen Neigungen* ihre selbstständige Bedeutung.[1003] Die *Schwere der Schuld* wird dadurch nur zur *notwendigen*, nicht aber *hinreichenden* Bedingung für die Anwendung des § 17 Abs. 2 Alt. 2 JGG.[1004]

Die Vermengung zweier widersprüchlicher Aspekte[1005] hat die Unterschiede zwischen den beiden Alternativen so verwässert, dass sie als Mischform von der Praxis ebenso flexibel wie unbestimmt eingesetzt werden können, da sie im Prinzip auf nahezu dieselben Fragen hinauslaufen.[1006] Damit wird der Harmonisierungsversuch „weder dem Erziehungsziel des Jugendkriminalrechts noch dem Prinzip der Schuldvergeltung gerecht".[1007] Dies droht die Jugendstrafe insgesamt zu diskreditieren, da sie dadurch unglaubwürdig wird.[1008]

Obwohl die Vorgehensweise der Rechtsprechung den Erziehungsgedanken am konsequentesten umsetzt,[1009] entfaltet er mit der generellen Aufforderung, das gesamte Jugendstrafrecht – auch die Rechtsfolgen, § 2 Abs. 1 S. 2 JGG – an ihm auszurichten,[1010] als *lex posterior* keine derart umfassende Ausstrahlungswirkung, dass er sich zum Entscheidungszeitpunkt[1011] gegenüber wertenden Belangen des Schuldausgleichs uneingeschränkt vorrangig als Zweckbestimmung auf

---

1003 *Beulke/Swoboda*, Jugendstrafrecht, Rn. 458.; *Brunner/Dölling*, JGG, § 17 Rn. 27; *Hartmann*, Jugendstrafe, S. 59 ff.; *Laubenthal/Baier/Nestler*, Jugendstrafrecht, Rn. 743; *Laue*, in: Meier/Rössner/Trüg/Wulf, JGG § 17 Rn. 28; *Radtke/Scholze*, in: MüKo StGB Bd. 7, JGG, § 17 Rn. 60 f.; *Streng*, StV 1998, 336, 337 m.w.N. in Fn. 7; *ders.*, Jugendstrafrecht, Rn. 436.

1004 *Radtke/Scholze*, in: MüKo StGB Bd. 7, JGG, § 17 Rn. 51; *Weber*, Jugendstrafe, S. 107.

1005 *Bringewat*, JZ 1982, 11, 14; *Meyer-Odewald*, Jugendstrafe, S. 12.

1006 *Schaffstein*, in: FS Heinitz, S. 461, 463, 465 ff.

1007 *Schaffstein*, in: FS Heinitz, S. 461, 463.

1008 *Böhm/Feuerhelm*, Jugendstrafrecht, S. 225 ff.

1009 *Eisenberg*, NStZ 2013, 636, 638; zumindest nicht abgeneigt zeigt sich selbst *Beulke*, NK 3/2019, 269, 274, der zwar letztlich die herrschende Auffassung der Literatur teilt, die Argumentation mit dem Erziehungsgedanken als bewährtes, vor die „Klammer der Detailregelungen des Jugendstrafrechts" gezogenes Fundament, aber anerkennt.

1010 So schon vor der gesetzlichen Normierung des Erziehungsgedankens *Grethlein*, NJW 1961, 687 f.; so aber *Buckolt*, Jugendstrafe, S. 47; *Eisenberg*, NStZ 2013, 636; *ders.*, NStZ 2018, 729; *Höynck*, StraFo 2017, 267, 270; *Kölbel*, JR 2019, 40, 41; *Meyer-Odewald*, Jugendstrafe, S. 3 f., 78, 86 m.w.N.; *Müller*, JR 2017, 118, 121; *Schüler-Springorum*, NStZ 1985, 476, 477 f.; *Zieger/Nöding*, Verteidigung in Jugendstrafsachen, Rn. 68.

1011 Vgl. OLG Hamm, NStZ-RR 2005, 59; OLG Hamm, NStZ-RR 2005, 245 f.; KG, ZJJ 2012, 210.

die Jugendstrafe wegen *Schwere der Schuld* erstreckt.[1012] Wie auch der *BGH* er-, aber im Ergebnis nicht anerkennt, ist der Erziehungsgedanke in diesem Punkt durchbrochen.[1013]

Die gesetzliche Normierung des Erziehungsgedankens vermochte die Unklarheiten hinsichtlich der Anordnungsvoraussetzungen nicht zu überwinden, da dieser letztlich nur die allgemeine Aufgabe des (Jugend-)Strafrechts kodifiziert:[1014] durch zukünftiges Legalverhalten vormals straffälliger junger Straftäter Rechtsgüterschutz zu erreichen.[1015]

Auch aus § 18 Abs. 2 JGG lässt sich kein absoluter Erziehungsvorrang ableiten:[1016] Davon abgesehen, dass § 2 Abs. 1 S. 2 JGG ohnehin nur eine *vorrangige* Ausrichtung am Erziehungsgedanken vorsieht,[1017] verbietet sich ein argumentum a fortiori aus der Strafzumessungsnorm,[1018] nachdem die Jugendstrafe immer so bemessen werden muss, „dass die erforderliche erzieherische Einwirkung möglich ist", schon deshalb, weil es systematisch die gerade voneinander getrennt geregelte Anordnungs- (§ 17 Abs. 2 Alt. 2 JGG) und die Bemessungsentscheidung (§ 18 Abs. 2 JGG) vermischt.[1019] Die Aussagekraft letzterer beschränkt sich allein darauf, dass sie einen Maßstab für die Strafbemessung der bereits angeordneten Strafe enthält.[1020] Angaben zum Zweck der Anordnung der Strafe ergeben sich daraus aber nicht; die Norm lässt auch keine entsprechende Auslegung zu.[1021]

Entsprechend der Gesetzgebungsgeschichte soll die Vorschrift kurzen Freiheitsentzug vermeiden:[1022] Jugendstrafen müssen – auch wenn sie nicht zur

1012 *Beulke*, in: FS Streng, S. 403, 404 m.w.N.; *Höffler/Kaspar*, MüKo StPO Bd. 2/3, JGG, Einl. Rn. 23 ff.

1013 *Grethlein*, NJW 1961, 687 f.; *Miehe*, Bedeutung der Tat, S. 127.

1014 *Radtke/Scholze*, in: MüKo StGB Bd. 7, JGG, § 17 Rn. 2.

1015 Vgl. S. 84 ff.

1016 *Streng*, StV 1998, 336, 337; *ders.*, GA 2017, 80, 83; *ders.*, Jugendstrafrecht, Rn. 437; a.A. *Beulke*, NK 3/2019, 269, 274, der dem Argument eine „Zangenwirkung" zuerkennt.

1017 *Kaspar*, in: FS Schöch, S. 209, 221.

1018 So aber ständige Rspr. BGH, StV 1982, 335; BGH, StV 1982, 473; OLG Hamm, NStZ-RR 2005, 58, 59 sowie *Eisenberg*, NStZ 2013, 636, 637; *Kölbel*, in: Eisenberg/Kölbel, JGG, § 17 Rn. 59; sympathisierend auch *Weber*, Jugendstrafe, S. 108.

1019 *Hackstock*, Generalpräventive Aspekte, S. 264.

1020 *Bachmann*, JZ 2019, 759 f.; *Radtke/Scholze*, in: MüKo StGB Bd. 7, JGG, § 17 Rn. 12; *Streng*, StV 1998, 336, 337; *ders.*, GA 2017, 80, 82 f.; *ders.*, Jugendstrafrecht, Rn. 437.

1021 Ebenda.

1022 Vgl. BT-Drs. 1/3264 S. 41; BT-Drs. I/4437, S. 5.

Erziehung angeordnet sind – stets lang genug sein, damit im Vollzug hinreichend Zeit zur Verfügung steht, um die erforderlichen erzieherischen Maßnahmen dort tatsächlich durchführen zu können.[1023] Freiheitsstrafen von weniger als sechs Monaten sind dazu zu kurz und somit regelmäßig erzieherisch wertlos.[1024] Die erzieherische Ausgestaltung des Vollzugs besagt lediglich, dass die – vom konkreten Anlass der Jugendstrafe unabhängige –[1025] Resozialisierung „auf die spezifische Situation der Klientel des Jugendstrafvollzugs ausgerichtet[…]" ist.[1026] Gestützt wird dies durch einen Vergleich mit § 46 Abs. 1 S. 2 StGB, der die Resozialisierung des Täters mit als zentralen Aspekt der Strafzumessung erachtet.[1027] Dies führt jedoch nicht dazu, dass die individuelle Fähigkeit zu Resozialisierung „zur Anordnungsvoraussetzung der Freiheitsstrafe" wird.[1028]

Höchst widersprüchlich erscheint auch die „Wohltatsargumentation":[1029] Die Harmonisierung verkürzt die Doppelaufgabe der Jugendstrafe gem. § 17 Abs. 2 Alt. 2 JGG „auf eine ‚Wohltat' für den Angeklagten".[1030] Die Alternative wegen *Schwere der Schuld* dient jedoch dazu, in Fällen gravierender Schuld ungeachtet eines etwaigen Erziehungsbedarfs eine Strafe verhängen zu können.[1031] Unabhängig davon, dass es unehrlich ist, eine sich nach allgemeinen Strafbedürfnissen bemessende Schuldstrafe „als fürsorgende Erziehungsmaßnahme" auszugeben[1032] und damit die wahren Gründe für die Strafe zu verschleiern,[1033] kann eine Strafe per se kein „Wohl" für den Täter sein, da sie ein ihm aus bestimmten

---

1023 *Lenz*, Rechtsfolgensystematik, S. 119; *Ostendorf*, in: Ostendorf, JGG, § 17 Rn. 8: die Skepsis am praktischen Erreichen bleibt davon unbenommen; *Streng*, StV 1985, 421, 422 f.; *ders.*, StV 1998, 336, 337; *ders.*, GA 2017, 80, 82 f.; *ders.*, Jugendstrafrecht, Rn. 437.

1024 *Lenz*, Rechtsfolgensystematik, S. 119 mit Verweis auf BT-Drs. 1/3264, S. 41; BT-Drs. I/4437, S. 5.

1025 *Kaspar*, in: FS Schöch, S. 209, 221.

1026 *Radtke/Scholze*, in: MüKo StGB Bd. 7, JGG, § 17 Rn. 53.

1027 *Fischer*, StGB, § 46 Rn. 7.

1028 *Radtke/Scholze*, in: MüKo StGB Bd. 7, JGG, § 17 Rn. 53; auch *Lenz*, Rechtsfolgensystematik, S. 119.

1029 BGHSt 15, 224, 226.

1030 *Tenckhoff*, JR 1977, 485, 488.

1031 Vgl. *Streng*, DVJJ-Journal 1995, 163, 165.

1032 *Swoboda*, ZStW 125 (2013), 86, 108; vgl. auch *dies.*, ZStW 132 (2020), 826, 861 unter anderem verweisend auf *Streng*, ZStW 106 (1994), 60, 68; *ders.*, StV 1998, 336, 337 f.

1033 *Weber*, Schuldprinzip, S. 187 ff.; m.V.a. *Streng*, DVJJ-Journal 1995, 163, 164 f.; *Zieger*, StV 1988, 308, 309.

Gründen zugefügtes Übel bleibt.[1034] Gerade bei schwerer Gewaltkriminalität mit entsprechenden Strafen erscheint die Wohltatsbegründung daher „gekünstelt".[1035] Die Instrumentalisierung des Erziehungsgedankens könnte sogar zu härteren Strafen, „sog. *Erziehungszuschläge[n]*" führen,[1036] wenn man die Jugendstrafe nicht mehr als „Strafübel", sondern vielmehr als „wohltätige Maßnahme, die dem jungen Straffälligen den Weg zur inneren Einkehr weist" begreift und ihm bei der Verarbeitung seines Unrechts hilft.[1037] Dabei muss – so gesehen im Gegenteil – „die Grenze des erzieherischen Optimums" in Fällen schwerster Kriminalität überschritten werden können.[1038]

Fragwürdig, gar unehrlich,[1039] ist auch, dem Täter unter dem Deckmantel des Erziehungsgedankens Vergeltungsbedürfnisse der Allgemeinheit als eigenen Sühnebedarf zuzuschieben.[1040] Sühnebereitschaft ist keine notwendige Bedingung oder Voraussetzung für eine angestrebte Legalbewährung, d.h. der Täter muss weder das Urteil, noch die Strafe als gerecht akzeptieren, oder seine innere Einstellung zur Rechtsordnung verändern.[1041] Auch die Schuldvergeltung erschöpft sich nicht in der Entsühnung, sondern in überindividuellen Aufgaben, wie dem Vertrauen der Öffentlichkeit in die Unverbrüchlichkeit der Rechtsordnung und dem Vergeltungsbedürfnis des Verletzten.[1042] Das eigentliche Strafziel beschränkt sich auf die äußere Anpassung des Täters, nicht auch auf dessen innere Wandlung.[1043]

Praktisch erscheint es realitätsfern, im Jugendstrafvollzug Sühne zu erreichen.[1044] Da sie „eine Eigenleistung des Täters" ist, die „ein aus echtem inneren Leidensdruck heraus erfolgendes Eingeständnis des eigenen Fehlverhaltens" erfordert, kann sie bereits nicht angeordnet werden.[1045] Zudem erscheint es

---

1034 *Beulke/Swoboda*, Jugendstrafrecht, Rn. 441; *Streng*, GA 1984, 149, 162; *ders.*, ZStW 106 (1994), 60, 79; vgl. auch *Hinz*, JR 2001, 50, 53.

1035 *Kurzberg*, Jugendstrafe, S. 2.

1036 *Swoboda*, ZStW 125 (2013), 86, 108.

1037 *Swoboda*, ZStW 125 (2013), 86, 108; m.V.a. *Streng*, ZStW 106 (1994), 60, 68; *ders.*, StV 1998, 336, 337 f.

1038 *Buckolt*, Jugendstrafe, S. 114 f.

1039 *Weber*, Schuldprinzip, S. 191 f.

1040 *Streng*, ZStW 106 (1994), 60, 66 f., 77; *ders.*, StV 1998, 336, 338.

1041 *Ostendorf*, in: Ostendorf, JGG, § 17 Rn. 4; *Schaffstein*, in: FS Heinitz, S. 461, 463 f.; *Swoboda*, ZStW 125 (2013), 86, 108, *Tenckhoff*, JR 1977, 485, 487 f.

1042 *Schaffstein*, in: FS Heinitz, S. 461, 463 f.

1043 Vgl. dazu auch *Miehe*, Bedeutung der Tat, S. 12 f.

1044 *Meyer-Odewald*, Jugendstrafe, S. 163 f.

1045 *Swoboda*, ZStW 125 (2013), 86, 108.

„utopisch", dass eine Jugendstrafe bei einem Straftäter die Bereitschaft zur Sühne weckt, da eine harte Strafe einer inneren Auseinandersetzung mit der Schuld tendenziell eher im Weg steht, als sie zu fördern.[1046] Ein solches Verständnis ist in zweierlei Hinsicht widersprüchlich: Einerseits wäre nicht zu erklären, weshalb ein sühnebereiter Täter dann überhaupt noch zu bestrafen ist und andererseits liegt es eher fern, dass ein Jugendlicher sich in Haft täglich mit seiner Tat auseinandersetzt und entsprechend § 18 Abs. 1 S. 1 JGG mindestens sechs Monate büßen muss, um dann das von ihm verwirklichte Unrecht einzusehen.[1047] Dies wirkt veraltet.[1048]

Angesichts eines höheren Rückfallrisikos derjenigen, die Jugendstrafen ohne Bewährung verbüßt haben,[1049] ist anzunehmen, dass *Erziehung* im Sinne einer Beeinflussung des Täters zu einem straffreien Leben, mit dem Mittel der Jugendstrafe zu einem großen Teil eine unhaltbare Wunschvorstellung ist.[1050] Es ist zu bezweifeln, dass der von der Rechtsprechung angestrebte „Einklang"[1051] von *Erziehungsgedanke* und *Schuldausgleich*, der damit begründet wird, dass der Vorwurf regelmäßig auch Erziehungs- und damit Sühnebedürfnissen entspricht, besteht.[1052]

Vielmehr ist zu befürchten, dass eine derartige „Überdehnung des Erziehungsprinzips" dem jugendstrafrechtlichen Zentralbegriff der *Erziehung* insgesamt schaden könnte: Wird in Fällen, in denen es gerade nicht um *Erziehung* geht, trotzdem mit dieser operiert, droht das Erziehungskonzept als solches zu verblassen,[1053] da es nicht mehr klar mit seinem eigentlichen Ziel besetzt und dogmatisch kaum noch fassbar wäre.[1054]

Zudem führt die Vorgehensweise des *BGH* mitunter auch zu Ergebnissen, die dem Rechtsgefühl extrem widerstreben, „wenn etwa ein nicht erziehungsbedürftiger Mörder nur Jugendarrest auferlegt erhielte",[1055] die *Schuldstrafe* also nicht

---

1046 *Petersen*, Sanktionsmaßstäbe, S. 183; vgl. auch *Streng*, ZStW 106 (1994), 60, 72 f.

1047 *Petersen*, Sanktionsmaßstäbe, S. 183.

1048 Ebenda.

1049 *Jehle et al*, in: BMJV, Legalbewährung nach strafrechtlichen Sanktionen, S. 17 f.

1050 Vgl. etwa *Heinz*, ZJJ 2004, 35, 45; *Schöch/Höffler*, in: Meier/Bannenberg/Höffler, Jugendstrafrecht, § 11 Rn. 34 ff.; *Streng*, ZStW 106 (1994), 60, 66.

1051 Vgl. etwa BGHSt 15, 224, 225; BGH, StV 1994, 598; BGH, NStZ 2017, 648; BGH, JR 2019, 38, 39.

1052 *Streng*, Jugendstrafrecht, Rn. 437.

1053 *Hartmann*, Jugendstrafe, S. 4, 237 f.

1054 *Hartmann*, Jugendstrafe, S. 226.

1055 *Streng*, Jugendstrafrecht, Rn. 436.

in erster Linie zur Befriedigung des Bedürfnisses der Allgemeinheit nach Realisierung von Gerechtigkeit angeordnet würde.[1056] Dies lässt Sanktionierungslücken befürchten.

Die erzieherische Indikation erfordert eine unabhängig von der Deliktsschwere sorgfältig zu prüfende[1057] Erziehungs*bedürftigkeit* und *-fähigkeit*: Die Erziehungs*bedürftigkeit* geht über eine lediglich latente Gefahr der Begehung weiterer Straftaten hinaus und verlangt ein in der Anlasstat zum Ausdruck gekommenes Sozialisierungsdefizit, das die Rückfallwahrscheinlichkeit konkret prognostiziert.[1058] Dies muss nicht den Grad der *schädlichen Neigungen* erreichen, da diese Variante ansonsten überflüssig wäre.[1059] Bei der Feststellung entsprechenden Bedarfs ist eine geeignete, täterorientierte Sanktion zu verhängen, die sich nicht in einem bloßen „Absitzen erschöpft".[1060] Der Erziehungsbedarf kann aus zahlreichen Gründen negiert werden: Einsichtigkeit, der Einfluss eines guten sozialen Umfelds, Notkriminalität, Konflikt- oder Gelegenheitstäter, bei denen keine Gefahr weiterer Straftaten bestehen, oder auch Fälle, in denen zwischen der Tatbegehung und der Verurteilung ein so langer Zeitraum liegt, dass die Täter im relevanten Zeitpunkt bereits sozialisiert sind.[1061] Die Erziehungs*fähigkeit* verlangt, dass der Angeklagte auch im Verurteilungszeitpunkt der Erziehung fähig sein muss – ein Problem mit praktischen Auswirkungen auf Tätergruppen, die nicht mehr erzogen werden *dürfen*.[1062] Da der jeweils maßgebliche Zeitpunkt der der Entscheidung und nicht der der Tat, ist entfaltet dies mitunter Schwierigkeiten in Bezug auf Tätergruppen, bei denen er im Verurteilungszeitpunkt zu verneinen ist.[1063]

Der *BGH* verkennt daher, dass auch bei der Jugendstrafe – einer echten Kriminalstrafe – Aspekte einer gerechten Vergeltung schuldhaft begangener Straftaten, zumindest in Fällen schwerster Kriminalität, berücksichtigt werden müssen.[1064] Das Jugendstrafrecht hat schließlich nicht vollständig auf die Möglichkeit der

---

1056 *Bottke*, Generalprävention, S. 40 f.; *Kaspar*, in: FS Schöch, S. 2019, 222 ff.; *Ostendorf*, in: Ostendorf, JGG, § 17 Rn. 5; *Schöch*, in: Meier/Rössner/Schöch, Jugendstrafrecht, § 11 Rn. 14; *Streng*, GA 1984, 149, 161 f.

1057 *Kölbel*, in: Eisenberg/Kölbel, JGG, § 17 Rn. 55; vgl. auch OLG Düsseldorf, StraFo 2007, 475; KG, StV 2013, 35, 36.

1058 *Meyer-Odewald*, Jugendstrafe, S. 143 f.

1059 *Kölbel*, JR 2019, 40; *ders.* in: Eisenberg/Kölbel, JGG, § 17 Rn. 55.

1060 *Meyer-Odewald*, Jugendstrafe, S. 144 f.

1061 Vgl. etwa *Meyer-Odewald*, Jugendstrafe, S. 146.

1062 *Rose*, NStZ 2019, 57, 59.

1063 BVerfG, ZJJ 2013, 315, 317.

1064 *Beulke/Swoboda*, Jugendstrafrecht, Rn. 458.

Ahndung des Unrechts verzichtet.[1065] Das *LG Ravensburg* sieht in einem Ausschluss der Jugendstrafe in derartigen Konstellationen einen Widerspruch zu jeglichem Rechts- und Gerechtigkeitsgedanken und erkennt darin die Aufgabe des verfassungsrechtlich verankerten Schuldprinzips, da ansonsten die Idee der materiellen Gerechtigkeit durch eine Diskrepanz zwischen Tatbestand und Rechtsfolge nicht gewährleistet sei.[1066]

Praktische Unsicherheiten ergeben sich auch daraus, dass die Rechtsprechung offenlässt, wann Straftaten neben Kapitaldelikten, bei denen Erziehungsaspekte zurücktreten sollen, *schwerwiegend* sind.[1067]

Daher vermag das Harmonisierungsmodell den Zielkonflikt zwischen Schuldausgleich und Erziehung nicht zu beheben, sondern weicht auf eine *Kompromisslösung*,[1068] auf die „tatsächlichen Umstände des einzelnen Falles",[1069] aus.

2. Bedeutung gesellschaftspolitischer Zwecke der Schuldstrafe

a) Verständnis der Schuldstrafe im Schrifttum

Die mittlerweile herrschende Literatur begreift die Jugendstrafe wegen *Schwere der Schuld* dagegen als für das Gemeinschaftsleben unverzichtbare[1070] „reine Schuldstrafe", die vom Erziehungsgedanken abgekoppelt ist bzw. diesen durchbricht.[1071] Sie soll das gesellschaftliche Strafbedürfnis als Reaktion auf schwerste Straftaten befriedigen und damit der Gerechtigkeit dienen.[1072] Die Jugendstrafe

---

1065 Vgl. etwa *Brunner/Dölling*, JGG, § 17 Rn. 25 ff.

1066 LG Ravensburg, NStZ-RR 2016, 227.

1067 *Rose*, NStZ 2019, 57, 59.

1068 *Swoboda*, ZStW 125 (2013), 86, 107.

1069 *Bruns*, StV 1982, 592, 594.

1070 *Meyer*, ZfJ 71 (1984), 445, 453 f.

1071 Nach *Swoboda*, ZStW 132 (2020), 826, 851 f. m.w.N. ist es nicht notwendig, vollständig mit dem Erziehungsgedanken zu brechen, er solle in seiner Limitierungsfunktion für Schuldausgleichsüberlegungen weiterhin gelten. *Swoboda* plädiert daher dafür, den Erziehungsgedanken zu diesem Zweck weiter zu fassen; vgl. auch *Schöch/Höffler*, in: Meier/Bannenberg/Höffler, Jugendstrafrecht, § 11 Rn. 16; *Streng*, Jugendstrafrecht, Rn. 433.

1072 Vgl. etwa *Beulke/Swoboda*, Jugendstrafrecht, Rn. 446; *Bottke*, Generalprävention, S. 40 f.; *Höffler/Kaspar*, in: MüKo StPO Bd. 3/2, JGG, Einl. Rn. 25 ff.; *Kaspar*, in: FS Schöch, S. 209, 222 ff.; *Laue*, in: Meier/Rössner/Trüg/Wulf, JGG, § 17 Rn. 28; *Maier*, in: MüKo StGB Bd. 2, § 46 Rn. 44; *Ostendorf*, in: Ostendorf, JGG, § 17 Rn. 5; *Petersen*, Sanktionsmaßstäbe, S. 183, 187; *Schöch*, in: Meier/Rössner/Schöch, Jugendstrafrecht, § 11 Rn. 14; *Streng*, GA 1984, 149, 161 f.; *ders.*, Sanktionen, Rn. 24 f.; 871 ff.; *ders.*,

gem. § 17 Abs. 2 Alt. 2 JGG ermöglicht es, strafrechtliche Schuld zu vergelten, indem sie ein Strafübel auferlegt.[1073] Die auf Tatvergeltung ausgerichtete Jugendstrafe wegen *Schwere der Schuld* ist in erster Linie vom Maß der Schuld des Täters abhängig.[1074] Für die Anordnungsentscheidung ist als hinreichende Bedingung primär eine gesteigerte Vorwerfbarkeit entscheidend, die sich wiederum maßgeblich an einem gewissen, zu erreichenden Ausmaß der Einzeltatschuld orientiert.[1075] Durch die Unabhängigkeit von einer Erziehungsbedürftigkeit bzw. -fähigkeit[1076] erlaubt sie dies selbst in den – zugegebenermaßen seltenen – Fällen besonders schweren Verschuldens, in denen das Sühnebedürfnis der Allgemeinheit so elementar ist, dass ihm nur durch echte Kriminalstrafe Rechnung getragen werden kann, mag sie auch aus spezialpräventiver Sicht zwecklos sein.[1077] In derartigen Fällen würde es nicht akzeptiert, wenn eine Reaktion ausbliebe.[1078] Das Strafbedürfnis der Gesellschaft kann bei Taten Jugendlicher zwar geringer sein, lässt Forderungen der Allgemeinheit nach einer staatlichen Reaktion allerdings nicht gänzlich entfallen.[1079] Oftmals begründet die Tatschwere dieses Verlangen.[1080]

Mit der Möglichkeit, die zweite Alternative der Jugendstrafe unabhängig davon anzuordnen, ob im Verurteilungszeitpunkt Bedarf an langfristig-stationärer erzieherischer Einwirkung besteht,[1081] mithin auch an eine nicht

---

Jugendstrafrecht, Rn. 436 f., 446; *Swoboda*, ZStW 125 (2013), 86, 94, 98 ff.; *Tenckhoff*, JR 1977, 485; f.; vgl. kritische Würdigung bei *Rose*, NStZ 2019, 57, 58 f.

1073 *Brunner/Dölling*, JGG, § 17 Rn. 6.

1074 *Budelmann*, Jugendstrafrecht für Erwachsene?, S. 116; *Laue*, in: Meier/Rössner/Trüg/Wulf, JGG, § 17 Rn. 31.

1075 *Brunner/Dölling*, JGG, § 17 Rn. 25 f.; *Kaspar*, in: FS Schöch, S. 209, 220 ff.; *Meyer*, ZfJ 71 (1984), 445, 452 f.; *Ostendorf*, in: Ostendorf, JGG, § 17 Rn. 4; im Ergebnis entsprechend *Petersen*, Sanktionsmaßstäbe, S. 108; *Radtke/Scholze*, in: MüKo StGB Bd. 7, JGG, § 17 Rn. 60; *Streng*, GA 1984, 149, 150.

1076 *Rose*, NStZ 2019, 57, 58.

1077 *Beulke/Swoboda*, Jugendstrafrecht, Rn. 446; *Bottke*, Generalprävention, S. 41; *Meyer-Odewald*, Jugendstrafe, S. 12; *Ostendorf*, in: Ostendorf, JGG, § 17 Rn. 4; *Weber*, Jugendstrafe, S. 112.

1078 *Weber*, Schuldprinzip, S. 171; sowie *Streng*, DVJJ-Journal 1995, 163, 169.

1079 Vgl. dazu S. 109 f.

1080 *Hinz*, ZRP 2005, 192, 193; *Streng*, ZStW 92 (1980), 637, 650, 654 f.

1081 *Brunner/Dölling*, JGG, § 17 Rn. 27; *Meyer*, ZfJ 71 (1984), 445, 453 f.; *Ostendorf*, in: Ostendorf, JGG, § 17 Rn. 4; *Radtke/Scholze*, in: MüKo StGB Bd. 7, JGG, § 17 Rn. 60 f.; *Schöch/Höffler*, in: Meier/Bannenberg/Höffler, Jugendstrafrecht, § 11 Rn. 12; *Streng*, Jugendstrafrecht, Rn. 436; *Swoboda*, ZStW 125 (2013), 86, 107 je m.w.N.

allein vom Erziehungszweck getragene Voraussetzung anzuknüpfen,[1082] räumt die Strafrechtswissenschaft § 17 Abs. 2 Alt. 2 JGG die auch vom Gesetzgeber[1083] so vorgesehene Sonderposition ein.[1084]

Obwohl die herrschende Literatur kein erzieherisches Indikationserfordernis verlangt, blendet auch sie den Erziehungsgedanken nicht gänzlich aus; entsprechende Belange treten lediglich in den Hintergrund.[1085] Schließlich darf (auch) eine Jugendstrafe gem. § 17 Abs. 2 Alt. 2 JGG letztlich nicht zu einer individualpräventiven Schädigung führen.[1086] Den nachteiligen Folgen des Freiheitsentzuges gilt es entgegenzuwirken und erzieherisch positiv auf den Betroffenen einzuwirken, um auf ein künftig straffreies Leben hinzuwirken.[1087]

b) Argumentation

Befürworter der Vorgehensweise der Rechtsprechung kritisieren die Einschränkung der Generalorientierung am Erziehungsgedanken, indem sie der herrschenden Literatur eine Vernachlässigung gewichtiger teleologischer und systematischer Auslegungstopoi vorwerfen.[1088] Tatsächlich stützt die herrschende Strafrechtswissenschaft ihre Argumentation aber „auf den gesamten Kanon der anerkannten Auslegungsmethoden“:[1089]

Der Gesetzgeber hat dem Aspekt der *Vergeltung* bereits durch den Wortlaut des § 17 Abs. 2 Alt. 2 JGG, *Schwere der Schuld*, – im Unterschied zum übrigen Sanktionskatalog des JGG – eine exponierte Bedeutung beigemessen.[1090] Dieser

---

1082 *Höffler/Kaspar*, MüKo StGB StPO Bd. 3/2, JGG, Einl. Rn. 22.

1083 BT-Drs. 1/3264, S. 40 f.

1084 *Beulke*, NK 3/2019, 269, 281; *Beulke/Swoboda*, Jugendstrafrecht, Rn. 446; *Brunner/Dölling*, JGG, § 17 Rn. 27; *Hartmann*, Jugendstrafe, S. 133, 222; *Radtke/Scholze*, in: MüKo StGB Bd. 7, JGG, § 17 Rn. 60 f.; *Streng*, Jugendstrafrecht, Rn. 436; *Swoboda*, ZStW 125 (2013), 86, 107; *Weber*, Jugendstrafe, S. 105 je m.w.N.

1085 *Beulke*, in: GS Meyer, S. 677, 684; *ders.*, NK 3/2019, 269, 276.

1086 *Ostendorf*, in: Ostendorf, JGG, § 17 Rn. 8; so letztlich auch *Kölbel*, JR 2019, 40; *ders.*, in: Eisenberg/Kölbel, JGG, § 17 Rn. 10.

1087 *Schöch/Höffler*, in: Meier/Bannenberg/Höffler, Jugendstrafrecht § 11 Rn. 1 m.w.N.

1088 *Buckolt*, Jugendstrafe, S. 47; *Eisenberg*, NStZ 2013, 636 ff.; *ders.*, NStZ 2018, 729, 730; *Höynck*, ZJJ 2016, 305, 306; *dies.*, StraFo 2017, 267, 270; *Kölbel*, in: Eisenberg/Kölbel, JGG, § 17 Rn. 59; *Müller*, JR 2017, 118, 121; *Schüler-Springorum*, NStZ 1985, 476, 477 f.; *Zieger/Nöding*, Verteidigung in Jugendstrafsachen, Rn. 68.

1089 *Bachmann*, JZ 2019, 759.

1090 *Brunner/Dölling*, JGG, § 17 Rn. 27.

Fokus lässt die Erziehung als zentralen Strafgrund in den Hintergrund treten.[1091] Daher ist bereits dem Gesetzeswortlaut immanent, dass die zweite Alternative der Jugendstrafe *tat*orientiert,[1092] d.h. eine aufgrund eines Sühnebedürfnisses verlangte,[1093] dem *Schuldausgleich* dienende[1094] *Schuld*strafe ist.

Trotz ihrer Eigenständigkeit und Unabhängigkeit von der Freiheitsstrafe gem. § 38 StGB ist die Jugendstrafe bereits ihrem Wortlaut nach eine echte Kriminal*strafe.*[1095] Eine Strafe ist ein besonderes staatliches Reaktionsmittel auf schuldhaftes Verhalten.[1096] Als „Ausgleich oder auch Vergeltung einer begangenen Rechtsverletzung" fügt sie dem Täter „in malam partem"[1097] ein „der Schwere von Unrecht und Schuld entsprechende[s] Übel" zu, „das die öffentliche Mißbilligung (sic!) der Tat zum Ausdruck bringt".[1098] Eine Strafe ist mit persönlichem Tadel verbunden und zeigt dem Betroffenen daher in erster Linie, dass sein begangenes Unrecht von der Rechtsordnung und damit auch der Rechtsgemeinschaft nicht geduldet wird und Vergeltung verlangt[1099].[1100] Sie bleibt eine Reaktion auf eine missbilligenswerte Tat und wird letztlich durch sie ausgelöst.[1101] Sie legitimiert sich als gerechte Reaktion auf schuldhaft begangenes Unrecht.[1102] Zudem ist eine Strafe als repressive Maßnahme des Rechtssystems stets mit Zwang verbunden; dem zu Bestrafenden wird „von außen" etwas auferlegt.[1103] Typischerweise ruft eine Strafe Trotz und nicht die Verinnerlichung von gesellschaftlichen Werten und Normen, die eine größere Aussicht auf Legalbewährung versprachen, hervor.[1104]

1091 *Bottke*, Generalprävention, S. 36; *Strobel*, Jugendstrafe, S 124; *Weber*, Schuldprinzip, S. 170.

1092 BGHSt 15, 224, 225; BGHSt 16, 261, 263; *Miehe*, Bedeutung der Tat, S. 60.

1093 *Schaffstein*, in: FS Heinitz, S. 461.

1094 *Beulke*, NK 3/2019, 269, 270; *Ostendorf*, in: Ostendorf, JGG, § 17 Rn. 5.

1095 Vgl. S. 46 f.

1096 *Kaspar*, in: FS Schöch, S. 209, 211 f.; *Streng*, Jugendstrafrecht, Rn. 16; *Weber*, Schuldprinzip, S. 153.

1097 BVerfGE 22, 125, 132.

1098 *Hinz*, JR 2001, 50, 53 m.w.N.; vgl. ergänzend auch *Balbier*, DRiZ 1989, 404, 405.

1099 BVerfGE 27, 36, 42.

1100 *Weber*, Schuldprinzip, S. 153; m.w.N.

1101 *Haffke*, in: FS Amelung, S. 17, 21.

1102 *Kaufmann*, Aufgabe des Strafrechts, S. 15.

1103 *Haffke*, in: FS Amelung, S. 17, 21; *Rössner*, in: BMJ, Grundfragen, S. 344, 347.

1104 *Ostendorf*, in: Ostendorf, JGG, Grdl. z. §§ 1 und 2 Rn. 4.

Gewissermaßen verhält sich die Strafe auch konträr zu Erziehung, da es nur auf die individuelle Schuld des Täters und nicht auf das Verschulden anderer, den Täter prägenden, Personen ankommt.[1105] Bekanntermaßen ist selbst unter Pädagogen höchst umstritten, „[o]b Strafe in der Erziehung *überhaupt* einen legitimen Platz hat".[1106] Während Erziehung die Individualisierung einer Maßnahme fordert, „zwingt" die strafrechtliche Komponente dazu, ein angemessenes Verhältnis zwischen Tat und Reaktion zu wahren.[1107]

In klarer Differenzierung zwischen Anordnung (§ 17 Abs. 2 JGG) und Bemessung (§ 18 JGG) der Jugendstrafe zeigt ein Vergleich des jeweiligen Wortlautes, dass nur letzterer ausdrücklich „auf die erforderliche *erzieherische* Einwirkung" abstellt. Im Umkehrschluss offenbart dies, dass der Gesetzgeber bewusst nur im Rahmen der Strafzumessung vorrangig erzieherische Aspekte zu berücksichtigen versuchte und hinsichtlich der Anordnung der Schuldstrafe auf diese verzichten wollte.[1108] Nur bei der Strafzumessung ist die in § 17 Abs. 2 JGG angelegte strikte Trennung zwischen Erziehungs- und Schuldstrafe aufzuheben:[1109] *Ob* eine Jugendstrafe gem. § 17 Abs. 2 Alt. 2 JGG anzuordnen ist, hängt allein vom Maß der Schuld ab, wohingegen der Erziehungszweck entsprechend § 18 Abs. 2 JGG leitender Gesichtspunkt der *Bemessung* der Strafe, dem *wie*, ist.[1110] Durch diese Differenzierung besteht kein Anlass dazu, hinsichtlich der Anordnung der Jugendstrafe auf erzieherische Notwendigkeiten abzustellen.[1111]

Ihr erwächst insofern auch kein Widerspruch:[1112] § 18 Abs. 2 JGG weist lediglich an, das Strafmaß so festzusetzen, „dass die erforderliche erzieherische

---

1105 *Brunner/Dölling*, JGG, § 17 Rn. 1; *Momsen*, ZJJ 2005, 179, 183.

1106 *Tenckhoff*, JR 1977, 485, 486.

1107 *Balbier*, DRiZ 1989, 404, 405.

1108 *Laubenthal/Baier/Nestler*, Jugendstrafrecht, Rn. 473; *Radtke/Scholze*, in: MüKo StGB Bd. 7, JGG, § 17 Rn. 60.

1109 *Bachmann*, JZ 2019, 759.

1110 *Laue*, in: Meier/Rössner/Trüg/Wulf, JGG, § 17 Rn. 31; *Radtke/Scholze*, in: MüKo StGB Bd. 7, JGG, § 17 Rn. 60.

1111 *Albrecht*, Jugendstrafrecht, S. 250.

1112 *Laue*, in: Meier/Rössner/Trüg/Wulf, JGG, § 17 Rn. 29; so aber OLG Düsseldorf, StV 2001, 183 in Bezug auf die Frage der unterbleibenden Berücksichtigung der Schuldschwere für die Frage der Restaussetzung einer Jugendstrafe gem. § 17 Abs. 2 Alt. 2 JGG zur Bewährung. Aus verfassungsrechtlichen Gründen erachtet auch *Budelmann*, Jugendstrafrecht für Erwachsene?, S. 117 ff., 120 ff. die erzieherische Ausgestaltung für unzulässig, da die Strafe dadurch zu einer erzieherischen Maßnahme mutiere.

Einwirkung möglich ist“, woraus sich kein Verbot herleiten lässt, auch andere Strafziele bei der Strafanordnung zu berücksichtigen.[1113] Der Erziehungsgedanke kann für die Anordnungsentscheidung punktuell durchbrochen werden.[1114] Nachgelagerte Fragen richten sich dann wiederum nach anderen Maßstäben aus und lassen die Schuldschwere außer Betracht.[1115] So offenbaren die Strafzumessungsvorschriften und die Jugendstrafvollzugsgesetze der Länder, dass dort ausschließlich Spezialprävention gilt.[1116]

Auch der in § 5 Abs. 2 JGG verwendete Begriff *Ahndung* gibt „repressiven, tatorientierten Erwägungen Raum“.[1117] Er bringt zum Ausdruck, dass der historische Gesetzgeber trotz seinem Bestreben, stets sicherzustellen, dass die erzieherisch günstigste Tatfolge gewählt wird, auch andere Zwecke zuließ.[1118]

Ferner widerspricht es nicht den Grundgedanken des Jugendstrafrechts, in Fällen schwerster Kriminalität eine echte Strafe anzuordnen, wenn andere Maßnahmen nach dem JGG im Verhältnis unangemessen wären.[1119] Obwohl das Gesetzesziel positiv-spezialpräventiv geprägt ist, die Anwendung des Jugendstrafrechts vor allem der positiven Spezialprävention dienen und die Rechtsfolgen vorrangig am Erziehungsgedanken ausgerichtet werden sollen, besteht die restriktive Auslegung den „Lackmustest“ des § 2 Abs. 1 S. 1 JGG[1120] ohne gewichtige Auslegungstopoi zu vernachlässigen:[1121] Der Wortlaut des § 2 Abs. 1 S. 1 JGG *vor allem* und *vorrangig* lässt keine Friktionen zu befürchten, da der Gesetzgeber mit dieser Öffnungsklausel gerade nicht die ausschließliche Berücksichtigung des Erziehungsgedankens verlangt.[1122] Die zweite Alternative der *Schwere der Schuld* ist letztlich dafür beibehalten worden, um den Erziehungsgedanken

1113 *Swoboda*, ZStW 125 (2013), 86, 99.

1114 *Heinz*, in: BMJ, Grundfragen, S. 369, 401; etwas abgeschwächter *Swoboda*, in: Räume der Unfreiheit, S. 345, 354 f., da diese Reaktion unnötig und vom Erziehungskonzept des JGG nicht gefordert sei.

1115 So in Bezug auf die Frage der Restaussetzung einer Jugendstrafe nach § 17 Abs. 2 Alt. 2 JGG, *Hoffmann*, StV 2002, 449, 452.

1116 *Bottke*, Generalprävention, S. 36.

1117 Ebenda.

1118 Ebenda.

1119 *Beulke/Swoboda*, Jugendstrafrecht, Rn. 441; *Brunner/Dölling*, JGG, § 17 Rn. 27.

1120 *Beulke*, NK 3/2019, 269, 277; *Laue*, in: Meier/Rössner/Trüg/Wulf, JGG, § 17 Rn. 28.

1121 Anders *Eisenberg*, NStZ 2018, 729, 730.

1122 Vgl. S. 93 ff.

trotz seiner Leitfunktion im Interesse des Rechtsgüterschutzes ausnahmsweise zurückstehen zu lassen.[1123]

Obwohl sich die Anordnung und insbesondere die Zumessung und der Vollzug an einem „konkret-individuell täterbezogenen Erziehungszweck[…] orientieren", sind sie nicht in dem von der Rechtsprechung geforderten Maße von dessen Zweckerreichung abhängig.[1124]

Die unterschiedlichen Funktionen der beiden Alternativen der Jugendstrafe[1125] ergeben sich aus der inneren Systematik des § 17 Abs. 2 JGG.[1126] Aus dieser resultiert die Selbstständigkeit der Jugendstrafe wegen *Schwere der Schuld*.[1127] Inkonsequent wäre im systematischen Zusammenhang mit der ersten Alternative der Jugendstrafe auch, dass eine Jugendstrafe wegen *schädlicher Neigungen* – die gerade erhöhten Erziehungsaufwand verlangt – abzulehnen ist, dann aber eine Jugendstrafe wegen *Schwere der Schuld* erzieherisch zu rechtfertigen.[1128] Auch der grammatikalische Gesamtzusammenhang des § 17 Abs. 2 JGG weist darauf hin, dass sich der Halbsatz „Erziehungsmaßregeln oder Zuchtmittel nicht ausreichen" lediglich auf die *schädlichen Neigungen*, nicht jedoch auf den Halbsatz „oder wenn die Jugendstrafe wegen *Schwere der Schuld* erforderlich ist" bezieht.[1129]

In Bezug auf die Jugendstrafe wegen *Schwere der Schuld* erschöpft sich die Gesetzesbegründung auf einen „floskelhaften Hinweis" betreffend die Strafzumessung, bei der auch Belangen des Schuldausgleichs Rechnung getragen werden kann, was das Dilemma jedoch keineswegs auflöst.[1130] Ginge es bei der Jugendstrafe wegen *Schwere der Schuld* um eine besondere erzieherische Wirkung, „müsste noch viel mehr und unabhängig von der Art und Schwere der jeweiligen Tat auf die ‚Erziehungsbedürftigkeit' des Jugendlichen abgestellt werden – mit der Konsequenz, dass bei Jugendlichen ohne feststellbare Erziehungsbedürfnisse an sich überhaupt keine Sanktionierung erfolgen dürfte".[1131]

1123 BT-Drs. 1/3264, S. 40 f.; *Beulke*, NK 3/2019, 269, 276 f.; *Streng*, StV 1998, 336, *Swoboda*, ZStW 125 (2013), 86, 99.

1124 *Meyer*, ZfJ 71 (1984) 445, 454; kritisch dazu *Meyer-Odewald*, Jugendstrafe, S. 85.

1125 *Laubenthal/Baier/Nestler*, Jugendstrafrecht, Rn. 743.

1126 Vgl. S. 144 ff.

1127 *Meyer-Odewald*, Jugendstrafe, S. 12.

1128 *Petersen*, Sanktionsmaßstäbe, S. 183.

1129 *Radtke/Scholze*, in: MüKo StGB Bd. 7, JGG, § 17 Rn. 61.

1130 *Radtke/Scholze*, in: MüKo StGB Bd. 7, JGG, § 17 Rn. 2.

1131 *Kaspar*, in: FS Schöch, S. 209, 213.

Besonders in Fällen Erwachsener, auf die das JGG angewendet wird, sei mit anderen Zielsetzungen zu argumentieren.[1132]

Der verfassungsrechtlich verankerte Schuldgrundsatz gebietet es, den staatlichen Strafanspruch unabhängig von erzieherischen Aspekten mittels einer schuldangemessenen Sanktion durchzusetzen;[1133] zu dessen einfachgesetzlicher Umsetzung dient die Jugendstrafe wegen *Schwere der Schuld*.[1134] Damit können sowohl die Androhung als auch die Anordnung der Jugendstrafe verfassungsrechtlich nicht durch Defizite der Erziehung legitimiert sein, sondern über das Unrecht, das der Jugendliche oder auch Heranwachsende schuldhaft verwirklicht hat.[1135]

Der historische Gesetzgeber, der sich bewusst gegen ein „rein jugendhilferechtliches System" entschied, das nicht allein auf der Grundlage des Erziehungsgedankens vollständig erklär- und legitimierbar ist, schuf mit dem 1922 eingeführten Jugendwohlfahrtsgesetz sowie dem 1923 in Kraft getretenen JGG ein dualistisches Modell.[1136] Ginge es auch im Jugendstrafrecht nur um Erziehung, hätte es deutlich näher gelegen, „straffälligen Jugendlichen rein fürsorgerechtliche Maßnahmen zukommen zu lassen, anstatt ein eigenständiges Jugendstrafrecht zu schaffen".[1137] Dadurch ist „ein deutlicher Bezug zum staatlichen Reaktionsmittel ‚Strafe' hergestellt mit seinem typischen Element einer ‚Übelszufügung' […]".[1138]

Auch die Gesetzesmaterialien lassen eine eigenständige Schuldstrafe neben der Erziehungsstrafe zu.[1139] Sie ist dementsprechend schon gar kein Fremdkörper in einem Erziehungsrecht, sondern gilt vielmehr als „zweite Spur" im JGG, die „von vornherein vorgesehen" war.[1140] Sie ist trotz des vorherrschenden Erziehungszwecks unverzichtbar, „da sonst die Möglichkeit einer Bestrafung Jugendlicher, die zwar schuldhaft gehandelt haben, aber nicht erziehungsbedürftig oder

1132 *Kaspar*, in: FS Schöch, S. 209, 213; *Streng*, Jugendstrafrecht, Rn. 16.

1133 *Maier*, in: MüKo StGB Bd. 2, § 46 Rn. 44; vgl. dazu auch BVerfG, NStZ 2005, 642.

1134 *Brunner/Dölling*, JGG, § 17 Rn. 27; *Radtke/Scholze*, in: MüKo StGB Bd. 7, JGG, § 17 Rn. 61.

1135 *Radtke/Scholze*, in: MüKo StGB Bd. 7, JGG, § 17 Rn. 53.

1136 Vgl. S. 67.

1137 *Kaspar*, in: FS Schöch, S. 209, 211.

1138 *Kaspar*, in: FS Schöch, S. 209, 211 f.

1139 BT-Drs. 1/3264, S. 40 f.; BT-Drs. 16/6293, S. 9.

1140 *Weber*, Schuldprinzip, S. 190 mit Verweis auf BT-Drs. 1/3264, S. 40 f.; BT-Drs. I/4437, S. 2.

erziehungsfähig sind, ganz ausgeschlossen wäre".[1141] Damit werden Belange des *Schuldausgleichs* eine legitime Zielsetzung der Jugendstrafe.[1142]

Der historische Gesetzgeber hielt diese Überlegung nicht für gänzlich ausgeschlossen:[1143] Es stellt sich die Frage, ob der Gedanke der Rechtsbewährung nach dem Willen des historischen Gesetzgebers als „Gesichtspunkt der Generalprävention und des Schutzes der Allgemeinheit" zu bewerten ist, der Geltung erlangen soll, „wenn sich der Jugendliche der ansteckenden Wirkung seiner Tat und der durch sie hervorgerufenen Unsicherheit bewusst gewesen ist und dadurch das Maß der Schuld erhöht hat."[1144] Diese „fragmentarische wie zurückhaltende Formulierung des historischen Gesetzgebers der 1950er Jahre" könnte ihren Ursprung gerade darin gehabt haben, dass die Generalprävention ehemals[1145] vor allem Abschreckungsgesichtspunkten zugewandt war und so gerade einen ausschließlichen anonymisierten bzw. täterfremden Charakter hatte.[1146] Im Zuge der Reform des StGB im Jahr 1969 hat der Gesichtspunkt der Sittenbildung gegenüber dem der allgemeinabschreckenden Wirkung erheblich an Bedeutung gewonnen.[1147]

Die Jugendstrafe gem. § 17 Abs. 2 Alt. 2 JGG fungiert auch als Auffangtatbestand.[1148] Da das Jugendstrafrecht nicht völlig auf die Ahndung des Unrechts verzichtet hat, muss die Möglichkeit eines gerechten Schuldausgleichs aus gesellschaftlichen Interessen bestehen bleiben.[1149]

Dieser Funktion kann die zweite Alternative der Jugendstrafe nicht gänzlich gerecht werden, wenn eine Jugendstrafe erzieherisch nicht begründbar, aber aufgrund der *Schwere der Schuld* dennoch unabdingbar ist.[1150] Denkbar ist, dass ein junger Straftäter schwere Delikte begeht, aber entgegen aller Regelmäßigkeiten keine erzieherischen Defizite aufweist, sondern sozial ausreichend integriert ist

---

1141 BT-Drs. 1/3264, S. 40 f.; BT-Drs. I/4437, S. 1; entsprechend auch BT-Drs. 16/6293, S. 9.

1142 BT-Drs. 16/6293, S. 9.

1143 BT-Drs. 1/3264, S. 41.

1144 Ebenda.

1145 *Haffke*, Tiefenpsychologie und Generalprävention, S. 63 f.

1146 *Tenckhoff*, JR 1977, 485, 491.

1147 Ebenda.

1148 *Strobel*, Jugendstrafe, S. 122.

1149 BT-Drs. 1/3264, S. 40 f.; *Hartmann*, Jugendstrafe, S. 223.

1150 *Albrecht*, Jugendstrafrecht, S. 243; *Bachmann*, JZ 2019, 759, 760; *Strobel*, Jugendstrafe, S. 121.

oder erzieherische Maßnahmen von vornherein nicht sinnvoll erscheinen.[1151] Im Kontext der Jugendstrafe können Fälle auftreten, in denen die Täter inzwischen erwachsen und längst sozial angepasst sind.[1152] Diese mögliche Diskrepanz beruht darauf, dass für den persönlichen Anwendungsbereich das Alter zur Tatzeit, § 1 Abs. 2 JGG, für die Entscheidung der Erziehungsbedürftigkeit und -fähigkeit hingegen der Entscheidungszeitpunkt maßgeblich ist.[1153] Mitunter werden Straftaten erst lange nach ihrer Begehung aufgeklärt, sog. Fälle „später Sühne", wodurch die oftmals mittlerweile erwachsenen Betroffenen inzwischen der Erziehung nicht mehr zugänglich sind.[1154] Besonders illustrativ sind die Fälle hochbetagter NS-Verbrecher, bei denen angesichts des hohen Alters eine Erziehung geradezu grotesk erscheint.[1155] Die Unverjährbarkeit von Mord, § 78 Abs. 2 StGB, demonstriert, dass das Strafbedürfnis der Gesellschaft bei schwersten Straftaten nicht mit der Zeit abnimmt,[1156] auch dann nicht, wenn es erst sehr lange nach der Tat zum Strafprozess kommt.[1157] Gerechtfertigt wird diese Vorgehensweise durch den Umstand, dass Delikte junger Menschen von altersbedingt herabgesetzter Vorwerfbarkeit sind und das Sonderstrafrecht im JGG insgesamt auch darauf abgestimmt ist.[1158]

In konsequenter Anwendung der Erziehungslösung führte dies bei fehlender Erziehungsbedürftigkeit und -fähigkeit zu unerträglichen Strafbarkeitslücken.[1159] Daher darf der Aspekt „gerechter Vergeltung schuldhafter Taten" nicht unberücksichtigt bleiben.[1160] Bei der Begehung schwerster Delikte ist die Bedeutung des normbrechenden Verhaltens von solchem Ausmaß, dass es auch

---

1151 *Laue*, in: Meier/Rössner/Trüg/Wulf, JGG, § 17 Rn. 28; *Streng*, Jugendstrafrecht, Rn. 436; *Weber*, Jugendstrafe, S. 109.

1152 Vgl. dazu für den Fall der Bemessung der Jugendstrafe *Beulke*, in: FS Streng, S. 403.

1153 Vgl. OLG Hamm, NStZ-RR 2005, 58.

1154 *Böhm/Feuerhelm*, Jugendstrafrecht, S. 177; *Laubenthal/Baier/Nestler*, Jugendstrafrecht, Rn. 743; *Streng*, Jugendstrafrecht, Rn. 436.

1155 *Böhm/Feuerhelm*, Jugendstrafrecht, S. 226; *Jäger*, GA 2003, 480; *Kaspar*, in: FS Schöch, S. 209, 213 f.; *Meyer*, ZfJ 71 (1984), 445, 453 f.; *Streng*, Jugendstrafrecht Rn. 16, 436.

1156 *Hartmann*, Jugendstrafrecht, S. 229; schließlich wurde die Änderung der Verjährung gerade zu dem Zweck geändert, um, über die bis dato geltenden Verjährungsfristen hinaus, NS-Straftäter verfolgen zu können.

1157 Vgl. etwa OLG Hamm, BeckRS 2015, 6744; LG Flensburg, BeckRS 2017, 103090.

1158 *Kölbel*, in: Eisenberg/Kölbel, JGG, § 1 Rn. 6; § 17 Rn. 54; *Streng*, Jugendstrafrecht, Rn. 12.

1159 *Kaspar*, in: FS Schöch, S. 209, 213.

1160 *Beulke*, in: FS Streng, S. 403, 404.

dann eine hohe Sanktion zur Kompensation der Erschütterung des Rechtsvertrauens erfordert, wenn der Jugendliche oder Heranwachsende gut sozialisiert ist und ihm entwicklungsbedingt eine geringere Schuld vorzuwerfen ist, als einem erwachsenen Täter.[1161] Hervorzuheben sind auch Fälle, in denen vom Täter keine weiteren Straftaten dieser Art zu erwarten sind, da er etwa aus einer Konfliktsituation heraus handelte, die Schwere des Delikts und der individuellen Schuld aus Sicht der Allgemeinheit aber dennoch eine Jugendstrafe verlangen.[1162] Die Begehung ihrem Schuldgehalt nach schwerer Straftaten dürfte dann nicht mit Jugendstrafe sanktioniert werden.[1163] Eine praktische Relevanz dieser Fälle ergibt sich daraus, dass die Anwendung des Jugendstrafrechts auf mittlerweile Erwachsene sich aufgrund der Verjährungsfristen aus § 4 JGG i.V.m. §§ 78 ff. StGB in der Regel auf Fälle schwerer Straftaten bezieht, bei denen eine Jugendstrafe die für erforderlich gehaltene Rechtsfolge sein wird.[1164]

Dem ist zwar kriminalpolitisch entgegenzuhalten, dass das justizielle Fallaufkommen zu diesem Problem keine praktisch relevante Häufigkeit aufweist, wodurch es mitunter als bedenklich erachtet wird, die generelle Interpretation des Normfalls des § 17 Abs. 2 Alt. 2 JGG unter Aufgabe des Erziehungsauftrages aus § 2 Abs. 1 JGG anhand einer „atypischen Problemlage“ zu prägen.[1165] Allerdings sind es diese, wenn auch wenigen, Fälle, die die Öffentlichkeit stark bewegen, sodass insbesondere zum Umgang mit dieser Fallgruppe ein schlüssiges Konzept bestehen muss.[1166] Ohne damit „jeder modischen Zeitströmung hinterher[zu]laufen“, darf nicht außer Acht gelassen werden, dass die Bürger in einer „lebendigen Demokratie“ mitsprechen und „[g]roße politische Stimmungen“ nicht nur beachtlich sein dürfen, „wenn sie in das jeweilige Spektrum des Betrachters passen“.[1167] Das Spannungsfeld, in dem sich das Jugendstrafrecht bewegt, ist trotz aller Vorzüge gerade ein Dilemma und verlangt eine schwierige Gratwanderung, um einerseits den erforderlichen Grundkonsens der Bevölkerung über eine gerechte Justiz zu erzielen, ohne auf der anderen Seite auf die

---

1161 *Bottke*, Generalprävention, S. 40 f.; *Hinz*, JR 2001, 51, 54; *Strobel*, Jugendstrafe, S. 130; *Tenckhoff*, JR 1977, 485, 490 f.; *Weber*, Jugendstrafe, S. 88 ff.

1162 *Beulke/Swoboda*, Jugendstrafrecht, Rn. 446.

1163 BT-Drs. 1/3264, S. 40 f.; OLG Hamm, NStZ-RR 2005, 58, 59; *Brunner/Dölling*, JGG, § 17 Rn. 27; *Laue*, in: Meier/Rössner/Trüg/Wulf, JGG, § 17 Rn. 28; *Radtke/Scholze*, in: MüKo StGB Bd. 7, JGG, § 17 Rn. 52.

1164 *Budelmann*, Jugendstrafrecht für Erwachsene?, S. 4.

1165 *Kölbel*, in: Eisenberg/Kölbel, JGG, § 17 Rn. 58; *ders.*, JR 2019, 40, 41.

1166 *Beulke*, NK 3/2019, 269, 279.

1167 *Beulke*, NK 3/2019, 269, 279 f.

nach Aufsehen erregenden Fällen übliche „Medienhetze“ einzugehen.[1168] Dabei ist auch unumgänglich, dass jeder die entsprechenden Grenzen zwischen dem Erziehungsprinzip und dem gesellschaftlichen Punivitätsbedürfnis unterschiedlich verortet.[1169]

Da es bei der Anordnung einer Jugendstrafe nicht allein um Erziehung geht, ist es in solchen Fällen auch zulässig, die höchste Jugendstrafe zu verhängen, die zwar nicht unter erzieherischen Aspekten, wohl aber unter dem Gesichtspunkt der „tatvergeltenden Sühne“,[1170] zu rechtfertigen ist, auch wenn dies dem Erziehungsgedanken zuwiderläuft.[1171]

Allein dadurch lassen sich die Höchststrafrahmen von zehn Jahren bei Jugendlichen, § 18 Abs. 1 JGG, sowie bei Heranwachsenden i.V.m. § 105 Abs. 3 JGG sogar 15 Jahren, erklären, da sich bereits Jugendstrafen von mehr als fünf Jahren nicht mehr mit dem Erziehungsgedanken begründen lassen.[1172] Schon der historische Gesetzgeber ordnete eine darüber hinausgehende Jugendstrafe als erzieherisch schädlich ein: Sie reichen weit über jedes erzieherisch sinnvolle Maß einer Freiheitsentziehung hinaus, da „Anstaltserziehung [erfahrungsgemäß] nur innerhalb eines Zeitraumes von etwa vier Jahren erfolgsversprechend“ sein kann und „Freiheitsentziehung, die sich auf einen längeren Zeitraum als fünf Jahre erstrecken, […] fast immer zu einem erzieherischen Misserfolg“ führen.[1173] Kriminologischen Untersuchungen nach, ist eine Strafe ab diesem Zeitpunkt nicht nur als spezialpräventiv wirkende, den Betroffenen günstig beeinflussende Maßnahme ungeeignet, sondern es überwiegen die negativen Folgen, die kontraproduktiv und gar entsozialisierend sind.[1174] Etliche positive Effekte einer Haft, etwa das „Herausholen aus einem kriminogenen persönlichen Umfeld[, …] die Möglichkeit, eine schulische oder berufliche Ausbildung zu absolvieren“ und die Möglichkeit der Inanspruchnahme therapeutischer Angebote, sind

---

1168 *Beulke*, NK 3/2019, 269, 280.

1169 Ebenda.

1170 *Böhm*, NStZ 1987, 442.

1171 *Schöch/Höffler*, in: Meier/Bannenberg/Höffler, Jugendstrafrecht, § 11 Rn. 1, 14; *Streng*, Jugendstrafrecht, Rn. 437.

1172 BT-Drs. 16/6293, S. 9; BGH, NStZ 1996, 496; BGH, NStZ-RR 2020, 30; *Laubenthal/Baier/Nestler*, Jugendstrafrecht, Rn. 743.

1173 BT-Drs. 1/3264, S. 40 f.

1174 BT-Drs. I/3264, S. 41; BGH, NStZ 1996, 232 f.; vgl. dazu auch *Bruns*, StV 1982, 592, 593; *Schaffstein*, FS Heinitz, S. 461, 464; *Schöch/Höffler*, in: Meier/Bannenberg/Höffler, Jugendstrafrecht, § 11 Rn. 17; *Streng*, Jugendstrafrecht, Rn. 437; *Swoboda*, ZStW 125 (2013), 86, 93.

erfahrungsgemäß ab diesem Zeitpunkt verbraucht.[1175] Die dadurch erzielten erzieherischen Erfolge drohten dann durch negative Folgen eines jeden Freiheitsentzuges, etwa „Abstumpfung, Resignation und ‚Prisonisierung' […] konterkarier[t]" zu werden.[1176]

Derart langjährige, gar entwicklungsschädliche, Jugendstrafen lassen sich daher nur über die Berücksichtigung der allgemeinen Strafbedürfnisse und des gerechten Schuldausgleichs legitimieren.[1177] Eine Unterstellung der Konformität von Erziehung und Schuld wäre ein „Etikettenschwindel".[1178] Indem der Gesetzgeber sogar eine Gefährdung der Persönlichkeitsentwicklung in Kauf nimmt, räumt er Gedanken des *Schuldausgleichs* eine „dominante Bedeutung"[1179] ein.[1180] Daher sind hohe Strafrahmen für besonders schwere Fälle, in denen eine fünfjährige Strafe nicht ausreicht, unentbehrlich.[1181] Daher führte der Rechtsausschuss zu § 17 JGG auch aus, dass „die Erziehung auch im Bereich der Jugendstrafe eine hervorragende Rolle" spiele, weshalb „in erster Linie auf die echte Erziehungsstrafe abzustellen und erst dann die bloße Schuldstrafe zu erwähnen" sei.[1182]

1175 *Kaspar*, in: FS Schöch, S. 209, 214 m.w.N.

1176 *Kaspar*, in: FS Schöch, S. 209, 214 m.w.N.; *Schaffstein*, FS Heinitz, S. 461, 464.

1177 BGH, NStZ 1996, 496; BGH, StV 1996, 269; BGH, StV 1998, 344; *Bachmann*, JZ 2019, 759, 760; *Bruns*, StV 1982, 592, 593; *Hackstock*, Generalpräventive Aspekte, S. 280; *Jäger*, GA 2003, 479; *Kaspar*, in: FS Schöch, S. 209, 222 f.; vgl. dazu auch *Ostendorf*, in: Ostendorf, JGG, § 17 Rn. 5, der selbst bei Berücksichtigung positiv-generalpräventiver Gesichtspunkte ein Strafmaß über fünf Jahre regelmäßig nicht erforderlich hält, da die Verurteilung als solche schon eine generalpräventive Reaktion auf den Unrechtsverstoß darstelle; selbst unter engen Schuldgesichtspunkten schwerlich begründbar *Ostendorf/Drenkhahn*, Jugendstrafrecht, Rn. 230, 243; *Petersen*, Sanktionsmaßstäbe, S. 183 ff.; *Rose*, NStZ 2019, 57, 59; *Schöch/Höffler*, in: Meier/Bannenberg/Höffler, Jugendstrafrecht, § 11 Rn. 17; *Streng*, StV 1985, 421, 422; *Swoboda*, ZStW 125 (2013), 86, 99; *Weber*, Jugendstrafe, S. 91 m.w.N.

1178 *Strobel*, Jugendstrafe, S. 123 f.

1179 *Streng*, Jugendstrafrecht, Rn. 437.

1180 *Brunner/Dölling*, JGG, § 17 Rn. 27, § 18 Rn. 3.

1181 BT-Drs. 1/3264, S. 41.

1182 BT-Drs. I/4437, S. 5.

c) *Zweck der Jugendstrafe wegen* Schwere der Schuld

aa) *Substitution des* Schuldausgleichs *durch weiteren Strafzweck*

Trotz seiner Eigenschaft als Leitprinzip ist das Jugendstrafrecht nicht allein auf der Grundlage des Erziehungsgedankens zu erklären, was sich auf die Jugendstrafe gem. § 17 Abs. 2 Alt. 2 JGG durchschlägt, da er sie nicht als Strafzweck dominiert.[1183] Die *Schuldstrafe* ist weitgehend von ihm losgelöst bzw. entkoppelt.[1184] Ihre Aufgabe bezieht sich anders als die der Jugendstrafe wegen *schädlicher Neigungen* nicht auf „die erzieherische Einwirkung auf einen rückfallgefährdeten Jugendlichen".[1185] Daher müssen andere Aspekte, wie der *Schuldausgleich*, zum Tragen kommen.[1186]

(1) Absolute Straftheorien

Wenn in Bezug auf die zweite Alternative der Jugendstrafe auf den *Schuldausgleich* bzw. die *Vergeltung* hingewiesen wird, irritiert dies insofern zunächst, als der Wortlaut dieser Termini sogleich eine erste Assoziation mit den Ansätzen der absoluten Straftheorien erweckt. Da der Ansatz der absoluten Straftheorien in der Reinform nicht im Jugendstrafrecht anwendbar ist, verbietet es sich konsequenterweise die Jugendstrafe durch sie zu legitimieren.[1187] Daher kann sich hinter dem *Schuldausgleich* und der *Vergeltung* nur ein anderer, mit dem geltenden (Jugend-)Strafrecht vereinbarender Strafzweck verbergen.

(2) Negative Spezialprävention

Es bestätigt sich in diesem Punkt erneut, dass die mit dem Strafzweck der negativen Spezialprävention verbundene Sicherungswirkung mit jugendstrafrechtlichen Maßnahmen grundsätzlich inkompatibel ist.

Die Jugendstrafe wegen *Schwere der Schuld* kennzeichnet sich dadurch, dass es nicht primär auf die Gefährlichkeit des Täters im Sinne der Befürchtung eines Rückfalls, vor der die Gesellschaft zu schützen ist, ankommt.[1188] Zentral ist der

---

1183 *Schöch/Höffler*, in: Meier/Bannenberg/Höffler, Jugendstrafrecht, § 11 Rn. 12.

1184 *Hinz*, ZRP 2005, 192, 195 („Abkopplung"); so auch beobachtet von *Beulke*, NK 3/2019, 260, 270; *Hartmann*, Jugendstrafe. S. 223; *Weber*, Jugendstrafe, S. 84; *Zieger*, StV 1988, 308, 309; keine „Durchbrechung", aber eine starke Zurückdrängung verlangt *Swoboda*, ZStW 132 (2020), 826, 850 ff.

1185 *Kaspar*, in: FS Schöch, S. 209, 220.

1186 *Schöch/Höffler*, in: Meier/Bannenberg/Höffler, Jugendstrafrecht, § 11 Rn. 1.

1187 Vgl. *Bottke*, Generalprävention, S. 40 f.; vgl. auch S. 93.

1188 *Strobel*, Jugendstrafe, S. 132.

Schuldausgleich – unabhängig davon, ob von dem Täter künftig weitere Straftaten zu erwarten sind oder nicht.[1189] Dies manifestiert sich auch darin, dass die Jugendstrafe auf ein Maß von zehn bzw. 15 Jahren beschränkt ist und keine § 57a Abs. 1 i.V.m. § 57 Abs. 1 S. 1 Nr. 2 StGB entsprechende Regelung trifft und angesichts der zu erwartenden Haftdeprivationen erst recht von einem erhöhten Gefahrenpotential auszugehen ist, mit dem Täter zwangsläufig, oft über viele Jahrzehnte, in der Gesellschaft lebt.[1190]

Der Sicherung der Allgemeinheit durch bloße Verwahrung des jungen Rechtsbrechers für die Dauer der Jugendstrafe als Ausfluss negativer Individualprävention, kommt allenfalls eine Reflexwirkung durch die Möglichkeit der Strafanordnung an.[1191]

(3) Negative Generalprävention

Die negative Generalprävention in Form der Abschreckung der Allgemeinheit, die ebenfalls bereits grundlegend als Strafzweck ausscheidet, kann die Jugendstrafe gem. § 17 Abs. 2 Alt. 2 JGG ebenso wenig legitimieren.[1192]

Bereits begrifflich eröffnet der Wortlaut *Schwere der Schuld* diese Möglichkeit nicht, da nicht vor *schwerer Schuld* abgeschreckt werden kann.[1193] *Schuld* als komplexer normativer Begriff der Einzeltatschuld umfasst die psychologische Beziehung des Täters zur Tat, die Bewertung der Einsichts- und Steuerungsfähigkeit und auch die Tatmotivation.[1194] Eine Abschreckungswirkung kann nur in Bezug auf Straftaten erfolgen, aber nicht in Bezug auf die individuelle im Einzelfall festzustellende *Schuld*.[1195]

1189 Vgl. S. 152 ff.

1190 *Strobel*, Jugendstrafe, S. 133, 86.

1191 *Laubenthal/Baier/Nestler*, Jugendstrafrecht, Rn. 710.

1192 BT-Drs. 16/6293, S. 10; BGHSt 15, 224; BGHSt 16, 261; BGH, StV 1982, 121; *Buckolt*, in: FS Kreuzer, S. 135, 142; *Kaspar*, in: FS Schöch, S. 209, 222; *Kölbel*, in: Eisenberg/Kölbel, JGG, § 17 Rn. 6; *Laubenthal/Baier/Nestler*, Jugendstrafrecht, Rn. 710; *Ostendorf*, in: Ostendorf, JGG, § 2 Rn. 4; *Rössner*, in: Meier/Rössner/Trüg/Wulf, JGG, § 2 Rn. 4; vgl. etwa auch *Schöch/Höffler*, in: Meier/Bannenberg/Höffler, Jugendstrafrecht, § 11 Rn. 13; *Swoboda*, ZStW 125 (2013), 86, 94; *Weber*, Jugendstrafe, S. 88; a.A. de lege ferenda *Hinz*, JR 2001, 50, 55 f. Stimmen, die sich für die Geltung negativer Generalprävention aussprechen, finden sich mittlerweile nur noch in der älteren Literatur; vgl. etwa *Lackner*, JZ 1953, 527; jedoch sympathisierend *Hinz*, ZRP 2005, 192, 194.

1193 *Strobel*, Jugendstrafe, S. 127 f.; *Weber*, Jugendstrafe, S. 87 f.

1194 Vgl. S. 188 f.

1195 *Weber*, Jugendstrafe, S. 87; a.A. *Hinz*, ZRP 2005, 192, 194 m.w.N.

Eine Bestrafung, die nicht darauf zurückzuführen ist, dass der Straftäter sie „verdient" hat, sondern um ein Exempel für andere zu statuieren, wirkte der Zielsetzung des Jugendstrafrechts entgegen, da positive Sozialisationseffekte vereitelt würden.[1196] Eine gewollte Abschreckungswirkung hätte sich daher auch weiter im Gesetzeswortlaut niederschlagen müssen, indem etwa der in § 48 JGG geregelte absolute Ausschluss der Öffentlichkeit zu lockern gewesen wäre, um den Allgemeinabschreckungsgedanken im konkreten Einzelfall überhaupt praktisch umzusetzen.[1197] Obwohl § 17 Abs. 2 Alt. 2 JGG schwerste Kriminalität erfasst, die stets ein gesteigertes Medieninteresse nach sich zieht, wodurch wiederum zumindest mittelbar eine tendenziell bessere Information der Öffentlichkeit gewährleistet wird, ist dies unter dem Gesichtspunkt der Abschreckung keineswegs mit einem öffentlichen Verfahren, das der Gesellschaft und den Medien unmittelbare Teilnahme am Prozessgeschehen ermöglicht, gleichzusetzen.[1198]

Auch rein praktisch ist fraglich, ob die Jugendstrafe als Mittel zur Abschreckung tauglich wäre: Bezugspunkt der Abschreckung könnten und müssten im Anwendungsbereich des JGG potentielle jugendliche oder heranwachsende Straftäter sein.[1199] Die normale, entwicklungsbedingte Jugendkriminalität zeichnet sich jedoch vorrangig durch Bagatellhaftigkeit aus.[1200] Da der Anwendungsbereich der Jugendstrafe nach § 17 Abs. 2 Alt. 2 JGG sich dagegen auf objektiv schweres Unrecht bezieht, fehlt es bereits an einer Bezugsgruppe in Gestalt typischer, durch die Abschreckung zu erreichenden Tätern.[1201] Zudem begehen Jugendliche und Heranwachsende Straftaten in aller Regel „nicht nüchtern kalkulierend", sondern spontan und impulsiv.[1202] Ausweislich der empirischen Forschungsergebnisse hängt die Abschreckungswirkung auch nicht von einer besonders harten Bestrafung ab.[1203] Der Gedanke der Abschreckung birgt dagegen das Risiko, wegen seiner ausschließlich anonymisierten Strafzweckausrichtung den Angeklagten zum Objekt der Strafrechtspflege zu degradieren.[1204] Anders sah dies ein Gesetzesentwurf der Bundesregierung vor, nach dem bei

---

1196 *Weber*, Jugendstrafe, S. 87.
1197 *Strobel*, Jugendstrafe, S. 127 f.
1198 Ebenda.
1199 *Ostendorf*, in: Ostendorf, JGG, § 2 Rn. 4; *Strobel*, Jugendstrafe, S. 128; *Weber*, Jugendstrafe, S. 86.
1200 Vgl. S. 57
1201 *Strobel*, Jugendstrafe, S. 128.
1202 *Buckolt*, in: FS Kreuzer, S. 135, 142.
1203 *Kaspar*, in: FS Schöch, S. 209, 222.
1204 *Strobel*, Jugendstrafe, S. 127 f.

Heranwachsenden negativ-generalpräventive Erwägungen zulässig seien: Es sollte bei der Verhängung einer Jugendstrafe auch berücksichtigt werden, „dass durch die Tat bei anderen die Versuchung hervorgerufen oder verstärkt werden kann, gleichartige Straftaten zu begehen".[1205] Offensichtlich ist dieses systemfremde Ziel aufgegeben worden.[1206]

Auch der historische Gesetzgeber, der „Gesichtspunkte der Generalprävention und des Schutzes der Allgemeinheit" nur dann berücksichtigt wissen wollte, „wenn sich der Jugendliche der ansteckenden Wirkung seiner Tat oder der durch sie hervorgerufenen Unsicherheit bewusst gewesen ist […],"[1207] zeigt, dass er sich nur auf das (Täter-)Bewusstsein und nicht auf (gesellschaftlichen) Bedarf nach eine abschreckenden Wirkung beschränkte.[1208]

(4) Positive Generalprävention

Unter Bezugnahme auf die bisherigen Ausführungen kommt eine Legitimation daher nur durch die positive Generalprävention in Betracht.

Während die ständige höchstrichterliche Rechtsprechung[1209] und ein Teil der Literatur[1210] es ablehnen, gesellschaftliche Belange über ihre Funktion als mitverfolgter Nebeneffekt hinaus als Rechtsgrund einer jugendstrafrechtlichen Sanktion anzunehmen, plädiert die herrschende Literatur[1211] zunehmend dafür,

---

1205 BT-Drs. 1/3264.

1206 *Ostendorf*, in: Ostendorf, JGG, Grdl. z. §§ 105 und 105 Rn. 5.

1207 BT-Drs. 1/3264, S. 41.

1208 *Strobel*, Jugendstrafe, S. 127.

1209 Vgl. etwa BGHSt 15, 224, 226; BGHSt 16, 261, 263.

1210 Vgl. etwa *Buckolt*, in: FS Kreuzer, S. 135, 142; *Eisenberg*, NStZ 2013, 636, 638; *ders.*, ZJJ 2018, 144 f.; *Kölbel*, in: Eisenberg/Kölbel, JGG, § 17 Rn. 6 f.; *Weber*, Schuldprinzip, S. 173 f.

1211 *Beulke/Swoboda*, Jugendstrafrecht, Rn. 460; *Bottke*, Generalprävention, S. 41; *Brunner*, JR 1982, 432 f.; *Brunner/Dölling*, JGG, § 17 Rn. 25; *Grethlein*, NJW 1961, 687, 688; *Hinz*, JR 2001, 51, 54; *Höffler/Kaspar*, in: MüKo StPO Bd. 3/2, JGG, Einl. Rn. 25 ff.; *Kaspar*, in: FS Schöch, S. 209, 223; *Laubenthal/Baier/Nestler*, Jugendstrafrecht, Rn. 758; *Laue*, in: Meier/Rössner/Trüg/Wulf, JGG, § 18 Rn. 9; *Meyer-Odewald*, Jugendstrafe, S. 185 ff.; *Ostendorf*, in: Ostendorf, JGG, § 17 Rn. 5; *Ostendorf/Drenkhahn*, Jugendstrafrecht, Rn. 232; *Radtke/Scholze*, in: MüKo StGB Bd. 7, JGG, § 17 Rn. 62; *Rose*, NStZ 2019, 57, 59; *Schaffstein*, FS Heinitz, S. 461, 464; *Schöch/Höffler*, in: Meier/Bannenberg/Höffler, Jugendstrafrecht, § 11 Rn. 14; *Streng*, ZStW 106 (1994), 60, 77 ff.; *ders.*, Jugendstrafrecht, Rn. 17, 451; *Strobel*, Jugendstrafe, S. 126, 129 ff.; *Swoboda*, ZStW 125 (2013), 86, 94 f.; *Tenckhoff*, JR 1977, 485, 490 f. Eine Kumulation aus generalpräventiven Aspekten und dem Erziehungszweck erachtet dagegen *Jäger*, GA 2003, 469, 477 f. für vorzugswürdig, da eine reine Legitimation

die Jugendstrafe wegen *Schwere der Schuld* mit diesem Strafzweck[1212] zu begründen, um den angestrebten Schuldausgleich zu legitimieren.[1213]

(a) Zusammenhang zu der Schuldstrafe

Zwischen der Schuldstrafe und dem Strafzweck der positiven Generalprävention besteht auch ein Zusammenhang: Um tatsächlich ein „gerechtes Schuldurteil" sein zu können, steht jede Jugendstrafe in einem gewissen Maße auch rechtsbewährend bzw. -bestärkend[1214] „im Dienste überindividueller Zwecke".[1215] Adressat ist nicht nur eine bestimmte Altersgruppe, sondern die gesamte Bevölkerung.[1216] Deshalb nehmen übergeordnete Belange der Gesellschaft auch bei der Frage der Anordnung einer Jugendstrafe wegen *Schwere der Schuld* eine zentrale Rolle ein.[1217] Es gilt, das Rechtsbewusstsein der Allgemeinheit zu berücksichtigen,[1218] um einerseits ihr Gerechtigkeitsgefühl zu befriedigen und andererseits den durch die Straftat erschütterten Rechtsfrieden wiederherzustellen.[1219] Dadurch soll sie wieder Vertrauen in die Rechtsordnung aufbauen.[1220]

---

durch die positive Generalprävention dem jugendstrafrechtlichen Konzept widerspräche, die generalpräventive Bestrafungsnotwendigkeit soll vielmehr der spezialpräventiven Resozialisierung des Jugendlichen dienen.

1212 Obwohl es für den Beschuldigten selbst faktisch keinen Unterschied macht, ob negative oder positive Generalprävention als Strafzweck fungiert, ist diese Unterscheidung entscheidend, *Eisenberg*, ZJJ 2018, 144 m.w.N.

1213 *Radtke/Scholze*, in: MüKo StGB Bd. 7, JGG, § 17 Rn. 12 f.; *Streng*, Jugendstrafrecht, Rn. 436.

1214 *Tenckhoff*, JR 1977, 485, 490 f.

1215 *Beulke/Swoboda*, Jugendstrafrecht, Rn. 460 m.w.N., etwa auf *Schaffstein*, FS Heinitz, S. 461, 463; vgl. auch *Swoboda*, ZStW 125 (2013), 86, 100 f.

1216 *Kaspar*, in: FS Schöch, S. 209, 219.

1217 *Schaffstein*, FS Heinitz, S. 461, 463 f.

1218 Vgl. *Beulke/Swoboda*, Jugendstrafrecht, Rn. 460; *Kaspar*, in: FS Schöch, S. 209, 223; *Laubenthal/Baier/Nestler*, Jugendstrafrecht, Rn. 758, 710; *Ostendorf*, in: Ostendorf, JGG, § 17 Rn. 5; *Schöch/Höffler*, in: Meier/Bannenberg/Höffler, Jugendstrafrecht, § 11 Rn. 14; *Streng*, Jugendstrafrecht, Rn. 451; *Weber*, Jugendstrafe, S. 91.

1219 *Bottke*, Generalprävention, S. 40 f.; *Meyer*, ZfJ 71 (1984), 445, 453 f.; *Tenckhoff*, JR 1977, 485, 490 ff.; *Weber*, Jugendstrafe, S. 91.

1220 *Beulke/Swoboda*, Jugendstrafrecht, Rn. 457, 460; *Bottke*, Generalprävention, S. 7 m.w.N., S. 40 f.; *Hinz*, JR 1993, 353, 356; *ders.*, JR 2001, 50, 53; *Jescheck/Weigend*, Strafrecht AT, S. 64 f.; *Kaspar*, in: FS Schöch, S. 209, 222 f. m.w.N.; *Meyer*, ZfJ 71 (1984), 445, 454; *Ostendorf*, in: Ostendorf, JGG, § 17 Rn. 5; *Ostendorf/Drenkhahn*, Jugendstrafrecht, Rn. 230; *Radtke/Scholze*, in: MüKo StGB Bd. 7, JGG, § 17 Rn. 62;

Anders ausgedrückt: verschuldetes schweres Unrecht ausgleichen bzw. vergelten.[1221]

Dies muss auch unabhängig davon möglich sein, ob ein Erziehungsbedürfnis angenommen wird,[1222] sie nur aus gesellschaftlichen Bedürfnissen indiziert ist.[1223] Insbesondere in Fällen, in denen auf ein erhebliches Maß an Schuld zu reagieren ist, lassen sich die – mitunter sehr hohen – Strafen nicht mehr erzieherisch begründen oder es kann aus anderen Gründen nicht mehr erzieherisch auf den Betroffenen eingewirkt werden.[1224] Häufig schmälert dies aber nicht das Strafbedürfnis der Allgemeinheit.[1225]

Der starke Bezug zum Gerechtigkeitsempfinden der Gesellschaft ergibt sich bereits aus den Definitionsansätzen der *Schwere der Schuld*, die dann vorliegen soll, wenn ein Verzicht auf Jugendstrafe zugunsten milderer Sanktionen „in unerträglichem Widerspruch zum allgemeinen Rechtsgefühl“ stünde oder ihr Verzicht „schlechthin unverständlich“ wäre.[1226] Darin kommt zum Ausdruck, dass die Rechtsbewährungsfunktion einer Strafe auch im Jugendstrafrecht an Bedeutung gewinnt, wenn die Schuld ein solches Ausmaß erreicht, dass die Rehabilitation des Rechtsfriedens eine repressive Sanktion erfordert.[1227]

Konsequenterweise lassen sich die mit einer Strafe angestrebten generalpräventiven Ziele nur dann umsetzen, wenn sie auch eine befriedigende Wirkung entfaltet, indem sie der Allgemeinheit einleuchtet und für diese vertretbar ist.[1228] Sie muss daher im Sinne einer angemessen Reaktion auf die Schuld des Täters „relativ gerecht“ sein.[1229]

Rose, NStZ 2019, 57, 59; *Schöch/Höffler*, in: Meier/Bannenberg/Höffler, Jugendstrafrecht, § 11 Rn. 14; *Streng*, ZStW 106 (1994), 60, 79 f.; *ders.*, Jugendstrafrecht, Rn. 436 f.; *Swoboda*, ZStW 125 (2013) 86, 94 f. m.w.N.; *Tenckhoff*, JR 1977, 485, 490 f.; *Weber*, Jugendstrafe, S. 88 f., 91 f., 105.

1221 *Albrecht*, Jugendstrafrecht, S. 243; *Bruns*, StV 1982, 592; *Kaspar*, in: FS Schöch, S. 209, 221; *Schöch/Höffler*, in: Meier/Bannenberg/Höffler, Jugendstrafrecht, § 11 Rn. 12 f.

1222 *Kornprobst*, JR 2002, 309, 310; *Meyer*, ZfJ 71 (1984), 445, 453 f.

1223 Vgl. *Meyer-Odewald*, Jugendstrafe, S. 147 f. m.w.N.; *Roxin*, JuS 1966, 377, 383; anders *Kölbel*, in: Eisenberg/Kölbel, JGG, § 17 Rn. 4 mit Verweis auf RL 1 S. 2.

1224 *Weber*, Jugendstrafe, S. 109.

1225 *Streng*, Jugendstrafrecht, Rn. 430.

1226 Vgl. S. 52.

1227 BT-Drs. 1/3264, S. 40 f.; *Kaspar*, in: FS Schöch, S. 209, 223.

1228 *Meyer*, ZfJ 71 (1984), 445.

1229 *Meyer*, ZfJ 71 (1984), 445 f.; vgl. auch *Kaufmann*, Aufgabe des Strafrechts, S. 15 ff.

(b) Zusammenhang zur Vergeltung

Ein derartiges Verständnis der Schuldstrafe legt den Vorwurf nahe, die positive Generalprävention in Gestalt des *Befriedigungseffekts* sei ein „verkappte[r] Vergeltungszweck“.[1230]

Zwischen der Vergeltung und der positiven Generalprävention besteht tatsächlich eine Verbindung.[1231] Die Aspekte der Vergeltung als gerechter Schuldausgleich lassen sich nicht von positiver Generalprävention in Gestalt der Normbestätigungswirkung bzw. des Befriedigungseffektes trennen.[1232] Sie bedingen einander und wirken zusammen.[1233] Sie sind als „zwei Seiten derselben Medaille“ über tiefenpsychologische Mechanismen miteinander verbunden; es werden emotionale und teilweise sogar unbewusste Antriebe entschlüsselt, die hinter gesellschaftlichen und individuellen Strafbedürfnissen stehen.[1234] Diese Bedürfnisse sind psychoanalytisch und tiefenpsychologisch zu erklären.[1235]

Das Bedürfnis nach Vergeltung als Folge auf ein Unrecht ist natürlich sowie elementar und tief in der Gesellschaft verankert.[1236] Es ist als Mittel zum Zweck sogar notwendig, um Gerechtigkeit wiederherzustellen, auf dessen Basis das eigentlich angestrebte Ziel der positiven Generalprävention seine Wirksamkeit entfalten kann.[1237] Um ein gerechtes Schuldurteil zu sein, befriedigt sie

1230 *Kaspar*, in: FS Schöch, S. 209, 223; *ders.*, Präventionsstrafrecht, S. 673 jeweils m.w.N.

1231 *Beulke/Swoboda*, Jugendstrafrecht, Rn. 460 m.w.N.; *Hassemer*, Warum Strafe sein muss, S. 50, 96 ff.; *Laubenthal/Baier/Nestler*, Jugendstrafrecht, Rn. 758; *Ostendorf*, in: Ostendorf, JGG, § 17 Rn. 5; vgl. dazu auch *Schumann*, NK 1/1990, 35; *Streng*, Jugendstrafrecht, Rn. 451; *Strobel*, Jugendstrafe, S. 130; *Swoboda*, ZStW 125 (2013), 86, 100.

1232 *Beulke/Swoboda*, Jugendstrafrecht, Rn. 460; *Kölbel*, in: Eisenberg/Kölbel, JGG, § 17 Rn. 7; *Laubenthal/Baier/Nestler*, Jugendstrafrecht, Rn. 758; *Meyer-Odewald*, Jugendstrafe, S. 178; *Ostendorf*, in: Ostendorf, JGG, § 17 Rn. 5; *Streng*, Jugendstrafrecht, Rn. 451.

1233 *Albrecht*, Jugendstrafrecht, S. 68; *Tenckhoff*, JR 1977, 485, 490 f.; *Weber*, Jugendstrafe, S. 91; *Weber*, Schuldprinzip, S. 173 mit Verweis auf *Strobel*, Jugendstrafe, S. 130; a.A. *Eisenberg*, ZJJ 2018, 144 f., der aus dieser unlösbaren Verquickung allenfalls eine mittelbare Berücksichtigung ableiten möchte.

1234 *Swoboda*, ZStW 125 (2013), 86; 100 ff.; m.V.a. *Haffke*, GA 1978, 33, 36 f.

1235 Ebenda.

1236 Vgl. dazu umfassend *Walter*, ZIS 2011, 636, 646.

1237 *Haffke*, Tiefenpsychologie und Generalprävention, S. 76 ff.; *Kulhanek*, NStZ 2020, 65, 66 f.

Strafbedürfnisse und wirkt dadurch automatisch normstabilisierend.[1238] So wohnt jeder Schuldstrafe „ein Element der Selbststabilisierung und der individuellen Normvergewisserung de[r] Bürger[...]" inne.[1239] Die Strafen dienen dem grundlegenden Gerechtigkeitsbedürfnis der Gemeinschaft.[1240]

Um diese Effekte überhaupt hervorrufen zu können, muss eine Strafe angemessen sein, d.h. sie muss sich zwingend an denjenigen „Gerechtigkeitsvorstellungen" orientieren,[1241] die auch dem allgemeinen Gerechtigkeitsgefühl entsprechen.[1242] Unangemessene Reaktionen sind zur Erhaltung des Rechtsfriedens nicht nur ungeeignet, sie stören ihn sogar, da die Strafrechtspflege durch die ausbleibende Befriedigung an Glaubwürdigkeit verliert, wodurch letztlich auch ihre generalpräventive Wirkung in Gestalt der Akzeptanz der Gültigkeit der Verhaltensnormen abnimmt.[1243] Dabei ist auch nicht zu vernachlässigen, dass eine schuldangemessene und der Allgemeinheit einleuchtende Strafe der Selbstjustiz entgegenwirkt; sie ad absurdum führt.[1244]

Beschränkte sich die Staatsgewalt auf die bloße Verhinderung von Straftaten und überführte Täter blieben straflos, wäre ein friedliches Zusammenleben der Menschen in der Gemeinschaft nur schwerlich möglich.[1245] Die Rechtsordnung erschiene dadurch unverbindlich und sich selbst preisgebend, während das Vertrauen der Bürger in die Funktionsfähigkeit des Rechtsstaates beträchtlichen Schaden nähme.[1246] Eine gerechte Bestrafung des Täters ist generell geeignet, die in der Bevölkerung vorhandenen Strafbedürfnisse zu bewältigen und zu steuern.[1247] Intention der Strafe ist somit insbesondere auch die Aufrechterhaltung der Rechtsordnung, die Wahrung der gesellschaftlichen Werte sowie die Bestärkung des Rechtsbewusstseins in der Bevölkerung.[1248] Ein rechtsstaatliches Strafrechtssystem motiviert die Bürger zur „Einübung" der Rechtstreue und der

---

1238 *Haffke*, Tiefenpsychologie und Generalprävention, S. 57; so auch *Radtke/Scholze*, in: MüKo StGB Bd. 7, JGG, § 17 Rn. 62, § 18 Rn. 3, 21; *Schaffstein*, in: FS Heinitz, S. 461, 463; *Swoboda*, ZStW 125 (2013), 86, 101.

1239 *Beulke*, in: FS Streng, S. 403, 405; *Swoboda*, ZStW 125 (2013), 86, 100.

1240 *Jescheck/Weigend*, Strafrecht AT, S. 64.

1241 *Kaspar*, Präventionsstrafrecht, S. 674 m.w.N.

1242 *Meyer*, ZfJ 71 (1984), 445, 453 f.

1243 *Meyer*, ZfJ 71 (1984), 445, 454.

1244 Ebenda.

1245 *Streng*, ZStW 92 (1980), 637, 643 f.; vgl. auch *Ostendorf*, DRiZ 1999, 63, 69.

1246 *Hinz*, JR 1993, 353, 356; *Jescheck/Weigend*, Strafrecht AT, S. 64.

1247 *Ostendorf*, DRiZ 1999, 63, 69.

1248 BVerfG, NJW 1977, 1525, 1531 m.w.N.

„Normanerkennung" und fördert dadurch ein rechtschaffendes Verhalten.[1249] Eine Straftat, die für den Täter ohne Konsequenzen bliebe, provozierte Nachahmung.[1250] Damit andere erfolgreich zu einem bestimmten Verhalten gelenkt werden, sind daher klare und genaue Bestimmungen erforderlich, die Verbote und Folgen genau fixieren.[1251]

Ein derartiges Verständnis von einem befriedigten Gerechtigkeitsempfinden unterscheidet sich insofern maßgeblich von der Vergeltung im Sinne der absoluten Straftheorien, als eine zur Wiederherstellung des Rechtsfriedens notwendige Strafe einen gesellschaftlichen Zweck anstrebt.[1252] Der Vergeltungsaspekt ist nicht das direkt verfolgte Ziel, d.h. kein Selbstzweck, sondern bildet einen Maßstab für das gerechte Strafen, um der Tatangemessenheit bzw. -proportionalität zu genügen.[1253]

Ohne dass seine Unabhängigkeit konterkariert würde, übernimmt ein Richter in einem Rechtsstaat auch immer „demokratische Verantwortung", wodurch sich in seinem Urteilsspruch die in der Gesellschaft gelebten und von ihr akzeptierten Werte widerspiegeln müssen, um die angestrebten Zwecke auch verwirklichen zu können.[1254] Aktuell wird in der Literatur vermehrt juristisch und gesellschaftspolitisch diskutiert und auch in Frage gestellt, ob ein „publikumsorientiertes Strafrechtssystem" als empirische Spielart der positiven Generalprävention zulässig ist und praktiziert werden sollte.[1255]

(c) Legitimationsgrundlage im Jugendstrafrecht

Die wiederholt geäußerten Bedenken, die Anordnungsentscheidung einer Jugendstrafe mit der positiven Generalprävention zu begründen, bestehen fort: Der erzieherischen Ausgestaltung der Jugendstrafe gem. § 17 Abs. 2 Alt. 2 JGG folgend, erkannten bislang sowohl der *BGH*, als auch ein Teil der Literatur den Verweis auf die positive Generalprävention deshalb nicht an, da junge Straftäter nicht für die Strafbedürfnisse der Allgemeinheit oder die Bekräftigung

---

1249 *Jakobs*, Strafrecht AT 1, Abschn. 1 Rn. 15.

1250 *Roxin/Greco*, Strafrecht AT Bd. 1, § 3 Rn. 29.

1251 Ebenda.

1252 *Kaspar*, in: FS Schöch, S. 209, 220, 223 f.

1253 *Kaspar*, Präventionsstrafrecht, S. 674 m.w.N.

1254 *Kulhanek*, ZRP 2015, 155; *ders.*, NStZ 2020, 65, 70.

1255 Etwa *Kaspar/Walter*, in: Kaspar/Walter, Strafen im „Namen des Volkes"?, S. 5 ff.; kritisch *Kölbel/Singelnstein*, NStZ 2020, 333.

der Normgeltung und die Stärkung der Rechtstreue der Gesellschaft instrumentalisiert werden dürften.[1256]

Auch wenn sich der Strafzweck der positiven Generalprävention nicht ausdrücklich aus dem Wortlaut des § 17 Abs. 2 Alt. 2 JGG ergibt,[1257] erschließt sich diese Intention durch Auslegung des Gesetzes.

Bereits der historische Gesetzgeber, der gesellschaftspolitische Interessen im Anwendungsbereich des JGG grundsätzlich in den Hintergrund treten ließ,[1258] befürwortete die Berücksichtigung der „Gesichtspunkte der Generalprävention" bei der Verhängung der Strafe, „wenn sich der Jugendliche der ansteckenden Wirkung seiner Tat oder der durch sie hervorgerufenen Unsicherheit bewusst gewesen ist und dadurch das Maß seiner Schuld erhöht hat."[1259]

Eine offene Anerkennung des eher täterfremden Strafzwecks der positiven Generalprävention gefährdet nicht den Grundgedanken des Jugendstrafrechts[1260] oder seinen Status als „Sonderstrafrecht".[1261] Die Jugendstrafe wegen *Schwere der Schuld* ist als „Ausreißer im edukativen Sanktionssystem des JGG"[1262] eine Ausnahme vom täterorientierten Charakter des Jugendstrafrechts, das in erster Linie die Person des Täters in den Blick nimmt, um positiv-spezialpräventiv geprägte Ziele zu erreichen.[1263] Die Jugendstrafe gem. § 17 Abs. 2 Alt. 2 JGG zeichnet sich vielmehr durch ihre Auffangfunktion für schwerste Kriminalität aus und durchbricht die grundlegende erzieherische Ausrichtung.[1264] Das Jugendstrafrecht öffnet sich in diesem Zusammenhang ganz bewusst scheinbar widersprüchlichen,[1265] täterfremden[1266] Strafzwecken. Vor dem Hintergrund, dass die zweite Alternative der Jugendstrafe der Ahndung von Straftaten nach dem allgemeinen Strafrecht deutlich näehersteht, als andere Sanktionen des JGG, erscheint auch die „Würdigung gesellschaftspolitische Zwecke [...] nicht von vornherein wesensfremd".[1267]

1256 Vgl. statt aller exemplarisch BGHSt 15, 224, 226; *Kölbel*, in: Eisenberg/Kölbel, JGG, § 17 Rn. 7.

1257 *Bruns*, StV 1982, 592, 593; vgl. auch *Weber*, Schuldprinzip, S. 173.

1258 BT-Drs. 1/3264, S. 40 f.

1259 BT-Drs. I/3264, S. 41; BT-Drs. 16/6293, S. 10.

1260 So aber *Eisenberg*, ZJJ 2018, 144; ebenso *Meyer-Odewald*, Jugendstrafe, S. 7.

1261 *Sonnen*, ZJJ 2016, 76, 77; dies ebenfalls befürchtend *Höynck*, StraFo 2017, 267, 270.

1262 *Strobel*, Jugendstrafe, S. 129.

1263 Vgl. S. 84 ff.

1264 Vgl. S. 152 ff.

1265 *Weber*, Jugendstrafe, S. 87.

1266 *Strobel*, Jugendstrafe, S. 129; *Weber*, Schuldprinzip, S. 170.

1267 *Strobel*, Jugendstrafe, S. 124.

Ohne den eigenständigen Charakter der Jugendstrafe in Abgrenzung zur Freiheitsstrafe nach § 38 StGB auszuhöhlen, lässt die durch die Berücksichtigung des Vergeltungsgedankens erzeugte Nähe zum allgemeinen Strafrecht einen stärkeren Fokus auf die *Tat* als auf den *Täter* zu.[1268]

Obwohl „die offene Einbeziehung der positiven Generalprävention" den „Eingriffscharakter von § 17 Abs. 2 Alt. 2 JGG" besonders herausstellt, ist dies nicht zu Ungunsten der Betroffenen:[1269] Die Berücksichtigung legt lediglich offen, was ohnehin Fakt ist[1270] und befördert einen ehrlicheren, gleichermaßen klaren und kontrollierten Umgang mit den verfolgten Zwecken, ohne diese intransparent hinter vermeintlichen erzieherischen Konstrukten zu verstecken.[1271]

Weiterhin ist auch nicht zu befürchten, dass sich die konkrete Strafzumessung als Folgeerscheinung gänzlich unabhängig von § 2 Abs. 1 JGG oder gar im Widerspruch dazu begründen lässt.[1272] Die punktuelle Durchbrechung des Erziehungsziels bezieht sich lediglich auf die *Anordnungs*entscheidung:[1273] Die konkrete Strafzumessung nach § 18 Abs. 2 JGG,[1274] der Vollzug[1275] oder auch eine spätere Strafaussetzung zur Bewährung nach § 88 JGG[1276] bemessen sich rein positiv-spezialpräventiv. Das „Kriterium der Schuldschwere" ist dann insofern „verbraucht".[1277] Mit der Verurteilung von Tat und Täter im Strafurteil ist die Erschütterung des Rechtsvertrauens kompensiert und die Rechtsordnung stabilisiert.[1278] Indirekt entfaltet die Jugendstrafe daher eine begrenzende Funktion, was dem Erziehungsgedanken letztlich hilft.[1279] Anders bewertet dies etwa *Kölbel*, der ein Paradoxon darin sieht, dass die von der herrschenden Literatur

---

1268 So auch *Schöch/Höffler*, in: Meier/Bannenberg/Höffler, Jugendstrafrecht, § 11 Rn. 5; anders *Meyer-Odewald*, Jugendstrafe, S. 91.

1269 *Strobel*, Jugendstrafe, S. 131.

1270 *Bottke*, Generalprävention, S. 36, 43; *Strobel*, Jugendstrafe, S. 131.

1271 Ebenda.

1272 So aber *Eisenberg*, ZJJ 2018, 144.

1273 Einige Autoren wollen dies sogar auch die konkrete Strafzumessung ausweiten, vgl. etwa *Laubenthal/Baier/Nestler*, Jugendstrafrecht, Rn. 758.

1274 *Brunner/Dölling*, JGG, § 18 Rn. 13; *Radtke/Scholze*, in: MüKo StGB Bd. 7, JGG, § 17 Rn. 53, 62; § 18 Rn. 21; a.A. *Brunner*, JR 1982, 432 f.; *Dallinger/Lackner*, JGG, § 18 Rn. 10; *Lackner*, JZ 1953, 527; *Schlüchter*, in GS Kaufmann, S. 409, 412 f.; *Zipf/Dölling*, in: Maurach/Gössel/Zipf, Strafrecht AT Bd. 2, § 71 Rn. 14.

1275 Vgl. etwa § 3 Abs. 1 S. 1 JStVollzG Bln.

1276 *Hoffmann*, StV 2002, 449, 452.

1277 Ebenda.

1278 *Ostendorf/Drenkhahn*, Jugendstrafrecht, Rn. 230.

1279 *Schöch/Höffler*, in: Meier/Bannenberg/Höffler, Jugendstrafrecht § 11 Rn. 13.

stilisierten Schwersttäter ohne Erziehungsbedarf wiederum im Strafvollzug erzogen werden sollten und ihre Strafen entsprechend § 18 Abs. 2 JGG bemessen werden sollen.[1280]

(d) Grenzen der Legitimation durch die positive Generalprävention

Dennoch darf der Strafzweck auch „nicht überstrapaziert werden".[1281] Eine zu starke Betonung nährte die Befürchtung, die Schwierigkeiten junger Menschen würden nicht hinreichend berücksichtigt:[1282] Ambulante Maßnahmen bleiben soweit wie möglich vorrangig anzuwenden.[1283] Andererseits dürfen junge Menschen nicht den Eindruck gewinnen, dass ihr strafbewährtes Handeln keine oder kaum Konsequenzen hat.[1284]

Der Gefahr einer inflationären Anwendung als Schuldstrafe beugt bereits die eindeutige Auslegungsgrenze des Gesetzeswortlauts des § 17 Abs. 2 Alt. 2 JGG, der nicht isoliert an das objektive Tatunrecht, sondern an die *Schuld* anknüpft, vor, sodass sich keine direkte Proportionalität aus der Tat und einer entsprechenden Zweckstrafe ergibt.[1285] Die Schuldschwere, d.h. das vorwerfbare Handeln, bemisst sich nicht nur pauschal objektiv aus einem erheblichen Erfolgsunrecht.[1286] Daher besteht auch nicht die Gefahr, dass der Anwendungsbereich des § 17 Abs. 2 Alt. 2 JGG aus reinem Strafbedürfnis auf die Bestrafung bloß gemeinlästiger Delikte ausgeweitet wird.[1287]

Der „Rationalitätsgewinn" relativiert sich allerdings wieder selbst dadurch, dass keine sichere Grenzziehung für die Fälle existiert, in denen die Strafe tatsächlich unumgänglich ist.[1288]

Trotz allem Verständnis für das gesellschaftliche Strafbedürfnis darf nicht außer Acht gelassen werden, dass Freiheitsentzug gerade bei jungen Menschen nach wenigen Jahren eher schädliche Auswirkungen zeigt, als resozialisierend zu wirken, mithin die nachteiligen Konsequenzen entgegen § 2 Abs. 1 S. 1 JGG langfristig die durch das „Wegsperren" erreichten Erfolge zunichtemacht.[1289]

1280 *Kölbel*, JR 2019, 40, 41 Fn. 5; *ders.*, in: Eisenberg/Kölbel, JGG, § 17 Rn. 59.
1281 *Kaspar*, in: FS Schöch, S. 209, 219.
1282 *Schlüchter*, Erziehungsgedanke, S. 27, 42 f.
1283 *Schlüchter*, Erziehungsgedanke, S. 61.
1284 *Ostendorf*, in: Ostendorf, JGG, Grdl. z. §§ 1–2 Rn. 4.
1285 *Strobel*, Jugendstrafe, S. 131.
1286 Vgl. S. 210 ff.
1287 *Strobel*, Jugendstrafe, S. 130 f.
1288 *Weber*, Jugendstrafe, S. 92 mit Verweis auf *Streng*, ZStW 92 (1980), 637, 656, 677 f.
1289 *Laubenthal/Baier/Nestler*, Jugendstrafrecht, Rn. 719.

Entsprechend § 18 Abs. 2 JGG darf auch eine aus Vergeltungsgesichtspunkten motivierte Jugendstrafe nicht zu einer individualpräventiven Schädigung führen; die erforderliche erzieherische Einwirkung muss stets möglich bleiben.[1290] Obgleich dies die konkrete Strafzumessung und nicht die Anordnungsentscheidung betrifft, muss sich auch letztere insofern mit dieser Begrenzung auseinandersetzen, da sich auch schon die Anordnung der Strafe nicht schädlich auf die Entwicklung auswirken darf.[1291]

bb) Zwischenergebnis

Die positive Generalprävention legitimiert daher die Jugendstrafe wegen *Schwere der Schuld.* Dies schafft mehr Klarheit und Offenheit, da weder das Jugendstrafrecht noch die zweite Alternative der Jugendstrafe stets erzieherisch wirksam sein können.[1292] Die Aufgabe und die Reichweite des Erziehungsgedankens beschränken sich darauf, die Verhältnismäßigkeit zu wahren, da auch eine Jugendstrafe nicht erzieherisch schädlich sein darf.

1290 *Ostendorf/Drenkhahn*, Jugendstrafrecht, Rn. 233 u.a. mit Verweis auf BGH, NStZ-RR 2008, 258.

1291 *Ostendorf/Drenkhahn*, Jugendstrafrecht, Rn. 233.

1292 *Kaspar*, in: FS Schöch, S. 209, 225.

D. Auswirkungen des Strafzwecks auf die Bestimmung der *Schwere der Schuld* i.S.d. § 17 Abs. 2 Alt. 2 JGG

I. Zusammenhang zwischen Strafzweck und Bestimmung der *Schwere der Schuld*

Den tatbestandlichen Anordnungsvoraussetzungen des § 17 Abs. 2 Alt. 2 JGG nach, wird dem Täter ein Vorwurf von einer Schwere gemacht, bei der eine Jugendstrafe *erforderlich* ist. Da sich die *Erforderlichkeit* als Ausprägung des Verhältnismäßigkeits- und Subsidiaritätsprinzips stets auf den zu verfolgenden legitimen Zweck bezieht, bemessen sich die Voraussetzungen für die Anordnung einer Jugendstrafe wegen *Schwere der Schuld* an ihrem eigenen Strafzweck.[1293] Ausgehend von der ultima-ratio-Funktion der Jugendstrafe wird bereits die Strafanordnung „in Relation zur Tatschuld gesetzt".[1294]

Wie im Vorstehenden festgestellt, ist die zweite Alternative der Jugendstrafe durch den Strafzweck der positiven Generalprävention legitimiert.[1295]

Unter Verweis auf die vorgestellten Definitionsansätze[1296] zur Bestimmung der *Schwere der Schuld* wirkt sich dies dergestalt aus, dass die verwirklichte Schuld dann schwer wiegt, wenn ihr Ausmaß einen Grad erreicht hat, bei dem eine nicht Strafcharakter tragende staatliche Reaktion auf die Straftat „in unerträglichem Widerspruch zum Gerechtigkeitsgefühl" stünde, da sie keinen gerechten Schuldausgleich darstellte und dementsprechend erfahrungsgemäß nicht dazu geeignet wäre, die anzunehmende Beeinträchtigung des Normvertrauens der Rechtsunterworfenen wieder zu beseitigen, mithin für das Rechtsempfinden „schlechthin unverständlich" wäre.[1297] Eine Strafe muss vor diesem Hintergrund unumgänglich sein.[1298]

Folglich darf kein Missverhältnis zwischen der strafrechtlichen Reaktion und der *Tat* bestehen.[1299] Die „Erschütterung des Normvertrauens" ist kein

---

1293 *Radtke/Scholze*, in: MüKo StGB Bd. 7, JGG, § 17 Rn. 62.

1294 *Meyer*, ZfJ 71 (1984), 445, 448 f.; *Weber*, Jugendstrafe, S. 97.

1295 Vgl. S. 168 ff.

1296 Vgl. S. 51 ff.

1297 *Beulke/Swoboda*, Jugendstrafrecht, Rn. 457; dazu auch *Laue*, NStZ 2016, 103; *Schlüchter*, Erziehungsgedanke, S. 129 f.

1298 *Beulke/Swoboda*, Jugendstrafrecht, Rn. 457.

1299 *Ostendorf*, in: Ostendorf, JGG, § 17 Rn. 12.

empirischer, sondern ein normativ auszufüllenden Begriff.[1300] Maßgeblich ist die Unentbehrlichkeit zur Rechtsbewährung.[1301]

Während Bagatelldelikte diese *Erforderlichkeit* regelmäßig nicht begründen können, wird vor allem bei Kapitaldelikten oder auch anderen schweren Straftaten regelmäßig angenommen, dass sie zur Aufrechterhaltung des Rechtsfriedens grundsätzlich nicht ohne kriminalstrafrechtliche Ahndung bleiben dürfen.[1302] Dies bestätigt ein Vergleich mit dem allgemeinen Strafrecht, aus dessen Strafrahmen sich ergibt, dass leichte und mittlere Kriminalität nicht einmal bei Erwachsenen von schwerer Schuld zeugen.[1303]

Allerdings resultiert allein aus der Herbeiführung eines schweren Taterfolgs nicht direkt die Anordnung einer Jugendstrafe wegen der *Schwere der Schuld*, da ausweislich § 17 Abs. 2 Alt. 2 JGG „nicht die Schwere des *Unrechts*, sondern der Umfang der *Schuld* für die Verurteilung zu Jugendstrafe gem. § 17 Abs. 2 Alt. 2 JGG" ausschlaggebend ist.[1304]

II. Rolle des Schuldprinzips

Da dem jungen Straftäter vorgeworfen wird, ein erhebliches Maß an *Schuld* verwirklicht zu haben, setzt dies „innerhalb eines an Vernunft und Menschenwürde orientierten Strafrechts voraus", dass der Täter es hätte vermeiden können, die Straftat zu begehen.[1305] Dies setzt voraus, dass der Mensch sich überhaupt „frei für oder gegen ein Handeln" entscheiden kann, mithin Willensfreiheit vorliegt.[1306]

1. Inhalt und Bedeutung des Schuldprinzips

Dem Allgemeinen Strafrecht liegt das *Schuldprinzip* zugrunde.[1307] Es beschreibt „das Phänomen der Schuld als Grundlage und Grenze der staatlichen

1300 Vgl. S. 109 f.

1301 *Weber*, Jugendstrafe, S. 97, 91.

1302 *Beulke/Swoboda*, Jugendstrafrecht, Rn. 457; *Schöch/Höffler*, in: Meier/Bannenberg/Höffler, Jugendstrafrecht, § 11 Rn. 12; *Tenckhoff*, JR 1977, 485, 492; *Weber*, Jugendstrafe, S. 97 f.

1303 *Strobel*, Jugendstrafe, S. 109.

1304 *Weber*, Jugendstrafe, S. 98 m.w.N.

1305 *Gropp/Sinn*, Strafrecht AT, § 6 Rn. 51.

1306 Ebenda.

1307 Vgl. dazu *Achenbach*, Schuldlehre, S. 3; *Eisele*, in: Schönke/Schröder, StGB, Vor §§ 13 ff. Rn. 108 ff. m.w.N.; *Jescheck/Weigend*, Strafrecht AT, S. 23 ff.; vgl. ergänzend

Strafgewalt", mithin die „innere Rechtfertigung des in der Strafe liegenden staatlichen Eingriffs, um die Legitimität des Schuldstrafrechts überhaupt".[1308]

Obwohl der Grundsatz *nulla poena sine culpa* nicht ausdrücklich verfassungsrechtlich normiert ist,[1309] erfährt er durch die Verankerung in Art. 1 Abs. 1, Art. 2 Abs. 1 GG i.V.m. Art. 20 Abs. 3 GG dennoch Verfassungsrang.[1310] Einfachgesetzlich kommt das Schuldprinzip etwa in § 46 StGB zum Ausdruck.[1311] Die Verwurzelung des *Schuldprinzips* in der verfassungsrechtlich geschützten Würde und Eigenverantwortlichkeit, Art. 1 Abs. 1 und Art. 2 Abs. 1 GG, basiert darauf, dass das Strafrecht und das Grundgesetz auf dem Verständnis basieren, dass jeder Mensch in seiner Willensbildung grundsätzlich frei ist, er sein Verhalten eigenverantwortlich steuern und damit entscheiden kann, ob er eine Straftat begeht oder nicht.[1312] Spiegelbildlich drückt sich insbesondere in den Ausnahmetatbeständen des §§ 20, 21 StGB aus, die in denjenigen Fällen Schuld ausschließen, in denen keine freie Willensbildung möglich ist.[1313]

Die Strafe ist „keine wertindifferente Maßregel", sondern enthält „einen sozialethischen Tadel gegen den Täter".[1314] Dieser lässt sich nicht allein aus einem tatbestandsmäßigen und rechtswidrigen, d.h. im Widerspruch zu den generellen rechtlichen Sollensanforderungen stehenden Verhalten, rechtfertigen, sondern erst dann, wenn die persönliche Verantwortlichkeit des Täters für die rechtswidrige Tat, sein „Dafür-Können", hinzukommt.[1315] Dem Täter wird vorgeworfen, dass er sich nicht rechtmäßig verhalten hat, indem er sich für das Unrecht entschieden hat, obwohl er sich durch eine Entscheidung für das Recht hätte rechtmäßig verhalten können.[1316] Der Erwachsene haftet daher, weil er als

---

auch *Schünemann*, in: Schünemann, Grundfragen des modernen Strafrechts, S. 153 ff.

1308 *Achenbach*, Schuldlehre, S. 3; sowie BVerfGE 20, 323, 331; BVerfGE 25, 269, 285; BVerfGE 57, 250, 275.

1309 Anders als das Gesetzlichkeitsprinzip *nulla poene sine lege* ist das Schuldprinzip nicht etwa in Art. 103 Abs. 2 GG normiert.

1310 Vgl. etwa BVerfGE 20, 323, 331; BVerfGE 25, 269, 285; BVerfGE 41, 121, 125; BVerfGE 45, 187, 259; BVerfGE 50, 125, 133; dazu auch *Roxin/Greco*, Strafrecht AT Bd. 1, § 3 Rn. 52.

1311 *Eisele*, in: Schönke/Schröder, StGB, Vor §§ 13 ff. Rn. 103/104.

1312 BVerfGE 95, 96, 131; BVerfGE 109, 133, 171.

1313 Vgl. dazu *Fischer*, StGB, Vor § 13 Rn. 8, § 20 Rn. 2 ff., § 21 Rn. 2 ff.

1314 *Eisele* in: Schönke/Schröder, StGB, Vor §§ 13 ff. Rn. 103/104.

1315 BVerfG, BeckRS 1998, 154664; BGHSt, 2, 194, 200; BGHSt 18, 94 ff.; *Kaufmann*, Schuldprinzip, S. 115 ff.; ergänzend auch *Jescheck/Weigend*, Strafrecht AT, S. 23 ff.

1316 BGHSt 2, 194, 200.

Willenssubjekt verstanden wird, das die Freiheit hat, zu handeln, wofür er aber auch die Verantwortung trägt und daher bestraft wird.[1317] Nur die tatsächliche Willensfreiheit macht es möglich, dem Täter einen Taterfolg auch normativ zuzurechnen:[1318] Ein schuldunfähig handelnder Täter darf daher nicht zum bloßen Objekt staatlicher Machtausübung herabgestuft werden.

Als Vorwurf an den Täter, gesetzliches Unrecht schuldhaft verwirklicht zu haben, setzt Schuld voraus, dass der Täter willensfrei ist und die Tatbegehung hätte vermeiden können.[1319] Nachdem lange Zeit umstritten war, ob eine solche Willensfreiheit bestehen kann – es stehen sich die Theorien des *Determinismus* und des *Indeterminismus* gegenüber – entspricht es der heutigen Auffassung, dass eine Entscheidung weder getroffen werden kann, noch muss.[1320] Es genügt die Möglichkeit einer „Überdetermination", bei der das Bewusstsein über die Freiheit die Handlungen und Steuerungen zu der eigenen Gestaltung der Zukunft erfasst.[1321]

Darüber hinaus wirkt die Schuld sanktionsbegrenzend, da sie das Maß einer Strafe vorgibt.[1322] Dies ist auf das *Rechtsstaatsprinzip* aus Art. 20 Abs. 3 GG zurückzuführen, in dem das *Schuldprinzip* ebenfalls verankert.[1323] Das *Rechtsstaatsprinzip*, das neben der Garantie der Rechtssicherheit in formeller Hinsicht auch die Verwirklichung materieller Gerechtigkeit sichern soll, verlangt ein angemessenes Verhältnis von Tatbestand und Rechtsfolge:[1324] Die Strafe muss in einem gerechten Verhältnis zur Schwere der Tat und zum Verschulden des Täters stehen.[1325]

1317 *Jescheck*, Das Menschenbild unserer Zeit, S. 20 f., m.w.N. bei *Bohnert*, JZ 1983, 517, 518.

1318 *Fischer*, StGB, Vor § 13 Rn. 8.

1319 *Gropp/Sinn*, Strafrecht AT, § 6 Rn. 51.

1320 *Gropp/Sinn*, Strafrecht AT, § 6 Rn. 55 m.w.N.

1321 Ebenda.

1322 *Müller-Dietz*, Grenzen des Schuldgedankens, S. 34 m.w.N.

1323 Vgl. S. 180 f.

1324 BVerfGE 25, 269, 286; BVerfGE 50, 125, 133; BVerfGE 80, 244, 255; BVerfGE 86, 288, 313; BVerfGE 105, 135, 154; BVerfGE 110, 1, 13.

1325 BVerfGE 50, 125, 133; vgl. auch *Roxin*, JuS 1966, 377, 384 f.

2. Vereinbarkeit der Grundsätze des Schuldprinzips mit dem Jugendstrafrecht

Auch im Jugendstrafrecht nimmt das *Schuldprinzip* schon kraft seines Verfassungsranges[1326] zentrale Bedeutung ein. Zudem gelten im Jugendstrafecht gem. § 2 Abs. 2 JGG die Vorschriften des allgemeinen Strafrechts, sofern sich aus dem JGG keine lex specialis ergibt.

Der Gesetzgeber hat der Schuld im JGG selbstständige Bedeutung zugemessen, etwa in Gestalt des § 3 JGG und im Rahmen der Jugendstrafe wegen *Schwere der Schuld* gem. § 17 Abs. 2 Alt. 2 JGG. Die Vorschrift des § 3 S. 1 JGG bestätigt, dass es gerade im Anwendungsbereich des Jugendstrafrechts darauf ankommt, ob ein Täter für eine begangene Tat subjektiv verantwortlich ist.[1327] Dies gilt es demgemäß für Jugendliche sogar jeweils aktiv festzustellen.

III. Zugrundeliegender Schuldbegriff

Da die Jugendstrafe wegen *Schwere der Schuld* eine Strafe ist, deren Anordnung primär durch das Ausmaß der Schuld bestimmt wird, ist zunächst darzulegen, wie letztere begründet wird.

Obwohl grundlegend Einigkeit darüber besteht, dass *Schuld* Vorwerfbarkeit im Sinne einer Zuschreibung von Verantwortung für begangenes Tatunrecht ist,[1328] stellt sich die entscheidende Frage, was darunter inhaltlich im Einzelnen zu verstehen ist. Da sowohl das allgemeine Strafrecht als auch das Jugendstrafrecht eine Legaldefinition der *Schuld* entbehren, kursieren verschiedene Auslegungsansätze.[1329] Aufgrund der Komplexität des Begriffes ist dessen Bestimmung besonders herausfordernd.[1330]

1. Entwicklung des Schuldbegriffs[1331]

Der Schuldbegriff „in einem streng systematischen Sinne ist eine relativ neue Errungenschaft der Strafrechtsdogmatik".[1332] Er entwickelte sich lang, bis er sich

---

1326 Vgl. S. 181.

1327 *Jäger*, GA 2003, 469, 473.

1328 BGHSt 2, 194, 200; vgl. dazu umfassend auch *Frank*, Schuldbegriff, S. 11.

1329 *Eisele*, in: Baumann/Weber/Mitsch/Eisele, Strafrecht AT, § 16 Rn. 7 ff.

1330 Vgl. dazu umfassend *Achenbach*, Schuldlehre, S. 1 ff.

1331 Die Darstellung soll lediglich einen Überblick schaffen und skizziert die Ansätze daher nur kurz.

1332 *Achenbach*, Schuldlehre, S. 19.

schließlich in der Philosophie der Aufklärung und dem deutschen Idealismus bahn brach.[1333] Obwohl er sich erst gegen Ende des 19. Jahrhunderts „in den großen strafrechtlichen Lehrsystemen" behauptete und seine Position als „einer der Grundpfeiler des Strafrechtssystems" erreichte,[1334] war er der Wissenschaft nicht unbekannt.[1335] Die Schuld firmierte zuvor unter dem Begriff *Zurechnung*.[1336]

a) Psychologischer Schuldbegriff

Nach dem aus dem Positivismus hervorgegangenen *psychologischen Schuldbegriff*[1337] liegt das Wesen der Schuld in der subjektiv-seelischen Beziehung des Täters zur Tat.[1338] Nach diesem auf *von Beling*,[1339] *von Liszt*[1340] und *Radbruch*[1341] zurückzuführenden Ansatz, wurde Schuld als „Inbegriff der strafrechtlich relevanten Beziehungen der Innerlichkeit eines Menschen zu einem sozial schädlichen Erfolge seiner Handlungen"[1342] oder auch als „diejenige subjektive Beziehung, in welcher ein schuldfähiger Täter zu seiner Tat gestanden haben muss, um für diese strafrechtlich verantwortlich gemacht werden zu können" definiert.[1343] Der Schuldbegriff wird „mit dem psychischen Zustand Wissen/Nichtwissen und Wollen/Nichtwollen" identifiziert.[1344] Nach damaligem Verständnis bildeten Vorsatz und Fahrlässigkeit die Schuld.[1345]

Damit lässt sich nicht beantworten, welche psychisch-emotionale Beziehung für die strafrechtliche Beurteilung ausschlaggebend sein soll und warum sie schuldbegründend bzw. ihr Fehlen schuldausschließend wirkt.[1346] Der *psychologische Schuldbegriff* verbleibt „rein deskriptiv".[1347]

1333 Vgl. *Eisele*, in: Bauman/Weber/Mitsch/Eisele, Strafrecht AT, § 2 Rn. 47.
1334 *Achenbach*, Schuldlehre, S. 19.
1335 *Kaufmann*, Schuldprinzip, S. 217 f.
1336 *Achenbach*, Schuldlehre, S. 19.
1337 Vgl. dazu umfassend *Achenbach*, Schuldlehre, S. 62 ff.; Zusammenfassung bei *Weber*, Schuldprinzip, S. 29 f.
1338 *Beling*, Lehre vom Verbrechen, S. 180.
1339 Ebenda.
1340 *Von Liszt*, Lehrbuch des Deutschen Strafrechts, S. 145 ff.
1341 *Radbruch*, ZStW 24 (1904), 333, 348.
1342 *Löffler*, Schuldformen des Strafrechts, S. 5.
1343 *Kohlrausch*, Irrtum und Schuldbegriff, S. 1.
1344 *Strobel*, Jugendstrafe, S. 31; auch *Eisele*, in: Baumann/Weber/Mitsch/Eisele, Strafrecht AT, § 16 Rn. 8 ff.
1345 Vgl. umfassend *Jakobs*, Strafrecht AT 1, Abschn. 17 Rn. 5 m.w.N.
1346 Vgl. zur Kritik *Jescheck/Weigend*, Lehrbuch, S. 420; auch *Jakobs*, Strafrecht AT 1, Abschn. 17 Rn. 7.
1347 *Weber*, Schuldprinzip, S. 30.

b) Normativer Schuldbegriff

Aus der dem *psychologischen Schuldbegriff* entgegengesetzten Kritik entwickelte sich mit dem beginnenden 20. Jahrhundert der auf dem *psychologischen Schuldbegriff* aufbauende von *Frank*[1348] entwickelte sog. *normative Schuldbegriff*,[1349] der den *psychologischen Schuldbegriff* ablöste und auch noch heute herrschend ist.[1350]

Der *normative Schuldbegriff* ergänzt den *psychologischen* um ein normatives Element.[1351] Während es nur noch mittelbar auf Vorsatz und Fahrlässigkeit ankommen soll, die Schuld sich daher nicht mehr durch die innere Einstellung des Täters bestimmt, nimmt die „normative[...] Bewertung eines psychischen Sachverhalts" durch einen „Bewerter"[1352] die zentrale Rolle ein.[1353] *Frank* fasste dies mit dem Begriff *Vorwerfbarkeit* zusammen.[1354] Wortgleich charakterisierte sie auch der *BGH* in seiner Grundsatzentscheidung zur *Schuld*.[1355]

Der Schuldvorwurf besteht diesem Verständnis nach darin, dass ein Mensch nicht rechtmäßig gehandelt hat, obwohl er dazu aufgrund seiner freien, verantwortlichen sittlichen Selbstbestimmung,[1356] die es ihm erlaubt, sich für das Recht und gegen das Unrecht zu entscheiden und daher sein Verhalten nach den Normen des rechtlichen Sollens einzurichten und das rechtlich Verbotene zu vermeiden,[1357] in der Lage gewesen wäre.[1358] Der Schuld liegt die Vorwerfbarkeit

---

1348 Vgl. umfassend *Frank*, Schuldbegriff.

1349 Vgl. umfassend *Achenbach*, Schuldlehre, S. 50 f., 97 ff.; auch *Roxin/Greco*, Strafrecht AT Bd. 1, § 19 Rn. 11.

1350 *Eisele*, in: Schönke/Schröder, StGB, Vor §§ 13 ff. Rn. 113; *Radtke*, in: MüKo StGB Bd. 2, Vor § 38 Rn. 22.

1351 Vgl. *Eisele*, in: Baumann/Weber/Mitsch/Eisele, Strafrecht AT, § 16 Rn. 12 m.w.N.

1352 *Weber*, Schuldprinzip, S. 32.

1353 *Wessels/Beulke/Satzger*, Strafrecht AT, Rn. 624.

1354 *Frank*, Schuldbegriff, S. 11 ff. Andere setzten diese Begriffe dagegen nicht gleich, sondern erkannten in der Vorwerfbarkeit lediglich eine Folge der Schuld, vgl. dazu *Eisele*, in: Schönke/Schröder, StGB, Vor §§ 13 ff. Rn. 114 m.w.N.

1355 BGHSt 2, 194, 201 f.

1356 *Jescheck/Weigend*, Strafrecht AT, S. 407 f.

1357 BGHSt 2, 194 ff., 200 f.

1358 *Eisele*, in: Schönke/Schröder, StGB Vor §§ 13 ff. Rn. 109a, 110–110b; *Heger*, in: Lackner/Kühl, StGB, Vor § 13 Rn. 23; *Roxin*, ZStW 96 (1984), 641, 652.

der Tat mit Rücksicht auf die darin zum Ausdruck gekommene unrechte bzw. rechtlich missbilligte oder tadelnswerte Gesinnung zugrunde.[1359]

c) *Präventiver Schuldbegriff*[1360]

Vertreter eines jüngeren Ansatzes gehen davon aus, dass die Schuld allein keine konkrete Strafe rechtfertigen könne und knüpfen die strafrechtliche Verantwortung an präventive Erfordernisse.[1361] Die Annahme einer Schuld, einer Vorwerfbarkeit, träfe noch keine Aussage darüber, warum der Täter sich für diese auch verantworten muss, weshalb es einer staatlichen Strafe bedarf.[1362] Da rein metaphysische Erklärungsansätze nicht ausreichten, müsse die Schuld daher „funktional" sein, indem sie einen gesellschaftlichen Zweck verfolgt.[1363] Die Bewertung, ob einem Täter eine Tat vorzuwerfen ist, solle unter normativen Gesichtspunkten begrenzt werden.[1364] Der Zweck der Schuld wird nur in einer Begrenzungs- und Schutzfunktion gesehen, strafbegründend wirke sie hingegen nicht.[1365]

Jakobs definiert die Schuld über die Funktion der Strafe: Die Schuld wird als „Derivat" der Generalprävention bezeichnet, wodurch sich der Schuldbegriff vorrangig durch die Präventionszwecke der Strafe definiert.[1366] Dementsprechend wird ein schuldhaftes Verhalten überhaupt nur dann bejaht, wenn Strafe zweckbezogen für die Stärkung des allgemeinen Rechtsbewusstseins erforderlich erscheint.[1367]

Dies führt dazu, dass die inhaltliche Bestimmung der Schuld von äußeren Faktoren und „von der jeweiligen Verfassung der Gesellschaft" abhängt.[1368] Dies

---

1359 Kritisch *Frank*, Schuldbegriff, S. 4 ff.; vgl. weiterhin *Eisele*, in: Schönke/Schröder, StGB, Vor §§ 13 ff. Rn. 113 ff.; *ders.*, in: Baumann/Weber/Mitsch/Eisele, Strafrecht AT, § 16 Rn. 12 ff.; *Jescheck/Weigend*, Strafrecht AT, S. 51, 207 m.w.N.

1360 Auch *funktionaler* oder *kriminalpolitisch orientierter* Schuldbegriff.

1361 Vgl. dazu *Roxin*, in: FS Henkel, S. 171, 182 f.; *Roxin/Greco*, Strafrecht AT Bd. 1, § 19 Rn. 3 ff. i.V.m. 15 f.

1362 Vgl. *Roxin*, JuS 1966, 377, 378; *Roxin/Greco*, Strafrecht AT Bd. 1, § 19 Rn. 15; so auch *Streng*, ZStW 101 (1989), 273, 280 m.w.N.

1363 *Streng*, ZStW 101 (1989), 273, 280.

1364 Vgl. *Roxin*, in: FS Henkel, S. 171, 175, 182; m.w.N. *ders.*, in: FS Bockelmann, S. 279, 297, 308.

1365 Vgl. etwa *Roxin*, Jus 1966, 377, 384.

1366 *Jakobs*, Strafrecht AT 1, Abschn. 17, Rn. 18 ff., 22, 25; *ders.*, Schuld und Prävention, S. 6.

1367 Ebenda.

1368 *Jakobs*, Strafrecht AT 1, Abschn. 17 Rn. 22.

läuft auf eine „Manipulierbarkeit des Schuldbegriffs“ hinaus.[1369] Da ein solcher Ansatz eine beliebige, gar universelle Möglichkeit der Anpassung bedeutete, qualifiziert er sich nicht als „Leitbildfunktion für die Gestaltung des Strafrechts“.[1370] Die Garantie- und die Schutzfunktion des Schuldbegriffs gingen verloren.[1371]

Wenn auch etwas abgeschwächt, bestimmt *Roxin* die Schuld ebenfalls durch Prävention mit: Er hält im Gegensatz zu *Jakobs* an der Unterscheidung zwischen *Schuld* und *Prävention* fest, geht davon aus, dass sie als sich wechselseitig begrenzen, und anhand dessen zu ermitteln ist, ob ein Maß der Verantwortung erreicht ist, dass eine Strafe erforderlich macht.[1372] Er ergänzt die Schuldbestimmung um die Erforderlichkeit einer dem Gesetz zu entnehmenden „präventiven Notwendigkeit strafrechtlicher Ahndung“, sodass die strafrechtliche Verantwortlichkeit auch davon abhängt, ob ein schuldhaftes Verhalten auch aus präventiven Gründen Bestrafung verlangt.[1373]

Indem *Roxin* die Begriffe paritätisch behandelt und nebeneinanderstellt, schafft er letztlich ein reines Präventionskonzept.[1374] Dies entzieht der Schuld ihre eigentliche Aufgabe, da sie so zur Folge des Präventionszwecks würde.[1375] Die eigenständige Bedeutung der Schuld liegt hingegen darin, einerseits strafbegründende Wirkung zu entfalten, daher die Ursache etwaiger Präventionsbedürfnisse zu sein, und gleichzeitig strafbegrenzend die generalpräventive Einwirkung zu limitieren.[1376]

Gegen die präventiv geprägten Konzepte spricht, dass sie die rückblickende Bestimmung der Verantwortlichkeit von der Frage ablösen, inwieweit der Täter durch die Strafe beeinflusst wird bzw. inwieweit sich die Strafe als Mittel der Prävention eignet.[1377] Die Bemessung der Schuld kann allerdings nicht auf die individuelle – retrospektive – Verantwortung verzichten.[1378]

1369 *Hirsch*, ZStW 106 (1994), 746, 753.

1370 Ebenda.

1371 *Bock*, ZStW 103 (1991), 636, 643 ff.

1372 *Roxin/Greco*, Strafrecht AT Bd. 1, § 19 Rn. 3 ff., 15 ff.; *Roxin*, in: FS Bockelmann, S. 279, 281 ff.; *ders.*, in: FS Henkel, S. 171, 181 ff.

1373 Ebenda.

1374 *Hirsch*, ZStW 106 (1994), 746, 756.

1375 *Eisele*, in: Baumann/Weber/Mitsch/Eisele, Strafrecht AT, § 16 Rn. 15.

1376 Vgl. *Eisele*, in: Baumann/Weber/Mitsch/Eisele, Strafrecht AT, § 16 Rn. 15; *ders.*, in: Schönke/Schröder, StGB, Vorb. §§ 13 ff., Rn. 118; *Maurach/Zipf*, Strafrecht AT Bd. 1, § 30 Rn. 49; *Meyer-Odewald*, Jugendstrafe, S. 26 m.w.N.

1377 *Meyer-Odewald*, Jugendstrafe, S. 26 f. m.w.N.

1378 Vgl. S. 186 f.

Aus besagten Gründen überzeugen die präventiven Ansätze zur Bestimmung des Schuldbegriffs nicht und lösen den normativen Schuldbegriff daher nicht ab.[1379]

2. Normativer Schuldbegriff im Jugendstrafrecht

Es ergibt sich schon aus § 2 Abs. 2 JGG, dass der normative Schuldbegriff auch dem Jugendstrafrecht zugrunde liegt.[1380] Gemäß dieser Vorschrift sind die Bestimmungen des allgemeinen Strafrechts anzuwenden, sofern sich keine davon abweichenden Regelungen aus dem JGG ergeben. Das JGG kennt mit § 3 JGG nur eine schuldspezifische Sonderregelung, die die verlangte Vorwerfbarkeit sogar bekräftigt: Im Unterschied zum allgemeinen Strafrecht, das entsprechend § 20 StGB von der grundsätzlichen Schuldfähigkeit eines Erwachsenen ausgeht, verlangt § 3 JGG, dass die Verantwortlichkeit als Schuldvoraussetzung positiv festgestellt wird.[1381] Dieses für Jugendliche[1382] geltende Erfordernis entspricht dem wertenden Anspruch des normativen Schuldbegriffs:[1383] Der Täter muss subjektiv verantwortlich sein, d.h. die Tat muss ihm als „sein Werk" zugerechnet werden können.[1384] Der normative Schuldbegriff ist durch die Vorwerfbarkeit der Willensbildung gekennzeichnet.[1385] Ist der Wille des Jugendlichen also soweit geformt und gefestigt, dass er den sozialen Wert oder Unwert seiner Handlung erkennen und sich danach richten kann, sind also Einsichts- und Handlungsfähigkeit des Jugendlichen zu bejahen, dann ist er im Sinne des § 3 JGG verantwortlich, seine Unrechtshandlung vorwerfbar.[1386] Es gilt, unter Berücksichtigung des Entwicklungsstandes und des gesamten Persönlichkeitsbildes besonders zu prüfen, „in welchem Ausmaß [der Jugendliche] sich bereits frei und selbstverantwortlich gegen das Recht und für das Unrecht entschieden hat".[1387]

1379 So auch *Eisele*, in: Schönke/Schröder, StGB, Vor §§ 13 ff. Rn. 117; *Meyer-Odewald*, Jugendstrafe, S. 26 ff.; *Radtke*, in: MüKo StGB Bd. 2, Vor § 38 Rn. 23; *Strobel*, Jugendstrafe, S. 36; *Weber*, Schuldprinzip, S. 41 ff.

1380 *Meyer*, ZfJ 71 (1984), 445, 448; *Meyer-Odewald*, Jugendstrafe, S. 27 ff., 33; *Weber*, Schuldprinzip, S. 114.

1381 *Remschmidt/Rössner*, in: Meier/Rössner/Trüg/Wulf, JGG, § 3 Rn. 1.

1382 Die Vorschrift findet nicht auf Heranwachsende Anwendung, § 105 Abs. 1 JGG.

1383 *Wolf*, Strafe und Erziehung, S. 145.

1384 *Jäger*, GA 2003, 469, 473; *Ostendorf*, in: Ostendorf, JGG, Grdl. zu § 3 Rn. 3.

1385 Vgl. S. 185 f.

1386 *Schaffstein*, in: FS Heinitz, S. 461, 466.

1387 BGHSt 2, 194, 200; BGH, GA 1982, 553, 554; BGH, StV 1994, 599; *Sonnen*, in: Diemer/Schatz/Sonnen, JGG, § 17 Rn. 25.

3. Schuldbegriff i.S.d. § 17 Abs. 2 Alt. 2 JGG

Indem der *BGH* in einschlägigen jugendstrafrechtlichen Entscheidungen auf seine Grundsatzentscheidung zum Schuldbegriff verweist,[1388] bestätigt er, dass der normative Schuldbegriff auch der Jugendstrafe wegen *Schwere der Schuld* zugrunde liegt.[1389]

IV. Materielle Begründung des Schuldvorwurfs

1. Ausgangspunkt

Um zu bestimmen, wie der Schuldvorwurf materiell zu begründen ist,[1390] muss zunächst dessen Bezugsobjekt herausgearbeitet werden: Die persönliche Verantwortung des Täters kann sowohl die konkrete einzelne Tat (*Tatschuld*) oder seine Gesamtpersönlichkeit bzw. seine gesamte bisherige Lebensführung (*Täterschuld*)[1391] betreffen.[1392]

a) Bezugspunkt im allgemeinen Strafrecht

aa) Tatstrafrechtliche Konzeption des allgemeinen Strafrechts

Das allgemeine Strafrecht ist systematisch als *Tatstrafrecht*[1393] konzipiert.[1394] Dementsprechend knüpft die Strafbarkeit an eine einzelne – oder ggf. auch an mehrere – tatbestandlich umschriebene Handlung(en), d.h. an ein bestimmtes Geschehen, an.[1395]

1388 Vgl. etwa BGH, StV 1982, 335.

1389 So auch etwa *Benske*, Erziehungsgedanke, S. 56 f.; *Schaffstein*, in: FS Heinitz, S. 461, 465; *Weber*, Schuldprinzip, S. 114.

1390 Vgl. dazu *Jescheck/Weigend*, Strafrecht AT, S. 422 m.w.N.

1391 Auch: Theorie der *Lebensentscheidungsschuld*.

1392 *Roxin/Greco*, Strafrecht AT Bd. 1, § 19 Rn. 62; vgl. dazu auch *Kaufmann*, Schuldprinzip, S. 19; *Jescheck Weigend*, Strafrecht AT, S. 423 f.; *Joecks/Erb*, in: MüKo StGB Bd. 1, Einl. Rn. 42.

1393 Vgl. zur mittlerweile überwundenen strikten Trennung zwischen einer objektiven und subjektiven Verbrechenslehre, *Joecks/Erb*, in: MüKo StGB Bd. 1, Einl. Rn. 45 ff.

1394 Ein reines Tatstrafrecht hätte keine jugendadäquaten Maßnahmen anzubieten: *Budelmann*, Jugendstrafrecht für Erwachsene?, S. 64; *Schlüchter*, Erziehungsgedanke, S. 5; *Streng*, Jugendstrafrecht, Rn. 15.

1395 *Roxin/Greco*, Strafrecht AT Bd. 1, § 6 Rn. 1; zudem auch *Eisele*, in: Schönke/Schröder, StGB, Vor §§ 13 ff. Rn. 3, 105/106; ergänzend *Beulke/Swoboda*, Jugendstrafrecht, Rn. 3.

Diese tatstrafrechtliche Struktur ergibt sich vor allem daraus, dass das allgemeine Strafrecht samt seiner Rechtsfolgen erst retrospektiv-repressiv anwendbar ist, wenn eine Straftat begangen wurde und nicht etwa schon prospektiv aufgrund der „Gesinnung oder inneren Einstellung“ eines Straftäters auf diesen eingewirkt werden kann (kein sog. *Gesinnungsstrafrecht*).[1396]

Ein anderer Anknüpfungspunkt als die Tat widerspräche auch dem verfassungsrechtlich verankerten Grundsatz *nullum crimen, nulla poena sine lege* aus Art. 103 Abs. 2 GG.[1397] Dem Bestimmtheitsgrundsatz werden allein Handlungsbeschreibungen und Tatstrafen gerecht – im Gegensatz zu Strafbestimmungen, die auf „ein dauerndes kriminogenes Merkmal“ in der Person des Täters oder „das menschliche So-Sein der zu strafenden Persönlichkeit“ abstellen und Art und Ausmaß der Sanktion allein danach bemessen.[1398] Eine auf liberalrechtsstaatlichen Grundsätzen fußende Rechtsordnung wird stets zum Tatstrafrecht tendieren.[1399]

Daher sind die seit *von Liszt* starken spezialpräventiven Strömungen im deutschen Strafrecht, nach denen die Frage, welche Einwirkung auf den Delinquenten zur Verhütung künftiger Straftaten erforderlich ist, einen größeren Persönlichkeitsbezug aufweist, nicht als unterschwellig begründetes *Täterstrafrecht* misszuverstehen.[1400] Obwohl *von Liszt* aus prophylaktischen Gründen durchaus mit gesinnungsstrafrechtlichen Tendenzen sympathisierte,[1401] versuchte er nicht das *Tatstrafrecht* als solches zu diffamieren.[1402] Ein Täter sollte weiterhin nur wegen der von ihm begangen Straftat bestraft werden.[1403] *Von Liszt* befürwortete schlussendlich lediglich eine tiefere Auseinandersetzung mit der Person des Täters – im Gegensatz zum Vorgehen der Vertreter der absoluten Straftheorien.[1404]

1396 *Weber*, Schuldprinzip, S. 48.
1397 *Remmert*, in: Dürig/Herzog/Scholz, GG Bd. 6, Art. 103 Abs. 2, Rn. 55.
1398 *Roxin/Greco*, Strafrecht AT Bd. 1, § 6 Rn. 2 m.w.N.
1399 Ebenda.
1400 Ebenda.
1401 *Von Liszt*, ZStW 12 (1892), 161.
1402 So auch Einschätzung bei *Roxin/Greco*, Strafrecht AT Bd. 1, § 6 Rn. 2.
1403 *Von Liszt*, ZStW 12 (1892), 161.
1404 So auch Einschätzung bei *Roxin/Greco*, Strafrecht AT Bd. 1, § 6 Rn. 2.

bb) Einzeltatschuld als Anknüpfungspunkt der Schuld

Dementsprechend begründet sich auch der konkrete Schuldvorwurf aus einer einzelnen Handlung, die einen gesetzlichen Tatbestand verwirklicht,[1405] sog. *Einzeltatschuld.*[1406]

Darauf beschränkt sich der Vorwurf.[1407] Dem Täter werden weder seine bisherige Lebensführung, eine etwaige „schuldhafte Persönlichkeitsgestaltung“[1408] oder eine Prognose bezüglich der künftigen Legalbewährung vorgehalten.[1409] Die Sanktion stellt sich vielmehr als Antwort auf die Tat dar.[1410] Bestraft wird das durch ihn verwirklichte Tatunrecht.[1411] Dem Täter wird „sozial-ethisch[...]“ vorgeworfen, dass er – als ein auf freie Selbstbestimmung angelegtes Wesen – „in der konkreten Tatsituation“ diejenigen „Verhaltensanforderungen, die der Staat zum Zwecke der Sicherung von Rechtsgüter[n] der Bürger zu stellen berechtigt ist, nicht erfüllt“ hat.[1412]

Nur vereinzelt fordert das *Tatstrafrecht* dazu auf, die Person des stärkeren Täters in den Blick zu nehmen – etwa im Rahmen der Strafzumessung. § 46 Abs. 2 StGB verlangt, dass „das Vorleben des Täters, seine persönlichen und wirtschaftlichen Verhältnisse“ sowie „sein Verhalten nach der Tat“ zu berücksichtigen sind. Die Tat, an die angeknüpft wird, ist nicht als „punktuelle und isolierte Erscheinung“ in der Biografie des Täters wahrzunehmen.[1413] Sie ist vielmehr in einem größeren Gesamtzusammenhang zu betrachten, da in der ihr zugrundliegenden Handlung häufig Verkettungen verschiedener Fehlentwicklungen kulminiert zum Ausdruck kommen, die alle ein Stück Persönlichkeitsverwirklichung offenbaren.[1414] Dies ist allerdings nicht dahingehend misszuverstehen,

---

1405 *Bohnert*, JZ 1983, 517; *Jescheck*, Strafrecht AT, S. 316, 423; *Kaufmann*, Schuldprinzip, S. 188 f.; *Miehe*, Bedeutung der Tat, S. 7, 13; *Roxin/Greco*, Strafrecht AT Bd. 1, § 19 Rn. 62; *Weber*, Schuldprinzip, S. 47.

1406 *Kaufmann*, JZ 1967, 553, 555; *Müller-Dietz*, Grenzen des Schuldgedankens, S. 62; *Weber*, Jugendstrafe, S. 79; *Weitl*, Dogmatische Grundlagen, S. 8 f.

1407 Vgl. etwa *Eisele*, in: Baumann/Weber/Mitsch/Eisele, Strafrecht AT, § 16 Rn. 16 ff.

1408 Vgl. etwa *Kaufmann*, Schuldprinzip, S. 287 ff.

1409 *Roxin/Greco*, Strafrecht AT Bd. 1, § 6 Rn. 1; vgl. auch *Jeschek/Weigend*, Strafrecht AT, S. 423.

1410 *Bohnert*, JZ 1983, 517; *Kaufmann*, Schuldprinzip, S. 188 f.; *Miehe*, Bedeutung der Tat, S. 7, 13.

1411 *Hellmer*, Erziehung und Strafe, S. 23.

1412 *Radtke*, in: MüKo StGB Bd. 2, Vor § 38 Rn. 20.

1413 *Eisele*, in: Schönke/Schröder, StGB, Vor §§ 13 ff. Rn. 105/106.

1414 Ebenda.

dass sich darin ein täterstrafrechtlicher Einfluss niederschlägt, der den Anknüpfungspunkt des Schuldvorwurfs modifiziert:[1415] Dieser bleibt immer die konkrete Tat.[1416] Vielmehr indizieren die täterorientierten Strafzumessungsgesichtspunkte lediglich die in der Tat zum Ausdruck kommenden Motive und vor allem die (kriminelle) Gesinnung des Täters,[1417] d.h. sie offenbaren lediglich, inwiefern das frühere Verhalten – in ebenjener konkreten Tat – tatsächlich zum Ausdruck gekommen ist.[1418] Dementsprechend bleiben Persönlichkeitsmerkmale ohne spezifischen Tat- bzw. Tatbegehungsbezug unberücksichtigt,[1419] was auch die Streichung des § 20a StGB a.F. zeigt.[1420] Die Berücksichtigung der bisherigen Lebensführung darf niemals dafür instrumentalisiert werden, das Maß der Tatschuld zu begründen.[1421]

b) Ausgangspunkt im Jugendstrafrecht

Angesichts der täterorientierten Ausrichtung des Jugendstrafrechts erhebt sich die Frage, ob dies einen von der Einzeltatschuld abweichenden Ansatzpunkt verlangt.

aa) Täterorientierte Ausgestaltung des Jugendstrafrechts

Ob seiner täterbezogenen Ausgestaltung firmiert das Jugendstrafrecht in Abgrenzung zum allgemeinen Strafrecht oft idealtypisch als *Täter-*[1422] oder auch *Erziehungsstrafrecht.*[1423]

Ein *Täterstrafrecht* charakterisiert sich dadurch, dass der Vorwurf nicht durch Anknüpfung an die Straftat, sondern durch die Persönlichkeit des Täters, dessen Asozialität und die danach zu stellende Prognose begründet wird.[1424] Diese Grundkonzeption untersagt es gar, objektive Aspekte, etwa die objektive

1415 Vgl. auch *Roxin/Greco*, Strafrecht AT Bd. 1, § 6 Rn. 22.
1416 *Eisele*, in: Schönke/Schröder, StGB, Vor §§ 13 ff. Rn. 105/106.
1417 *Dölling*, in: FS Schreiber, S. 55, 58.
1418 *Eisele*, in: Schönke/Schröder, StGB, Vor §§ 13 ff. Rn. 105/106; *Heinitz*, ZStW 63 (1951), 57, 72; *Jescheck/Weigend*, Strafrecht AT, S. 423 f.
1419 BGH, NStZ-RR 2001, 295.
1420 *Eisele*, in: Schönke/Schröder, StGB, Vor §§ 13 ff. Rn. 105/106.
1421 BGH, NStZ-RR 2007, 195; *Roxin/Greco*, Strafrecht AT Bd. 1, § 6 Rn. 22.
1422 *Albrecht*, ZStW 97, 831, 840 m.w.N.; *Beulke/Swoboda*, Jugendstrafrecht, Rn. 3, 263 ff.
1423 *Beulke/Swoboda*, Jugendstrafrecht, Rn. 2; *Streng*, Jugendstrafrecht, Rn. 15.
1424 *Joecks/Erb*, in: MüKo StGB Bd. 1, Einl. Rn. 43; *Roxin/Greco*, Strafrecht AT Bd. 1, § 6 Rn. 1; vgl. auch *Beulke/Swoboda*, Jugendstrafrecht, Rn. 3.

Unrechtsschwere oder ein objektives Maß von Tatschuld zum Maßstab der Rechtsfolgenbestimmung zu machen.[1425] Die Bedeutung der konkret begangenen Straftat beschränkt sich auf eine symptomatische Bedeutung.[1426] Ihre Funktion erschöpft sich darin, eine bestimmte Täterpersönlichkeit bzw. bestimmte Defekte zu offenbaren.[1427] Da zu den Voraussetzungen einer Strafandrohung daher weitaus mehr gehört, als die einzelne Handlung, die Tatbegehung, wird der auf die Lebensführung zurückzuführende Vorwurf, dass der Täter zu einer kriminellen Persönlichkeit geworden ist,[1428] „Gegenstand des gesetzlichen Tadels", d.h. die Strafe gilt „dem Täter als solchem".[1429]

Die konzeptionelle Gestaltung des Jugendstrafrechts weist täterstrafrechtliche Elemente auf, da sowohl die Anordnung als auch die Bemessung der Sanktion in erster Linie an die Persönlichkeit des Täters und weniger an die Tat selbst und das in ihr verkörperte Unrecht anknüpfen.[1430] Durch die Konzentration auf den einzelnen Betroffenen soll dessen Individualität stärker berücksichtigt werden.[1431]

Die Dominanz des *Erziehungsgedankens*, der verlangt, dass jede Reaktion auf jugendliches Fehlverhalten am individuellen Erziehungs- und Präventionsbedarf des jungen Täters auszurichten ist,[1432] lässt objektive Maßstäbe, die von der Tat, die im Laufe der historischen Entwicklung „eine immer prägnantere Typisierung erfahren hat", schwinden.[1433] Unabhängig davon, welcher Erziehungsbegriff zugrunde gelegt wird, müssen die jugendstrafrechtlichen Rechtsfolgen eine jugendspezifische, -adäquate und individualisierende Reaktion zum Zweck der Spezialprävention darstellen.[1434] Durch das Leitziel der beim jeweiligen Täter

1425 *Swoboda*, ZStW 132 (2020), 826, 829.

1426 Vgl. zu umfassend die Untersuchung von *Tesar*, Symptomatische Bedeutung, S. 197 ff.

1427 *Stratenwerth/Kuhlen*, Strafrecht AT, § 2 Rn. 23.

1428 *Jescheck/Weigend*, Strafrecht AT, S. 54 f.

1429 *Bockelmann*, Studien zum Täterstrafrecht 1.Teil, S. 3 f.

1430 *Albrecht*, Jugendstrafrecht, S. 66 f.; *Beulke/Swoboda*, Jugendstrafrecht, Rn. 3; *Hellmer*, Erziehung und Strafe, S. 16, 23; *Streng*, Jugendstrafrecht, Rn. 15; *Strobel*, Jugendstrafe, S. 14 m.w.N.; vgl. auch ausführlich *Weber*, in: *Miehe*, Bedeutung der Tat, S. 2; *Weitl*, Dogmatischen Grundlagen, S. 3; *Wolf*, Strafe und Erziehung, S. 69 f.

1431 *Beulke/Swoboda*, Jugendstrafrecht, Rn. 263 ff.; *Miehe*, Bedeutung der Tat, S. 24, 26; *Weber*, Schuldprinzip, S. 52 f.

1432 *Swoboda*, ZStW 132 (2020), 826, 829.

1433 *Hellmer*, Erziehung und Strafe, S. 16.

1434 *Brunner/Dölling*, JGG, § 2 Rn. 2; *Ostendorf/Drenkhahn*, Jugendstrafrecht, Rn. 53.

selbst ansetzenden *Erziehung*, bleiben die Reaktionen daher jeweils neu, individuell und subjektiv.[1435] Der Täter und seine Einstellung zur Tat stehen im Zentrum der Aufmerksamkeit, verbunden mit dem Auftrag, diejenigen Defizite, die zu der Straftat geführt haben, zu lokalisieren und anschließend die angemessene Reaktion auszuwählen, um diese zu beheben.[1436]

Das Jugendstrafrecht ist ein „Rechtsfolgenrecht",[1437] d.h. es bezieht sich auf die Frage, wie auf ein begangenes Unrecht reagiert werden soll.[1438] Das Rechtsfolgensystem ist dessen „Kernstück".[1439] Die Besonderheiten[1440] bieten dem Rechtsanwender die Möglichkeit flexibler Rechtsfolgen zwecks Rücksichtnahme auf den Täter.[1441] Damit orientiert sich die Auswahl der jugendstrafrechtlichen Rechtsfolgen – ganz im Sinne eines Täterstrafrechts – primär an Merkmalen der Täterpersönlichkeit.[1442]

So geht bereits aus dem Wortlaut der Grundsatznorm des jugendstrafrechtlichen Rechtsfolgensystems, § 5 Abs. 1 JGG, hervor, dass die Straftat nur aus erzieherisch-präventiven Gründen „Anlass" dazu gibt, Erziehungsmaßregeln (§§ 9 ff. JGG) anzuordnen. Für die konkrete Reaktion auf die Tat und ihre Bemessung kommt es auf die individuelle erzieherische Notwendigkeit an.[1443] Auch die in § 5 Abs. 2 JGG zum Ausdruck kommende Subsidiarität bewirkt, dass es vordergründig nicht um Strafen, sondern um die jugendadäquate Bewältigung von Normverstößen durch Jugendliche geht:[1444] Eine als „härter" eingestufte

1435 *Hellmer*, Erziehung und Strafe, S. 16.

1436 BGHSt 36, 37, 42; BGH, NJW 2002, 73, 76; *Kurzberg*, Jugendstrafe, S. 2.

1437 *Zieger/Nöding*, Verteidigung in Jugendstrafsachen, Rn. 35.

1438 *Diemer*, in: Diemer/Schatz/Sonnen, JGG, § 5 Rn. 3.

1439 *Lenz*, Rechtsfolgensystematik, S. 18; *Dölling*, in: FS Brunner, S. 181; so auch *Albrecht*, Gutachten zum 64. DJT, S. 140.

1440 Insbesondere der Wegfall der tatbestandsbezogenen, nach der Schwere der Tat abgestuften Strafrahmen, *Beulke/Swoboda*, Jugendstrafrecht, Rn. 261 f. Eine Einschränkung dieser Perspektive ergibt sich aus § 18 Abs. 2 S. 2 JGG, nach dem Verbrechen mit einer Strafobergrenze von mehr als zehn Jahren Freiheitsstrafe im Jugendstrafrecht zu einem erhöhten Einheitsstrafrahmen von bis zu zehn Jahren führt. Für Heranwachsende ergibt sich aus § 105 Abs. 3 S. 2 JGG eine schuldorientierte Strafrahmenerhöhung auf bis zu 15 Jahre für Mordfälle mit besonderer Schwere der Schuld.

1441 *Miehe*, Bedeutung der Tat, S. 24.

1442 *Beulke/Swoboda*, Jugendstrafrecht, Rn. 263.

1443 Vgl. *Weber*, Schuldprinzip, S. 52.

1444 *Beulke/Swoboda*, Jugendstrafrecht, Rn. 1; *Budelmann*, Jugendstrafrecht für Erwachsene?, S. 64.

Sanktion in Form ahndender Zuchtmittel (§§ 13 ff. JGG) oder Jugendstrafe (§ 17 JGG) soll nur dann zur Anwendung kommen, wenn eine mildere Maßnahme nicht ausreicht. Dies erfordert eine „ganzheitliche[...] Täterbeurteilung".[1445] Bezugspunkt ist daher der in der Tat hervorgehende Ahndungs- und Erziehungsbedarf.[1446] Die Bedeutung der einzelnen Tat wird dadurch insofern eingeschränkt, als sie nur als „Symptom" dient; die Verbindung zwischen Tat und Rechtsfolge ist im Jugendrecht erheblich gelockert.[1447]

Diese täterstrafrechtliche Ausrichtung gilt nicht uneingeschränkt.[1448] Sie darf weder missverstanden, noch überstrapaziert werden: Knüpfte man allein an die asoziale Gesinnung an, begründete man ein *Gesinnungsstrafrecht*, das schon verfassungsrechtlich – *nulla poena sine lege*, Art. 103 Abs. 2 GG – unzulässig ist.[1449] Dies strebte auch weder *von Liszt* an, noch wurde es tatsächlich verwirklicht.[1450] Wenn das Jugendstrafrecht daher mitunter als *Täterstrafrecht* bezeichnet wird, bedeutet dies lediglich, dass bei der Auswahl und der Bemessung der Rechtsfolgen und bei ihrem Vollzug im Gegensatz zum allgemeinen Strafrecht in höherem Maße auf den einzelnen Betroffenen abgestellt wird und dessen Individualität stärker zu berücksichtigen ist.[1451] Sie ist allein als besonders starke *Täterorientierung* aufzufassen.

Selbstverständlich knüpft auch das Jugendstrafrecht bereits aus verfassungsrechtlichen Gründen an die Tat an.[1452] Dies ergibt sich schon daraus, dass eine Straftat der zwingende Ausgangspunkt für den Eintritt der im JGG vorgesehenen Rechtsfolgen ist, §§ 1 Abs. 1, 4 JGG. Die Persönlichkeit, der Charakter oder die Lebensführung des Täters allein qualifizieren kein jugendstrafrechtliches Einschreiten.[1453] Sie können nicht vom konkret abzuurteilenden Tatgeschehen abgekoppelt berücksichtigt werden.[1454]

1445 *Rössner*, in: Meier/Rössner/Trüg/Wulf, JGG, § 5 Rn. 2; *Rössner/Bannenberg*, in: Meier/Bannenberg/Höffler, Jugendstrafrecht, § 1 Rn. 23.

1446 *Rössner* in: Meier/Rössner/Trüg/Wulf, § 5 Rn. 2.

1447 *Walter*, ZStW 113 (2001), 743, 750.

1448 *Beulke/Swoboda*, Jugendstrafrecht, Rn. 268; vgl. auch *Joecks*, in: MüKo StGB Bd. 1, Einl. Rn. 42.

1449 Vgl. S. 189 f.

1450 *Jescheck/Weigend*, Strafrecht AT, S. 54; *Roxin/Greco*, Strafrecht AT Bd. 1, § 6 Rn. 4; *Stratenwerth/Kuhlen*, Strafrecht AT, § 2 Rn. 24.

1451 *Pfeiffer*, Kriminalprävention, S. 7; *Weitl*, Dogmatischen Grundlagen, S. 65 ff.

1452 *Ostendorf*, in: Ostendorf, JGG, § 5 Rn. 2.

1453 *Benske*, Erziehungsgedanke, S. 57 ff.

1454 *Strobel*, Jugendstrafe, S. 106; *Weber*, Schuldprinzip, S. 53.

Der proklamierte „Vorrang des *Erziehungsgedankens*“[1455] kann nur auf der Ebene der Sanktionsziele anerkannt werden.[1456] Dabei stellt die Straftat auch eine Bestrafungsgrenze dar,[1457] denn auch mit dem erzieherisch motivierten Strafrecht dürfen keine rechtsstaatlichen Vorgaben übergangen werden; die positiv-spezialpräventiv ausgerichtete Sanktion muss im Verhältnis zur Tat stehen – „(tatschuld-)angemessen sein“.[1458] Die Freiheit bei der Rechtsfolgenauswahl ist also relativ. Der grundlegende Unterschied läuft darauf hinaus, dass die Rechtsfolgen stärker als im allgemeinen Strafrecht auf die besonderen Zwecke des Jugendstrafrechts und die Täter als Person abstellen.[1459] Dementsprechend wird das Jugendstrafrecht auch als „Tat-Täter-Strafrecht“ bezeichnet.[1460]

bb) Einzeltatschuld oder Täterschuld

Die starke Ausrichtung des geltenden Jugendstrafrechts an der Täterpersönlichkeit scheint auf den ersten Blick nahezulegen, dass die Einzeltat in ihrer Bedeutung bei der Schuldbestimmung zugunsten der Anknüpfung an die Person des Täters wesentlich zurücktritt und eine *Täterschuld* angestrebt wird.

(1) Täterschuld

Die von einer Mindermeinung proklamierte *Täterschuld*, dehnt den Schuldvorwurf über die *Einzeltatschuld* hinaus aus, indem sie an die Gesamtpersönlichkeit des Täters bzw. an dessen gesamte bisherige Lebensführung angeknüpft, d.h. daran, *wer* der Täter ist.[1461]

(a) Lebensführungsschuld

Mezger beschränkt das Schuldurteil mit seiner Theorie der *Lebensführungsschuld* nicht mehr nur auf die einzelne Tat, sondern weitet es ganzheitlich auf

---

1455 *Ostendorf*, in: Ostendorf, JGG, § 5 Rn. 2; dazu auch *Brunner/Dölling*, JGG, § 5 Rn. 1; *Schaffstein*, in: Schaffstein/Miehe, Weg und Aufgabe des Jugendstrafrechts, S. IX.

1456 Vgl. § 18 Abs. 2 JGG; JStVollzG der Länder.

1457 *Streng*, Jugendstrafrecht, Rn. 246 f.

1458 *Ostendorf*, in: Ostendorf, JGG, § 5 Rn. 2; vgl. auch *Brunner/Dölling*, JGG, § 5 Rn. 3; *Miehe*, Bedeutung der Tat, S. 33, 118 ff.

1459 *Beulke/Swoboda*, Jugendstrafrecht, Rn. 268 f.

1460 *Ostendorf*, in: Ostendorf, JGG, § 5 Rn. 2 m.w.N.; auch *Ostendorf/Drenkhahn*, Jugendstrafrecht, Rn. 56.

1461 Während sie in der früheren Diskussion eine wichtige Rolle spielten, sind sie mittlerweile stark in den Hintergrund getreten, *Jescheck/Weigend*, Strafrecht AT, S. 423.

die gesamte Persönlichkeit des Täters und seine Entwicklung aus:[1462] Neben die *Einzeltatschuld* soll die *Lebensführungsschuld* treten, da nur sie die Rechtsfolgen in Form einer Strafe als unmittelbare Reaktion auf die Schuld erklären könne.[1463] Die Konsequenz dessen ist, dass sich der Schuldvorwurf auch auf das gesamte Leben des Täters bezieht, aufgrund dessen er sich für die Begehung von Straftaten, statt einer ihm möglichen und zumutbaren, den gesellschaftlichen Anforderungen entsprechenden, Lebensführung entschieden hat.[1464] Je stärker die Tat der Persönlichkeit des Täters entspreche bzw. mit dieser übereinstimme, desto „mehr Schuld" würde verwirklicht.[1465] Entscheidend sind demnach der Lebenswandel des Täters und eine Prognose bezüglich der künftig von ihm zu erwartenden Straftaten.[1466]

(b) Charakterschuld

So gesehen noch weiter als die *Lebensführungsschuld* geht eine andere Variante der *Täterschuld*: Die von *Engisch* vertretene *Charakterschuldlehre*, die sogar auf das Erfordernis der Entwicklung verzichtet und den Täter selbst für solche Persönlichkeitsmängel einstehen lässt, die ihm angeboren sind und für die er folglich nichts kann.[1467] „Hat ein Mensch mit gewissen Handlungen oder einem bestimmten Benehmen einen bösartigen oder haltlosen oder liederlichen Charakter an den Tag gelegt, so muss er für diesen seinen Charakter einstehen und büßen und zwar ohne Rücksicht darauf, wie er zu seinem Charakter gekommen ist, falls er nur überhaupt ‚Person' (also nicht geisteskrank oder unterentwickelt) ist und als solche sich betätigt hat (also nicht in einem Zustande von Bewusstseinsstörung usw.)"[1468]

Die Schuld wird dadurch zu einer Art strafrechtlicher Gefährdungshaftung.[1469] Dem liegt die Auffassung zugrunde, dass der Charakter eines Menschen als „die Einheit der Reaktionsweisen des Täters für die fragliche Zeit" zu definieren sei.[1470] Man habe stets nicht nur für seine Tat, sondern dadurch auch für das,

---

1462 *Mezger*, ZStW 57 (1938), 675, 688 ff.

1463 *Mezger*, ZStW 57 (1938), 675, 689; vgl. dazu *Roxin/Greco*, Strafrecht AT Bd. 1, § 6 Rn. 9.

1464 *Mezger*, ZStW 57 (1938), 675, 688 ff.; vgl. dazu auch *Heinitz*, ZStW 63, 57, 75.

1465 *Engisch*, ZStW 66, 339, 359 f.; *Heinitz*, ZStW 63 (1951), 57, 71.

1466 *Roxin/Greco*, Strafrecht AT Bd. 1, § 6 Rn. 1.

1467 Vgl. dazu nur *Engisch*, ZStW 61 (1942), 166 ff.

1468 *Engisch*, ZStW 61 (1942), 166, 174.

1469 *Meyer-Odewald*, Jugendstrafe, S. 30.

1470 So auch *Heinitz*, ZStW 63 (1951), 57, 71; umfassend *Engisch*, ZStW 66 (1954), 339 ff.

„was man ist“, einzustehen, wodurch jede Schuld auch immer eine Charakterschuld sei.[1471] Schließlich beziehe sich der Vorwurf stets auf die konkrete, durch charakterliche Eigenschaften bestimmte, Reaktion in einer bestimmten (Tat-) Situation.[1472]

(c) Stellungnahme

Für die Theorie der *Lebensführungsschuld* spricht durchaus, dass sie das konkrete Tatgeschehen nicht eindimensional und isoliert bewertet, sondern ganzheitlich die Entwicklung des Täters und sein „Täterwerden“ berücksichtigt.[1473] Schließlich kann eine Tatschuld nicht allein mittels „Gegebenheiten im Zeitpunkt der Tat“ begründet werden, da die Gesinnung des Täters im Tatzeitpunkt und seine Lebensgeschichte eng miteinander verbunden sind.[1474]

Bei genauerer Betrachtung zeigt sich jedoch, dass dieser Ansatz nicht überzeugen kann, da er nicht direkt das Verschulden des Täters berücksichtigt.[1475] Im Übrigen grenzt es praktisch an Unmöglichkeit, im Rahmen einer Hauptverhandlung die jeweilige „Lebensgeschichte des Angeklagten mit den häufig verborgenen tiefenpsychologischen Zusammenhängen“ vollumfänglich zu eruieren.[1476] Dies kann allenfalls fragmentarisch erfolgen. Zudem lässt es sich nicht vermeiden, auch defizitäre Aspekte der Persönlichkeit miteinzubeziehen, die der Täter nicht verschuldet hat.[1477] Daher droht die *Lebensführungsschuld* zu einem „unklaren Konglomerat aus Umständen der Tat und der Persönlichkeit des Täters“[1478] zu werden, welche weder eine Gewähr für Vorhersehbarkeit noch Objektivität gibt. Es erscheint auch weder unter Gesichtspunkten der Gerechtigkeit noch zur Wiedereingliederung in die Gemeinschaft dienlich, dass mit einer umfassenden „Persönlichkeitserforschung“ die Intimsphäre des jeweiligen Angeklagten preisgegeben würde und eine moralisierende Rechtsprechung zu befürchten ist.[1479]

Es entstünde „ein verfassungsrechtlich unhaltbares Missverhältnis zur materiellen Gerechtigkeit und damit zum Rechtsstaatsprinzip“.[1480] Ferner stellt der

1471 *Engisch*, ZStW 66 (1954), 339, 359.
1472 *Engisch*, ZStW 66 (1945), 339, 359 f.; vgl. dazu auch *Weber*, Schuldprinzip, S. 119.
1473 *Strobel*, Jugendstrafe, S. 39 m.w.N.
1474 *Jescheck/Weigend*, Strafrecht AT, S. 423 m.w.N.
1475 *Eisele*, in: Baumann/Weber/Mitsch/Eisele, Strafrecht AT, § 16 Rn. 21.
1476 *Jescheck/Weigend*, Strafrecht, S. 423.
1477 *Roxin/Greco*, Strafrecht AT Bd. 1, § 6 Rn. 9.
1478 *Zipf/Dölling*, in: Maurach/Gössel/Zipf, Strafrecht AT Bd. 2, § 63 Rn. 6.
1479 *Jescheck/Weigend*, Strafrecht, S. 423.
1480 *Strobel*, Jugendstrafe, S. 39.

sanktionsrechtliche Anknüpfungspunkt im straffreien Bereich einen Verstoß gegen den Grundsatz *nullum crimen sine lege* dar, Art. 103 Abs. 2 GG.[1481] Er ist dem geltenden Strafrecht nach der Streichung der § 20 a StGB a.F. und § 48 StGB a.F. fremd.[1482]

Der Schuldvorwurf bezieht sich auf ein Unrecht, das wiederum in der Begehung einer bestimmten Straftat besteht, nicht hingegen in einer rechtlich zu beanstandenden Lebensführung.[1483] Gegen die *Charakterschuld* ist einzuwenden, dass keine „additive Gesamtabrechnung mit dem bisher geführten Leben" erfolgen kann.[1484]

(2) Einzeltatschuld

Unabhängig davon, dass die Schuld nicht erheblich vom allgemeinen Strafrecht abweichend bestimmt werden kann, wenn der gleiche Schuldbegriff zugrunde gelegt wird,[1485] greifen die geäußerten Bedenken[1486] durch: Wenn schon im allgemeinen Strafrecht die Persönlichkeit nicht zum Gegenstand des individuellen Vorwurfs gemacht werden darf, so muss das erst recht für das Jugendstrafrecht gelten.[1487] Es verbietet sich daher die Annahme einer *Täterschuld.*

Jugendlichen kann noch nicht vorgeworfen werden, ihre Lebensführung in eine falsche Richtung gelenkt bzw. die Persönlichkeit falsch gebildet zu haben,[1488] da sie sich noch mitten in einem für die Jugendphase charakteristischen Entwicklungsprozess befinden und die Persönlichkeitsbildung als solche noch nicht ausgereift ist.[1489] Sie wird noch „durch Anlage, Erziehung und andere Umwelteinflüsse bestimmt" – aber eben noch nicht dadurch, dass der Jugendliche – oder der Heranwachsende – sich seine „höchst unvollkommene Lebenserfahrung nicht hat zur Warnung dienen lassen".[1490] Diejenigen Faktoren, die den jungen Menschen und seine Entwicklung bestimmen, kann er selbst entweder gar nicht

1481 *Eisele*, in: Baumann/Weber/Mitsch/Eisele, Strafrecht AT, § 16 Rn. 21.

1482 *Eisele*, in: Schönke/Schröder, StGB, Vor §§ 13 ff, Rn. 3, 105/106.

1483 *Jescheck/Weigend*, Strafrecht, S. 423.

1484 *Strobel*, Jugendstrafe, S. 38.

1485 *Laubenthal/Baier/Nestler*, Jugendstrafrecht, Rn. 734; *Weber*, Schuldprinzip, S. 123.

1486 Vgl. S. 191 f.

1487 *Kölbel*, in: Eisenberg/Kölbel, JGG, § 17 Rn. 54; *Schaffstein*, in: FS Heinitz, S. 461, 465 f.; *Tenckhoff*, JR 1977, 485, 487.

1488 *Hellmer*, RdJ 1967, 225, 227; *Meyer-Odewald*, Jugendstrafe, S. 30; *Strobel*, Jugendstrafe, S. 43; *Tenckhoff*, JR 1977, 485, 487; *Weber*, Jugendstrafe, S. 81 f., 120.

1489 *Meyer*, ZfJ 71 (1984), 445, 450; *Strobel*, Jugendstrafe, S. 43 f.

1490 *Schaffstein*, in: FS Heinitz, S. 461, 466.

oder in nur sehr beschränktem Maße beeinflussen.[1491] Er ist vielmehr maßgeblich von seinen Erziehungsberechtigten und deren sozialen Lebensumständen geprägt und gesteuert, sodass er noch gar nicht so viel Freiheit entwickeln konnte, die er in vorwerfbarer Art und Weise hätte missbrauchen können.[1492]

Da das Jugendstrafrecht die noch nicht abgeschlossene Entwicklung, die dem gesamten Gesetz immanent ist, sogar ausdrücklich betont und in § 3 JGG zum Ausdruck bringt, wäre es höchst widersprüchlich, wenn der Schuldvorwurf wiederum ausschließlich auf charakterlichen bzw. persönlichkeitsbezogenen Merkmalen formuliert werden soll.[1493]

Außerdem vermag das Tatgericht noch weniger als im allgemeinen Strafrecht überhaupt die Biografie des jungen Straftäters „und seine tiefenpsychologischen Auswirkungen zu eruieren", wodurch es sich konsequenterweise nicht vermeiden lässt, auch Fragmente der defizitären Persönlichkeit miteinzubeziehen, die sich der Verantwortung des Täters entziehen.[1494] Zudem bleiben die Mitwirkung bzw. die Einflussnahme Dritter im Rahmen der *Lebensführungsschuld* unberücksichtigt.[1495]

Da die jugendstrafrechtliche Klientel sich noch in einer Lebensphase befindet, in der sowohl der Charakter als auch die Persönlichkeit noch gebildet werden, erscheint der Vorwurf einer *Lebensführungsschuld* in diesem Kontext sogar noch gefährlicher als im allgemeinen Strafrecht.[1496]

Gleichermaßen ist auch die Lehre von der *Charakterschuld* abzulehnen: Eine Bewertung des Charakters, die sich ggf. sogar auch auf eine schuldlos so gewordene Persönlichkeit erstreckt, verbietet sich ebenfalls schon im allgemeinen Strafrecht.[1497] Noch weniger kann die Be- und Verwertung der Persönlichkeitszüge der betroffenen Personen im Jugendstrafrecht überzeugen, weil der individuelle Charakter und die damit verbundene Diagnostik eines jungen Straftäters nicht die Grundlage für eine Sanktionsanordnung abgeben können.[1498] Dementsprechend ist der Ansatz für das Jugendstrafrecht, in dessen Anwendungsbereich

1491 *Strobel*, Jugendstrafe, S. 43.

1492 *Streng*, GA 1984, 149, 164 Fn. 52; *ders.*, Jugendstrafrecht, Rn. 12.

1493 Vgl. so auch *Weber*, Schuldprinzip, S. 120.

1494 *Strobel*, Jugendstrafe, S. 43.

1495 Ebenda.

1496 *Benske*, Erziehungsgedanke, S. 57 f.; *Tenckhoff*, JR 1977, 485, 487; *Weber*, Jugendstrafe, S. 81 f.; vgl. auch S. 61 ff.

1497 Vgl. S. 191 f.

1498 *Kölbel*, JR 2019, 40, 42; *Schaffstein*, in: FS Heinitz, S. 461. 465 f.; *Streng*, Jugendstrafrecht Rn. 432.

der Charakter vielfach noch nicht endgültig gebildet und noch sehr unter den mitunter schicksalshaften Bedingungen des Umfelds und der Umwelt steht, mithin ebenfalls abzulehnen.[1499]

Trotz der starken Täterorientierung bleibt die Tat daher „unverzichtbare Voraussetzung" für die Schuld und die Sanktion.[1500] Da die *Einzeltatschuld* am besten das Konzept einer eine bestimmte Tat vergeltende Strafe, die sich „aus rechtsstaatlichen Gründen" lediglich auf einen ganz „eng begrenzten Ausschnitt aus dem Leben des Täters" beziehen darf, folglich keine „Generalabrechnung" anstrebt, verwirklicht,[1501] ist sie der Anknüpfungspunkt für die Bestimmung der Schuld.[1502] Alle darüber hinausgreifenden Lehren sind aus rechtsstaatlichen Gründen abzulehnen.[1503] Dies gilt ganz besonders auch im Anwendungsbereich des Jugendstrafrechts.[1504]

c) Schuld i.S.d. § 17 Abs. 2 Alt. 2 JGG als Einzeltatschuld

Die Anwendung der *Einzeltatschuld* gilt insbesondere auch im Anwendungsbereich des § 17 Abs. 2 Alt. 2 JGG.[1505] Andernfalls verlangte § 17 Abs. 2 Alt. 2 JGG eine *schwere Lebensführungs-* oder *Charakterschuld*, was für Jugendliche, die noch in weiten Teilen ein Produkt ihrer Umwelt sind, wohl kaum vom Gesetzgeber beabsichtigt worden sein dürfte.[1506]

1499 *Kölbel*, in: Eisenberg/Kölbel, JGG, § 17 Rn. 54; *Schaffstein*, in: FS Heinitz, S. 461, 465; *Tenckhoff*, JR 1977, 485, 487; *Weber*, Jugendstrafe, S. 81; *Weber*, Schuldprinzip, S. 120.

1500 *Weber*, Schuldprinzip, S. 53.

1501 *Jescheck/Weigend*, Strafrecht, S. 423.

1502 *Roxin/Greco*, Strafrecht AT Bd. 1, § 19 Rn. 62.

1503 *Roxin/Greco*, Strafrecht AT Bd. 1, § 6 Rn. 9.

1504 So auch *Meyer*, ZfJ 71 (1984), 445, 447 ff.; *Radtke/Scholze*, in: MüKo StGB Bd. 7, JGG, § 17 Rn. 62, 14 f.; *Strobel*, Jugendstrafe, S. 44, 106; *Weber*, Jugendstrafe, S. 80; *Weber*, Schuldprinzip, S. 53.

1505 *Brunner/Dölling*, JGG, § 17 Rn. 26; *Meyer*, ZfJ 71 (1984), 445, 450; *Meyer-Odewald*, Jugendstrafe, S. 30; *Radtke*, GA 2011, 636, 646 f.; *Schaffstein*, in: FS Heinitz, S. 461, 466; *Sonnen*, in: Diemer/Schatz/Sonnen, JGG, § 17 Rn. 24; *Strobel*, Jugendstrafe, S. 106; *Weber*, Jugendstrafe, S. 80.

1506 *Tenckhoff*, JR 1977, 485, 487.

2. Maßstab des Schuldvorwurfs

a) Allgemeines Strafrecht

Die Defizite in der rechtlichen Gesinnung, die sich in der konkreten Straftat manifestiert haben, lassen sich entweder individuell oder sozial-vergleichend bewerten.[1507]

Wird der Schuldvorwurf individuell bemessen, muss beurteilt werden, ob dem konkreten Täter selbst ein anderes, den „Anforderungen der Rechtsordnung" entsprechendes Verhalten, möglich gewesen wäre.[1508] Diese Aufgabe begegnet insofern schon praktischen Schwierigkeiten, als sie verlangt, für den konkreten Täter und seine Tat die „Existenz der Willensfreiheit" nachzuweisen.[1509] Das Ergebnis wäre kriminalpolitisch auch nicht zu vertreten: Durchdenkt man den individuellen Bewertungsmaßstab, sänke die individuelle Schuld mit steigender Charakterlosigkeit eines Täters, was letztlich dazu führen könnte, dass schwerkriminellen Personen, die jegliche Verbindung zu den Anforderungen an die Rechtsordnung verloren haben, kein Vorwurf gemacht werden könnte, dass sie sich nicht den gemeinschaftlichen Regelungen entsprechend verhalten haben.[1510] Da die Rechtsordnung aber darauf angewiesen ist, sich an festgeschriebenen und allgemeingültigen Normen zu orientieren und anhand dieser zu beurteilen sowie von einem Täter ein Verhalten, wie es auch andere erbringen, verlangen kann, wäre es widersprüchlich, wenn sie den Schuldvorwurf eines Täters individuell davon abhängig machte, ob er seinen eigenen Anforderungen gerecht wird.[1511]

Daraus folgt, dass der anzulegende Maßstab nur sozial-vergleichend sein kann, folglich zu bewerten ist, wie ein anderer sich erfahrungsgemäß in der Lage des Täters verhalten hätte.[1512]

Ausgangspunkt für das Schuldurteil ist nach herrschender Meinung daher nicht das individuelle, sondern ein durchschnittliches Dafürkönnen:[1513] Ausschlaggebend ist die Auffassung des Richters, ob „man" unter den gegebenen Umständen anders hätte handeln können, wobei der dafür zugrunde gelegte

---

1507 *Jescheck/Weigend*, Strafrecht AT, S. 427.
1508 Ebenda.
1509 Ebenda.
1510 Ebenda.
1511 Ebenda.
1512 Ebenda m.w.N.
1513 *Jescheck/Weigend*, Strafrecht AT, S. 428.

Erwartungshorizont dem entspricht, „was die Rechtsgemeinschaft unter normalen Umständen von einer Person des entsprechenden Lebensalters, Geschlechts, Berufs, geistiger Fähigkeiten etc. hätte erwarten können".[1514] Dies gewährleistet, dass jeder Angeklagte in seinen individuellen Fähigkeiten und Erkenntnismöglichkeiten wahrgenommen wird.[1515]

b) Jugendstrafrecht

In konsequenter Übertragung der Grundsätze des Allgemeinen Strafrechts ist auch im Jugendstrafrecht die sog. Durchschnittsschuld der Anknüpfungspunkt.[1516]

Zu klären bleibt, ob dabei allein auf die Durchschnittsschuld der jugendlichen Straftäter abgestellt wird oder ob auch erwachsene Straftäter mitzuberücksichtigen sind.[1517]

Dabei spricht gegen die Einbeziehung des Schuldmaßes erwachsener Straftäter der allgemein anerkannte Grundsatz, dass die Schuld des Jugendlichen gegenüber der eines Erwachsenen aufgrund seiner entwicklungsbedingt fehlenden seelischen und sozialen Reife regelmäßig geringer ist.[1518] Jugendliche sind noch nicht wie Erwachsene dazu in der Lage, selbstständig zu urteilen und Entscheidungen zu treffen sowie zeitlich überschauend zu denken.[1519] Im Übrigen ist die Straftat eines Jugendlichen häufig von entwicklungsbedingten Motiven getragen.[1520] In der pubertären Entwicklungsphase ist auch häufig das Hemmungsvermögen herabgesetzt.[1521] Dies ist insbesondere vor dem Hintergrund von § 19 StGB zu berücksichtigen, nachdem eine Person unter vierzehn Jahren nicht schuldfähig ist. Nur weil die Altersgrenze faktisch überschritten wurde, tritt nicht unmittelbar und automatisch die volle Verantwortungsfähigkeit ein; der Prozess der Reife hält noch an.[1522] Dies hat der Gesetzgeber insbesondere

1514 *Strobel*, S. 37.

1515 Ebenda.

1516 Vgl. BGH, NStZ-RR 2001, 215; *Meyer*, ZfJ 71 (1984), 445, 451 f.; *Schaffstein*, in FS Heinitz, S. 461, 468.

1517 Vgl. umfassend *Tenckhoff*, JR 1977, 485, 488 ff.

1518 Vgl. *Brunner/Dölling*, JGG, § 17 Rn. 26; *Kölbel*, in: Eisenberg/Kölbel, JGG, § 17 Rn. 46; *Meyer*, ZfJ 71 (1984), 445, 449, 451 f.; *Streng*, GA 1984, 149, 164; *Tenckhoff*, JR 1977, 485, 488 ff.

1519 Vgl. *Tenckhoff*, JR 1977, 485, 489 f.

1520 *Kölbel*, in: Eisenberg/Kölbel, JGG, § 17 Rn. 31; *Tenckhoff*, JR 1977, 485, 489.

1521 *Streng*, Jugendstrafrecht, Rn. 3 ff.; *Tenckhoff*, JR 1977, 485, 489.

1522 *Tenckhoff*, JR 1977, 485, 489 f. m.w.N.

mit § 3 JGG berücksichtigt, wonach der Grad der Reife stets den Grad der Schuldfähigkeit mitbestimmt.[1523]

Vor diesem Hintergrund können im Jugendstrafrecht lediglich jugendliche Straftäter den Bezugspunkt für den Vergleichsmaßstab bilden; die Durchschnittsschuld der erwachsenen Straftäter muss außen vor bleiben.[1524]

3. Verhältnis der jugendstrafrechtlichen Schuldbestimmung zum allgemeinen Strafrecht

Zu klären bleibt, nach welchen Kriterien der Schuldvorwurf konkret zu bestimmen ist und wie diese im Einzelnen zu gewichten sind.

Grundlegend ist im Rahmen des Schuldbegriffes zwischen der Strafbegründungs- und der Strafzumessungsschuld zu differenzieren.[1525] Bei der *Schwere der Schuld* handelt es sich um ein besonders gravierendes Ausmaß von Strafzumessungsschuld.[1526]

a) Kriterien im Allgemeinen Strafrecht

Die persönliche Schuld des Täters und die Frage ihrer inhaltlichen Bestimmung setzen sich aus objektiven und subjektiven Faktoren zusammen.[1527] Maßgeblich ist der Katalog des § 46 Abs. 2 S. 2 StGB, der die zu berücksichtigen Umstände aufzählt.

Der Unrechtsgehalt der konkreten Straftat bildet die objektive Komponente: Maßgeblich sind die Schwere der Tat sowie ihre Bedeutung für die verletzte Rechtsordnung als ausschlaggebendes Kriterium für die Schuldbestimmung.[1528] Entscheidend ist das Gewicht der Tat.[1529] Diese objektive Komponente ist zwar eine wichtige, aber noch zu ergänzende und zu überprüfende Grundlage bei der Ermittlung der Schuld.[1530]

Die subjektive Seite ist vor allem täterorientiert: Zu berücksichtigen sind die Kriterien, die Aufschluss über die Persönlichkeit des Täters geben, d.h. die

1523 *Tenckhoff*, JR 1977, 485, 489 f.; *Weber*, Jugendstrafe, S. 94 f.

1524 *Strobel*, Jugendstrafe, S. 42.

1525 *Eisele*, in: Schönke/Schröder, StGB, Vor §§ 13 ff. 107 m.w.N.

1526 AG Rudolstadt, ZJJ 2018, 66, 67; *Radtke/Scholze*, in: MüKo StGB Bd. 7, JGG, § 17 Rn. 63; *Sonnen*, in: Diemer/Schatz/Sonnen, JGG, § 17 Rn. 24.

1527 *Kinzig*, in: Schönke/Schröder, StGB, § 46 Rn. 11.

1528 BGHSt 20, 264, 266; BGH, NJW 1987, 2685, 2686; *Fischer*, StGB, § 46 Rn. 5 f. m.w.N.

1529 *Kinzig*, in: Schönke/Schröder, StGB, § 46 Rn. 9a.

1530 *Bruns*, Recht der Strafzumessung, S. 148.

individuelle Motivation, Beweggründe und die Ziele des Täters, seine innere Beziehung zur Tat, seine aus dieser sprechende Gesinnung, seine persönliche Situation und sein Nachtatverhalten.[1531]

Obwohl der Gesetzgeber die objektiven und subjektiven Kriterien „ohne innere Konsistenz nebeneinander" gestellt hat,[1532] nimmt das Ausmaß des objektiven Tatunrechts, in Gestalt des Gewichts der Tat und der dadurch bewirkten Rechtsverletzung, die zentrale Bedeutung ein.[1533] Dies ergibt sich aus § 46 Abs. 1 StGB, nachdem die als Tatschuld[1534] konstituierte Schuld des Täters die Grundlage der Strafzumessung bildet.

b) Übertragbarkeit auf das Jugendstrafrecht

Da im Jugendstrafrecht der gleiche Schuldbegriff wie im allgemeinen Strafrecht zur Anwendung kommt,[1535] bestimmt sich auch die Bestimmung des Schuldvorwurfs grundsätzlich nach den allgemeinen Regeln:[1536] Die *Schuld* bemisst sich „aus dem Gewicht der Tat" sowie „der persönlichkeitsbegründeten Beziehung des J[ugendlichen] zu seiner Tat".[1537]

In objektiver Hinsicht ist für die Bestimmung der Schuldschwere sowohl die Handlungs- als auch die Erfolgskomponente maßgeblich:[1538] Damit sind neben den Folgen der Tat auch „das Ausmaß des Rechtsverstoßes, der Charakter der Straftat als Verbrechen" sowie „die Höhe des Schadens und das Schutzbedürfnis der Allgemeinheit" zu berücksichtigen.[1539] In subjektiver Hinsicht gilt es, die den Täter antreibenden Motive,[1540] die psychische Beziehung zur Tat und das Nachtatverhalten[1541] sowie den Grad der Reife bzw. der

---

1531 Vgl. dazu *Kinzig*, in: Schönke/Schröder, StGB, § 46 Rn. 8 ff., 12 ff.; *Fischer*, StGB, § 46 Rn. 6, 26 ff.

1532 *Kinzig*, in: Schönke/Schröder, StGB, § 46 Rn. 11.

1533 *Kinzig*, in: Schönke/Schröder, StGB, § 46 Rn. 4.

1534 Vgl. S. 191 f.

1535 Vgl. S. 191 f.

1536 *Weber*, Jugendstrafe, S. 95 f.

1537 *Brunner/Dölling*, JGG, § 17 Rn. 22 m.w.N., etwa BGH, StV 2005, 66.

1538 *Laubenthal/Baier/Nestler*, Jugendstrafrecht, Rn. 733.

1539 *Schlüchter*, Erziehungsgedanke, S. 128.

1540 *Beulke/Swoboda*, Jugendstrafrecht, Rn. 457; *Laubenthal/Baier/Nestler*, Jugendstrafrecht, Rn. 738.

1541 *Beulke/Swoboda*, Jugendstrafrecht, Rn. 459; *Laubenthal/Baier/Nestler*, Jugendstrafrecht, Rn. 736, 740.

Schuldfähigkeit[1542] heranzuziehen.

c) *Schuld i.S.d § 17 Abs. 2 Alt. 2 JGG*

aa) *Gewichtung der Zumessungskriterien*

Obwohl Einigkeit darüber besteht, dass die *Schwere der Schuld* über das Ausmaß des verschuldeten Unrechts der Einzeltat zu bestimmen ist, weichen die Vorstellungen über die Gewichtung der objektiven, tatbezogenen und subjektiven, täterbezogenen Kriterien, zumal in Bezug auf den Stellenwert des äußeren Tatunrechts, mitunter deutlich voneinander ab.[1543]

(1) *Auswirkungen der täterstrafrechtlichen Grundkonzeption des Jugendstrafrechts*

Aus der täterstrafrechtlichen Ausgestaltung des Jugendstrafrechts folgt, dass objektive Aspekte – etwa die objektive Unrechtsschwere oder ein objektives Maß an Tatschuld – nicht zum Maßstab der Rechtsfolgenbestimmung werden.[1544] Vielmehr verlangt das Leitziel des Gesetzes, dass jede Reaktion auf jugendliches Fehlverhalten am individuellen Erziehungs- und Präventionsbedarf des jungen Täters auszurichten ist.[1545] Sie muss sein individuelles Bedürfnis an Erziehung, seine konkreten Defizite und persönliche „Sanktionsempfindlichkeit" ergründen und angemessen auf diese reagieren.[1546] Dies soll selbst für die einzige echte Strafe des Jugendstrafrechts gelten, indem auch in diesem Kontext auf die Person des Täters und sein individuelles Verschulden abgestellt werden soll.[1547]

1542 BGH, NStZ 1996, 496; *Kölbel*, in: Eisenberg/Kölbel, JGG, § 17 Rn. 49; *Laubenthal/Baier/Nestler*, Jugendstrafrecht, Rn. 739.

1543 *Albrecht*, Jugendstrafrecht, S. 247, 139; *Beulke*, NK 3/2019, 269, 270; *Kölbel*, in: Eisenberg/Kölbel, JGG, § 17 Rn. 46; *Meyer-Odewald*, Jugendstrafe, S. 34; *Radtke/Scholze*, in: MüKo StGB Bd. 7, JGG, § 17 Rn. 63; *Weber*, Jugendstrafe, S. 95 f.

1544 *Swoboda*, ZStW 132 (2020), 826, 831 ff.

1545 Vgl. S. 84 ff.

1546 *Swoboda*, ZStW 132 (2020), 826, 830.

1547 Vgl. BGH, StV 1994, 598, 599; BGH, StV 2003, 458; BGH, NStZ-RR 2016, 325 f.; *Beulke/Swoboda*, Jugendstrafrecht, Rn. 472; *Brunner/Dölling*, JGG, § 18 Rn. 13; *Swoboda*, ZStW 132 (2020), 826, 831; kritisch *Streng*, Jugendstrafrecht, Rn. 449.

(2) Berücksichtigung jugendspezifischer Besonderheiten

Sowohl die ständige höchstrichterliche Rechtsprechung[1548] als auch die herrschende Meinung in der Literatur[1549] lehnen es ab, Jugendliche bzw. Heranwachsende und Erwachsene bei der Schuldbestimmung schematisch gleichzustellen:[1550] Selbst wenn das durch jugendliche bzw. heranwachsende oder erwachsene Täter herbeigeführte äußere Unrecht (Erfolgsunrecht) identisch ist, soll dem daraus resultierenden Schuldvorwurf stets ein unterschiedliches Gewicht beigemessen werden:[1551] Im Vergleich zu Erwachsenen fällt dies bei Jugendlichen oder Heranwachsenden stets deutlich geringer aus.[1552]

Dies wird auf die entwicklungspsychologischen Erkenntnisse zurückgeführt, nach denen die Persönlichkeitsentwicklung in der Adoleszenz noch nicht abgeschlossen ist, der Jugendliche noch nicht genügend Lebenserfahrung sammeln konnte, um jegliche in der Gesellschaft geltende Werte und Normen zu internalisieren.[1553] Die Erziehung und das soziale Umfeld eines Jugendlichen oder Heranwachsenden prägen seine Lebensführung noch maßgeblich.[1554] Deshalb werden sie hinsichtlich der ihnen obliegenden Sorgfaltspflichten Erwachsenen nicht gleichgestellt.[1555]

Während sich bei einem vollverantwortlichen erwachsenen Täter aus der Verwirklichung eines bestimmten Tatbestandes regelmäßig ein Rückschluss aus dem Unrecht auf die Schuld erlaubt, ist dies im Jugendstrafrecht nicht zwangsläufig der Fall: Da „Schuld den Besitz des Gemeinschaftsurteils voraussetzt", mithin die volle Verantwortung für die Straftat, „in die der Jugendliche erst hineinwachsen

---

1548 Vgl. BGHSt 15, 224, 226; BGHSt 16, 261, 263; BGH, StV 1982, 335 f.; BGH, GA 1982, 553, 554; BGH, StV 1994, 599; BGH, NStZ-RR 2001, 215, 216; BGH, NStZ 2018, 659; OLG Hamm, StV 2001, 175; OLG Köln, StV 2001, 178; OLG Hamm, NStZ-RR 2005, 245.

1549 Vgl. etwa *Beulke/Swoboda*, Jugendstrafrecht Rn. 455; *Brunner/Dölling*, JGG, § 17 Rn. 26; *Kölbel*, in: Eisenberg/Kölbel, JGG, § 17 Rn. 46; *Meyer*, ZfJ 71 (1984), 445, 449; *Schaffstein*, in: FS Heinitz, S. 461, 467; *Sonnen*, in: Diemer/Schatz/Sonnen, JGG, § 17 Rn. 25; *Streng*, Jugendstrafrecht, Rn. 11 ff.

1550 *Meyer-Odewald*, Jugendstrafe, S. 36.

1551 *Radtke/Scholze*, in: MüKo StGB Bd. 7, JGG, § 17 Rn. 70.

1552 *Albrecht*, Jugendstrafrecht, S. 250 f.; *Meyer*, ZfJ 71 (1984), 445, 449; *Strobel*, Jugendstrafe, S. 51, 107; *Wolf*, Strafe und Erziehung, S. 18.

1553 *Brögeler*, in: BeckOK JGG, § 17 Rn. 15.

1554 *Schaffstein*, in: FS Heinitz, S. 461, 466; *Tenckhoff*, JR 1977, 485, 487.

1555 *Albrecht*, Jugendstrafrecht, S. 247, 139; *Kölbel*, in: Eisenberg/Kölbel, JGG, § 17 Rn. 46; *Meyer-Odewald*, Jugendstrafe, S. 35 f.

muß (sic!) und soll",[1556] ist „bei einem Jugendlichen unter Berücksichtigung seines Entwicklungsstandes und seines gesamten Persönlichkeitsbildes besonders zu prüfen […], in welchem Ausmaß er sich bereits frei und selbstverantwortlich gegen das Recht und für das Unrecht entschieden hat".[1557]

Zudem wird die Auffassung vertreten, dass Straftaten die Normbindung der Mitbürger umso weniger erschüttern, je jünger und unreifer der Täter ist, da junge Menschen noch nicht als gleichverpflichtete wie gleichberechtigte Rechtsgenossen angesehen werden.[1558] Häufig dominiert eher die Erschütterung darüber, wie es zu schweren Straftaten, zumal Kapitaldelikten, kommen konnte.[1559]

(3) Jugendspezifische Bestimmung

Trotz des Rückgriffs auf die im allgemeinen Strafrecht anzuwendenden Kriterien zur Begründung des Schuldvorwurfs, lassen diese sich daher aufgrund der jugendspezifischen Besonderheiten nur modifiziert auf das Jugendstrafrecht übertragen.[1560] Der Vorwurf muss mittels „spezieller, altersgruppenspezifischer Kriterien" – *jugendspezifisch*[1561] – bestimmt werden.[1562] Um der emotionalen und geistigen Unreife sowie einem verminderten Hemmungsvermögen bei der Begründung des Schuldvorwurfs gerecht zu werden, sind psychodynamische und entwicklungspsychologische Aspekte zu berücksichtigen.[1563]

Die jugendspezifischen Besonderheiten, die sich schon bei der Begründung der Schuld als Anordnungsvoraussetzung für die Jugendstrafe ausdrücken sollen,[1564] führen dazu, dass eine jugendspezifische Gesamtabwägung unter Berücksichtigung sämtlicher für die Bewertung der Schuld relevanten Aspekte und Umstände, vorzunehmen ist:[1565] die Tatmotivation,[1566] die konkrete

1556 *Hellmer*, Erziehung und Strafe, S. 255 m.w.N.

1557 BGH, GA 1982, 553, 554; BGH, StV 1994, 598, 599; OLG Köln, StV 2001, 178.

1558 *Kölbel*, in: Eisenberg/Kölbel, JGG, § 17 Rn. 54; *Miehe*, Bedeutung der Tat, S. 19 ff.; *Pfeiffer*, Kriminalprävention, S. 77 f.; *Streng*, ZStW 92 (1980), 637, 654 f.; *ders.*, GA 1984, 149, 164; *ders.*, Jugendstrafrecht, Rn. 433, 12; *Tenckhoff*, JR 1977, 485, 489 f.

1559 *Meyer-Odewald*, Jugendstrafe, S. 188.

1560 BGH, NStZ-RR 2016, 325, 326; BGH, NJW 2016, 2050, 2051; vgl. auch *Laue*, in: Meier/Rössner/Trüg/Wulf, JGG, § 17 Rn. 26; *Radtke/Scholze*, in: MüKo StGB Bd. 7, JGG, § 17 Rn. 58, 20 f., 70 f.; *Petersen*, Sanktionsmaßstäbe, S. 111 ff., 117 ff.

1561 BGHSt 61, 188, 191.

1562 *Kölbel*, in: Eisenberg/Kölbel, JGG, § 17 Rn. 46.

1563 *Albrecht*, Jugendstrafrecht, S. 250 f.

1564 BGH, StV 1982, 335.

1565 *Brögeler*, in: BeckOK JGG, § 17 Rn. 18; vgl. auch BGH, NStZ-RR 2001, 215 ff.; BGH, NStZ 2016, 105; BGH, NStZ 2018, 659 f.

1566 BGH, NStZ 1996, 232, 233.

Tatausführung,[1567] die Auswirkungen der Tat, der Grad der strafrechtlichen Verantwortlichkeit und das Nachtatverhalten.[1568] Dies führt dazu, dass die psychologische Beziehung des jugendlichen Täters zu seiner Tat und seine Motive anders, d.h. limitiert, bewertet werden.[1569]

(a) Starke Bedeutung der subjektiven Merkmale

Die höchstrichterliche Rechtsprechung legt den Fokus ganz im Sinne der Täterorientierung des Jugendstrafrechts und der damit einhergehenden besonderen Berücksichtigung der inneren Tatseite auf ebendiese, d.h. die subjektiv-persönlichkeitsbegründeten Beziehungen des Täters zu seiner Tat, wie die charakterliche Haltung, das Persönlichkeitsbild und die Tatmotivation.[1570]

Ansonsten unterliefe man den Anspruch, dem regelmäßig geringeren Schuldvorwurf Jugendlicher bzw. Heranwachsender hinreichend gerecht zu werden.[1571] Es ist vor dem Hintergrund des täterorientierten Sanktionssystems des Jugendstrafrechts insgesamt auch höchst widersprüchlich, wenn dem objektiven Unrecht bei der Schuldbeurteilung exponierte Bedeutung oder auch nur ein hoher Präjudizcharakter zuteil würde.[1572] Die Betonung der subjektiven Tatseite trete auch schon in § 3 JGG hervor, wonach der Grad der Schuldfähigkeit stets durch den Grad der Reife bestimmt wird.[1573] Der starke Täterbezug im Hinblick auf Rechtsfolgen manifestiere sich auch schon darin, dass das JGG, im Unterschied zum StGB, „keine fixen und am objektiven Unrecht ausgerichteten

---

1567 BGH, StV 2009, 90 f.

1568 BGH, StV 1998, 333 f.; BGH, NStZ-RR 2008, 258.

1569 *Albrecht*, Jugendstrafrecht, S. 250 f., 139; *Kölbel*, in: Eisenberg/Kölbel, JGG, § 17 Rn. 46; *Meyer-Odewald*, Jugendstrafe, S. 35 f.

1570 Vgl. BGHSt 15, 224, 226; BGHSt 16, 261, 263; BGH, NStZ 1982, 332; BGH, GA 1982, 553, 554; BGH, StV 1994, 598, 599; BGH, StV 1994, 602; BGH, StV 1996, 269; BGH, NStZ 1996, 496; BGH, NStZ-RR 1997, 21, 22; BGH, NStZ-RR 2001, 215, 216; BGH, NStZ 2010, 281; BGH, NStZ 2013, 289, 290; BGH, NStZ 2014, 407, 408; BGH, NJW 2016, 2050, 2051; BGH, NStZ-RR 2018, 358; BGH, JR 2019, 38, 39; BGH, NStZ 2020, 301 f.; OLG Hamm, StV 2001, 175; OLG Hamm, NStZ-RR 2005, 245; KG, StV 2013, 35, 36; HansOLG, NStZ 2017, 544; vgl. dazu *Beulke/Swoboda*, Jugendstrafrecht Rn. 455; *Brunner/Dölling*, JGG, § 17 Rn. 26; *Kölbel*, in: Eisenberg/Kölbel, JGG, § 17 Rn. 46; *Meyer*, ZfJ 71 (1984), 445, 449; *Schaffstein*, in: FS Heinitz, S. 461, 467; *Sonnen*, in: Diemer/Schatz/Sonnen, JGG, § 17 Rn. 24; *Streng*, Jugendstrafrecht, Rn. 432.

1571 *Meyer*, ZfJ 71 (1984), 445, 449.

1572 *Strobel*, Jugendstrafe, S. 51.

1573 *Meyer*, ZfJ 71 (1984), 445, 448 ff.

Strafrahmen für die einzelnen Verbrechenstatbestände kennt",[1574] § 18 Abs. 1 S. 3 JGG.

(b) Unklarheiten in Bezug auf die Bedeutung des äußeren Tatunrechts

Kontrovers ist die Rolle des äußeren Tatunrechts für die Bestimmung der *Schwere der Schuld*.

Einerseits soll es – im Unterschied zu voll verantwortlichen erwachsenen Tätern im allgemeinen Strafrecht – im Kontext der *Schwere der Schuld* i.S.d. § 17 Abs. 2 Alt. 2 JGG deutlich geringere Relevanz entfalten.[1575] Immer wieder kritisiert der *BGH*, dass die untergerichtliche Rechtsprechung das äußere Tatunrecht überbewertet, wenn sie den Schuldvorwurf allein aus dem äußeren Tatgeschehen heraus begründet.[1576] Als unverzichtbare Basis der Beurteilung[1577] stellt es lediglich den Anlass des Strafverfahrens dar.[1578] Selbst bei gravierenden Delikten soll kein davon abweichender Maßstab gelten, da aus dem objektiven äußeren Tatunrecht keine aus diesem resultierende innere Tatseite unterstellt werden soll.[1579] Damit verdeutlicht der *BGH*, dass er eine reine Schuldstrafe im Sinne einer Erfolgsstrafe, die sich hauptsächlich durch den Taterfolg, resp. den äußeren Unrechtsgehalt der Tat bestimmt,[1580] verhindern möchte.

Deshalb lässt die höchstrichterliche Rechtsprechung dem sich auch in der gesetzlichen Strafandrohung manifestierenden äußeren Unrechtsgehalt der Tat keine selbstständige Bedeutung zukommen:[1581] Dessen Berücksichtigung[1582] soll sich in einer mittelbaren Funktion erschöpfen, als aus ihm Schlüsse auf die Persönlichkeit des Täters, seine charakterliche Haltung und damit letztlich auf

---

1574 So auch *Strobel*, Jugendstrafe, S. 52.

1575 *Radtke/Scholze*, in: MüKo StGB Bd. 7, JGG, § 17 Rn. 58.

1576 BGHSt 15, 224; BGH, StV 2013, 37; BGH, NStZ 2016, 105; vgl. *Beulke*, in: FS Streng, S. 403, 405.

1577 BGH, NStZ-RR 1998, 317; OLG Frankfurt aM, StV 2009, 92; *Laue* in: Meier/Rössner/Trüg/Wulf, JGG, § 17 Rn. 24; *Radtke/Scholze*, in: MüKo StGB Bd. 7, JGG, § 17 Rn. 21.

1578 *Kurzberg*, Jugendstrafe, S. 39.

1579 BGH, NStZ 2018, 659; *Kölbel*, in: Eisenberg/Kölbel, JGG, § 17 Rn. 47 f.

1580 Vgl. dazu *Mrozynski*, MSchrKrim 68 (1985), 1 ff.

1581 Vgl. etwa BGHSt 16, 261, 263; BGH, NStZ 2001, 215, 216; BGH, NStZ 2012, 164; BGH, NStZ 2013, 289, 290; BGH, JR 2019, 38, BGH, NStZ 2020, 301 f.

1582 BGH, NStZ 1982, 332; BGH, NStZ 2018, 728.

die Höhe der Schuld gezogen werden können,[1583] jedenfalls sofern es sich um schwerwiegende Verbrechenstatbestände, schwere Tatfolgen, besonders schutzbedürftige Opfer oder eine besonders niederträchtige Begehungsart handelt.[1584] Entscheidend sei, inwieweit sich die charakterliche Haltung, die Persönlichkeit und die Tatmotivation darin in vorwerfbarer Schuld niedergeschlagen haben.[1585] Verwertbar seien nur solche Umstände des äußeren Geschehensablaufs, die über die normale Deliktsverwirklichung hinausgehen und die der Tat somit ein individuelles Gepräge geben, das dem Gericht Aufschlüsse über die Täterpersönlichkeit vermittelt.[1586] Dabei müsse immer berücksichtigt werden, inwieweit jugendspezifische Ursachen, beispielsweise gruppendynamische Effekte, Abenteuerlust, Mutproben, Enthemmung durch Alkohol usw. zur Tatbegehung beigetragen haben und dadurch zu einer anderen Beurteilung der *Schwere der Schuld* führen, als bei Erwachsenen.[1587]

Aus benannten Gründen lässt sich anders als im allgemeinen Strafrecht im Anwendungsbereich des Jugendstrafrechts nicht aus der Tat unmittelbar die Schuld herleiten, sondern lediglich das Unrecht.[1588] Die zweite Alternative der Jugendstrafe setzt dem Wortlaut nach jedoch nicht eine schwere *Tat*, sondern eine schwere *Schuld* voraus.[1589] Da der Schuldvorwurf sich daher nicht pauschal parallel zum Erfolgsunrecht konstituieren kann,[1590] nimmt das objektiv schwere Tatunrecht aus sich selbst heraus keine gleich zentrale Bedeutung ein, wie im allgemeinen Strafrecht.[1591] Dementsprechend soll keine abstrakte Orientierung an dem verwirklichten Tatbestand bzw. an seiner gesetzlichen Einordnung im Strafgesetzbuch erfolgen.[1592] Wäre hingegen das Unrecht der Tat entscheidend,

---

1583 BGHSt 15, 224, 226; BGHSt 61, 188, 191; BGH, NStZ 2010, 281; BGH, NStZ 2014, 407, 408; BGH, NStZ-RR 2015, 155 f.; BGH, NStZ 2017, 648 f.; OLG Köln, StV 1991, 426.

1584 BGH, NStZ 2016, 102; *Ostendorf*, in: Ostendorf, JGG, § 17 Rn. 4 f.

1585 Vgl. BGH, NStZ-RR 2016, 325, 326; BGH, NStZ-RR 2018, 358.

1586 BGH, NStZ 2014, 407; OLG Hamm, StV 2005, 67, 68.

1587 BGH, NStZ-RR 2016, 325, 326; *Kölbel*, in: Eisenberg/Kölbel, JGG, § 17 Rn. 54.

1588 BGHSt 15, 224, 226; BGH, NJW 1972, 693; BGH, NStZ 2016, 102; *Brunner/Dölling*, JGG, § 17 Rn. 26; *Heinitz*, ZStW 63 (1951), 57, 63; *Meyer*, ZfJ 71 (1984), 445, 449; *Schaffstein*, in: FS Heinitz, S. 461, 467; *Strobel*, Jugendstrafe, S. 51 f.

1589 *Laue*, in: Meier/Rössner/Trüg/Wulf, JGG, § 17 Rn. 25.

1590 BGH, NStZ 2009, 90; so auch LG Ravensburg, NStZ-RR 2016, 27.

1591 *Brunner/Dölling*, JGG, § 17 Rn. 26; *Radtke/Scholze*, in: MüKo StGB Bd. 7, JGG, § 17 Rn. 65, 70; *Streng*, Jugendstrafrecht, Rn. 433; *Strobel*, Jugendstrafe, S. 50 f.

1592 BGH, NStZ 2009, 450; BGH, NStZ-RR 2012, 92; *Streng*, Jugendstrafrecht, Rn. 432; *Kölbel*, in: Eisenberg/Kölbel, JGG, § 17 Rn. 46.

trüge dies der *jugendspezifischen Bestimmung*, die sich gerade aus der Erkenntnis der fehlenden Vergleichbarkeit heraus entwickelt hat,[1593] nicht hinreichend Rechnung.[1594] Daher seien für den Schuldvorwurf alle bedeutsamen Gesichtspunkte zu berücksichtigen.[1595]

Andererseits betonen sowohl die höchstrichterliche Rechtsprechung als auch die Literatur, dass das äußere Tatunrecht bei der Bestimmung des Schuldvorwurfs durchaus Beachtung finden soll, der Tatvorwurf am Maßstab der gesetzlichen Strafandrohung des Erwachsenenstrafrechts zu messen ist.[1596] Die darin zum Ausdruck kommende Bewertung des Tatunrechts soll durchaus zu beachten sein, da eine *Schwere der Schuld* nicht abstrakt, sondern nur in Bezug zu einer mehr oder weniger schweren Tat bestimmbar sei.[1597] Da die Intensität des Rechtsgutsangriffs eine Rolle spielen muss, soll bei Kapitalverbrechen stets die *Schwere der Schuld* vorliegen.[1598] Katalogtatbestände des § 74 Abs. 2 S. 2 GVG und sonstige schwere Unrechtstatbestände, wie die vorsätzliche Tötung, schwere Brandstiftung oder schwerer Raub weisen daher durchaus einen erhöhten Präjudizcharakter auf.[1599] Das schwere Tatunrecht wird dadurch notwendige, aber nicht hinreichende Bedingung der *Schwere der Schuld*.[1600]

In den 2010er Jahren zeichnete sich in einigen Judikaten eine Tendenz ab, auch schon im Bereich mittelschwerer Kriminalität dem Ausmaß der Einzeltatschuld hinreichende Bedeutung zukommen zu lassen; es ließ sich daher ein gewisser Bedeutungswandel i.S.v. Verflachungstendenzen beobachten.[1601] Die Alternative der Jugendstrafe wegen *Schwere der Schuld* beschränkte sich nicht mehr nur auf handverlesene Ausnahmefälle schwerster Kriminalität, typischerweise Tötungsdelikte,[1602] d.h. bei ohnehin als erzieherisch kontraproduktiv

---

1593 Vgl. S. 208 f.

1594 *Meyer*, ZfJ 71 (1984), 445, 449.

1595 *Brunner/Dölling*, JGG, § 17 Rn. 26.

1596 BGH, NStZ 2015, 229.

1597 BGH, StV 1982, 335; BGH, NStZ 2009, 450; *Laue*, in: Meier/Rössner/Trüg/Wulf, JGG, § 17 Rn. 24; *Pfeiffer*, Kriminalprävention, S. 62 f.; *Weber*, Jugendstrafe, S. 98.

1598 BGH, StV 2005, 66; OLG Hamm, 2005, 58 f.; *Brunner/Dölling*, JGG, § 17 Rn. 30; *Miehe*, Bedeutung der Tat, S. 60 f.

1599 BGH, StV 2005, 66; OLG Hamm, NStZ-RR 2005, 58 f.; KG, StV 2009, 91; vgl. auch *Beulke/Swoboda*, Jugendstrafrecht, Rn. 455; *Bottke*, Generalprävention, S. 41; *Ostendorf*, in: Ostendorf, JGG, § 17 Rn. 7; *Schaffstein*, in: FS Heinitz, S. 461, 467 f.

1600 BGH, NStZ 2016, 102, 103; dazu *Laue*, NStZ 2016, 103 f.

1601 *Beulke*, NK 3/2019, 269, 274.

1602 *Höynck*, StraFo 2017, 267, 270 sieht darin ein „Einfallstor", „diffuse Bestrafungsbedürfnisse" würden zum „legitimen Kriterium".

geltenden Jugendstrafen ab fünf Jahren,[1603] sondern öffnete sich nach unten hin dem Bereich *mittelschwerer* Kriminalität.[1604] Der *BGH* geht davon aus, dass auch „schwere Gewaltdelikte" regelmäßig die *Schwere der Schuld* begründen.[1605] Dies stößt insbesondere bei *Beulke*[1606] auf erhebliche Kritik, da dies zum Ausdruck brächte, dass die zweite Alternative ihren Ausnahmecharakter einbüßt und zu einer zu wählenden Alternative auch bei schweren Straftaten würde,[1607] was den Grundsätzen des JGG erheblich widerspräche.[1608]

(c) Zentralere Rolle des objektiven Tatunrechts

In der Gesetzesbegründung heißt es, die *Schwere der Schuld* kann die Verurteilung zu Jugendstrafe rechtfertigen, wenn das durch den Täter begangene Unrecht so groß ist, dass ein Ausgleich durch die Verhängung einer echten Kriminalstrafe notwendig wird.[1609] Dies lässt auf den ersten Blick vermuten, dass es entsprechend des zugrundeliegenden Strafzwecks eine starke Betonung des Tatunrechts verlangt, da es um die Tat geht, die die Allgemeinheit erreicht und erschüttert.[1610]

Dementsprechend lassen ein Teil der untergerichtlichen Rechtsprechung[1611] sowie der Strafrechtswissenschaft,[1612] dem objektiven Tatunrecht bei der Bestimmung des Schuldvorwurfs eine deutlich größere, gar ausschließliche, Bedeutung zukommen: Weder der Wortlaut des § 17 Abs. 2 JGG, noch der Telos des

1603 *Beulke,* NK 3/2019, 269, 279 verlangt eine Mindestgrenze von Vorsatzdelikten, bei denen eine Jugendstrafe von über zwei Jahren im Raum steht.

1604 *Beulke,* NK 3/2019, 269, 274, 277, 279 f.; *Kölbel*, in: Eisenberg/Kölbel, JGG, § 17 Rn. 56.

1605 BGH, JR 2019, 38, 39.

1606 *Beulke,* NK 3/2019, 269, 276 plädiert grundsätzlich dafür, im Bereich besonders schwerer Schuld zu Gunsten des Schuldausgleichs ausnahmsweise von der erzieherischen Notwendigkeit abzusehen, verweisend auf BT-Drs. 1/3264, S. 40 f.; *Streng*, StV 1998, 336; *Swoboda*, ZStW 125 (2013), 86, 99.

1607 So auch *Höynck*, ZJJ 2016, 305, 306.

1608 *Beulke,* NK 3/2019, 269, 277.

1609 BT-Drs. 1/3264, S. 40 f.

1610 *Kurzberg*, Jugendstrafe, S. 106 resümiert aus dem Wortlaut, dass die Bestimmung der Schuldschwere sich an den maßgeblichen Faktoren des allgemeinen Strafrechts, dem Handlungs- und Erfolgsunrecht orientieren müsste.

1611 Vgl. etwa bei *Meyer*, ZfJ 71 (1984), 445, 449; zudem *Beulke/Swoboda*, Jugendstrafrecht, Rn. 455 ff., 472; *Schaffstein*, in: FS Heinitz, S. 461, 466 f.; vgl. insofern auch die Untersuchungen von *Buckolt*, Jugendstrafe, S. 236 ff.; *Kurzberg*, Jugendstrafe, S. 250.

1612 Vgl. *Tenckhoff*, JR 1977, 485, 490 ff.; *Weber*, Jugendstrafe, S. 97 f.

Jugendstrafrechts stützten die Funktion des äußeren Unrechtsgehaltes als lediglich mittelbarer Indikator.[1613]

Eine gewisse Tendenz lässt sich insofern sogar auch bei einigen Autoren ablesen, die Kapitaldelikten und sonstigen schweren Delikten einen hohen Präjudizcharakter zuerkennen.[1614] Insbesondere die Untersuchungen *Buckolts* und *Kurzbergs* offenbaren, dass auch die untergerichtliche Rechtsprechung die Jugendstrafe durchaus nach den Grundsätzen des allgemeinen Strafrechts bemisst.[1615]

Ein prominenter Vorschlag zur Stärkung der Rolle des äußeren Unrechts stammt von *Tenckhoff*, der zur Bestimmung der *Schwere der Schuld* primär die objektiven schweren Tatfolgen als maßgebend ansieht, indem er *Schwere der Schuld* in *Schwere des Unrechts* umdeutet.[1616] Die Bewertung des äußeren Tatunrechts findet ihren Ausdruck in den gesetzlichen Strafandrohungen.[1617] Dementsprechend wird die *Schwere der Schuld* im Sinne von § 17 Abs. 2 Alt. 2 JGG bei vorsätzlich begangenen schweren Straftaten oder Kapitalverbrechen bejaht.[1618] Dies brächte einen großen Gewinn hinsichtlich der dadurch erlangten Rechtssicherheit, da das Tatunrecht als fester Abgrenzungsmaßstab ein erhebliches Maß an Objektivität einbrächte.[1619]

Allerdings ist diesem Vorstoß entgegenzuhalten, dass Unrecht und Schuld im Jugendstrafrecht gerade häufig divergieren, sich mit dem rein äußeren Tatgeschehen, aus dem Gewicht der Tat, zwar unmittelbar das Unrecht herleiten lässt, nicht hingegen die Schuld.[1620] Eine Umdeutung nach *Tenckhoffs* Vorbild sprengte „die rechtsstaatlich garantierten Auslegungsgrenzen",[1621]das verfassungsrechtliche *Bestimmtheitsgebot* aus Art. 103 Abs. 2 GG:[1622] Das Unrecht ist zwar ein Bezugsobjekt der Schuld, jedoch nicht mit diesem identisch.[1623] Ein

1613 *Grethlein*, NJW 1961, 687, 688.

1614 Vgl. etwa *Beulke/Swoboda*, Jugendstrafrecht, Rn. 457; *Brunner/Dölling*, JGG, § 17 Rn. 30; *Schaffstein*, in: FS Heinitz, S. 461, 467 f.

1615 *Buckolt*, Jugendstrafe, S. 236 ff.; *Kurzberg*, Jugendstrafe, S. 250.

1616 *Tenckhoff*, JR 1977, 485, 490, 492.

1617 KG, StV 2013, 35, 36; *Brögeler*, in: BeckOK JGG, § 17 Rn. 16.

1618 *Strobel*, Jugendstrafe, S. 107; *Tenckhoff*, JR 1977, 485, 491 f.

1619 *Tenckhoff*, JR 1977, 485, 491 f.

1620 Vgl. S. 213 f.

1621 *Strobel*, Jugendstrafe, S. 107 f.

1622 *Bohnert*, JZ 1983, 517, 519 m.w.N.; *Weber*, Jugendstrafe, S. 74.

1623 *Weber*, Jugendstrafe, S. 74 ff.

normativer Schuldvorwurf setzt sich sowohl aus objektiven als auch aus subjektiven Kriterien zusammen.[1624]

Trotz der großen Bedeutung der subjektiven Schuldmerkmale muss auch die objektive Tatschwere stets wesentlich für die Bemessung der Schuld sein,[1625] da das mit der Tat verletzte Rechtsgut zumindest mittelbar auch den Vorwurf an den Täter, damit das Maß seiner Schuld bestimmt.[1626] Der Vorwurf, der durch das Schuldurteil an den Täter gerichtet wird, wird in der Regel proportional zur Wertigkeit des verletzten Rechtsguts steigen; Tatunrecht und Schuld sind daher in erster Linie nicht gegensätzliche Begriffe, sondern stets aufeinander bezogen.[1627] Entscheidend sind daher die Bedeutung und das Zusammenwirken des äußeren Unrechtsgehalts der Tat, der charakterlichen Haltung und Persönlichkeitsentwicklung.[1628]

Zudem kann die Schuld in Bezug auf die Person des jeweiligen Rechtsbrechers „nicht isoliert […] beurteilt werden“:[1629] Der zugesprochene Schuldvorwurf „bestimmt sich […] anhand der vom Gesetzgeber […] getroffenen Entscheidung über den mit den Mitteln des Strafrechts bezweckten Rechtsgüterschutz“.[1630] Obwohl die Strafrahmen des allgemeinen Strafrechts gemäß § 18 Abs. 1 S. 3 JGG nicht im Jugendstrafrecht gelten, ist es mit diesem Grundsatz vereinbar, dass sie für die Einordnung des jeweiligen Rechtsguts dennoch eine entscheidende Bedeutung einnehmen; ihre Relevanz beschränkt sich auf die Anordnungsvoraussetzungen einer Jugendstrafe und wirkt sich nicht auf die konkrete Strafhöhe aus.[1631]

(d) Dynamik des Bestimmungsmaßstabes

Das jeweilige Alter und die damit einhergehende Entwicklung des Täters beeinflussen die Beurteilung des Schuldvorwurfs zwangsläufig durch die zunehmende Lebenserfahrung.[1632] Damit kann es, zwischen Jugendlichen, Heranwachsenden und mittlerweile Erwachsenen, bei gleichbleibenden Bestimmungsmaßstäben,

---

1624 Vgl. S. 206 ff.

1625 *Weber*, Jugendstrafe, S. 98.

1626 *Miehe*, Bedeutung der Tat, S. 19 f.; *Schaffstein*, in: FS Heinitz, S. 461, 467.

1627 *Meyer-Odewald*, Jugendstrafe, S. 36; *Miehe*, Bedeutung der Tat, S. 8, 19 f.

1628 BGH, StV 1982, 335, 336.

1629 *Laubenthal/Baier/Nestler*, Jugendstrafrecht, Rn. 735.

1630 Ebenda.

1631 Ebenda.

1632 *Meyer-Odewald*, Jugendstrafe, S. 35.

altersabhängig zu divergierenden Ergebnissen kommen.[1633] Dieser Maßstab muss auch gelten, da der Gesetzgeber ausdrücklich darauf verwiesen hat, dass die allgemeinen jugendstrafrechtlichen Folgen gelten, sofern Jugendstrafrecht angewendet werden soll, sodass auch die dort bestehenden Prinzipien zu gelten haben.[1634]

4. Konflikte durch die Individualisierungsanforderung

Grundsätzlich ist der Ansatz, dem auch die höchstrichterlichen Rechtsprechung folgt, entsprechend der täterorientierten Ausrichtung des Gesetzes, das Entwicklungsstadium junger Täter besonders intensiv zu berücksichtigen und eine individualisierende jugendtypische Bewertung des Schuldvorwurfs zu verlangen,[1635] positiv.[1636] Eine primäre oder vorwiegende Orientierung am verwirklichten Tatunrecht lässt die die individuelle Täterpersönlichkeit und den Entwicklungsstand verblassen.[1637] Allerdings erwachsen aus der starken Täterorientierung auch Konflikte:

a) Abweichende Bestimmung vom Schuldbegriff im Allgemeinen Strafrecht

Obwohl die höchstrichterliche Rechtsprechung zur *jugendspezifischen Bestimmung* die *Einzeltatschuld* als Ausgangspunkt heranzieht, weicht sie in der konkreten Anwendung faktisch erheblich vom Maßstab des allgemeinen Strafrechts, § 46 Abs. 1 S. 1 StGB ab, was das BVerfG mit Blick auf den das Jugendstrafrecht prägenden Erziehungsgedanken billigt.[1638] Auch wenn berücksichtigt wird, dass der jugendstrafrechtliche Bestimmungsmaßstab in Bezug auf die Rolle der objektiven Unrechtskriterien aus besagten Gründen modifiziert werden muss und es zugleich sehr schwierig ist, die ganzheitliche Wertung der Schuldzuschreibung

---

1633 BGH, NStZ 2020, 301 f.; *Kölbel*, in: Eisenberg/Kölbel, JGG, § 17 Rn. 49, § 105 Rn. 52; *Meyer-Odewald*, Jugendstrafe, S. 35; *Schlehofer*, in: BeckOK JGG, § 105 Rn. 23 ff.

1634 *Ostendorf*, in: Ostendorf, JGG, § 105 Rn. 31.

1635 Vgl. auch etwa *Kölbel*, JR 2019, 38, 42 m.w.N. *ders.*, in: Eisenberg/Kölbel, JGG, § 17 Rn. 54.

1636 So auch *Streng*, Jugendstrafrecht, Rn. 432 f., der es grundsätzlich für richtig hält, dass sich das Jugendstrafrecht deutlich von der im Allgemeinen Strafrecht dominierenden Praxis der Schuldzuschreibung in Orientierung an objektiven Unrechtskriterien distanziert.

1637 *Meyer*, ZfJ 71 (1984), 445, 449.

1638 BVerfG, Beschluss vom 8.12.2006 – 2 BvR 2226/06, BeckRS 2006, 28246.

in einzelne Komponenten zu zerlegen, erscheint es doch sehr widersprüchlich, einerseits den Schuldbegriff aus dem allgemeinen Strafrecht zu übernehmen, diesen dann aber andererseits strukturell vollkommen abweichend zu bestimmen.[1639] Zudem drohen durch eine vornehmliche Bestimmung der *Schwere der Schuld* über charakterliche Eigenschaften, die Unterschiede zwischen den beiden Alternativen der Jugendstrafe zu verwischen, da sich bereits die erste Alternative der Jugendstrafe wegen *schädlicher Neigungen* durch die Feststellung von Charaktermängeln auszeichnet.[1640]

Bei einem primär subjektiv zu bestimmenden Schuldbegriff erscheint darüber hinaus auch widersprüchlich, dass es bei der Schuldbestimmung stets um eine zuschreibende Bewertung menschlichen Handelns und spiegelbildlich um gesellschaftliche Strafbedürfnisse geht.[1641] Der Schuldvorwurf erwächst in erster Linie normativen Maßstäben der Gesellschaft, die sich wiederum primär daran orientieren, was die jeweilige Gemeinschaft für erforderlich hält, um das „eigene, innere Kontrollgefüge der ‚rechtstreuen' Mitglieder der Gesellschaft zu stabilisieren".[1642] Zentral ist das Maß an Schuld, das „die Gesellschaft dem Täter für [sein] Verhalten zuschreibt".[1643]

b) *Nähe zur Täterschuld*

Gravierend ist, dass ausgerechnet der sonst streng der *Tatschuldlehre* folgende *BGH*[1644] durch die besonders starke, fast ausschließliche, Täterorientierung faktisch eine erhebliche Nähe zur *Charakter-* bzw. *Lebensführungsschuld*[1645] in gleichzeitiger Abkehr von der *Einzeltatschuld*,[1646] provoziert, was sehr kritisch zu bewerten ist.[1647] Der *BGH* befürwortet damit ein mit dem deutschen

---

1639 *Streng*, StV 1998, 336, 339; *ders.*, Jugendstrafrecht, Rn. 432 f.

1640 *Schaffstein*, in: FS Heinitz, S. 461, 465; vgl. dazu auch S. 49 f.

1641 *Jakobs*, Schuld und Prävention, S. 9, 32; *Streng*, ZStW 92 (1980), 637, 656 f.; *Swoboda*, ZStW 132 (2020), 826, 832.

1642 *Haffke*, GA 1978, 33, 45, 46 f.; *Jakobs*, Schuld und Prävention, S. 31, 33; *Streng*, ZStW 92 (1980), 637, 650.

1643 *Swoboda*, ZStW 132 (2020), 826, 832.

1644 BGHSt 2, 194, 200.

1645 *Beulke/Swoboda*, Jugendstrafrecht, Rn. 457; *Laubenthal/Baier/Nestler*, Jugendstrafrecht, Rn. 734; *Meyer-Odewald*, Jugendstrafe, S. 10, 29; *Strobel*, Jugendstrafe, S. 43 f., 52; *Tenckhoff*, JR 1977, 485, 487; *Weber*, Jugendstrafe, S. 80 ff.; *Weber*, Schuldprinzip, S. 119 ff.

1646 *Schaffstein*, in: FS Heinitz, S. 461, 465 ff.; *Heinitz*, ZStW 63 (1951), 57, 70 ff.

1647 So auch *Strobel*, Jugendstrafe, S. 42 ff.; *Weber*, Schuldprinzip, S. 123.

Rechtssystem unvereinbares *Gesinnungsstrafrecht.*[1648] Dabei ist es gerade im Anwendungsbereich des Jugendstrafrechts äußerst gefährlich, den Schuldvorwurf durch eine Täterschuld zu begründen.[1649] Der Schuldvorwurf darf sich durch die täterorientierte Auslegung nicht faktisch von einer *Einzeltatschuld* auf eine *Täterschuld* verschieben.

Dieser Neigung wirkt die höchstrichterliche Rechtsprechung zwar insofern entgegen, indem sie die stark täterorientierte Bestimmung des Schuldvorwurfs einschränkt: Um zu verhindern, dass die vorrangig zu berücksichtigenden subjektiven Kriterien eine derartige Eigendynamik entfalten, dass allein innere Dimensionen,[1650] auch bei geringem Erfolgsunrecht eine Jugendstrafe gem. § 17 Abs. 2 Alt. 2 JGG begründen können,[1651] soll sich die *Schwere der Schuld* in derartigen Fällen nicht nur aus der charakterlichen Haltung begründen dürfen.[1652]

Als Korrektiv muss stets ein objektiv schwerer Unrechtsgehalt vorliegen.[1653] Der Unrechtsgehalt bestimmt sich maßgeblich durch die Verletzung des jeweiligen Rechtsguts, das vom Gesetzgeber im Strafgesetzbuch durch die Aufnahme in einen Straftatbestand entsprechend unter den Schutz der Rechtsordnung gestellt wurde.[1654] Entsprechend der gesetzgeberischen Wertung können etwa Kapitalverbrechen oder andere besonders schwere Taten,[1655] wie schwere Gewaltdelikte, insbesondere qualifizierte Raubdelikte,[1656] sowie schwerwiegende Sexualdelikte den erforderlichen schweren Unrechtsgehalt begründen.[1657] Straftaten mit bloßem Bagatellcharakter erreichen dies nicht und können folglich auch keine Jugendstrafe auslösen.[1658] Der Maßstab ist eine Mindestfreiheitsstrafe von sechs

---

1648 *Kölbel*, in: Eisenberg/Kölbel, JGG, § 17 Rn. 54; *Laubenthal/Baier/Nestler*, Jugendstrafrecht, Rn. 734; *Streng*, GA 2017, 80, 91; *ders.*, Jugendstrafrecht, Rn. 432; *Weber*, Jugendstrafe, S. 80 ff.; *Weber*, Schuldprinzip, S. 119 ff.

1649 Vgl. S. 140 ff.

1650 Etwa ein hohes Maß an Rücksichtslosigkeit, oder sonstige äußerst niederträchtige, bedenkenlos begangene Straftaten.

1651 *Streng*, Jugendstrafrecht, Rn. 432 ff.

1652 BGH, StV 1998, 332; BGH, StV 2005, 66 f.; OLG Hamm, NStZ-RR 2005, 58 f.; nur in Ausnahmefällen, wenn schwere Tatfolgen mit besonders hoher Schuld herbeigeführt wurden, *Buckolt*, in: FS Kreuzer, S. 135, 144 m.w.N. vgl. auch *Laue*, in: Meier/Rössner/Trüg/Wulf, JGG, § 17 Rn. 23.

1653 *Böhm/Feuerhelm*, Jugendstrafrecht, S. 223.

1654 *Laubenthal/Baier/Nestler*, Jugendstrafrecht, Rn. 733 ff.; *Weber*, Schuldprinzip, S. 121.

1655 BGH, StV 1998, 332 f.; BGH, StV 2005, 66; OLG Hamm, NStZ-RR 2005, 58 f.; KG, StV 2009, 91; anders noch BGHSt 15, 224.

1656 KG, StV 2009, 91; BGH, NStZ 2018, 728.

1657 *Laue* in: Meier/Rössner/Trüg/Wulf, JGG, § 17 Rn. 23 m.w.N.

1658 *Radtke/Scholze*, in: MüKo StGB Bd. 7, JGG, § 17 Rn. 16.

Monaten für einen hypothetischen erwachsenen Straftäter.[1659] Denn selbst im Anwendungsbereich des allgemeinen Strafrechts zeugen Delikte aus dem Bereich der leichten und mittleren Kriminalität nicht von schwerer Schuld – Mindeststrafrahmen von fünf Jahren sieht das Gesetz erst bei Delikten wie § 250 Abs. 2 StGB, § 251 StGB oder § 212 StGB vor.[1660] Dieser Vergleichsmaßstab soll verhindern, dass allein auf die innere Tatseite gestützt, eine Jugendstrafe wegen *Schwere der Schuld* begründet werden könnte, selbst wenn nach dem allgemeinen Strafrecht keine Freiheitsstrafe anzuordnen wäre.[1661] Damit soll eine graduelle Entsprechung zum verwirklichten Unrecht gewährleistet werden, derer es allein schon durch das zugrundeliegende *Schuldprinzip* bedarf.[1662] Die Persönlichkeit und der Charakter dürfen daher immer nur soweit berücksichtigt werden, als ein konkreter Bezug zum Tatgeschehen besteht.[1663]

Dies weckt hingegen wiederum die Befürchtung, dass damit zu stark auf das sachliche Unrecht abgestellt wird und die weiteren zu berücksichtigenden Schuldbestimmungskriterien zu sehr in den Hintergrund gedrängt werden.[1664] Außerdem bemängeln Kritiker, dass die vermeintliche Objektivität nur vordergründig gegeben ist: Der zur Anwendung gebrachte Begriff des *Kapitalverbrechens* ist dem lediglich zwischen Verbrechen und Vergehen, § 12 StGB, unterscheidenden Strafgesetzbuch fremd. Es ist jedoch ersichtlich, dass der Katalog des § 74 Abs. 2 S. 1 GVG, der die sachliche Zuständigkeit des Schwurgerichts begründet, gemeint ist. Vollkommen unklar bleibt allerdings, wann die „weiteren Straftaten" im Vergleich dazu „besonders schwer" sind. Da damit in den allermeisten Fällen weiterhin nicht avisierbar ist, wann die *Schwere der Schuld* bejaht wird, entsteht eine „Gefühljurisprudenz".[1665]

c) *Missverhältnis zwischen Strafzweck und Schuldbestimmung*

Überdies offenbart sich zwischen dem zugrundeliegenden Strafzweck der positiven Generalprävention und der der täterstrafrechtlichen Konstitution des Jugendstrafrechts erwachsenen *jugendspezifischen Bestimmung* der *Schuld* i.S.d. § 17 Abs. 2 Alt. 2 JGG eine starke Diskrepanz.[1666] Der Widerspruch erwächst

1659 *Böhm/Feuerhelm*, Jugendstrafrecht, S. 219.
1660 Vgl. auch *Strobel*, Jugendstrafe, S. 108 f.
1661 *Laubenthal/Baier/Nestler*, Jugendstrafrecht, Rn. 734.
1662 So auch *Strobel*, Jugendstrafe, S. 108.
1663 *Streng*, Jugendstrafrecht, Rn. 11 ff.; *Strobel*, Jugendstrafe, S. 51 f., 43.
1664 *Meyer-Odewald*, Jugendstrafe, S. 37.
1665 *Bohnert*, JZ 1983, 517, 519 m.w.N. in der Fn. 34.
1666 So auch *Eisenberg*, ZJJ 2018, 144; *Kölbel*, JR 2019, 40, 43.

daraus, dass die strafzwecktheoretische Legitimation der begangenen Straftat eine erheblich größere Bedeutung einräumt, als sich in der konkreten Bestimmung des Schuldvorwurfs wiederspiegelt: Die der Öffentlichkeit bekannt gewordene *Tat* ruft das Rechtsbewährungs- und Strafbedürfnis der Gesellschaft hervor und erschüttert das mit dem angestrebten Befriedigungseffekt wiederherzustellende Rechtsgefühl.[1667] Die *jugendspezifische* Bestimmung der Schuld verhält sich dazu insofern geradezu konträr, als sie, erheblich vom Maßstab des allgemeinen Strafrechts abweichend, der Tat nahezu jegliche eigenständige Bedeutung nimmt.[1668] Ihre Wirkung ist rein mittelbar und beschränkt sich darauf, dass aus ihr Rückschlüsse auf die vorrangig zu berücksichtigende innere Tatseite, d.h. die subjektiven Beziehungen des Täters zu seiner Tat, gezogen werden.[1669]

V. Zwischenergebnis

Obwohl der Schuldvorwurf i.S.d. § 17 Abs. 2 Alt. 2 JGG die *Einzeltatschuld* betrifft, muss der Bestimmungsmaßstab aufgrund der *jugendspezifischen* Besonderheiten im Umgang mit jungen Straftätern modifiziert werden.[1670] Allerdings bewirkt der zugrundeliegende Strafzweck der positiven Generalprävention, dass die Schuld i.S.d. § 17 Abs. 2 Alt. 2 JGG wesentlich objektiver bestimmt werden muss, als der bisherigen Praxis entsprechend.[1671]

1667 Vgl. 152 ff.

1668 *Eisenberg*, ZJJ 2018, 144.

1669 Ebenda.

1670 *Kölbel*, in: Eisenberg/Kölbel, JGG, § 17 Rn. 46, 49; *Meyer*, ZfJ 71 (1984), 445, 448 ff.; *Radtke/Scholze*, in: MüKo StGB Bd. 7, JGG, § 17 Rn. 20 f.; vgl. auch *Petersen*, Sanktionsmaßstäbe, S. 115 ff.

1671 So auch *Radtke/Scholze*, in: MüKo StGB Bd. 7, JGG, § 17 Rn. 62.

E. Stellungnahme, Entwicklung und Fazit

I. Zusammenfassung der bisherigen Ergebnisse und Stellungnahme

1. Bedeutung und Reichweite des Erziehungsgedankens bei der Anordnung der Jugendstrafe wegen *Schwere der Schuld*

Trotz der Dominanz des *Erziehungsgedankens* als gesetzliches Leitprinzip tritt dieser bei der Anordnung der Jugendstrafe gem. § 17 Abs. 2 Alt. 2 JGG sowohl in seiner Bedeutung als auch in seiner Reichweite zurück und beschränkt sich auf die Wahrung der Verhältnismäßigkeit.[1672] Dementsprechend ist der *Erziehungsgedanke* weder eine ergänzende Anordnungsvoraussetzung dieser Form der Jugendstrafe, noch ist er der ihr zugrundeliegende Strafzweck.[1673] Obwohl sich nach § 2 Abs. 1 S. 2 JGG alle jugendstrafrechtlichen Rechtsfolgen an diesem Leitprinzip ausrichten sollen, ergibt die methodische Auslegung, dass die Jugendstrafe wegen *Schwere der Schuld* generell, d.h. bei Jugendlichen, Heranwachsenden und zwischenzeitlich Erwachsenen, primär dem Schuldausgleich, mithin der Befriedigung der Rechtsgemeinschaft, der Wiederherstellung des erschütterten Rechtsfriedens, ergo dem Strafzweck der positiven Generalprävention, dient.[1674] Darin spiegelt sich das rechtspolitische Verlangen danach wieder, auch im Jugendstrafrecht die Möglichkeit einer Sanktion zu eröffnen, die ganz unabhängig von individuellen Erziehungsbedürfnissen sanktioniert.[1675]

2. Entwicklung der Rolle des Erziehungsgedankens als Leitgedanke

Dem erwächst aber nicht die Forderung, grundsätzlich mit dem *Erziehungsgedanken* zu brechen. In der wieder sehr aktuellen Debatte um seine Bedeutung und Reichweite in Bezug auf ältere Tätergruppen zeigt sich, dass seine Anwendung nur bedingt an verfassungsrechtliche Grenzen stößt: Lediglich ein stark

---

1672 Vgl. S. 179 f.
1673 Vgl. S. 177.
1674 Nicht nur in Bezug auf ältere Heranwachsende und bereits Erwachsene, wie es der zweite Strafsenat des BGH in seiner Entscheidung BGH, JR 2019, 38, 39 anklingen lässt.
1675 Vgl. S. 168 ff.

pädagogisch geprägtes, persönlichkeitsveränderndes Begriffsverständnis führt zu unüberwindbaren verfassungsrechtlichen Widersprüchen.[1676] Ein nicht eingriffsbezogenes, von einer persönlichkeitsverändernden und beeinflussenden Wirkung ausgehendes Verständnis, leitet aus der Erziehung eine Vielzahl an für den Betroffenen günstigen Aspekten ab.[1677] Demzufolge ist Erziehung ein anzustrebender Vorteil, eine Leistung und damit eine staatlich vermittelte Chance, die auch in Bezug auf eine im pädagogischen Sinne nicht mehr erziehungsfähige Klientel anwendbar bleibt.[1678]

3. Diskrepanz zwischen Strafzweck und Schuldbestimmung durch die schwache Rolle des äußeren Tatunrechts

Während dahingehend Einigkeit besteht, dass die *Schuld* i.S.d. § 17 Abs. 2 Alt. 2 JGG als nach subjektiven und objektiven Kriterien zu bestimmende Einzeltatschuld *jugendspezifisch* zu bestimmen ist,[1679] wird sehr unterschiedlich bewertet, welche Rolle das äußere Tatunrecht spielen darf: Ob der täterorientierten Konzeption des Jugendstrafrechts verbleibt diese de lege lata entsprechend der ständigen höchstrichterlichen Rechtsprechung insgesamt nur sehr gering, während die subjektiven Kriterien stark dominieren.[1680] Dies begründet eine erhebliche Diskrepanz zwischen dem Strafzweck und der Bestimmung des Schuldvorwurfs. Daraus entstehen Rechtsunsicherheiten an einem neuralgischen Punkt der Strafe.

II. Konsequenzen und Handlungsbedarf

1. Auflösung der Diskrepanz zwischen Strafzweck und Schuldbestimmung

a) *Verhältnis der tatstrafrechtlichen und täterorientierten Kriterien*

Um dem engen Zusammenhang zwischen Strafzweck und Strafzumessung[1681] gerecht zu werden und die diesbezüglichen Indifferenzen aufzulösen, ist die

1676 Entsprechend *Budelmann*, Jugendstrafrecht für Erwachsene?, S. 80 ff.; auch *Bachmann*, JZ 2019, 759, 761 ff.

1677 Vgl. S. 131 ff.

1678 Vgl. S. 132 f.

1679 Vgl. S. 208 f.

1680 Vgl. S. 209 ff.

1681 Vgl. S. 179 f.

jugendspezifische Bestimmung der Einzeltatschuld zu modifizieren.[1682] Dazu ist dem äußeren Unrechtsgehalt der Tat eine zentralere Rolle einzuräumen, als es bisher der Fall ist.[1683] Anders sieht dies etwa *Rose*, der es bei dem Anerkenntnis der Jugendstrafe wegen Schwere der Schuld als reine Schuldstrafe noch wichtiger erachtet, allein nach den von der Rechtsprechung geforderten Maßstäben der inneren Tatseite und nicht nach dem deliktischen Strafrahmen zu bestimmen.[1684]

b) Die Jugendstrafe wegen Schwere der Schuld *de lege ferenda*

aa) Reformbedarf des § 17 Abs. 2 Alt. 2 JGG

Die im Gesetz angelegten Unstimmigkeiten – und damit der große Raum für Interpretationsvielfalt in Bezug auf den Strafzweck und die Bestimmung der Schuld – können nur de lege ferenda beseitigt werden.[1685] Der Konflikt ist nach geltendem Recht unlösbar.[1686] Eine dem Strafzweck der positiven Generalprävention entsprechende tatorientierte Auslegung der Anordnungsentscheidung der Jugendstrafe wegen *Schwere der Schuld* lässt der gesetzliche Rahmen nicht zu, ohne verfassungsrechtliche Auslegungsgrenzen zu sprengen – ein Problem mit dem sich insbesondere *Tenckhoff* bereits 1977 konfrontiert sah.[1687] Im Wege der rechtsdogmatischen Auslegung des Gesetzestextes[1688] lässt es sich de lege lata allenfalls dadurch entschärfen, dass die beiden Alternativen der Jugendstrafe kontrastierend akzentuiert werden: die wegen *schädliche Neigungen täter-* und die wegen *Schwere der Schuld tat*orientiert.[1689] Wie schon *Meyer-Odewald* bemängelte, kann dies eine rechtsgrundsätzliche Lösung nur sehr bedingt ersetzen.[1690]

1682 *Kaspar*, in: FS Schöch, S. 209, 223 mit Verweis auf *Tenckhoff*, JR 1977, 485, 486; *Radtke/Scholze*, in: MüKo StGB Bd. 7, JGG, § 17 Rn. 62; darauf deutet auch BGH, JR 2019, 38, 39 hin.

1683 So auch *Radtke/Scholze*, in: MüKo StGB Bd. 7, JGG, § 17 Rn. 62.

1684 *Rose*, NStZ 2019, 57, 59.

1685 *Sonnen*, in: Diemer/Schatz/Sonnen, JGG, § 17 Rn. 10.

1686 *Bohnert*, JZ 1983, 517, 519 m.w.N. in der Fn. 34; vgl. auch *Meyer-Odewald*, Jugendstrafe, S. 21; *Rose*, NStZ 2019, 57, 59; *Tenckhoff*, JR 1977, 485, 492 m.w.N. Fn. 125; insgesamt auch *Peters*, MSchrKrim 49 (1966), 49 ff.

1687 *Tenckhoff*, JR 1977, 485, 492.

1688 *Meyer-Odewald*, Jugendstrafe, S. 23.

1689 *Meyer-Odewald*, Jugendstrafe, S. 39 ff.; *Sonnen*, in: Diemer/Schatz/Sonnen, JGG, § 17 Rn. 9 f.; *Tenckhoff*, JR 1977, 485, 492.

1690 *Meyer-Odewald*, Jugendstrafe, S. 19.

Um den erforderlichen gesetzlichen Auslegungsrahmen zu schaffen, bedarf es einer rationalen Umformulierung des § 17 Abs. 2 Alt. 2 JGG unter Präzisierung des Verhältnisses von Schuldausgleich und Erziehung[1691] in eine Regelung, die sich als Kriminalstrafe zur Ahndung schwersten Unrechts,[1692] unter Berücksichtigung positiv-generalpräventiver Zwecke offen dazu bekennt, dass die Jugendstrafe wegen *Schwere der Schuld* eine reine Schuldstrafe ist, bei der es ausnahmsweise nicht primär auf die Erziehung ankommt.[1693]

Obwohl das Recht als Antwort auf gesellschaftliche, politische und zeitliche Entwicklungen die entsprechenden Bedürfnisse spiegeln muss,[1694] mutet der Ruf nach einem „härteren Durchgreifen" durch den Gesetzgeber oft populistisch an, da sich dieses Verlangen häufig phänomenal in der Verkettung von Umständen beobachten lässt, die oftmals in einer impulsiven Reaktion auf das Bekanntwerden schwerster und erschütternder Straftaten im Einzelfall keimen.[1695] Jugendkriminalität wird klassischerweise „als massive Bedrohung der Gesellschaft" empfunden und bildet permanent eine Grundlage für die insbesondere in den Medien kommunizierte Sorge um den Anstieg von Kriminalität.[1696] Zweifelsohne darf die Verbrechensfurcht in der Bevölkerung trotz ihrer nachgewiesenen Übersteigerung nicht als bloßer „Störfaktor moderner Kriminalpolitik" abgetan werden.[1697] Dabei entspricht es einer Fehlannahme, dass ein härteres Vorgehen gegen jugendliche oder heranwachsende Straftäter stets zu einer effektiveren Bekämpfung der Jugendkriminalität führe.[1698] Häufig werden innerhalb von Reformdebatten, die härtere oder schärfere Strafen zum Gegenstand haben, die Ängste der Bevölkerung ausgenutzt, um Forderungen zu erheben, die sich zwar auf ernstzunehmende Probleme beziehen, aber oftmals vorschnell umgesetzt werden sollen, ohne vorher den status quo als Antwort auf defizitäre Zustände auszureizen und pauschal eine Verschärfung von Sanktionen oder eine

---

1691 So auch *Böhm/Feuerhelm*, Jugendstrafrecht, S. 227; *Hinz*, ZRP 2005, 192, 195; *Weber*, Schuldprinzip, S. 260.

1692 *Tenckhoff*, JR 1977, 485, 492; *Schaffstein*, in: FS Heinitz, S. 461, 475 f.

1693 *Hackstock*, Generalpräventive Aspekte, S. 280; *Jäger*, GA 2003, 469, 479; *Kaspar*, in: FS Schöch, S. 209, 223; *Ostendorf*, in: Ostendorf, JGG, § 17 Rn. 5 m.w.N.; *Ostendorf/Drenkhahn*, Jugendstrafrecht, Rn. 230; *Petersen*, Sanktionsmaßstäbe, S. 183 ff.; *Rose*, NStZ 2019, 57, 59; *Tenckhoff*, JR 1977, 485 ff.

1694 Vgl. dementsprechend schon *Hinz*, JR 2001, 50, 52.

1695 *Kurzberg*, Jugendstrafe, S. 1; m.w.N.

1696 *Walter/Neubacher*, Jugendkriminalität Rn. 12.

1697 *Beulke/Swoboda*, Jugendstrafrecht, Rn. 133 m.z.w.N.

1698 *Ostendorf*, StV 2008, 148, 150.

Reduzierung der Flexibilität des jugendstrafrechtlichen Rechtsfolgensystems fordern.[1699] Selbstverständlich muss der Gesetzgeber sich dem Handlungsdruck beugen, wenn feststeht, dass das geltende Recht defizitär, zumal schädlich ist, indem es etwa Missdeutungen provoziert.[1700]

Da seit Jahrzehnten versucht wurde, das untersuchungsgegenständliche im Gesetz angelegte Spannungsverhältnis de lege lata zu lösen, was lediglich zu einer Linderung führte, darf der Vorschlag einer Reform nicht vorschnell erscheinen.

bb) Bisherige Reformansätze

Bevor eigene Gedanken de lege ferenda formuliert werden, gilt es zunächst die bisherigen wichtigsten Reformvorschläge vorzustellen und zu analysieren.

Seit Jahrzehnten kritisiert die Strafrechtswissenschaft das gesetzliche Anforderungsprofil einer Schuld nach § 17 Abs. 2 Alt. 2 JGG als „konturenlos"[1701] und „[n]och unbestimmter als der Begriff der *‚schädlichen Neigungen*'".[1702] Angesichts dessen, dass sich das deutsche Jugendstrafrecht insgesamt durch eine große Reformkultur auszeichnet, überrascht es nicht, dass Akteure aus Wissenschaft und Politik im Laufe der Jahrzehnte ein sehr breites Spektrum an mitunter stark divergierenden Reformvorschlägen diskutiert haben.[1703]

Innerhalb der zeitgeistigen Entwicklungen bilden sich darin die unterschiedlichen Positionen in Bezug auf das Verhältnis von Erziehung und Schuldausgleich ab: Während einige Befürworter der bisherigen ständigen höchstrichterlichen Rechtsprechung eine Stärkung des Erziehungsgedankens unter Zurückdrängung des Schuldausgleichs sowie die Tendenz zu einer Einzelfallbetrachtung anstreben,[1704] bemühten sich zahlreiche andere Vorschläge aus Politik und Wissenschaft dagegen um Konzepte, die dem Charakter einer Schuldstrafe entsprechen sollten.[1705] Die Bandbreite der bisher diskutierten Ansätze ist sehr groß.

1699 *Laubenthal*, in: Dollinger/Schmidt-Semisch, Handbuch Jugendstrafrecht, S. 517, 529.

1700 *Hartmann*, Jugendstrafe, S. 222.

1701 *Zieger*, StV 1988, 308, 309.

1702 *Ostendorf*, in: Ostendorf, JGG, § 17 Rn. 4.

1703 Vgl. S. 223 ff.

1704 *Kreuzer*, NJW 2002, 2345, 2351; *Kornprobst*, JR 2002, 309, 311; *Meyer-Odewald*, Jugendstrafe, S. 19, 93 f.

1705 Vgl. S. 227 ff.

cc) Überblick über die bisherigen Vorschläge

(1) Abschaffende Ansätze

„Am äußeren Rand des Meinungsspektrums" fordern extreme Ansätze, die Jugendstrafe per se[1706] oder auch der jeweils einzelnen Alternativen,[1707] aufzugeben:[1708] Die Abschaffung der Jugendstrafe als solche war schon *Peters'* Vorschlag aus dem Jahr 1965 immanent, nachdem er versuchte, das Jugend*straf*recht durch ein sog. Jugend*konflikt*recht zu ersetzen, um eine ethisch fundierte Erziehung zu gewährleisten.[1709] Auch *Zieger* sprach sich wiederholt dafür aus, die begrifflichen Anwendungsvoraussetzungen der Jugendstrafe gem. § 17 Abs. 2 JGG zu streichen und stattdessen stets „auf den Grad der durch Erziehungsmängel oder Umwelteinflüsse bedingten Persönlichkeit des jungen Angeklagten abzustellen".[1710] Das Gewicht des Delikts solle dabei „lediglich im Rahmen der Verhältnismäßigkeit" berücksichtigt werden, „die auch bei erheblicher Verwahrlosung, die sich aber nur in Taten geringen Gewichts äußert, die Verhängung von Jugendstrafe verbietet".[1711] Mit dem Argument, dass die Alternative der *Schwere der Schuld* in gänzlichem Widerspruch zum täter- und spezialpräventiv orientierten Jugendstrafrecht stehe, da dessen Ausrichtung keinen Platz für Sühne und positive Generalprävention im Kontext der Jugendstrafe lasse, regte *Zieger* im Jahr 2014 auf dem Strafverteidigertag an, die zweite Alternative Jugendstrafe zu streichen.[1712]

Im Einzelfall kann auch *Bohnerts* prozessualer Ansatz die Möglichkeit einer Jugendstrafe eliminieren: Die vorgeschlagene „Entmischung in ein reines Erziehungs- und ein reines Strafverfahren" zur Auflösung des mitunter höchstproblematischen Kompromisses zwischen Strafe und Erziehung verlangt, in einer vorgelagerten Rechtsentscheidung ein straf- oder erziehungsrechtliches Verfahren festzulegen.[1713] Davon abgesehen, dass dies das Zweckproblem lediglich vorverlagert,[1714] ist zu bezweifeln, ob es je nach Fallkonstellation möglich sein soll,

---

1706 *Peters*, MSchrKrim 49 (1966), 49, 51; ähnlich wohl auch *Feltes*, RdJB 1981, 123.

1707 *Walter/Wilms*, NStZ 2007, 1, 7; BT-Drs. 11/4892, S. 1, 7; *Rose*, NStZ 2019, 57; *Zieger*, Freispruch 2014, S. 8, 9.

1708 *Hartmann*, Jugendstrafe, S. 193.

1709 *Peters*, MSchrKrim 49 (1966), 49, 51; ähnlich *Feltes*, RdJB 1981, 123 ff.

1710 *Zieger*, StV 1988, 308, 310.

1711 Ebenda.

1712 *Zieger*, Freispruch 2014, S. 8, 9.

1713 *Bohnert*, JZ 1983, 517, 519, 522, 523.

1714 So auch *Bohnert*, JZ 1983, 517, 523 schon selbst; sowie *Meyer-Odewald*, Jugendstrafe, S. 135.

die Rechtsnatur des JGG als Erziehungsrecht oder als vergeltendes Strafrecht zu interpretieren. Im Wesentlichen unterläuft ein derartiger Ansatz insofern die Intention des JGG, das von der Strafe als Zufügung einer primär vergeltenden Reaktion loslöst, ohne ein reines Erziehungsrecht zu sein.[1715] Infolge der gesetzgeberischen Gesamtkonzeption kann die Behauptung, es gäbe in dem dualen System von Erziehungsmaßnahmen und Strafen kein Mittleres, keine zu einem Kompromiss führende vermittelnde Lösung, nicht aufrechterhalten werden. Das dem Jugendkriminalrecht immanenten herausragende Ziel künftiger Straflosigkeit verbietet es, eine Brücke zwischen § 17 Abs. 2 Alt. 2 JGG und dem Erwachsenenstrafrecht zu schlagen und auf die dortige Sanktionspraxis zu verweisen.[1716] *Swoboda* mahnt zudem an, dass „nur ein spannungsgeladenes, komplexes Jugendstrafrecht [...] seinem Gegenstand, der Jugend als spannungsgeladene Zeit des Übergangs, wirklich gerecht" wird:[1717] „Keine der im Jugendstrafrecht wirkenden Kräfte von Schuldausgleich und Erziehungsgedanke darf die absolute Oberhand gewinnen, wenn das Jugendstrafrecht seine Fähigkeit bewahren will, flexibel und rücksichtsvoll auf jugendspezifische Entwicklungslagen zu reagieren".[1718]

Weitere Ansätze beziehen sich auf die Streichung einer der Alternativen der Jugendstrafe: Die Reformdiskussionen um die Jugendstrafe wegen *schädlicher Neigungen*, ob ihrer Herkunft aus der NS-Zeit und der stigmatisierenden Wirkung, erweiterten sich in letzter Zeit dahingehend, dass sie sich gegen das spezialpräventive Täterstrafrecht wendeten.[1719] Bereits in der Vergangenheit wurde vorgeschlagen, die erste Alternative der Jugendstrafe in eine reine Erziehungsmaßnahme umzuwandeln.[1720] Der Wesensgehalt der zweiten Alternative sollte dagegen zwingend unangetastet bleiben, um mit ihr als unverzichtbare Kriminalstrafe schwerstes Unrecht junger Menschen zu ahnden.[1721] Zu einem entsprechenden Ergebnis kommt auch ein weiterer Ansatz, der die ersatzlose Streichung der ersten Alternative der Jugendstrafe fordert:[1722] Durch den

1715 Vgl. S. 69 ff.

1716 *Hartmann*, Jugendstrafe. S. 208 ff.; *Meyer-Odewald*, Jugendstrafe, S. 135.

1717 *Swoboda*, ZStW 125 (2013), 86, 110.

1718 Ebenda.

1719 Dazu *Beulke/Swoboda*, Jugendstrafrecht, Rn. 462.

1720 *Tenckhoff*, JR 1977, 485, 492 m.w.N. Fn. 125; vgl. dazu insbesondere *Peters*, MschrKrim 49 (1966), 49 ff.

1721 *Schaffstein*, in: FS Heinitz, S. 461, 475 f.; *Tenckhoff*, JR 1977, 485, 492.

1722 BT-Drs. 11/4892, S. 1, 7; vgl. dazu auch *Dünkel*, ZStW 105 (1993), 137, 159; *Ostendorf*, in: Ostendorf, JGG, Grdl. z. §§ 17–18, Rn. 6; vgl. auch *Walter/Wilms*, NStZ 2007, 1.

Wegfall des Dualismus' der Jugendstrafe soll eine Jugendstrafe insgesamt nur dann in Betracht kommen, wenn sie zur Verdeutlichung erheblichen, ggf. auch einmaligen, Unrechts unverzichtbar erscheint, insbesondere wenn diese Zwecke nicht mit anderen jugendkriminalrechtlichen Sanktionen erreichbar sind, wobei die Strafzeit bestmöglich zur Befähigung des Verurteilten zur künftigen Legalbewährung genutzt werden soll.[1723]

Zusätzlich zu seiner Forderung, die *Schwere der Schuld* auf Fälle zu begrenzen, in denen der Verzicht auf eine Jugendstrafe für das Rechtsempfinden „schlechthin unverständlich" wäre,[1724] plädiert *Rose* für den Wegfall der Alternative der *schädlichen Neigungen* bei allen Angeklagten, die im Verurteilungszeitpunkt das 21. Lebensjahr erreicht haben, weil diese nicht mehr erziehungsfähig seien.[1725]

(2) Entwicklung eines Katalogtatbestands

Obwohl sich das Jugendstrafrecht durch täterspezifische Einzelfallabwägungen kennzeichnet, bedarf es aus Gründen der Rechtssicherheit und um den Anforderungen des Gleichheitssatzes im Strafrecht zu entsprechen, auch generalisierender Maßstäbe.[1726] Da eine rein generalpräventiv begründete Jugendstrafe auf besonders schwere Straftaten zu beschränken ist,[1727] versuchte ein weiterer Ansatz, die nicht deliktsspezifisch ausgestaltete Jugendstrafe gem. § 17 Abs. 2 Alt. 2 JGG durch die Schaffung eines an § 74 Abs. 2 GVG orientierten Katalogtatbestandes mit einer enumerativen Aufzählung schwerster Verbrechenstatbestände aus dem allgemeinen Strafrecht, für die eine Schuldstrafe vorgesehen werden sollte, zu präzisieren.[1728]

(3) Weiterentwicklung der Generalklausel

Großen Zuspruch fanden sich einer Generalklausel bedienende Regelungen, die es unter Berücksichtigung der Besonderheiten des Jugendstrafrechts zulassen sollten, nachdrücklicher und konsequenter auf Straftaten junger Menschen zu reagieren.[1729]

1723 BT-Drs. 11/4892, S. 1, 7; *Walter/Wilms*, NStZ 2007, 1, 8.

1724 *Rose*, NStZ 2019, 57 anlehnend an *Ostendorf*, in: Ostendorf, JGG, § 17 Rn. 5 ff.; *Ostendorf/Drenkhahn*, Jugendstrafrecht, Rn. 229.

1725 *Rose*, NStZ 2019, 57 kritisch dazu *Beulke*, NK 3/2019, 269, 278.

1726 *Meyer-Odewald*, Jugendstrafe, S. 142.

1727 *Kaspar*, in: FS Schöch, S. 209, 224 f.

1728 *SPD*, ZfJ 1982, 60, 65, These Nr. 10; vgl. auch BT-Drs. 11/4892, S. 1, 7.

1729 *Kornprobst*, JR 2002, 309, 310.

Wiederholt wurde die Schaffung einer auf den objektiven Schweregrad der Tat abstellenden Generalklausel vorgeschlagen:[1730] Eine sich an die Mindestgrundsätze der UN für die Jugendgerichtsbarkeit (Nr. 17.1 c) anlehnende Formulierung[1731] *Ostendorfs* versucht zum Ausdruck zu bringen, dass nicht außer Acht gelassen wird, dass auch die Verhängung der Jugendstrafe wegen eines schweren Gewaltverbrechens sowohl dem Ziel dienen müsse, „den Täter von der Begehung weiterer Straftaten abzuhalten" als auch „die Voraussetzungen der Jugendstrafe eindeutiger im Sinne des ultima-ratio-Grundsatzes" zu formulieren.[1732] Dazu sollten die Voraussetzung konkret wie folgt formuliert werden: „Das Jugendgericht kann Jugendstrafe verhängen, wenn 1. der Angeklagte ein schweres Gewaltverbrechen gegen eine Person oder 2. der zum Zeitpunkt der Tat mindestens 16 Jahre alte Angeklagte wiederholt andere schwere Straftaten begangen hat und ambulante Maßnahmen sich bisher als erfolglos erwiesen haben und auch künftig zur Verhinderung von Straftaten ausreichen."[1733] Eine andere schwere Straftat soll in der Regel vorliegen, wenn der Angeklagte ein Verbrechen oder Vergehen begangen hat, das nach allgemeinem Strafrecht mit einer im Mindestmaß erhöhten Strafe bedroht ist.[1734]

Weiterhin schlug *Kreuzer* vor, den zu weit und unbestimmt gefassten Schlüsselbegriff der *Schwere der Schuld*, der offen lasse, ob es sich um eine Tat- oder Täterschuld handele, durch „besonders schwere[...] Straftat" zu ersetzen, um somit etwaige Missverständnisse auszuräumen.[1735] Schließlich gäbe es durchaus Taten, deren „Ausführung und Folgen" sie „bei verhältnismäßig geringer Vorwerfbarkeit" *schwer* werden ließen „und umgekehrt Taten mit geringen Folgen, doch erheblicher Vorwerfbarkeit".[1736] *Kreuzer* lehnt es ausdrücklich ab, die Anknüpfung auf Schwurgerichtsdelikte zu beschränken, da dies die Realität nicht abbildete, ihr nicht gerecht würde.[1737] Obwohl mit der gewählten Formulierung klar zum Ausdruck gebracht wird, dass die Verhängung der Jugendstrafe erzieherisch unabhängig sein soll, was zu begrüßen ist, eröffnet auch der Ersatzbegriff eine nicht klar abgrenzbare Vielfalt an Auslegungsmöglichkeiten, wodurch letztlich nur ein „Etikettenwechsel" vorgenommen wird.[1738]

1730 *Ostendorf*, StV 2002, 436, 443; *Strobel*, Jugendstrafe, S. 209.
1731 *Vereinte Nationen*, ZStW 99 (1987), 253.
1732 *Ostendorf*, StV 2002, 436, 443.
1733 Ebenda.
1734 Ebenda.
1735 *Kreuzer*, MSchrKrim 61 (1978), 1, 17.
1736 *Kreuzer*, MSchrKrim 61 (1978), 1, 16.
1737 *Kreuzer*, MSchrKrim 61 (1978), 1, 17.
1738 *Hartmann*, Jugendstrafe, S. 212 f., 237 f.

Die anlässlich schwerer Straftaten junger Täter bundesweit regelmäßig wiederkehrenden und stark emotional geführten Debatten sind letztlich Zeugnis dessen, dass schwerste Straftaten, zumal Kapitalverbrechen, den Rechtsfrieden in erheblichem Umfang stören können.[1739] Dementsprechend versuchen einige Vorschläge es, durch eine „rationale Umformulierung" des § 17 Abs. 2 Alt. 2 JGG unmissverständlich klarzustellen,[1740] dass die positive Generalprävention in Durchbrechung des sonst generell vorrangigen Erziehungsprinzips die zweite Alternative der Jugendstrafe legitimiert.[1741] Dazu sollte die Norm um die Formulierung, dass Jugendstrafe auch dann zulässig ist, wenn sie „zur Verteidigung der Rechtsordnung[1742] erforderlich ist", ergänzt[1743] bzw. ersetzt[1744] werden.[1745] Ähnliche Vorschläge wollen die *Schwere der Schuld* auf Fälle begrenzen, in denen es „für das Rechtsempfinden ‚schlechthin unverständlich' wäre", auf Jugendstrafe zu verzichten.[1746]

Auf das mit dem allgemeinen Rechtsgefühl unerträgliche Absehen von (Kriminal-)Strafe stellt letztlich auch ein Zwei-Schritt-Modell ab: Nachdem im ersten Schritt ein schweres Unrecht ausgemacht werden soll, das sich entweder aus „der Natur der Verfehlung als Kapitalverbrechen oder dem gegenüber dem Durchschnittsfall weit schwerwiegenderen Pflichtenverstoß, der unter grober Nicht- oder Mißachtung (sic!) der Rechte anderer zu besonders großen Schäden führt", ergeben könne.[1747] In einem zweiten Schritt sei die Frage zu beantworten, ob „sich in dem großen Unrecht auch ein so hohes Maß an persönlicher Schuld des Angeklagten aus[drückt], daß (sic!) unter Berücksichtigung seines Alters, seiner

---

1739 *Strobel*, Jugendstrafe, S. 210 f.

1740 *Ostendorf/Drenkhahn*, Jugendstrafrecht, Rn. 230.

1741 *Hartmann*, Jugendstrafe, S. 237 f.

1742 Ein aus dem StGB bekannten und laut *Kaspar*, in: FS Schöch, S. 209, 223 geeigneten Begriff.

1743 *Hinz*, JR, 2001, 50, 55; *ders.*, ZRP 2005, 192, 194, ohne, die Zusätze „gebietet" oder „unerlässlich macht", damit auch solche Straftaten dem Anwendungsbereich unterfielen, die zwar keine gravierenden Folgen haben, aber dennoch von der Allgemeinheit als „lästig" empfunden werden; ähnlich auch *Hartmann*, Jugendstrafe, S. 237 f., der die Formulierung zudem dahingehend ergänzt, dass die Schuld bei der Tötung eines Menschen als schwer indiziert ist.

1744 *Kaspar*, in: FS Schöch, S. 209, 223.

1745 Kritisch dazu *Schöch/Höffler*, in: Meier/Bannenberg/Höffler, § 11 Rn. 38; *Weber*, Schuldprinzip, S. 279.

1746 *Ostendorf*, in: Ostendorf, JGG, § 17 Rn. 7; auch *Rose*, NStZ 2019, 57.

1747 *Schlüchter*, Erziehungsgedanke, S. 130.

Entwicklung und insgesamt seiner Persönlichkeit ein Absehen von (Kriminal-) Strafe mit dem allgemeinen Gerechtigkeitsgefühl unerträglich" macht.[1748]

Ein anderer Vorschlag geht aus rechtspolitischen Gründen und rechtsstaatlicher Transparenz[1749] so gesehen sogar noch weiter, indem er nicht nur den zugrundeliegenden Strafzweck der positiven Generalprävention durch das Abstellen auf die Rechtsbewährung in den Gesetzestext einbezieht, um in den Fällen schwerster Kriminalität dem gesamten Jugendstrafrecht gesellschaftliche Akzeptanz zu verschaffen und zugleich einer generellen Infragestellung eines (re-)sozialisierungsbetonten JGG Einhalt zu gebieten:[1750] Darüber hinaus zieht er als zusätzliche Ergänzung des § 17 Abs. 2 Alt. 2 JGG die Aussagekraft des Regelstrafrahmens des § 212 StGB aus dem allgemeinen Strafrecht, d.h. eine Freiheitsstrafe von nicht unter fünf Jahren, als objektiv präzisierendes Kriterium heran, um die Funktion als Auffangtatbestand für schwerste Kriminalität als Systemausreißer im Jugendstrafrecht zu erfüllen.[1751] Gleichzeitig sollen Erziehungsgesichtspunkte explizit im Gesetzestext ausgeschlossen werden.[1752]

Ostendorf schlägt ferner vor, „nicht an dem verführerischen Begriff ‚*Schwere der Schuld*'" festzuhalten, sondern „das Ziel der Jugendstrafe als Sicherungsstrafe und ausnahmsweise bei Verbrechen gegen das Leben oder ein anderes Gewaltverbrechen gegen eine Person zur Normstabilisierung im Sinne einer positiven Generalprävention" zu definieren.[1753]

(4) Rückgriff auf die Regelungen des allgemeinen Strafrechts

Ein weiterer Vorschlag spricht sich eindeutig für den Erhalt der Alternative der *Schwere der Schuld* aus, wobei diese nicht mit dem Erziehungsgedanken begründet werden dürfte.[1754] Maßgeblich sei allein „das mit einer besonders schweren Tat verwirklichte hohe Maß an Schuld".[1755] Der Schuldvorwurf soll sich, wie im

---

1748 Ebenda.

1749 Es gilt dem Vorwurf entgegenzutreten, dass die Rechtsprechung in „nebulöser Weise" generalpräventiver Weise bei der Sanktionierung Jugendlicher einfließen lässt, *Strobel*, Jugendstrafe, S. 211 f.

1750 *Strobel*, Jugendstrafe, S. 210 ff., 226 f.

1751 *Strobel*, Jugendstrafe, S. 209, 226 f.; m.w.N.

1752 *Strobel*, Jugendstrafe, S. 209 f., 226 f.

1753 *Ostendorf*, in: Ostendorf, JGG, Grdl. z. §§ 17 und 18 Rn. 6.

1754 *Weber*, Schuldprinzip, S. 260 mit Verweis auf *Brunner*, JR 1982, 432, 433; *Miehe*, Bedeutung der Tat, S. 125; *Weber*, Jugendstrafe, S. 109; was dem Willen des historischen Gesetzgebers entsprechen dürfte, der keine Harmonisierung in Form einer Vermischung vorgesehen habe, so auch *Streng*, ZStW 106 (1994), 60, 75.

1755 Weber, Schuldprinzip, S. 260 mit Verweis auf *Strobel*, Jugendstrafe, S. 176.

allgemeinen Strafrecht, aus objektiven und subjektiven Elementen zusammensetzen, wodurch es letztlich stets eine Frage des Einzelfalls bliebe, ob die Schuld besonders schwer wiegt oder nicht.[1756]

Einen Rückgriff auf das allgemeine Strafrecht nehmen auch Vorschläge für den Bereich der Strafzumessung, die dazu tendieren, dessen Strafzumessungsregeln mit Milderungsmöglichkeiten zu übernehmen:[1757] So soll auch das Jugendstrafrecht auf die dem Erwachsenenstrafrecht für die Strafzumessung zugrundeliegende Vorschrift des § 46 StGB zurückgreifen, um die unterschiedlichen Zielsetzungen des Strafrechts im Rahmen der Strafmaßbestimmung in Einklang zu bringen.[1758] Schließlich orientierte sich die Praxis bereits an der Tatschuld.[1759] *Kornprobst* erachtet es als „überlegenswert, [...] den Unrechtsgehalt der Tat und die Schwere der Schuld stärker ins Zentrum der jugendstrafrechtlichen Rechtsfolgenbestimmung zu rücken".[1760]

dd) Diskussion der bisherigen Lösungsansätze

Trotz der bestehenden Notwendigkeit einer Reform setzte der Gesetzgeber diese bislang nicht um. Die Normierung des Erziehungsgedankens in § 2 Abs. 1 S. 1 JGG mit dem 2. JGGÄndG, kann zwar als grundsätzliches Bekenntnis zu diesem aufgefasst werden. Allerdings demonstrierte der Gesetzgeber dadurch lediglich, grundsätzlich am dem Ursprungsgedanken des Jugendstrafrechts festhalten zu wollen, wodurch sich die Reform nicht als Antwort auf die Frage seiner Durchbrechung an diesem singulären Punkt qualifizieren lässt – dies ergibt sich gerade schon auf dem gesetzgeberisch gewählten Wortlaut *vorrangig*. Vor diesem Hintergrund erscheint eine Reform zugegebenermaßen ungewiss.[1761] Dennoch darf vor dieser scheinbar unlösbaren Aufgabe nicht resigniert werden.[1762]

Die zweite Alternative der Jugendstrafe ist aus kriminalpolitischen und dogmatischen Gründen zwingend beizubehalten.[1763] Die Ansätze, die die Jugendstrafe gänzlich oder auch die einzelnen Alternativen streichen möchten, lösen die Probleme nur scheinbar:[1764] Sie beseitigen zwar die theoretischen

1756 *Weber*, Schuldprinzip, S. 262 f.
1757 *Albrecht*, Gutachten zum 64. DJT, S. 149 ff.; 171; vgl. auch *Hinz*, ZRP 2005, 192, 195.
1758 *Kurzberg*, Jugendstrafe, S. 252 f.
1759 *Kurzberg*, Jugendstrafe, S. 159 ff.
1760 *Kornprobst*, JR 2002, 309, 310; ähnlich *Albrecht*, Gutachten zum 64. DJT, S. 45 ff.
1761 Vgl. dazu *Meyer-Odewald*, Jugendstrafe, S. 20 ff., der mit seiner Einschätzung aus dem Jahr 1993 bis zum heutigen Tag Recht behalten sollte.
1762 So wirkt allerdings *Schlüchter*, Erziehungsgedanke, S. 127.
1763 So auch *Hartmann*, Jugendstrafe, S. 232.
1764 *Hartmann*, Jugendstrafe, S. 231 f.

Voraussetzungen, nicht hingegen die praktischen Anwendungsfälle: Damit verlagerte sich das Problem lediglich, da in der Praxis weiterhin genau diejenigen, wenngleich seltenen, Fälle ohne erzieherische Anknüpfungspunkte existent blieben, die aufgrund generalpräventiver Erwägungen zu bestrafen wären.[1765] Der Ersatz der Jugendstrafe durch eine andere stationäre Maßnahme bliebe „nur ein Wechsel des Etiketts".[1766] Außerdem hätte der Wegfall einer Alternative der Jugendstrafe zur Konsequenz, dass der Anwendungsbereich der jeweils anderen massiv überfrachtet und überlastet würde, da alle Anwendungsfälle unter diese subsumiert würden, was zur vollkommenen Konturenlosigkeit und Unverbindlichkeit führte.[1767] Schließlich würde ein vollkommener Verzicht auf stationären Vollzug der komplexen Erziehungs- und Schutzaufgabe des Jugendstrafrechts nicht gerecht.[1768] Die Jugendschuldstrafe ist als Instrumentarium im Umgang mit schwerster Jugendkriminalität notwendig, um das erschütterte Rechtsvertrauen wiederherzustellen und Befriedigung bei der Rechtsgemeinschaft zu erzeugen.[1769] Sie zu streichen, verwehrte die Möglichkeit, aus gesellschaftlichen Motiven rein repressiv auf schwerste Jugendkriminalität reagieren zu können.[1770] Ihre Existenz legitimiert schlussendlich auch den bestehenden Dualismus aus Jugend*straf*- und -*hilfe*recht.[1771]

Angesichts des Ziels, der begangenen Straftat im Sinne der Objektivierung ein stärkeres Gewicht zu verleihen und innerhalb der dem Jugendstrafrecht immanenten starken Täterorientierung die tatstrafrechtlichen Elemente zu betonen, erscheint ein Katalogtatbestand, der genau präzisiert, wann das Gewicht einer bestimmten Straftat eine schwere Schuld begründen soll, passend. Der Vorteil einer dadurch fixierten Bestimmung, die es dem Gesetzgeber erlaubt, unmissverständlich auszudrücken, in welchen ausgewählten Fällen eine Jugendstrafe unter Schuldgesichtspunkten anzuordnen ist, liegt in dem hohen Maß an Klarheit und daraus resultierender Rechtssicherheit.[1772] Genau in der Akkuratesse und der trennscharfen Abgrenzung liegt spiegelbildlich aber auch der erhebliche

---

1765 Ebenda.

1766 *Brunner/Dölling*, JGG, § 17 Rn. 8.

1767 *Beulke*, NK 3/2019, 269, 278 in Bezug auf den Vorschlag von *Rose*, NStZ 2019, 57; vgl. auch *Beulke/Swoboda*, Jugendstrafrecht, Rn. 462; *Hartmann*, Jugendstrafe, S. 231 f.

1768 *Brunner/Dölling*, JGG, § 17 Rn. 8.

1769 Vgl. S. 169 f.

1770 So auch *Hartmann*, Jugendstrafe, S. 198.

1771 Vgl. S. 67.

1772 *SPD-Thesen*, ZfJ 1982, 60, 65, These Nr. 10; *Strobel*, Jugendstrafe, S. 208 f.

Nachteil einer solchen Regelung: Die Festlegung auf einzelne Straftatbestände und der spiegelbildliche Ausschluss anderer, droht neue Strafbarkeitslücken zu begründen.[1773]

Zudem entspricht die isolierte Anknüpfung an den Erfolg der Tat nicht dem Anspruch einer jugendspezifischen Schuldbestimmung, die den individuellen Entwicklungsstand des Täters durch eine starke Berücksichtigung subjektiver Kriterien würdigt.[1774] Obwohl die tatstrafrechtlichen Kriterien innerhalb des täterorientierten Kontextes gestärkt werden sollen, kann – anders als im allgemeinen Strafrecht – aufgrund der jugendstrafrechtlichen Gesamtkonzeption für die Anordnung der Jugendstrafe nicht ausschließlich auf den Grad des objektiven Tatunrechts abgestellt werden.[1775] Andernfalls ist eine Rückkehr zum Erfolgsstrafrecht zu befürchten, da ein Gesetzeskatalog der Überprüfung der individuellen Schuld ein verführerisches Signal entgegensetzt, sich zu stark an dem jeweiligen Taterfolg zu orientieren, wodurch die angestrebte Rechtssicherheit zu verkürzten Judikaten führte.[1776] Zu befürchten wäre, dass die stark tatorientierte Ausrichtung an der *Schwere der Straftat* für den jugendstrafrechtlichen Sanktionskatalog zu statisch und starr wäre und sich der Dynamik verschließt, in bestimmten Fällen trotz Begehens einer Katalogtat gar von einer Jugendstrafe abzusehen.[1777] Die ausschließliche Orientierung an der Tat unterliefe nicht nur die täterstrafrechtliche Ausgestaltung des Jugendstrafrechts,[1778] sondern bedeutete auch einen Rückschritt auf die Zeit vor dem JGG 1923.[1779] Obwohl das Konzept der Schuldstrafe nicht erzieherisch auf Fürsorge und Hilfe für den Täter abstellt, mithin an und für sich schon systemwidrig erscheint,[1780] bleibt die Prägung insgesamt täterorientiert, da die jugendspezifische Auslegung beizubehalten ist,[1781] es nicht allein auf das objektive Tatunrecht und mithin

1773 So auch *Strobel*, Jugendstrafe, S. 209.

1774 *Strobel*, Jugendstrafe, S. 208.

1775 Ähnlich auch *Albrecht*, Jugendstrafrecht, S. 251; letztlich auch *Meyer-Odewald*, Jugendstrafe, S. 132, der allerdings von einer unterschiedlichen Strafzweckausrichtung ausgeht und der Jugendschuldstrafe gerade keine schuldausgleichende Funktion zuerkennt; *Strobel*, Jugendstrafe, S. 208 f.; entsprechend auch *Viehmann*, in: Walter, Beiträge zur Erziehung im Jugendkriminalrecht, S. 111, 131.

1776 *Hartmann*, Jugendstrafe, S. 214 f.

1777 *Meyer-Odewald*, Jugendstrafe, S. 143.

1778 *Hartmann*, Jugendstrafe, S. 238 f.

1779 Vgl. S. 63 ff.

1780 *Hartmann*, Jugendstrafe, S. 239.

1781 *Albrecht*, Jugendstrafrecht, S. 251.

reines Tatstrafrecht ankommen kann und soll.[1782] Zudem sprengte dies die Wortlautgrenze.[1783]

Vor diesem Hintergrund erscheinen Generalklauseln aufgrund der ihnen gerade immanenten Flexibilität vorzugswürdig. Trotz der Kritik bzgl. „der mangelnden Normkontur" bleibt anzumerken, „dass das rechtsstaatliche Gebot der Gesetzesbestimmtheit keineswegs vom Gesetzgeber verlangt, sämtliche Tatbestandsmerkmale ausschließlich mit exakt fassbaren Merkmalen zu umschreiben", sondern die Verwendung von „Generalklauseln oder unbestimmte[n], wertausfüllungsbedürftige[n] Begriffe[n]" erlaubt.[1784] Problematisch ist bei Generalklauseln dennoch, dass sie das Risiko einer zu großen Interpretationsoffenheit beinhalten.[1785] Die zusätzlichen Präzisierungen dürfen dabei ihrerseits nicht allzu starr sein, da sie sonst ähnlich wie Katalogtatbestände Strafbarkeitslücken schaffen.[1786]

2. Conclusio

Obwohl der Erziehungsgedanke zu Gunsten der Stärkung des Stellenwertes des äußeren Unrechtsgehaltes in Bezug auf alle Tätergruppen punktuell durchbrochen wird, bedeutet dies nicht, dass das jugendstrafrechtliche Leitziel an sich aufzugeben ist. Zumal in Bezug auf ältere Tätergruppen, d.h. Heranwachsende und Erwachsene, soll das Jugendstrafrecht nicht an das allgemeine Strafrecht angeglichen werden, um etwaige Sanktionsunterschiede auszugleichen.

Im Gegenteil: Indem bei der Bestimmung des Schuldvorwurfes i.S.d. § 17 Abs. 2 Alt. 2 JGG ein stärkerer Fokus auf die Tat zu legen ist, soll lediglich klar herausgestellt werden, was der zweiten Alternative der Jugendstrafe ohnehin immanent ist. Es gilt an dieser Stelle Rechtssicherheit zu schaffen. Der Grund dafür liegt allein in dem dieser Sanktion zugrundeliegenden Strafzweck der positiven Generalprävention. Um zu signalisieren, dass dem Leitprinzip des Erziehungsgedankens so viele weitere Maßnahmen entspringen, als eine eingreifende, persönlichkeitsverändernde Einwirkung auf den Betroffenen, ist auch er entsprechend neu zu fassen und dabei auf seinen Kern, seine Grundintention

1782 *Hartmann*, Jugendstrafe, S. 239.

1783 *Strobel*, Jugendstrafe, S. 108 Fn. 645: Mit entsprechender Begründung wurde auch der Vorschlag der *SPD*, ZfJ 1982, 65, These Nr. 10 zu einem Alternativentwurf nicht umgesetzt.

1784 *Strobel*, Jugendstrafe, S. 207.

1785 Vgl. zur Zulässigkeit und Kongruenz mit dem Bestimmtheitsgebot, S. 215.

1786 Entsprechende Tendenz bei *Strobel*, Jugendstrafe, S. 209 f.; 226 f.

und deren Stoßwirkung zu beschränken, aus denen sich jeweils so vielgestaltige Aspekte ableiten.

Ein junger Straftäter ist unabhängig von seinem individuellen Erziehungsbedarf gemäß des auch im Jugendstrafrecht geltenden Schuldprinzips für eine von ihm begangene Straftat, die aufgrund ihrer schwerwiegenden Rechtsgüterverletzung einen sehr hohen Schuldgehalt aufweist, mittels einer Jugendstrafe zu bestrafen, wenn dies zur Befriedigung des durch die Tat erschütterten Rechtsvertrauens der Allgemeinheit erforderlich, d.h. für die Rechtsgemeinschaft unerlässlich, ist.[1787]

Die Frage, wann seine persönliche Schuld so erheblich ist, dass eine andere, zumal nicht strafende, Sanktion als eine Jugendstrafe dem Rechtsgefühl widerstrebte, muss sich danach beurteilen, ob sie nicht dazu geeignet wäre, die Beeinträchtigung des Normvertrauens der Gesellschaft zu beseitigen.[1788] Dabei ist entscheidend, dass nicht empirisch, sondern normativ bestimmt wird, wann das Rechtsvertrauen in diesem Sinne erschüttert ist.[1789] Implizit ist diesem Maßstab allein, dass er sehr hoch ist und der Gesellschaft auch eine recht hohe Toleranzschwelle abverlangt wird, die sich aus der bewussten Entscheidung für ein Sonderstrafrecht für junge Straftäter ableitet.

Für die Bestimmung des Schuldvorwurfs ist das Gewicht der Tat maßgeblich, weil *sie* die Rechtsordnung beeinträchtigt.[1790] Dessen Ausmaß als notwendiges Kriterium der Schuldhöhe muss sich auch im Jugendstrafrecht abbilden, da auch das Jugendstrafrecht entsprechend dem allgemeinen Strafrecht dem Rechtsgüterschutz dient.[1791] Anders als der bisherigen Praxis entsprechend, muss die Tat als solche, ganz im Sinne einer tatstrafrechtlichen Schuldbeurteilung, direkter Anknüpfungspunkt für die Bestimmung des Schweregrades der Einzeltatschuld sein.[1792] Nur durch die unmittelbare Berücksichtigung des objektiven Tatunrechts kann der Legitimation der Jugendstrafe, der positiven Generalprävention, und den tatstrafrechtlichen Aspekten hinreichend entsprochen werden. Auch

---

1787 Darauf hindeutend BGH, JR 2019, 38, 39; bejahend etwa *Brunner/Dölling*, JGG, § 17 Rn. 25 f.; *Ostendorf*, in: Ostendorf, JGG, § 17 Rn. 5; *Rose*, NZStZ 2019, 57, 59; *ders.*, ZJJ 2020, 43, 48.

1788 BGH, NStZ-RR 2016, 325, 326; *Kaspar*, in: FS Schöch, S. 209, 223; so auch *Radtke/Scholze*, in: MüKo StGB Bd. 7, JGG, § 17 Rn. 62.

1789 So auch *Radtke/Scholze*, in: MüKo StGB Bd. 7, JGG, § 17 Rn. 62.

1790 Ebenda.

1791 Ebenda.

1792 So auch *Radtke/Scholze*, in: MüKo StGB Bd. 7, JGG, § 17 Rn. 62; entsprechend auch *Brögeler*, in: BeckOK JGG, § 17 Rn. 16.

die Bestimmung des Grenzwertes verlangt ein höheres Maß an objektiveren Gesichtspunkten.[1793]

Dem objektiven Tatunrecht darf dabei allerdings kein ausschließliches Gewicht eingeräumt werden, da dies den Schuldvorwurf – anders als im allgemeinen Strafrecht – regelmäßig nicht pauschal bzw. direkt begründen kann.[1794] Die Bestimmung des Schuldvorwurfs muss dem Umstand Rechnung tragen, dass ein junger Straftäter ob seiner noch anhaltenden Entwicklung die Komplexität seines Handelns noch nicht wie ein Erwachsener überblicken kann.[1795]

Nachdem das Ausmaß der Beeinträchtigung des rechtlich geschützten Gutes im Sinne des Erfolgsunwertes als äußerer Unrechtsgehalt orientierend wirkt, ist das Handlungsunrecht nach jugendspezifischen, entwicklungsbedingten Besonderheiten zu bestimmen:[1796] Im Sinne einer Gesamtschau sind sämtliche Umstände in diese Bewertung einzubeziehen, die sich auf die Schuldbeurteilung auswirken, etwa die Tatmotivation, die konkrete Ausführung und die daraus resultierenden Folgen.[1797] Die dadurch miteinzubeziehende individuelle Entwicklung wirkt bei der Bestimmung des Schuldvorwurfs als jugendspezifisches Korrektiv. So wie sich auch die Jugendschuldstrafe an sich als Ausnahme im erzieherisch geprägten Jugendstrafrecht verhält, schlägt dies auch auf das Verhältnis objektiver und subjektiver Kriterien bei der Bestimmung des Schuldvorwurfs durch.[1798]

Da sich in der *jugendspezifischen Bestimmung* das Fundament des geltenden Jugendstrafrechts manifestiert, dass Jugendliche bzw. diesen gleichgestellte Heranwachsende entwicklungsbedingt nicht mit Erwachsenen vergleichbar sind, was sich zwangsläufig auch auf die Bestimmung des Schuldvorwurfs überträgt, ist die Berücksichtigung dieser jugendspezifischen Besonderheiten – anders als dies etwa das *LG Ravensburg*[1799] andeutete – beizubehalten.[1800] Sie aufzugeben oder stark zu vernachlässigen, käme einem Rückschritt zu den Regelungen des RStGB 1871, die junge Straftäter noch wie „kleine Erwachsene" behandelten,

1793 Dazu im Ansatz tendierend auch *Kölbel*, in: Eisenberg/Kölbel, JGG, § 17 Rn. 45; die Begründung über den Strafzweck der positiven Generalprävention aber ablehnend, vgl. auch *Eisenberg*, NStZ 2018, 8729 f.; *Kölbel*, JR 2019, 40, 43.

1794 Vgl. S. 213 ff.

1795 Vgl. zu den jugendspezifischen Besonderheiten S. 194 ff.

1796 So auch *Radtke/Scholze*, in: MüKo StGB Bd. 7, JGG, § 17 Rn. 21 m.w.N.

1797 Ebenda.

1798 Ebenda.

1799 LG Ravensburg, ZJJ 2016, 303 f.

1800 *Höynck*, ZJJ 2016, 305, 306.

gleich. Schließlich hat sich das Bollwerk einer jugendstrafrechtlichen Sonderbehandlung nicht ohne Grund immer wieder behauptet und durchgesetzt.[1801] Dementsprechend soll auch nicht das „Taxendenken" wie im allgemeinen Strafrecht zurückkehren, das letztlich ebenfalls den Rechtszustand vor dem JGG 1923 wiederaufleben ließe.[1802] Es gilt vielmehr, das bestehende Spannungsfeld zwischen Tat- und Täterorientierung stärker auszureizen und das Verhältnis der an Tat und Täter anknüpfenden Kriterien neu zu bestimmen.

Eine stärkere Betonung der tatstrafrechtlichen Elemente ist auch mit der täterorientierten Ausrichtung des Jugendstrafrechts vereinbar.[1803] Der historische Gesetzgeber räumte der zweiten Alternative der Jugendstrafe innerhalb des erzieherisch geprägten Kontextes des Jugendstrafrechts eine Sonderrolle ein, indem sie nicht in erster Linie auf die Person des Täters und seine künftige Entwicklung, zumal seine Legalbewährung, sondern auf die Verteidigung der Rechtsordnung und die gesellschaftliche Wirkung der Strafe ausgerichtet ist.[1804] Diese Akzentuierung zeigt auch ein Vergleich mit der Jugendstrafe wegen *schädlicher Neigungen*, bei der die charakterliche Haltung ausdrücklich im Fokus steht.[1805] Demgegenüber ist die zweite Alternative der Jugendstrafe eine sich stärker an der begangenen Tat orientierende Strafe, die dementsprechend auch das äußere Tatunrecht stärker mitberücksichtigen muss, um dieser Zielsetzung gerecht zu werden.[1806]

Es ist auch nicht zu befürchten, dass die tatstrafrechtlichen Erwägungen dazu führen, dass der Täter erheblich stärker stigmatisiert wird, im Gegenteil: Während sich das Tatstrafrecht auf einen konkreten Tatvorwurf beschränkt, enthält die Täterorientierung einen viel tiefergreifenderen Vorwurf, der nicht nur den Vorgang, der auf Grund der angenommenen Willensfreiheit von der Täterpersönlichkeit ablösbar ist, sodass der Täter als Urheber seiner Tat übrig bleibt, sondern vielmehr den Täter in seiner ganzen Persönlichkeit erfasst.[1807] Dieser Person wird im Urteilsspruch zugetraut, dass sie ohne entsprechende Intervention unerzogen bleibt und künftig weitere Straftaten begeht.[1808]

1801 Vgl. S. 70 ff.

1802 *Beulke*, in: GS Meyer, S. 677, 693 ff.; im Ergebnis entsprechend *Meyer-Odewald*, Jugendstrafe, S. 132.

1803 *Radtke/Scholze*, in: MüKo StGB Bd. 7, JGG, § 17 Rn. 62.

1804 *Ostendorf*, in: Ostendorf, JGG, Grdl. z. §§ 17 und 18 Rn. 2.

1805 *Sonnen*, in: Diemer/Schatz/Sonnen, JGG, § 17 Rn. 10.

1806 So auch *Hartmann*, Jugendstrafe, S. 236.

1807 *Bohnert*, JZ 1983, 517, 520.

1808 Ebenda.

Diese punktuelle Preisgabe des Erziehungsgedankens an einer Stelle, an der er ohnehin am schwächsten ausgeprägt war, ist auch kein Dammbruch oder eine Erosion der gesamten Erziehungsidee[1809] als prägende Kraft des Jugendstrafrechts:[1810] Es ist nicht zu befürchten, dass in Folge dessen viele andere aus dem Erziehungsgedanken abgeleitete Besserstellungen aufgegeben würden.[1811] Vielmehr soll dem wahren Strafgrund der Jugendstrafe gem. § 17 Abs. 2 Alt. 2 JGG entsprochen werden, der nicht in der individuellen Entwicklungsförderung liegt, sondern in der Verwirklichung von Gerechtigkeitsanliegen und Normbestätigungsbedürfnissen, die nicht durch „doppelbödige Transferbegriffe" verdunkelt, sondern offen kommuniziert werden sollen.[1812]

Gleichzeitig ist bei der ausnahmsweisen Berücksichtigung positiv-generalpräventiver Belange ein restriktiver Umgang geboten, um drohenden Inflationen Einhalt zu gebieten und den Ausnahmecharakter der Jugendstrafe wegen *Schwere der Schuld* aufrechtzuerhalten.[1813] Die Modifikation soll schließlich nicht dazu führen, den Anwendungsbereich dieser Strafe bereits ab einer niedrigeren Kriminalitätsschwelle zu eröffnen.[1814] Die Möglichkeit, direkter am objektiven Tatunrecht und dem Grad der Rechtsgüterverletzung anzusetzen, darf nicht bewirken, dass das wertende Kriterium der Unerträglichkeit umgangen wird. Während die Rechtsgutsverletzung bei Tötungsdelikten und vergleichbaren schwersten Straftaten regelmäßig dazu führt, aus dem objektiven Tatunrecht einen schweren Schuldvorwurf abzuleiten, der auch nach jugendspezifischen Maßstäben haltbar ist, muss dies im Bereich der „lediglich" schweren Kriminalität höchst differenziert beurteilt werden: Grundsätzlich können schwere Gewaltdelikte, etwa Raubtaten oder Sexualdelikte diese Schuldschwere erreichen und die Diskussion eröffnen, ob die konkrete Tat eine derart schwere Rechtsgüterverletzung verursacht hat, bei der eine Sanktion ohne Strafcharakter schlechthin unerträglich wäre. In diesen Deliktsbereichen ist das jugendspezifische Korrektiv allerdings von erheblicher Bedeutung. Eine Jugendstrafe

1809 Insofern ist der Vorstoß nicht neoklassizistisch zu verstehen; vgl. dazu etwa *Cornils*, ZStW 99 (1987), 873 ff.; *Weigend*, ZStW 94 (1982), 801 ff.; ebenfalls *Balbier*, DRiZ 1989, 404, 408; *Bohnert*, JZ 1983, 517, 523; *Feltes*, ZStW 100 (1988), 158, 173 ff.

1810 Vgl. dazu jedoch *Beulke*, in: GS Meyer, S. 677, 693 f.; *Swoboda*, ZStW 125 (2013), 86, 110.

1811 Bedenken äußern *Beulke/Swoboda*, Jugendstrafecht, Rn. 462, die auch keinen Bruch, sondern nur eine Zurückdrängung angemessen erachten.

1812 *Streng*, ZStW 106 (1994), 60, 79.

1813 Vgl. dazu umfassend *Beulke*, NK 3/2019, 269.

1814 *Beulke*, NK 3/2019, 269, 274, 277, 279 f.

bleibt schließlich nur dann anzuordnen, wenn unter Berücksichtigung jeglicher jugendspezifischer Besonderheit die schwere Straftat noch immer dazu führt, dass eine ausbleibende Strafe nicht hinzunehmen wäre.

Durch das Bekenntnis zum zugrundeliegenden Zweck der Jugendstrafe und der Auswirkungen auf den Stellenwert des äußeren Tatunrechts wird das gerade in der Konzeption des Jugendstrafrechts angelegte Spannungsfeld aus Tat- und Täterorientierung und Erziehung und Strafe ausgeschöpft.

F. Eigener Lösungsvorschlag

Bezugnehmend auf die Ausführungen im Kapitel E ist der Gesetzeswortlaut des § 17 Abs. 2 JGG aus klarstellenden, kriminalpolitischen Gründen so umzuformulieren, dass eine eindeutige Regelung geschaffen wird, die unmissverständlich zum Ausdruck bringt, dass es sich bei der Anordnungsvoraussetzung um eine Tatschuld handelt, die sich stärker nach dem Gewicht der Tat bemisst. Dabei ist dem individuellen Entwicklungsstand des Täters korrigierend Rechnung zu tragen. Der Inhalt dieser Regelung de lege ferenda ist bereits in der de lege lata enthalten, kann sich jedoch nicht klar und frei entfalten, da die Auslegung zu viel Spielraum bietet. Mit der nachfolgenden Reformulierung soll eine größere Rechtssicherheit erzielt werden.

§ 17 Jugendstrafe

(1) (…)

(2) Der Richter verhängt Jugendstrafe, wenn

1. wegen der schädlichen Neigungen des Jugendlichen, die in der Tat hervorgetreten sind, Erziehungsmaßregeln oder Zuchtmittel zur Erziehung nicht ausreichen

2. dies aufgrund der Schwere der Schuld <u>zur Befriedigung des erschütterten Rechtsvertrauens der Allgemeinheit</u> erforderlich ist. <u>Die Schuld wiegt schwer, wenn die Tat und die Beziehungen des Täters zu dieser die Strafe zur Verteidigung der Rechtsordnung unerlässlich erscheinen lassen und der Täter dies aufgrund seines individuellen Entwicklungsstandes auch erkannt hat</u>.

Abkürzungsverzeichnis

a.A.	Andere Ansicht
a.F.	Alte Fassung
Abs.	Absatz
AG	Amtsgericht
Alt.	Alternative
Art.	Artikel
AT	Allgemeiner Teil
Bd.	Band
BeckOK	Beck'scher Online Kommentar
BeckRS	Beck-Rechtsprechung
BGBl.	Bundesgesetzblatt
BGH	Bundesgerichtshof
BGHSt	Entscheidungen des Bundesgerichtshofes in Strafsachen
BMJ	Bundesministerium der Justiz
BMJV	Bundesministerium für Justiz und Verbraucherschutz
BT-Drs.	Bundestagsdrucksache
BVerfG	Bundesverfassungsgericht
BVerfGE	Entscheidungen des Bundesverfassungsgerichts
Bzgl.	Bezüglich
BZRG	Bundeszentralregistergesetz
Bzw.	Beziehungsweise
Ders.	Derselbe
Dies.	Dieselbe
DJT	Deutscher Jugendgerichtstag
DRiZ	Deutsche Richterzeitung
DVJJ	Deutsche Vereinigung für Jugendgerichte und Jugendgerichtshilfe
Einf.	Einführung
Einl.	Einleitung
Et al.	Et alii
f.	folgende
FD-StrR	Fachdienst-Strafrecht
ff.	fortfolgende

Fn.	Fußnote
FS	Festschrift
GA	Goltdammer's Archiv für Strafrecht
Gem.	gemäß
Grdl. z.	Grundlagen zu
GS	Gedächtnisschrift
Hrsg.	Herausgeber
i.d.S.	In diesem Sinne
i.S.	im Sinne
i.S.d.	Im Sinne des
i.V.m.	In Verbindung mit
J Dev Life Course Criminology	Journal of Developmental and Life-Course Criminology
JA	Juristische Arbeitsblätter
JGG	Jugendgerichtsgesetz
JGGÄndG	Änderungsgesetz zum JGG
JR	Juristische Rundschau
JStVollzG Bln	Berliner Jugendstrafvollzugsgesetz
Jura	Juristische Ausbildung
JuS	Juristische Schulung
JZ	Juristenzeitung
Kap.	Kapitel
KG	Kammergericht
KK-StPO	Karlsruher Kommentar zur StPO
LG	Landgericht
m.V.a.	Mit Verweis auf
m.w.N.	mit weiteren Nachweisen
m.z.w.N.	Mit zahlreichen weiteren Nachweisen
MSchrKrim	Monatsschrift für Kriminologie und Strafrechtsreform
MüKo	Münchener Kommentar
n.F.	Neue Fassung
NJW	Neue Juristische Wochenschrift
NK	Neue Kriminalpolitik
NStZ	Neue Zeitschrift für Strafrecht
NStZ-RR	Neue Zeitschrift für Strafrecht – Rechtsprechungs-Report
NUCL	Nihon University Comparative Law
OLG	Oberlandesgericht

RdJ	Recht der Jugend
RdJB	Recht der Jugend und des Bildungswesens
Resp.	Respektive
RGBl.	Reichsgesetzblatt
RJGG	Reichsjugendgesetz
RL	Richtlinie
Rn.	Randnummer
RStGB	Reichsstrafgesetzbuch
RT-Drs.	Reichstagsdrucksachen
S.	Seite / Satz
SGB VIII	Sozialgesetzbuch VIII
StGB	Strafgesetzbuch
StPO	Strafprozessordnung
StraFo	Strafverteidiger Forum
StV	Strafverteidiger
u.a.	Und andere
Vgl.	Vergleiche
VJJ	Vereinigung für Jugendgerichte und Jugendgerichtshilfen
Vol.	Volume
Vor	Vorbemerkungen
Vorb.	Vorbemerkungen
ZfJ	Zentralblatt für Jugendrecht
ZfPäd	Zeitschrift für Pädagogik
ZIS	Zeitschrift für Internationale Strafrechtsdogmatik
ZJJ	Zeitschrift für Jugendkriminalrecht und Jugendhilfe
ZNR	Zeitschrift für Neuere Rechtsgeschichte
ZRP	Zeitschrift für Rechtspolitik
ZStW	Zeitschrift für die gesamte Strafrechtswissenschaft

Danksagung

An erster Stelle bin ich meinem Doktorvater Herrn Professor Hoffmann-Holland für die Überlassung des Themas, für sein Vertrauen, für seine Betreuung und Unterstützung sowie für konstruktive Anmerkungen und Anregungen zu großem Dank verpflichtet. Frau Professorin Morgenstern danke ich für die freundliche Übernahme und Erstellung des Zweitgutachtens.

Sehr herzlich möchte ich mich bei meinen nunmehr ehemaligen Kolleginnen und Kollegen am Lehrstuhl von Herrn Professor Hoffmann-Holland bedanken: Für die schönen und spannenden Jahre der Zusammenarbeit, für wichtige Denkanstöße und anregenden Gespräche, die mich und diese Arbeit sehr geprägt haben.

Meinen Freunden und anderen lieben Menschen, die mich bei der Erstellung dieser Arbeit unterstützt haben, danke ich für jegliche Hilfe, für entgegengebrachtes Verständnis und für Zuspruch. Manchmal waren es die vermeintlich kleinen Dinge, die für mich einen großen Unterschied bedeutet haben. Meinem Freund danke ich insbesondere für sein geduldiges Korrekturlesen.

Ganz besonders herzlich danke ich meinen lieben Eltern für ihre stetige und jederzeit große Unterstützung auf meinem gesamten Weg. Dass sie mir so viel ermöglicht und eröffnet haben, ist für mich alles andere als selbstverständlich. Ohne sie hätte diese Arbeit nicht entstehen können. Daher ist sie ihnen gewidmet.

Zuletzt möchte ich meinem geliebten Großvater danken, der den Abschluss der Dissertation leider nicht mehr miterleben konnte. Auch ihm ist diese Arbeit – in liebevoller Erinnerung – gewidmet. Sein Anteil an ihr ist unbeschreiblich.

Hamburg, im März 2024
Allegra Fischer

www.ingramcontent.com/pod-product-compliance
Ingram Content Group UK Ltd.
Pitfield, Milton Keynes, MK11 3LW, UK
UKHW021934290926
8980IPUK00016B/1620

9 783631 920282